行政法研究双書 37

法治行政論

髙木　光著

弘文堂

「行政法研究双書」刊行の辞

　日本国憲法のもとで、行政法学が新たな出発をしてから、六〇有余年になるが、その間の理論的研究の展開は極めて多彩なものがある。しかし、ときに指摘されるように、理論と実務の間に一定の乖離があることも認めなければならない。その意味で、現段階においては、蓄積された研究の成果をより一層実務に反映させることが重要であると思われる。そのことはまた、行政の現実を直視した研究がますます必要となることを意味するのである。

　「行政法研究双書」は、行政法学をめぐるこのような状況にかんがみ、理論と実務の懸け橋となることを企図し、理論的水準の高い、しかも、実務的見地からみても通用しうる著作の刊行を志すものである。もとより、そのことは、本双書の内容を当面の実用に役立つものに限定する趣旨ではない。むしろ、当座の実務上の要請には直接応えるものでなくとも、わが国の行政法の解釈上または立法上の基本的素材を提供する基礎的研究にも積極的に門戸を開いていくこととしたい。

塩　野　　　宏
園　部　逸　夫
原　田　尚　彦

は し が き

　本書は、『事実行為と行政訴訟』（有斐閣・1988 年）、『技術基準と行政手続』（弘文堂・1995 年）、『行政訴訟論』（有斐閣・2005 年）に続く、著者にとって 4 冊目の論文集である。今回は、第 3 の論文集の後に発表した論稿のうち、実体法的な法理に係るものを中心に収録した。この間、著者は、初めての概説書『行政法』（有斐閣・2015 年）を公刊したが、本論文集に収録した論稿の多くは、同書の理論的な裏付けを示す参考文献となると思われる。

　本書をとりまとめる意義は、先行する論文集と同様に、まずは、著者が自己の研究を振り返って反省する契機とすることにある。

　振り返ってみると、2004 年からの法科大学院の発足は、多くの研究者と同様に、著者の仕事の作法に大きな影響を与えたように思われる。そのなかで、著者にとって顕著な傾向は、審議会等への参加など行政実務との接点に代わって、行政訴訟実務との接点が増加し、意見書の執筆に代表されるように、学問的な検討が必ずしも万全でない事項について試論を公にする機会が増えたことである。著者は、行政法研究者の立場から所見を述べることによって、未解明の分野で日々格闘されている訴訟代理人および裁判官の方々に何らかの示唆を与えることもまた研究者の社会的使命のひとつと考えてきた。そこで、仮に本書に副題を付けるとすれば、訴訟当事者等との意見交換や意見書の作成作業のなかで、貴重な研究上の示唆を得ることができたことへの感謝の意を込めて、「判例との対話」が相応しいと思われる。

　なお、概説書のはしがきでも示唆したように、著者は自身が学問的な進歩をあまり望めない状態に達しつつあることを自覚しており、多くの論点について、その所在を指摘するにとどめ、その本格的な解明は後進の研究者に期待したいという心境にある。そこで本書の構成は、一応は行政法の理論体系に沿ったものとしたが、テーマの選択は、偶然に左右されている面が大きいことにつき、予め読者のご理解をお願いしたい。

ii　はしがき

　本書に収録するにあたって、発表後の状況の変化により不自然あるいは不適切と感じられるであろう部分を中心に適宜加筆修正を加えたほか、注について全体を通じて形式を統一し、章ないし章の前半または後半ごとの通し番号としたが、内容的には原則として当時のものを生かす方針をとった。したがって発表後に接した関連文献につき対応できていない部分も多いと思われるが、ご容赦をお願いしたい。

　最後になったが、本書の公刊にあたっては、弘文堂編集部の高岡俊英氏のご尽力を、また行政法研究双書に加えていただくにあたっては塩野宏教授のご推薦を得た。記して謝意を表する次第である。

　2018 年 9 月

髙木　光

はしがき　*iii*

【初出一覧】

第1編　理論体系

第1章　判例との対話
「行政訴訟の現状」公法研究 71 号（2009 年）

第2章　実体権構成
「義務付け訴訟・差止訴訟」行政法の新構想 III（有斐閣・2008 年）
47-65 頁

第3章　強制と制裁
「独占禁止法上の課徴金の根拠づけ」NBL774 号 20-26 頁（2003 年）
「法執行システム論と行政法の理論体系」民商法雑誌 143 巻 2 号
（2010 年）143-169,

第4章　法治国的国家責任論
「公定力と国家賠償請求」水野武夫先生古稀記念論文集刊行委員会編
『行政と国民の権利』1-19 頁（法律文化社・2011 年）

第5章　私経済行政
「法律の執行──行政概念の一断面」高木光・交告尚史・占部裕典・
北村喜宣・中川丈久編『行政法学の未来に向けて──阿部泰隆先生古
稀記念』（有斐閣・2012 年）21-43 頁

第2編　一般原則

第1章　課徴金と比例原則
「課徴金の制度設計と比例原則─ JVC ケンウッド事件を素材とした一
考察─」石川正先生古稀記念論文集『経済社会と法の役割』（商事法
務・2013 年）149-176 頁

第2章　公害防止協定と比例原則
「公害防止協定と比例原則──摂津市対 JR 東海事件を素材とした一
考察」宇賀克也・交告尚史編『小早川光郎先生古稀記念　現代行政法
の構造と展開』（有斐閣・2016 年）653-666 頁

第3章　職権取消と信頼保護
「法治主義と信頼保護──教員採用の職権取消を素材とした一考察
──」曽和俊文・野呂充・北村和生・前田雅子・深澤龍一郎編『芝池
義一先生古稀記念　行政法理論の探求』（有斐閣・2016 年）61-78 頁

iv　はしがき

第4章　社会観念審査

「社会観念審査の変容—イギリス裁量論からの示唆」
自治研究 90 巻 2 号（2014 年）20-34 頁

第5章　国家無答責の法理

「国家無答責の法理の克服—イギリス国家賠償制度の名誉回復」
自治研究 90 巻 7 号（2014 年）3-17 頁

第3編　行政処分と法規命令

第1章　行政処分における考慮事項

「行政処分における考慮事項」法曹時報 62 巻 8 号（2010 年）2055-2079 頁

第2章　法規命令による裁量拘束「法規命令による裁量拘束」法学論叢 172
巻 4・5・6 号（2013 年）80-113 頁

第3章　認可＝補充行為説

「認可＝補充行為説の射程（一）——公益法人改革における移行認可
を素材として」自治研究 90 巻 5 号（2014 年）3-15 頁

「認可＝補充行為説の射程（二完）——公益法人改革における移行認
可を素材として」自治研究 90 巻 6 号（2014 年）3-15 頁

第4章　省令による規制権限

「省令による規制権限の「性質論」」NBL984 号（2012 年）36-43 頁

「省令制定権者の職務上の義務——泉南アスベスト国賠訴訟を素材と
して」自治研究 90 巻 8 号（2014 年）3-17 頁

第5章　新規制基準と民事差止訴訟

「原発訴訟における民事法の役割——大飯三・四号機差止め判決を念
頭に置いて」自治研究 91 巻 10 号（2015 年）17-39 頁

目　次

はしがき　*i*

第1編　理論体系

第1章　判例との対話……………………………………………………*1*
- 一　はじめに　*(1)*
- 二　最高裁判所の動向　*(8)*
- 三　3つの懸念　*(10)*
- 四　おわりに　*(13)*

第2章　実体権構成………………………………………………………*19*
- 一　はじめに　*(19)*
- 二　行政庁の第一次的判断権　*(19)*
- 三　実体権構成　*(25)*
- 四　形成訴訟説　*(30)*
- 五　おわりに　*(34)*

第3章　強制と制裁………………………………………………………*39*
- 一　はじめに　*(39)*
- 二　独占禁止法研究会報告書　*(39)*
- 三　利益剥奪と制裁の二者択一論　*(40)*
- 四　二重処罰の禁止論　*(43)*
- 五　中間的まとめ　*(47)*
- 六　法執行システム論　*(51)*
- 七　課徴金の性格付け論争　*(53)*
- 八　行政制裁の概念　*(55)*

九　行政強制の概念　*(59)*

　　十　おわりに　*(65)*

第4章　法治国的国家責任論 ……………………………………… *75*

　　一　はじめに　*(75)*

　　二　法治国的国家責任論　*(76)*

　　三　課税処分について「違法性同一説」を採用する実践的意味　*(77)*

　　四　課税処分の公定力　*(82)*

　　五　おわりに　*(86)*

第5章　私経済行政 ……………………………………………… *94*

　　一　はじめに　*(94)*

　　二　「違法性同一説」における「行為規範」の概念　*(94)*

　　三　わが国における「公行政留保説」とオーストリア理論　*(99)*

　　四　「行政＝法律の執行」モデルの限界　*(104)*

　　五　おわりに　*(110)*

第2編　一般原則

第1章　課徴金と比例原則 ………………………………………… *119*

　　一　はじめに　*(119)*

　　二　JVCケンウッド事件　*(119)*

　　三　課徴金の制度設計　*(122)*

　　四　「憲法上の比例原則」と「行政法上の比例原則」の区別　*(127)*

　　五　「憲法適合的解釈」　*(131)*

　　六　おわりに　*(134)*

第2章　公害防止協定と比例原則 ………………………………… *141*

　　一　はじめに　*(141)*

　　二　事案の概要　*(141)*

　　三　公害防止協定の許容性および法的拘束力の範囲　*(143)*

　　四　おわりに　*(152)*

第3章　職権取消と信頼保護 ……………………………………… *156*

　　一　はじめに　*(156)*

目　次　*vii*

　二　大分県教員採用取消事件　*(156)*

　三　ドイツ行政手続法第48条の意義　*(161)*

　四　信頼保護原則の位置づけ　*(166)*

　五　おわりに　*(168)*

第4章　社会観念審査………………………………………………*175*

　一　はじめに　*(175)*

　二　判例における「判断過程審査」と「社会観念審査」　*(176)*

　三　イギリス裁量論からの示唆　*(179)*

　四　おわりに　*(182)*

第5章　国家無答責の法理…………………………………………*188*

　一　はじめに　*(188)*

　二　国家無答責の法理と主権免責の法理　*(190)*

　三　先進国としてのフランスという神話　*(194)*

　四　おわりに　*(196)*

第3編　行政処分と法規命令

第1章　行政処分における考慮事項………………………………*203*

　一　はじめに　*(203)*

　二　従来の「判例理論」　*(203)*

　三　鞆の浦訴訟への適用　*(208)*

　四　おわりに　*(221)*

第2章　法規命令による裁量拘束…………………………………*226*

　一　はじめに　*(226)*

　二　保険薬局指定拒否処分取消等請求事件　*(226)*

　三　法規命令による規律と「行政裁量」　*(236)*

　四　おわりに　*(249)*

第3章　認可＝補充行為説…………………………………………*258*

　一　はじめに　*(258)*

　二　一般財団法人認可取消請求事件　*(258)*

　三　移行認可の法的効果　*(262)*

viii　目　次

　　四　補充行為説の意義と射程　*(265)*

　　五　おわりに　*(272)*

第4章　省令による規制権限の不行使 ……………………………………… *281*

　　一　はじめに　*(281)*

　　二　泉南アスベスト国賠二陣訴訟　*(281)*

　　三　筑豊じん肺訴訟最高裁判決の判断枠組み　*(285)*

　　四　省令による規制権限の特質？　*(288)*

　　五　泉南アスベスト国賠二陣控訴審判決　*(294)*

　　六　国家賠償法1条の違法性に関する職務義務違反説　*(298)*

　　七　職場の安全確保と労働者の保護　*(301)*

　　八　おわりに　*(303)*

第5章　新規制基準と民事差止訴訟 ………………………………………… *307*

　　一　はじめに　*(307)*

　　二　樋口判決の問題点　*(307)*

　　三　大塚教授の「リスク差止訴訟」論への疑問　*(309)*

　　四　改正原子炉等規制法の意義　*(316)*

　　五　おわりに　*(321)*

　　あとがき　*328*

事項索引　*(329)*

判例索引　*(332)*

第1編　理論体系

第1章　判例との対話

一　はじめに

（1）「活性化する行政訴訟」

　本章は、著者が、2000年10月に日本公法学会で行った総会報告[1]を振り返りつつ、その後「行政訴訟の閉塞状況」が打破され、2008年10月には「活性化する行政訴訟」を語りうるようになっていたことを示すことを主たる目的とする。

　ただ、「活性化する行政訴訟」といっても、厳密には、著者を含めた研究者の印象にとどまるというべきかもしれなかったことを予めお断りしなければならない。というのは、研究者の眼からみて興味を引く重要判例や裁判例が現れ、それに触発された論稿が多く見られるようになっていた[2]ということは確かであろうが、行政訴訟全体についてのデータに基づいた実証的な分析[3]、さらにはそれを踏まえたうえで、行政訴訟全体の動向を「行政訴訟制度改革」の理念等の一定の価値基準に照らして分析する作業は、まだ十分にはなされていなかったようにも思われるからである。以下、3点に分けて敷衍する。

　第1に、前回の報告で指摘した学界における「解釈論疲れ」という現象についてである。これは、1990年代後半には、それ以前の数年と比較して、行政訴訟に関する研究論文の数が激減しているというデータから、1990年代は、行政法研究者の関心が、行政訴訟における解釈論から、行政手続、情報公開、地方分権などの制度改革に向けられた時代であったという診断をした。また、その原因として、研究者の側に「いくら言っても聞く耳を持たない裁判官」という怒りを通り越した諦めが生じているのではないか、との推測をし、行政訴訟の分野でも、閉塞的な現状を打破するには制度改革しかないという結論が自然であろうと分析したものであった。

そして、司法制度改革審議会の意見書が 2001 年 6 月に内閣に提出され、内閣に司法制度改革推進本部が設置されたことによって、行政事件訴訟法の改正が現実味を持ってきた[4]ことにより、研究者の「立法論」にも熱が入ってきた。司法制度改革推進本部に設置された 11 の検討会のうち、「行政訴訟検討会」は 2002 年 2 月から始動したが、同 2 月から 4 月にかけて、「行政訴訟制度改革を考える」という統一テーマで一連の論稿がジュリストに掲載され[5]、また、阿部泰隆、礒部力、小早川光郎、芝池義一 4 会員によって組織された行政法研究フォーラムが 2002 年 7 月、同年 12 月、2003 年 5 月と 3 回連続で行政訴訟制度改革についてシンポジウムを開催した[6]ことなどがその例である。

その後、行政訴訟検討会が、2004 年 1 月 6 日に「行政訴訟制度の見直しの考え方」をとりまとめたことにより、「立法論」は一つの節目を迎えることになった。すなわち、行政事件訴訟法の一部を改正する法律案は、司法制度改革推進本部において立案され、2004 年 3 月 2 日、閣議決定を経て、第 159 通常国会に閣法第 66 号として提出され、同年 6 月 9 日法律第 84 号として公布されたからである。

このように制度改革がなされたことによって、研究者は、新たな制度の下で「解釈論」を展開するというモチベーション、また、「更なる改革」を目指して「立法論」を展開するモチベーションを高めることができた。「行政訴訟論の閉塞状況」が打破され、「活性化する行政訴訟論」を語りうる条件が整ったことは確かであろう。

第 2 に、「判例政策の変更」の問題である。2000 年 10 月の報告で、行政訴訟制度改革について様々な立場が想定できることを指摘したが、その中での消極説である D 説は以下のようなものであった[7]。

〈現行行政事件訴訟法、現行の裁判制度のもとであっても、裁判官が変われば、解釈論によって改善が期待できる。したがって、さしあたりは、法曹養成制度、裁判官の任用制度を改革すれば足りる。また、法学教育の充実が肝要である。〉

この「消極説」は、司法制度改革論議の初期における最高裁判所および法務省の立場をモデル化したものであるが、純粋に法理論的にみれば、傾

聴に値するものであったと思われる。そして、今回の行政事件訴訟法改正において唱えられた「オープンスペース論」[(8)]は、このような立場に親和的なものであろう。

そして、近時の最高裁判所は、処分性や原告適格に関する「判例政策の変更」を行うことによって、抜本改正が必要であるとするA説〈行政事件訴訟法の下では、解釈論による改善はできない。従って法改正が必要である。〉およびB説〈行政事件訴訟法を改正したとしても、裁判所制度が今のままでは、改善は期待できない。したがって、行政裁判所や憲法裁判所の設置が必要である。〉に対する反論が正当であったことを示そうとし、あるいは、「更なる改革」はもはや不要であることを示そうとしているとも見られるのである。

しかし、後に触れるように、「法律上の争訟」に関する「判例政策」は、学説の強い批判にも関わらず、維持されているようであり、民衆訴訟および機関訴訟の捉え方が、日本国憲法の下における「司法権」のあるべき姿に合致しているかにはなお疑問が残るところである。

第3に、法曹養成制度の問題である。前回の報告から今回の報告までの間に起きたことを想起すると、我々研究者にとって最も重要な変化は「法科大学院」制度の発足であったと思われる[(9)]。そして、特に、行政法を専攻する法科大学院の教員については、従来の「基本六法」から「基本七法」への変更は、次の2つの点で、極めて大きなインパクトを与えたと思われる。

ひとつは、判例の読み方の変化である。従来の分析の仕方は、行政法の理論体系、とりわけ総論の体系の中にどのように位置づけられるかというという観点からなされることが多かったように思われる。それを象徴的に示すのは、有斐閣判例六法の行政法に存在する「行政法総論」という柱立てである。そして、そのような位置づけの際には、どちらかというと、判例がどのような理論を採用したかという点に関心が寄せられる。すなわち、「判例」は、厳密な意味では、個々の特定の裁判（判決・決定）において理由のなかで示された裁判所の法律的判断であり、その判断の根底にある裁判所の一般的な考え方——学説でいえば「○○説」に相当するようなもの

4 第1編 理論体系

——である「判例理論」と区別しなければならないという立場[10]からすると、研究者の従来の判例の読み方は、「判例理論」に偏っていたということになると思われる。

これに対して、「理論と実務の架橋」を目指す法科大学院教育においては、厳密な意味での「判例」の分析が要請される。そこでは、個別行政法規の仕組みに即した分析、すなわち、いわゆる「各論志向」が特徴となるからである。カリキュラムの制約からすべての領域をカバーすることはできないにしても、「判例」の射程を適正な範囲にとどめるためには、上記の「判例」と「判例理論」の区別を意識させる教育が必要とされるのである。

ただ、問題を複雑にするのは、我々研究者は、法科大学院の教員であるからといって、「判例」の分析だけをしていれば済むものではなく、また、「判例理論」を前提に議論をすれば済むものでもないことである。かくして、研究者の行う「判例分析」および「判例理論」の評価は、いわゆる「法実証主義」をどの程度貫くか、「認識」と「実践」のどちらに重点を置くかなど、その方法論的立場によって、一定のバイアスが不可避なものとなると思われる。

いまひとつは、憲法学と行政法学の協働である。法科大学院のカリキュラムは「公法系」「民事系」「刑事系」の3分野に整理され、新司法試験における出題も同様である。このことが、憲法と行政法の「融合」という流れを促進していることは確かである。学ぶ立場からすると、ある判例を理解するためには、憲法的な「判例理論」と行政法的な「判例理論」が整合的なものであってほしいという要求は当然のことであろう。そこで、「活性化する行政訴訟論」を語りうる条件が整えられたとした場合、同様に「活性化する憲法訴訟論」を語りうる条件が整えられているのかが関心の対象となる[10a]。

以上3点について指摘したが、これらをまとめると、本章の分析は、結局のところ、著者個人の印象に依拠したものであることを予めお断りしたいということに帰着する。というのは、2008年10月の時点では、「活性化する行政訴訟論」を語ることについては異論がないと思われるものの、

第 1 章　判例との対話　　5

「活性化する行政訴訟」については、たとえば、「見せかけに騙されてはいけない」というような形での異論[11]が予想されるところであったからである。

（2）「臨時特例企業税」と「校長指導」

さて、本論に入る前に、さらに 2 つの地裁判決を紹介して、著者自身のバイアスを明らかにしつつ、導入としたい。ひとつは、神奈川県臨時特例企業税に関する横浜地裁平成 20 年 3 月 19 日判決（判例地方自治 306 号 29頁）[12]であり、いまひとつは、豊多摩高校の卒業式における来賓の祝辞に関する東京地裁平成 20 年 3 月 27 日判決[13]である。

第 1 の横浜地裁判決は、都道府県初の法定外税として神奈川県が 2001年に導入した「臨時特例企業税」は違法だとして、同県藤沢市に工場があるいすゞ自動車が県を相手どり、約 19 億 7900 万円の返還と条例の無効確認などを求めた訴訟の一審判決である。判決は〈企業税条例は地方税法の規定に反して違法・無効〉と断定し、いすゞ側の請求どおり、同県に計約19 億 7900 万円の支払いを命じ、同県は判決を不服として、控訴している。

臨時特例企業税は資本金 5 億円以上の企業が対象で、当期利益が出ても、過去の赤字を欠損金として繰り越せる規定を利用して法人事業税を納付しないで済む場合に、繰越欠損額に相当する当期利益に 3% の課税をするという仕組みであり、経済的にみると欠損金額の繰越控除のうち 30% を遮断する効果を有する。県は資本金や売上高などを基準に税額を決める外形標準課税の導入で税収が安定するまでの「つなぎ」として導入したが、外形標準課税が導入された 2004 年度以降も直ちに廃止することなく、税率を 2% に下げて 2009 年 3 月まで段階的に廃止することとしていた。

県によると、臨時特例企業税の徴収額は、2002〜2006 年度に約 370 億2900 万円でのべ 3292 の企業が納付。2007 年度は 44 億 8400 万円が課税される見込みで、徴収総額は約 415 億 1300 万円になるという。また、総務省によると、「産業廃棄物税」や「核燃料税」などの法定外税は全国でのべ 55 自治体が導入しており、2006 年度決算額は約 560 億円にのぼる。

この訴訟で直接争われているのは、いすゞ自動車の平成 15 年度分約 13億 1500 万円と平成 16 年度分約 6 億 6400 万円である。しかし、判決の効

力は限定されるにせよ、課税の根拠となる条例が無効ということで確定すれば、いすゞ自動車の他の年度分、そして、他の企業のすべての年度分についても返還する必要が少なくとも事実上は出てくると思われる。これは、財政難に悩む神奈川県にとっては「死活問題」であるともいえ、横浜地裁判決の地方税法の解釈が妥当かどうかは、知事が指摘するように「地方分権改革」にとっても重要な意味を持っている。

　本章では、紙幅の関係で詳しくは紹介できないが、この事件は、単に技術的な租税法の解釈論によって決着がつくものではなく、憲法上認められている地方公共団体の課税自主権に照らして、地方税法は「準則法」であるという性格付けをどのように理解するか、地方税法に基づく総務大臣の同意の制度をどのように理解するか、徳島公安条例事件最高裁判決の「目的効果基準」を法定外税条例の適法性判断の枠組みとして用いることが適切かなど、憲法・行政法の理論にとって重要な論点を含んでいる。そして、著者の分析によれば、横浜地裁判決の論理は、「法定税中心主義」と「法人税・法人事業税一体論」ともいうべきものの組み合わせであり、結果的に「国権主義的」な思考方法に陥っているのはないかという疑問がある[14]。

　第2の東京地裁判決は、一群の国旗国歌訴訟のひとつである。しかし、その紛争は、以下に紹介するように、懲戒処分や再雇用の拒否などに係るものではなく、主戦場におけるものというわけではない。

　原告は、都立高校の音楽の教員であるが、2005年3月12日土曜日に来賓として参列した前勤務校の卒業式において祝辞を述べたところ、東京都教育委員会は5月26日に、本件発言の内容が不適切であり、原告の勤務校の校長による「指導」を要するとし、校長は7月20日に原告に対して「指導」を行った。そこで、原告は、東京都を被告として、本件指導に至る一連の行為が国家賠償法1条にいう「違法な公権力の行使」であるとして、240万円の損害賠償請求をした。

　原告の祝辞は、来賓紹介のなかでなされたものであった。来賓らは、司会によって一人ずつ名前を呼ばれて起立し、会場の卒業生の方に向き直って各自の挨拶をした。その際、〈おめでとうございます〉などと祝辞を述

べて挨拶する者もいたし、お辞儀をしたのみで着席する者もいて各人各様であった。原告は、最後に名前を呼ばれて起立し、斜め後ろに向き直ったあと、司会の副校長から豊多摩高校の旧職員である旨紹介されたので、〈おめでとうございます。色々な強制のもとであっても、自分で判断し、行動できる力を磨いていって下さい。〉と述べて着席した。

これに対する校長の指導の内容は〈今回の○○先生の発言は TPO の視点に立って考えると、来賓としてふさわしい内容ではありませんでした。〉というものである。

会員の皆さんは、どのような判決を推測されるだろうか。東京地裁の判決は、請求棄却であり、国家賠償法１条の違法性や過失に関する判例の枠組みを前提とすると、おそらくその結論は動かし難いものであると思われる。

しかし、その理由づけを読むと、著者は見過ごせないという感覚を禁じ得ないのである。いわく、〈校長から教育委員会への報告はまったく虚偽のものとはいえない。〉〈本件発言の発言内容は、生徒に対し国旗掲揚・国家斉唱に対する対応は個々の判断に委ねられる旨を述べるものではないかとの疑義が生じ得るものであったことは否定し難いから、事情聴取を行うことが不相当であるとはいえない。〉〈本件指導はいわゆる「非権力的事実行為」と評し得るところ、このような非権力的事実行為は行為対象者に何らの法的義務を課したり、また、行為対象者の権利・利益を法的に制約したりするものではないことからすると、所要の行政目的を達成するための柔軟性の高い措置として、それが非権力的事実行為の性質・趣旨を逸脱するようなもの、すなわち、強度の干渉にわたったり、また、実質的に行為対象者に重大な不利益を与えるに等しいなどといった事情がない限り、広く許容されるべきものと解される。〉

このような甘い基準で「校長指導」が許されてよいのであろうか。「校長指導」が、被告の主張するように、学校教育法 28 条 3 項、51 条の監督権限による教育指導上の観点からのものであるとすれば、行政手続法が想定する一般私人に対する「行政指導」とは異なる法理が適用されることになるはずである。また、公立高校の教員といえども、勤務外の行為におい

ては一般私人と同様の「表現の自由」を享受すると考えると、そもそも祝
辞の内容に注文をつけるような「指導」にどのような根拠があるのかが疑
問となる。さらに、本件の事実関係をみる限り、校長から教育委員会への
当初の報告は祝辞の内容を正確に伝えるものではなく、「過剰反応」とも
思われる節があり、またその後の教育委員会による事情聴取も原告が弁護
士の立ち会いを求めたことにより実質的には行われていないため、教育委
員会の決定は、正確な事実の基礎を有するものとはいえないと思われる。
最後に、指導の内容そのものも趣旨が不明確で、仮に指導に従う義務があ
るとすれば表現の自由に対する「委縮効果」が大きいものといえ、逆に、
校長の感想を述べたものに過ぎないとすれば、職務命令違反を理由とする
懲戒処分とあわせて、実施状況の公表に含めるのは極めて疑問ということ
になろう。かくして、「校長指導」の撤回請求あるいは違法性の確認とい
う形での原告の救済の途をさぐることが必要な事例ではなかったかと著者
は考えるのである。

　以上、近時の2つの地裁判決を紹介し、著者の感想を述べた。著者はい
ずれの事件についても、敗訴した側から意見書の依頼を受けたという事情
がある[15]。

　以上によって、著者自身が、行政訴訟の現状について、依然として不満
を持っていること、あるいは現在の裁判所の大勢とは異なる「憲法感覚」
を持っていることが示唆されたと思われる。ただ、以下の本論では、行政
訴訟の現状をできる限り客観的に分析することにしたい。

二　最高裁判所の動向

　本論の前半では、近時の最高裁判所の注目すべき判決を、行政訴訟制度
改革（改正法は平成17年4月施行）と関係づけながら整理・分析することに
したい[16]。

（1）　処分性
改正法施行前のものとして、以下の3件が注目される。

　　【1-1】最判平成14年1月17日民集56巻1号1頁（二項道路）、
　　【1-2】最判平成15年9月4日判時1841号89頁（労災就学援護費）、

【1-3】最判平成 16 年 4 月 26 日民集 58 巻 4 号 989 頁（食品衛生法通知）
また、改正法施行後のものとして、以下の 5 件が注目される。

【1-4】最判平成 17 年 4 月 14 日民集 59 巻 3 号 491 頁（登録免許税還付通知）、

【1-5A】最判平成 17 年 7 月 15 日民集 59 巻 6 号 1661 頁（高岡南郷病院）

【1-5B】最判平成 17 年 10 月 25 日判時 1920 号 32 頁（土浦徳州会病院）

【1-5C】最判平成 17 年 10 月 25 日訟月 52 巻 5 号 1574 頁（観音寺徳州会）

【1-6】最判平成 20 年 9 月 10 日判時 2020 号 21 頁（土地区画整理事業計画の決定）

（2） **原告適格**

改正法の施行後のものとして以下の判決が注目される[17]。

【2-1】最大判平成 17 年 12 月 7 日民集 59 巻 10 号 2645 頁（小田急高架）

（3） **当事者訴訟**

改正法の施行後のものとして、以下の 2 件が注目される[18]。

【3-1】最大判平成 17 年 9 月 14 日民集 59 巻 7 号 2087 頁（在外邦人選挙権）

【3-2】最大判平成 20 年 6 月 4 日民集 62 巻 6 号 1367 頁（国籍法 3 条 1 項違憲判決）

（4） **義務付け訴訟・仮の義務付け**（略）

（5） **裁量**

改正法施行前のものとして、規制権限の不行使に関する、以下の 2 件が注目される。

【5-1】最判平成 16 年 4 月 27 日民集 58 巻 4 号 1032 頁（筑豊じん肺）

【5-2】最判平成 16 年 10 月 15 日民集 58 巻 7 号 1802 頁（水俣病関西訴訟）

改正法施行後のものとして、以下の 3 件が注目される。

【5-3】最判平成 18 年 2 月 7 日民集 60 巻 2 号 401 頁（呉市公立学校施設使用不許可）

【5-4】最判平成 18 年 9 月 4 日判時 1948 号 26 頁（林試の森）

【5-5】最判平成 18 年 11 月 2 日民集 60 巻 9 号 3249 頁（小田急本案）

（6）　その他

その他、著者が特に興味をいだいたものとして、以下の 2 件がある。

【6-1】最判平成 18 年 7 月 14 日民集 60 巻 6 号 2369 頁（旧高根町簡易水道）[19]

【6-2】最判平成 19 年 4 月 17 日判時 1971 号 109 頁（情報公開・公務員の氏名）[20]

三　3 つの懸念

本論の後半では、前半の分析の過程で気付いた問題点を示すことによって、今後の課題について考える材料を提供したい。

（1）「隠れた判例変更」？

近時の最高裁判所の判決を分析していて気になるのは、「隠れた判例変更」を行っているのではないかと思われるものが散見されることである。以下、国家賠償、処分性、裁量統制の 3 分野について指摘する。

第 1 に、【3-1】（在外邦人選挙権）は、国家賠償請求を認容しているが、これが、在宅投票に関する昭和 60 年[21]判決を「実質的に変更」していることは、広く指摘されているところである[22]。

第 2 に、処分性を拡大したものとも評価される一連の判決[23]のなかには、以下の 3 件をはじめ、「論証不足」のままで「救済の必要性」という実質的考慮を優先させているという批判を受けざるをえないものが多いと思われる。

たとえば、【1-1】（二項道路）について、山本隆司教授は、〈二項道路一括指定は、私人に対する規律の内容の具体性をおよそ欠くのではないか、という素朴な疑問が残る。〉と指摘し、〈通路部分が二項道路でないことの確認を求める当事者訴訟として処理されるべき事案ではなかったか。〉としている[24]。

また、【1-2】（労災就学援護費）について、太田匡彦教授は、〈以上からすれば本判決の論証は大雑把である。しかし、この大雑把さに本判決の意味がある。〉〈しかし、このような大雑把な論拠で処分性を認める判断は、最

高裁のみがなしうるもので、下級審はそのような大雑把さが上級審に咎められないかという恐怖からどの程度自由だろうか。〉と指摘している[25]。

そして、【1-5A】(高岡南郷病院) について、山本隆司教授は、〈第二小法廷判決は、文字通り読むと、処分性の判断基準を大胆に拡張したように見える。〉としつつ、〈最高裁が本件で、紛争の実態、とりわけ原告の権利保護の実際上の必要性を直截的に判決文に表現したことは、裁判所の本来の任務を明確に意識する、そして意識させる判示として歓迎されよう。しかし、勧告に病院開設を中止させる実際上の効果があることは、原告の出訴権の根拠となるとしても、それだけで即、勧告を処分として勧告取消訴訟という形式の訴訟を認める理由にはならないであろう。〉と指摘している[26]。

第3に、【5-5】(小田急本案) について、櫻井敬子教授は、マクリーン判決の「全く事実の基礎を欠く」という文言を「重要な事実の基礎を欠く」に言い換えており、実質的に変更している、と指摘している[27]。時期的にみると、この言い換えは、先に【5-3】(呉市公立学校施設使用不許可) が行っていたところであるが、【5-4】(林試の森) は、この要件には触れておらず、「判例理論」をどのように理解すべきか、悩ましいところである[28]。

以上をまとめると、近時の最高裁判所の判決の中には、「権利救済の拡充」という実質論の面に着目すれば積極的な評価がふさわしいものにおいても、その「不十分な論証」のゆえに、先例の位置づけが曖昧なものとなっているものが多いと考える。著者の立場[29]からすれば、これらの批判が当てはまるケースにおいては、明示的な「判例変更」がなされるか、従来の「判例」の射程を限定する理由付けが明確に示されるべきであったということになる。

ただ、裁判実務の実際を考慮すると、わが国では、最高裁判所は、「判例理論」が不安定なままで「判例」を積み重ねてゆくほかないという宿命を負っているともいえよう。というのは、多数意見となるためには、多くの場合、異なる「判例理論」の「同床異夢」が不可避であるからである。そこで、研究者は常に不満を持つことになり、また、教育者は、しばしば、「分からなくて当然」と学生をなだめなければならないということになる。

そして、【1-6】（土地区画整理事業計画の決定）は、このような状況を示す好例ともいえるのである[30]。

（2）「アクチオ的思考」の残存

第2の懸念は、「アクチオ的思考」の残存ともいうべきものである。

周知のとおり、最大判平成14年7月9日民集56巻6号1134頁（宝塚パチンコ条例）は、「法律上の争訟」についての「判例」となっているが、その基礎となっている思考方法は、民事訴訟および刑事訴訟が「司法」の本来の守備範囲であり、行政訴訟は法律によって明示された限りで裁判所の任務となるというものであると思われる[31]。

そして、無意識にこのような「アクチオ的思考」をとる場合には、「機関訴訟」や「民衆訴訟」の概念を拡大して捉えがちになり、あるいは、「抗告訴訟」の基礎にある「請求権」の存在をカテゴリカルに否定する「理論」が出てくるという弊害が生じると危惧されるのである。たとえば、前者の危惧が現実化したとみられるのが、杉並区の住基ネット訴訟である[32]。また、後者の危惧を感じさせるものとしては、義務付け訴訟・差止訴訟に関する「形成訴訟説」があげられる。これは、改正法によって法定抗告訴訟とされた「訴訟類型」の性質に関する「理論的説明」に関するものであるので、特に問題とする必要はないのかもしれないが、国の訟務関係者の執筆にかかる論稿であることから、その実践的意図が気になるところである[33]。

（3）本案における「保守化」

第3の危惧は、著者の価値基準ないし「憲法感覚」に照らした場合の、最高裁判所の「本案における保守化」ともいうべきものである。

たとえば、最判平成17年5月30日民集59巻4号671頁（もんじゅ）は、原審が無効とした原子炉設置許可処分を、そもそも違法でないとしたが、その理由付けは到底納得できるのではなく、先に結論ありきではないかと考えざるを得ない[34]。

また、医療法の勧告に関しても、一連の最高裁判決は「処分性」の肯定によって、病院開設希望者の「権利救済」に好意的であるかのような面があるが、他方で、最判平成17年9月8日判時1920号29頁は、「勧告と指

定拒否の連結」の合憲性・適法性を簡単に肯定している。そこで、このような判断を前提とすると、事前協議等の違法な行政実務を是正することは難しいというほかない[35][36]。

四　おわりに

　以上のとおり、著者は、近時の裁判所の変化を基本的には歓迎するものであるが、若干の懸念を抱いていることも否定できない。そこで、学説は以下のようなスタンスをとるべきであると考える。

　第1に、研究者は、「判例」ないし「判例理論」の分析・評価において、建設的な提言を心がけるとともに批判的視点を維持するという一定の緊張関係を持続する必要があると思われる。第2に、研究者は、今後も、解釈によって解決を図るべき事項と立法によって解決を図るべき事項を仕分けするという「複眼的」な考察を心がけるべきであろう。その理由はそれぞれ以下のとおりである。

　第1点については、2004年の行政事件訴訟法改正は、裁判所に「解釈による救済の拡充」のための「オープンスペース」を確保することに主眼をおいているところに特徴がある。そこで、制度改革の評価は、裁判所が「オープンスペース」をどのように活用するか、すなわち、判例による積極的な法創造がどのようになされるかに依拠していることになる。その意味で、改正法は裁判所に重い課題を与えたものというべきであり、学説の重要な役割は、そのような課題に応えようとする裁判所の活動を側面から支援することであると思われるからである[37]。

　第2点については、橋本博之教授が指摘するように、〈裁判官の便宜を向上させれば国民も救済されるという論法には違和感が残る〉[38]のであり、また、櫻井敬子教授の〈今回の法改正が、学界という狭い空間の中では革命的な内容のものであったことは事実ですが、国民からみた改革内容として評価するならば、訴訟の入口の話で基本的に終わってしまっているということです。〉[39]というような評価もある。したがって、「更なる改革」の必要性は否定できない。

　最後に、これに関連して、「法化社会」という言葉について感想を述べ

る。前回の報告において、著者は、東京都の外形標準課税条例事件を紹介
し、「変容する社会の象徴」であるとともに「行政訴訟活性化の試金石」
であるとした。しかし、社会における様々な紛争が裁判所に持ち込まれる
ということ自体は、必ずしも「良いことである」とか「悪いことである」
と単純に評価できるものではない。著者の印象によれば、日本社会は変容
し続けており、社会の統合力が弱まった反面で裁判所への期待が高まる傾
向にあることは確かである。しかし、他方で、法治主義ないし法の支配の
理念に反する政治・行政の実務が随所に見られることも否定できないと思
われる。その意味では日本社会は「法化が不十分な社会」であるともいう
べきであり、その是正を裁判所による積極的な法創造にのみ頼ることは無
理であると思われる。「国民の権利利益のより実効的な救済」という理念
の実現に向けて、法曹三者、憲法研究者、行政法研究者がそれぞれの立場
で努力を継続することが必要であるということを確認して、本報告を終え
ることにしたい。

【第1章注】

＊なお、本章の初出原稿は、2008年10月の日本公法学会で行った総会報告の原稿
を「である」調に改めたものであり、紙幅の関係で、二の判決内容の紹介の部分は
省略した。また、注記も、最小限のものとするため、参照の便宜を優先して選択し
た。準備段階では多くの文献を参照し、それぞれから有益な示唆を得たが、紹介で
きなかったものが多いことをお詫びしたい。

(1) 髙木光「司法の現状分析―公法学の影響―行政訴訟」公法研究63号93頁
　　(2001年)。

(2) 裁判例の動向を概観するには、以下の3つの特集および2つの逐条解説が参
　　照に便宜である。ジュリスト1310号（2006年）特集「行政訴訟判例の展開」＝
　　亘理格「行訴法改正と裁判実務」、桑原勇進「原告適格に関する最高裁判例」、大
　　久保規子「処分性をめぐる最高裁判例の展開」、大貫裕之「行政訴訟類型の多様
　　化と今後の課題」、北村和生「行政権限不行使に対する司法救済」。法律のひろば
　　59巻5号（2006年）特集「改正行政事件訴訟法施行後1年の動向」＝大門匡
　　「改正行政事件訴訟法施行後1年の回顧と今後の展望」、越智敏裕「処分性をめぐ
　　る最近の最高裁判決の動向」、岩淵正紀「原告適格―小田急事件大法廷判決につ
　　いて」、永谷典雄「改正行政事件訴訟法の実務上の諸問題」。法律時報79巻9号

（2007 年）特集「行政救済法の展開と課題」＝人見剛「行政事件訴訟法改正と行政救済法の課題」、石崎誠也「社会福祉行政上の処分と義務付け訴訟の機能」、米丸恒治「行政の民営化と・民間委託と行政救済法」。南博方＝高橋滋編『条解行政事件訴訟法（第 3 版）』（弘文堂・2006 年）、室井力＝芝池義一＝浜川清『コンメンタール行政法Ⅱ行政事件訴訟法・国家賠償法（第 2 版）』（日本評論社・2006 年）。

(3) 下級審については、雑誌等に登載されたものや裁判所サイドが公表しているものだけを分析しても、全体像は必ずしも明らかにならないという問題が残っている。

(4) 小林久起『行政事件訴訟法』3 頁（商事法務・2004 年）参照。

(5) ジュリスト 1216 号、1217 号、1218 号、1219 号、1220 号。

(6) シンポジウムの記録は、ジュリスト 1234 号、自治研究 79 巻 5 号・6 号、法律時報 76 巻 1 号にそれぞれ掲載されている。

(7) 髙木・前掲注 (1) 104 頁。

(8) 議論を整理したものとして、橋本博之「行政訴訟改革といわゆる『オープンスペース』論」慶応法学 10 号（2008 年）参照。

(9) 統一テーマ「公法学教育と大学」に関する、公法研究 68 号（2006 年）の諸論稿参照。法科大学院時代の教育を意識した「各論志向の行政法総論教科書」として、阿部泰隆『行政法解釈学Ⅰ』（有斐閣・2008 年）が注目される。

(10) 中野次雄編『判例とその読み方（改訂版）』（有斐閣・2002 年）5 頁。

(10a) 2008 年の学会のテーマ企画委員会の問題関心には、憲法訴訟と行政訴訟の「乖離現象」の克服、その理論の融合の可能性の模索があるとされているところであった。

(11) 阿部泰隆「行政法解釈のあり方 (1)‐(7) 完」自治研究 83 巻 7 号（2007 年)-84 巻 1 号（2008 年）。

(12) 横浜地判平成 20 年 3 月 19 日判例地方自治 306 号 29 頁。

(13) 東京地判平成 20 年 3 月 27 日（平成 18 年（ワ）第 3833 号）判例集未登載。

(14) 髙木光「行政法入門 39・40」自治実務セミナー 47 巻 10 号・11 号（2008 年）。

(15) 来賓祝辞事件につき、東京高判平成 21 年 2 月 18 日（平成 20 年（ネ）第 2419 号）判例集未登載は、「非権力的事実行為」という概念を用いた部分は改めたものの、ほぼ一審の判断を是認して、控訴を棄却した。

(15a) 2008 年 10 月の学会報告の時点で、前者については、既に意見書を作成し、後者についても同月末までに意見書を作成する予定であった。なお、臨時特例企業税事件は、その後、東京高裁では神奈川県側が逆転勝訴したが、最高裁ではいすず側が再逆転という展開となった。

(16) 東京地方裁判所の動向については、杉原則彦「行政部における事件処理の現

16 第1編 理論体系

状—事件の増加と国際化への対応」法律のひろば 61 巻 7 号（2008 年）参照。

(17) 下級審のものとしては、三井グランド訴訟に関する杉原コートの、東京地判平成 20 年 3 月 19 日（特殊車両通行認定）および東京地判平成 20 年 5 月 29 日（土地区画整理事業認可）が注目される。「三井グランドと森を守る会」の WEB サイト参照。

(18) 下級審のものとしては、東京地判平成 19 年 11 月 7 日判時 1966 号 3 頁（混合診療）が注目される。阿部・前掲注（9）131 頁参照。

(19) 条例の料金部分の無効確認について、一審は、民事訴訟として適法とし、控訴審は、処分性を肯定していた。最高裁判所は処分性を否定しつつ、個々の原告の権利義務が訴訟物という基本的発想を示している。この判決からは、最高裁判所は、当事者訴訟の活用を認めるとしても、「行為自体の違法確認」は例外的にしか認めない立場をとるのではないかと推測される。

(20) 藤田補足意見は、最判平成 13 年 3 月 27 日民集 55 巻 2 号 530 頁および最判平成 14 年 2 月 28 日民集 56 巻 2 号 467 頁の「独立した一体的な情報」論を断罪している。これは、明示的な判例変更をすべきとの立場であり、この立場と、【6-2】は「隠れた判例変更」を行っているとみる立場は紙一重であろう。阿部・前掲注（9）539 頁。

(21) 最判昭和 60 年 11 月 21 日民集 39 巻 7 号 1512 頁。

(22) 山本隆司「在外邦人選挙権最高裁大法廷判決の行政法上の論点」法学教室 308 号 31 頁（2006 年）、杉原則彦（【3-1】調査官解説）法曹時報 58 巻 2 号 333 頁（2006 年）。

(23) 橋本博之「処分性論のゆくえ」立教法学 70 号（2006 年）は、概して批判的である。とりわけ、【1-3】は届出制度を許可制度に「書き換えている」という指摘は重要であり、立法者との役割分担の問題を示唆している。報告当日は時間の関係で省略したが、報告者は、「処分性」の有無は、「法律による行政の原理」および「適正手続の原理」との関係で、立法者が明確に定めるのが筋であり、いわゆる公定力ないし排他性に依拠する限り、判例政策によって左右されるべきではなく、「概括主義」の要請は、「法律上の争訟」や「即時確定の利益」などの「柔らかな概念」の解釈によって満たされるのが望ましいと考えている。なお、塩野宏会員の以下のような発言も類似の発想であろう。〈行政指導も取消訴訟で、しかも出訴期間のない取消訴訟でやるというのは、ひとつの立法の割り切り。しかし、裁判所の方で勝手に処分性を認めておいて出訴期間はないという扱いはフリンジの扱いとして適切なのかどうか。〉「立法による行政の変革と公法学—塩野宏先生に聞く」法律時報 80 巻 10 号 13 頁。

(24) 山本隆司「判例から探求する行政法 5」法学教室 335 号 55 頁（2008 年）。

(25) 太田匡彦「判例解説」『行政判例百選 II（第 5 版）』343 頁（2006 年）。

(26) 山本隆司「判例から探求する行政法 3」法学教室 333 号 44 頁、46 頁。

(27)　磯部力＝櫻井敬子＝神橋一彦＝村田斉志「エンジョイ！行政法 8〈行訴法改正、その後〉」法学教室 321 号 81 頁（2007 年）。

(28)　高橋滋「行政訴訟をめぐる裁判例の動向と課題」法曹時報 59 巻 8 号 2525 頁（2007 年）は、近時の判決においても、判断枠組みは基本的には踏襲されており、【5-3】や【5-4】は、事案の特殊性等を足掛かりとして、より積極的な統制を行おうとするものであるとみている。

(29)　髙木光「行政法入門 26-30」自治実務セミナー 46 巻 8-12 号（2007 年）。

(30)　処分性を肯定する理由づけとして、①〈施行区域内の宅地所有者等は、事業計画の決定がなされることによって、前記のような規制を伴う土地区画整理事業の手続によって換地処分を受けるべき地位に立たされるものということができ、その意味で、その法的地位に直接的な影響が生ずるものというべき〉の他に、②〈実効的な権利救済を図るという観点からみても、これを対象とした抗告訴訟の提起を認めるのが合理的〉があげられている。藤田補足意見によれば、②が付加されたのは、「完結型」に関する最判昭和 57 年 4 月 22 日民集 36 巻 4 号 705 頁なども判例変更すべきではないかという問題がでてくることを意識し、当面は土地区画整理事業計画固有の理由づけが必要であると考えられたことによる。他方、泉補足意見は、「土地区画整理事業の施行権の付与」が本質的効果であり、建築行為等の制限は付随的効果であるとみており、端的に、建築制限等の「直接的」な法的効果を理由とすべきとする涌井意見とは発想を異にしている。なお、報告者は、最判昭和 61 年 2 月 13 日民集 40 巻 1 号 1 頁（市町村営土地改良事業の施行認可）は、青写真判決を実質的には変更しているのではないかと考えてきた。研究会・現代型行政訴訟の検討課題 II「計画行政事件をめぐる問題点」ジュリスト 925 号 22 頁以下（1989 年）参照。

(31)　太田匡彦「民事手続による執行」行政法の争点（第 3 版）72 頁（2004 年）。

(32)　東京地判平成 18 年 3 月 24 日判時 1938 号 37 頁、東京高判平成 19 年 11 月 29 日判例地方自治 299 号 41 頁、最決平成 20 年 7 月 8 日判例集未登載（上告棄却、上告不受理）。阿部・前掲注 (11) 自治研究 83 巻 12 号 33 頁、84 巻 1 号 44 頁。

(33)　髙木光「義務付け訴訟・差止訴訟」礒部力＝小早川光郎＝芝池義一編『行政法の新構想 III』60 頁（有斐閣・2009 年）（＝本書第 1 編第 2 章に収録）。行政事件訴訟実務研究会編『行政訴訟の実務』94 頁、108 頁（ぎょうせい・2007 年）の執筆者は、永谷典雄氏であると推測される。永谷・前掲注 (2) 法律のひろば 59 巻 5 号 41 頁参照。

(34)　日本弁護士連合会行政訴訟センター編『最新重要行政関係事件実務研究』302 頁（海渡雄一）、334 頁（斉藤浩）（青林書院・2006 年）参照。

(35)　髙木光「行政法入門 34・35」自治実務セミナー 47 巻 5 号・6 号（2008 年）。阿部・前掲注 (9) 128 頁。

(36)　【5-5】（小田急高架訴訟本案）や、最判平成 19 年 2 月 27 日民集 61 巻 1 号

18 第1編 理論体系

291 頁（君が代伴奏拒否）についても同様である。
(37) 髙木光『行政訴訟論』はしがき vii 頁、83 頁（有斐閣・2005 年）。
(38) 橋本博之『要説行政訴訟』7 頁（弘文堂・2006 年）。
(39) 櫻井敬子発言・前掲注（27）69 頁。

第2章　実体権構成

一　はじめに

　本章は、平成16 (2005) 年の行政事件訴訟法の一部改正（以下、単に「改正法」という。）によって「義務付け訴訟」と「差止訴訟」が法定されたことの意味を、主として「行政訴訟」におけるいくつかの「理論」に及ぼす影響という観点から考察することを目的とする。以下、「行政庁の第一次的判断権」「実体権構成」「形成訴訟説」の順に検討することにしたい。

二　行政庁の第一次的判断権

（1）　取消訴訟中心主義

　塩野宏教授は、以下のように、改正法は「取消訴訟中心主義」との関係では中立ではないが、「義務付け訴訟・差止訴訟の性質・訴訟物」については中立であるとしている[1]。

　〈行政事件訴訟法は、当時の行政法学説と民事訴訟法学説の共同作業（ある面では拮抗作業）であったということができる。しかし、その特則たる行政訴訟法理そのものは従前のそれを基本としていたとされるのである。〉〈改正法は、学説に対しては中立であるというのが、筆者の基本的認識である。もっとも、これには若干の注釈が必要である。〉〈学説に対する中立といっても、すべての点についてこれが当てはまるわけではない。とりわけ、義務付け訴訟、差止め訴訟（仮の救済制度を含む）の法定化は、それを積極的に支持する学説の豊富な蓄積がなければ実現しなかったものである。その意味では取消訴訟中心主義を基礎とする義務付け訴訟等消極論との関係では、改正法は中立ではない。〉〈他方、今回の改正は、特定の行政訴訟ドグマーティクを機軸としたものではなく、ドグマーティク相互の相克の中で成り立ったと言うものでもない。〉〈これを具体的にいえば、義務付け訴訟、差止め訴訟の性質、訴訟物等について、一定の立場で条文が整理されているわけではない。〉

　後者については、後に節を改めて三及び四で検討することとし、まずは、

前者の意味について考察する。「取消訴訟中心主義は否定された」という命題は何を意味するのであろうか。これは、当然のことながら「取消訴訟中心主義」が何を意味するのかに依存する。

「取消訴訟中心主義」ないし「抗告訴訟中心主義」という用語は、行政事件訴訟法の基本構造、そしてその背後にある「伝統的な行政法理論」を標語的に表現したものとして多用されてきた。しかし、このような整理には、「技術的側面」と「実践的側面」があり、評価にあたっても両者の区別が必要であると思われる[2]。

「技術的側面」とは、立法技術にかかわるものである。すなわち、行政事件訴訟法の条文の組立ては、取消訴訟についての条文を詳細に設け、その他の抗告訴訟類型については「取消訴訟に関する規定の準用」（38条）という法技術を用いるという特徴を有している。また、当事者訴訟については、「抗告訴訟に関する規定の準用」（41条）という法技術を用いている。

このような「技術的側面」としての「取消訴訟中心主義」ないし「抗告訴訟中心主義」が行政事件訴訟法で採用されていること、またそれが改正法においても維持されていることは、異論のないところであろう。それは、「認識としては正当」であろうし、それを特に消極的に評価すべきものとは思われない。

これに対して、「実践的側面」とは、取消訴訟という訴訟類型を通じた救済が原則であるから、その他の訴訟類型による救済は例外的なものとして限定的にのみ認めれば足りるという価値判断に傾くというものである。すなわち、「行政事件訴訟法は取消訴訟中心主義を採用している」という命題は、さしあたりは「認識」として提示されるのであるが、それが、「そのように解釈適用されてやむを得ない」という「実践」に結びつく傾向があるのである。その意味で「取消訴訟中心主義」は、結果的には「隠れた列記主義」ともいうべき機能を果たしていたと思われる[3]。

塩野宏教授の近時の教科書での説明[4]をみてみよう。

〈改正前の行政事件訴訟法の下では、取消訴訟を中心とし、その他の抗告訴訟（とりわけ法定外抗告訴訟）は、補充的なものとするという位置づけが与えられていた。いわゆる取消訴訟中心主義である。しかし、改正法はこ

の主義からの脱却を目指したものである。その意味では、改正前の行政事件訴訟法が拡張的抗告訴訟観であったのに対して、改正法は開放的抗告訴訟観に立脚しているということができる。〉

　人見剛教授の整理[5]によれば、改正前の行政事件訴訟法の下での学説の分布状況は、義務付け訴訟の許容性については、「全面否定説」「制限的肯定説（補充説）」「一般的肯定説（独立説）」であるのに対し、差止訴訟の許容性については、「制限的肯定説（補充説）」「ゆるやかな補充説」「独立説（成熟説）」であった。

　ここで、改めて注目すべきは、差止訴訟については「全面的否定説」が存在しないことである。そしてこれは、田中二郎博士の「行政庁の第一次的判断権」の理論が、「義務付け訴訟」については「全面的否定説」につながる一方で、「差止訴訟」については「制限的肯定説」につながるものであったことによる[6]。しかし、田中博士の差止訴訟に関する「制限的肯定説」は当然のことながらかなり限定的なニュアンスの強いものであった。そこで、それが「補充説」と分類される場合には、救済の拡充を意図する立場からは、「ゆるやかな補充説」を別に立てる必要性が意識されたと思われる[7]。

　以上の考察からは、次のような中間的結論が得られるであろう。

　改正法は確かに「取消訴訟中心主義の実践的側面」の克服を意図している。しかし、著者の考えるところ、それは、実は改正法を待たなくてもなされるべきものであった。すなわち、「行政庁の第一次的判断権の理論」は、「行政処分」がなされてはじめて裁判所はその違法性を「事後的」に判断できる、というイデオロギーであって[8]、そこから「義務付け訴訟」や「差止訴訟」はきわめて例外的な場合にしか認めないという結論が正当化された。また、「行政庁の第一次的判断権の理論」は、「権力分立論に根拠を置いた司法権の限界論」の焼直しであり、その出発点となっている「司法権」の観念は、明治憲法下のそれであった[9]。そして、日本国憲法の下では本来は維持すべきでないそのような価値判断が、多くの学説の批判を受けつつも、裁判実務を支配してきたのである。この点につき、山本隆司教授は、次のように説明している[10]。

22 第1編 理論体系

〈いわゆる法定外抗告訴訟を認めても、判断・決定に関する「行政庁の
第一次的判断権」を適度に考慮した手続をとることができるのであり、判
断・決定に関する第一次的判断権は、いわゆる法定外抗告訴訟の可能性を
原則として否定する根拠にはならないと思われる。〉〈改正行訴法3条7項
及び37条の4の趣旨に関する最も重要なポイントは、改正前行訴法下で
通説・判例を規定してきた、作用・行為のレベルにおける行政庁の第一次
的判断権の原則ないし事後訴訟中心主義が、放棄された点である。〉

（2） 抗告訴訟中心主義

次に検討すべきは、行政訴訟と民事訴訟の異質性に着目する立場からの
「抗告訴訟中心主義」であろう。この立場は雄川博士によって基礎づけら
れたが、小早川教授によって、日本国憲法の「概括主義」の下でも妥当す
るものとして理論化され、近時の教科書でも次のように維持されてい
る[11]。

〈ここでは、まず一方で、訴訟事項に関していわゆる概括主義ではなく
列記主義（訴訟事項列記主義）、すなわち、訴訟の対象たりうる事項を法令
で限定列挙するという主義がとられていたことが重要である。他方、訴訟
の形態としては、そこでいう行政訴訟は、"行政処分（行政庁の処分）"の
観念を基礎とし、違法な行政処分に対する不服の訴訟として構成されてい
た。そして、それは求められている救済ないし是正措置の態様からいえば、
主としては処分の取消しを求める訴訟であり、現在の取消訴訟に相当する
ものであった。以上が、明治憲法下における抗告訴訟の制度である。〉〈こ
うして、戦後における行政訴訟の実務および理論は、戦前と同じく、行政
処分の取消しを求める訴訟を中心に展開した。それを引き継いだのが、現
行行政事件訴訟法における取消訴訟の制度である。〉〈抗告訴訟は、行政庁
の公権力の行使に関する"不服の訴訟"である。民事訴訟の通常の場合に
は、一定当事者間における権利義務の争いが訴訟の主題となり、それが裁
判所によって審理裁判される。それに対し抗告訴訟においては、基本的に
は、公権力の行使に係る行政庁の一定の行動または態度——一定の処分を
したこと、しようとしていること、しないこと等々——についての不服が、
訴訟の主題となる。たとえば、取消訴訟の場合でいうと、そこでは、たし

かに権利義務の争いの存在は前提とされているが（"法律上の争訟"の要件）、その争いが裁判所によって全面的に審判されるのではなく、争いの一要素である行政庁の一定の処分が——それだけが——取り上げられ、その適否が審判の対象とされる。抗告訴訟一般についてみても、一定の権利義務の争いが全面的に審判されるのではなく、争いの一要素である行政庁の一定の行動・態度が取り上げられ、主としてはその適否が、審判の対象とされるのである（無効確認訴訟、不作為違法確認訴訟等々——後述）。それは、民事訴訟と比べて一つの大きな特徴をなす（ただし、2004年改正で新たに法定されることとなった義務付け訴訟の場合は、やや趣を異にするように見える——後述）。〉〈以上の検討をふまえて行訴法3条1項の定義を敷衍すれば、抗告訴訟とは、公権力の行使に係る行政庁の一定の行動・態度について不服である者が、その——当該行政庁ないしはその所属する国・公共団体等に向かっての——不服を主張する訴訟であると言うことができる。〉〈もともと行政とは、法に従って、ただし、裁判手続により特定当事者間の法律関係（権利義務関係）を確定するというのではない方法で、社会内の諸利益の調整を行い、そのようにして社会を管理することにほかならない。しかし、当時に、そのような行政の活動は、訴訟の裁判という形での裁判所の統制に服すべきものでもある。そして、その場合の制度設計の問題としては、特定当事者相互間における権利義務の如何というよりも、行政の任務である利益調整が適法に行われているか、そこでの行政庁の行動・態度に違法はないかということを中心にして、私人間の民事訴訟とは異なる訴訟の制度を組み立てることに、合理性があるといえる。行訴法の定める抗告訴訟は、そのようなものと見ることができる。〉

　以上のように「行政訴訟の特質」を強調する傾向が、「行政事件訴訟法の基本構造」として、「取消訴訟中心主義」ないし「抗告訴訟中心主義」を説く立場の背景にある。そして、その背後には、フランスの「越権訴訟」を「行政訴訟」の模範とする理解があったのではないかと推測される。著者はかつて雄川博士の「抗告訴訟観」をドイツのメンガー理論との関連で分析したことがあるが、そこでの「雄川理論」は、当然のことながら、1990年の時点での著者の問題関心からみたものであって、雄川教授の真

意とは必ずしも一致するものではなかったと思われる[12]。また、いわゆる小早川理論も、客観的にみれば「権利救済に冷淡」な判例政策を正当化する機能を果たしてきたといわざるをえないが、小早川教授が主観的にそれを意図していたと考えるべきではないであろう。というのは、近時の教科書[13]では、長野勤評事件、横川川事件、御所町二項道路指定事件などが、当事者訴訟として扱うのがふさわしい事案であったとされているからである。

　いずれにしても看過してはならないのは、「行政作用の特質」「行政訴訟の特質」というような形で一元的な理解を試み、そのような「本質論」を背景に解釈論をするという姿勢が弊害を生みやすいことであろう。

　この点で参考になるのが、橋本博之教授によるフランスにおける「行政訴訟の二元構造の展開」についての以下のような指摘[14]である。すなわち、わが国では、フランス行政訴訟の中でも越権訴訟を取り上げた比較法研究が質量ともに多くの蓄積を見ており、越権訴訟の客観訴訟としての法的性格に関する議論も紹介されてきた。しかし、フランスの行政訴訟は、多種多様な訴えの類型を含んでおり、越権訴訟と全面審判訴訟の区分は、裁判実務上も意義を持ち続けていた。また、理論上も越権訴訟と対置される全面審判訴訟という説明が完全になくなることはなかった。

　また、これと関連して注目すべきは、フランスの近時の行政訴訟改革の動向である。すなわち、フランスにおいては、1995 年にわが国より 10 年早く大規模な行政訴訟改革が実現し、歴史的に形成されてきた行政訴訟のイメージ、すなわち「古典的な越権訴訟の構造」が、改革後の判例の展開によってかなりの変容を被っていることが指摘されている[15]。そこで、このような伝統と展開に照らしてみれば、行政事件訴訟法の基本構造として「抗告訴訟中心主義」を説くことは、フランスモデルの単純化[16]というべきことになると考えられる。

　以上の考察によって、改正法のもとでは、「実践的意味」における「取消訴訟中心主義」ないし「抗告訴訟中心主義」の克服がなされるべきことが確認できたと思われる。それでは、逆に「行政訴訟の特質」を否定し、民事訴訟との同質性を強調することが適切なのであろうか。節を改めて

第2章　実体権構成　　*25*

「実体権構成」について検討することにしよう。

三　実体権構成

（1）　結果除去請求権

　先に触れたように、塩野教授は、改正法は「義務付け訴訟・差止訴訟の性質」については中立であるとしつつ、自らは「給付訴訟説」の立場を表明している。この立場は、「義務付け訴訟・差止訴訟」を原告が有する実体法上の請求権を実現するものと捉えるものである。本章では、以下、このような発想を一般化し、抗告訴訟および当事者訴訟の全体を実体法上の請求権を実現するものとして捉える立場を「実体権構成」[17]と呼ぶことにしたい。

　橋本教授の整理[18]によると、行政事件訴訟法において義務付け訴訟・差止訴訟を明示的に認める場合の立法的対応の在り方、すなわち「技術的側面」について「請求権構成」と「訴訟類型的構成」という2つのタイプが対比されるが、その意味は以下のとおりである。

　「請求権構成」とは、義務付け訴訟・差止訴訟の存在を確認的に定める形にして、訴訟要件や本案勝訴要件については明文化しないという方法である。これは、義務付け訴訟・差止訴訟を原告の有する実体法上の請求権に基づく給付訴訟と考える立場が前提となり、そのような「理論的立場を純化」させるとそのような方法がとられるべきものとなる。「訴訟類型的構成」とは、義務付け訴訟・差止訴訟を、抗告訴訟の中で取消訴訟などと並べて訴訟要件を書き込む形で法定するものであり、改正法はこの方法を採用した。しかし、これは、行政訴訟においては特殊な訴訟類型として定められた枠の中でのみ訴えが提起できるという考え方（古いアクチオ的思考）を前提としたものと考えるべきではなく、裁判実務による活用を図るためには訴訟要件・本案勝訴要件を明記した方が使い勝手がよい、という「政策的見地」に依拠したものと考えるべきである。

　以上のように、改正法の趣旨は、行政訴訟を国民の実体法上の権利利益の側から捉える理論的立場、すなわち「実体権構成」に親和的であることは明らかであって、「訴訟類型的構成」という「技術的側面」を手がかり

26 第1編 理論体系

に、古いアクチオ的思考に回帰することは適切ではないと思われる。

さて、戦後のドイツ行政法学は、行政訴訟と民事訴訟の同質性に着目する立場から、実体法上の請求権を創出する努力を続けてきたと思われるが、塩野教授はそれに従うことがわが国においても適切であると判断していることになろう。

その典型例として、結果除去請求権の意義を簡単に確認すると以下のとおりである[19]。結果除去請求権は、「実体法」上の請求権であり、「訴訟法」たる行政裁判所法（VwGO）の下で認められる各種の訴訟類型は結果除去請求権その他の請求権を実現するものとして理解される。そこでは、取消訴訟そのものも、「技術的」には「形成訴訟」とされているものの、その「実質」は「給付訴訟」であると理解されることになる。公法の世界における「基本権」を私法の世界における「絶対権」に対応するものとイメージする思考法によれば、「基本権」が「侵害」された場合には、基本的には「原状回復請求権」が、「侵害」が迫っているときには「妨害予防請求権」が発生することになるからである。

取消訴訟は、侵害的行政行為がなされた場合に、事後的にその「侵害」の排除を求めるものと観念される。また、侵害的行政行為がなされようとしている場合に、事前にその「侵害」の予防を求める訴訟、すなわち「行政行為の予防的訴訟」は、その亜種として観念されることになる。このような「侵害」をキーワードとした理解によれば、「取消訴訟」と「差止訴訟」は連続性を持ったものと捉えられるのが自然である。

このような発想は、実は、わが国の学説においても従来から共有されてきたとみられる。無名抗告訴訟の許容性について消極的であった田中二郎博士の説が、義務付け訴訟については「全面的否定説」であったのに対し、差止訴訟については「制限的肯定説」であったのは、このような事情によると思われる。そして、塩野宏教授の以下のような説明[20]にも同様の背景を認めることができよう。

〈公権力の行使による侵害を未然に防ぐという意味において、差止訴訟は法治国原理に結合が容易であるという側面をもともと持っている……。〉
〈差止訴訟は給付訴訟の典型例の一つであること、法定外抗告訴訟の一類

型として、一般論としてはその許容性は学説・判例の一致するところであったこと等、義務付け訴訟で述べてきたところが、差止訴訟については一層よく当てはまる……。〉〈差止訴訟の訴訟物は、民事訴訟と同様に、原告の実体法上の差止請求権である。〉

　以上の説明からうかがえるように、わが国の学説は、それを明示するかどうかは別にして、行政訴訟における「実体権構成」への志向をドイツ行政法学から学んできたと思われる。しかし、裁判実務に対する影響力という点では、ドイツにおけるそれと比較して劣っていたことは否定しがたい。

　たとえば、ドイツにおける「結果除去請求権」は、「行政行為」という形式による「侵害」に対してのみならず、「事実行為」による「侵害」に対しても発生するものとされる。そして、侵害を受けた者が権利救済を求める場合に、前者では「取消訴訟」が受け皿になるのに対し、後者では「一般的給付訴訟」（allgemeine Leistungsklage）が受け皿となる。また、「一般的給付訴訟」は、行政行為の差止訴訟の受け皿でもある[21]。この場合、重要なのは、「一般的給付訴訟」という訴訟類型について、行政裁判所法に特別の規定が置かれているわけではないが、それを利用できることは当然とされることである。すなわち、そこでは「権利あるところ救済あり」という発想がされるのである。そして、この場合、「権利」ありという部分で説得された裁判所は、訴訟類型についてこだわることなく救済を与えるという対応をする可能性が高くなる。このように「実体権構成」への志向は、実践的にみれば、「実体権」を解釈論によって創出することにより、訴訟法の制約による「隠れた列記主義」を克服する機能を有しているとみることができるのである。

　しかし、わが国において状況がやや異なっていた。「事実行為」による「侵害」に対する救済に関する議論は、「取消訴訟か民事訴訟かの二者択一」という思考様式に災いされて、「処分性拡大論」ないし「民事訴訟の限界論」という土俵で展開され[22]、「権利救済に冷淡」な判例政策によって処理されたのである。

　そこで、改正法の下での課題は、依然として、わが国において「法治国原理」から解釈論上どのような「実体権」を創出することができるのか、

またそれによって裁判所を説得できるのかということになる。この場合、純粋に理論的にみれば、改正法によって義務付け訴訟・差止訴訟が法定されたこと自体は、影響をもたらすものではない。「訴訟法は実体法を前提とする」ものであり、「訴訟法によって実体権を創出することはできない」からである。ただ、ある訴訟類型が存在することが、その前提となる請求権が認知されていることの「徴憑」(indicia) であるという議論は一定の説得力を有すると思われる。この点で、「侵害排除請求権」は、取消訴訟の概括主義が存在することによって既に相当程度の認知を受けるレベルには達していたと思われる。「第三者の原告適格」に関する判例の定式が、「侵害概念の拡大」によって規定されているのは、そのひとつの証拠である。それでは、「行政介入請求権」はどうであろうか。項を改めて検討しよう。

（2）　行政介入請求権

塩野教授の次のような説明[23]は、「行政介入請求権」の観念を前提とするものとみられる。

〈義務付け訴訟であれ、差止め訴訟であれ、ここに実体法上の請求権を想定することは、取消訴訟において取消請求権を想定するよりも遥かに容易である。これは、とりわけ、義務付け訴訟のうちの第三者への処分を求める訴訟について当てはまるところであって、原告が行政作用法上に行政庁に対する申請権を有しない場合に認められるのであるから、何らかの操作によって処分をめぐる違法性という構成をとるよりは、端的に原告が行政庁（行政主体）に対して有する実体法上の請求権の行使といった方が素直である。〉

改正法によって法定された義務付け訴訟には、様々なバリエーションがあり、「実体権構成」を志向する際の「請求権」も様々なものとなる。義務付け訴訟の典型例としてあげられるのは、1号の「直接型義務付け訴訟」においては、周辺住民が規制権限を有する行政庁に対して、環境に悪影響を及ぼしている事業者等に対する行政規制権限の発動を求めるもの、2号の「申請満足型義務付け訴訟」においては、社会保障や年金に関する給付を求めて申請して申請が拒否された場合、あるいは申請に対して応答

がない場合に、申請者から「一定の処分」の義務付けを求めるものである[24]。そして、これらの場合の「請求権」は、原田尚彦教授の用語[25]によれば、前者については「行政介入請求権」、後者については「給付受給請求権」ということになろう。また、同じく2号の「申請満足型義務付け訴訟」であっても、許認可の申請にかかるものであって、その背景に憲法上の営業の自由や財産権がある場合には、「侵害排除請求権」を観念すべきものと思われる。

さて、先にみた塩野教授の説明は、原田教授のわが国における「行政介入請求権の原則的承認」という年来の主張に従うものということになりそうである[26]。ただ、注意すべきは、原田教授の提言のうち、ひろく受け入れられたのは、さしあたりは「行政便宜主義」を克服し、国家賠償訴訟において、カテゴリカルな「反射的利益論」を排除することによって、規制権限の不行使を違法と評価する可能性を高めるという部分であった。これに対して、義務付け訴訟の前提としての「行政介入請求権」は、義務付け訴訟が判例政策によってほぼ否定されていたために、学説上も一般に認知されたということには躊躇を感じざる得ない状況であったと思われる。規制権限の不行使についての国家賠償責任の根拠としては、「行政の危険防止責任」ないし「行政の危険管理責任」という説明がなされたのである[27]。

改正法による義務付け訴訟の法定は、以上のような状況に変化をもたらすものと考えるべきであろうか。これも、純粋に理論的にみれば、否定されることにならざるをえない。「訴訟法は実体法を前提とする」ものであり、「訴訟法によって実体権を創出することはできない」からである。

そこで、「実体権構成」を志向する立場からすると、改正前においても、義務付け訴訟は「法定外抗告訴訟」として認められるべきものであったし、その前提としての「行政介入請求権」も解釈論上認められるべきものであったと考えるほかはない。そうすると、論理的には、改正法は、従来の解釈運用が誤っていたこと、これからは正しい解釈運用をすべきであるというメッセージを発するものであると理解されなければならないことになる。この場合、先にみた塩野教授の説明は、改正法において「義務付け訴訟」

という訴訟類型が存在することは、その前提となる「行政介入請求権」が認知されていることの「徴憑」(indicia) であるという議論ということになる。

しかし、このような議論に与することは、「基本権保護義務」[28]などのドイツ由来の憲法理論を丸ごと承認することが前提となりかねない。憲法学界においても異論[29]があるこのような立場を受け入れることに、実務家が躊躇するのは自然であろう。節を改めて、この点を検討しよう。

四 形成訴訟説

(1) 訴訟三大類型論

訴えないし訴訟についての「給付・確認・形成」という三区分は、ドイツの民事訴訟法の基本であり、わが国でも定着している[30]。そこで、行政訴訟における様々な訴訟類型についても、この「訴訟三大類型論」に従った説明ないし性格づけが行われることになる。改正前の行政事件訴訟法においては、たとえば、なされた処分を同じように事後的に争うものであっても、取消訴訟は形成訴訟であるが、無効確認訴訟は確認訴訟であると説明され、また、異論はあるものの、取消判決には第三者効が認められるが、無効確認判決には第三者効は認められないとされてきた（行政事件訴訟法32条、38条）。

「義務付け訴訟・差止訴訟」については、改正前に法定外抗告訴訟としてその可能性が検討された際には、確認訴訟として構成する立場と給付訴訟として構成する立場があったが[31]、立案過程においては、確認訴訟ではなく給付訴訟として制度構成されたとみられる[32]。

しかしながら、改正後の議論をみると、民事訴訟法学者である山本和彦教授の以下のような説明[33]に依拠し、「形成訴訟説」をとるもの[34][35][36][37]がみられることが注目に値する。

〈独自の訴訟類型的構成とは、義務付け訴訟や差止訴訟を取消訴訟などとパラレルに独自の訴訟類型として構成する考え方である。この場合の訴訟類型としては、形成訴訟または救済訴訟・命令訴訟ということになろう。通説に従って形成訴訟と考えれば、本来的に義務のないところに義務を創

設するという形成作用を本質とする訴訟ということになる（それに加えて、意思表示等の給付も含まれる余地はある）。この考えによれば、原則として訴訟法の中で訴訟要件を書き尽す必要があることになろう。〉

　これらの「形成訴訟説」はそれぞれニュアンスを異にし、その理論的関心や実践的意図もさまざまであると推測される。「形成訴訟」は雑多なものを含み、分類のための分類という要素を持つものである。また、「給付・確認・形成」の三種で総ての訴えをカバーしつくすことができるという分類、あるいはこれ以外の分類が成り立つ余地がないというほどの完成された包括的な分類ではないとされる[38]。したがって、「通説」たる訴訟三大類型論に依拠した「形成訴訟説」は、単に「給付訴訟説」に与しないという態度表明に過ぎないと理解すべきであろう。そこで、「形成訴訟説」のなかで著者の立場から気になるのは、3でみた「実体権構成」に対する反発から、依然として古いアクチオ思考に依拠し、「隠れた列記主義」に陥っているものがあるのではないかということである。たとえば、次のような論調[39]には、「国民の権利利益のより実効的な救済」に歯止めをかけようとする実践的意図が感じられる。

　〈義務付けの訴えの法的性質、すなわち訴訟類型をいかに解するかが問題となるが、以下のとおり形成訴訟と解される。

　すなわち、仮にこれが一定の処分の発令を求める実体法上の請求権があることを前提にする給付訴訟であるとすれば、請求が認められるための要件を行訴法に定める必要はないはずであり、また、請求権があると主張する者にはすべからく原告適格が認められなければならないはずである。（中略）また、行政実体法上行政庁に対する実体上の請求権が国民に認められると解することに十分な理論的根拠があるとはいい難く、手続法に過ぎない行訴法の改止によってこれが新たに創設されたとも考え難い。そうである以上、取消訴訟と同様、抗告訴訟の一類型と位置づけられた義務付けの訴えは、給付訴訟ではなく、形成訴訟というべきである。〉

　ここで想起されるのは、裁判所および法務省は、その出発点において行政訴訟制度改革そのものに消極的であった[40]ことである。そこで、上記の論調の背景には、従来の解釈運用は間違っておらず、司法改革の荒波を

32　第1編　理論体系

受けたことは不本意であるという認識、あるいはさらに、民事訴訟と刑事
訴訟を司法の本来の職責と考え、憲法訴訟や行政訴訟は、法律によって明
示的に命じられた範囲でのみ取り扱わざるを得ない「厄介な」仕事である
という感覚があるのではないかが憂慮されるところである。

　（2）「救済法」

　さて、山本和彦教授が示した「請求権構成」と「訴訟類型的構成」の対
比が「給付・確認・形成」の三区分をドグマとして用いることを狙うもの
ではないことは明らかである。教授の説明によれば、伝統的な民事訴訟の
目的論である「権利保護説」に立脚すれば、行政訴訟と民事訴訟はその基
本構造を異にするという理解につながる可能性が高いが、「新権利保護説」
に立脚すれば、以下のような思考法がとられるので、行政訴訟も民事訴訟
と同様の基本構造を持つものとして理解することができる。

　すなわち、「新権利保護説」によれば、訴訟による保護対象は「請求権」
ではなく、「実質権（法的利益）」である。「請求権」は「実質権」を実現す
るための手段的権利に過ぎない。そして、いかなる「実質権（法的利益）」
を保護対象とするかは立法府の定める問題であるが、その侵害に対してど
のような救済を与えるかは「救済法（remedy）」の問題として、司法府の
創造的作用を広く認めるべきものとする。そこでは、請求権の種類・内容
について、柔軟な定立・創造を容認する考え方がとられる[41]。

　「救済法」というカテゴリーが存在するという以上のような指摘は、改
正法の趣旨にも合致し、今後の理論の展開において指針とされるべきもの
であると思われる。この点は、改正法の立案において中心的役割を果たし
た小林久起裁判官によって明言されている[42]ところでもあるが、以下で
は、このような方向を示すものとして中川丈久教授、山本隆司教授の所説
を瞥見することにしたい。

　中川教授[43]は、以下のように説明している。

　確認訴訟を活用するアイディアは、民事訴訟で用いられている知恵を行
政事件に用いようとするものである。理論的な可能性として、行政訴訟
（抗告訴訟と当事者訴訟）を全体としてひとつの統合された訴訟であると捉え、
かつそれは民事訴訟と通約可能な構造を持つものとして捉えなおす素地が

すでに現れていると考える余地がある。

　立憲主義ないし法治主義の要請として、政府の一部門たる行政機関が憲法や法律上許されていない「不適切な行為」、すなわち違憲・違法な行為を行い、それによって「法的利益」を毀損された者がいた場合、憲法上の要請として必ず、裁判所において十全な「裁判的救済」を受ける機会が保障されていなければならない。「法的利益」を毀損された者は、違憲・違法な政府（行政機関を含む）の行動が是正されることによって利益毀損そのものが無くされるよう「裁判的救済」を求める抽象的資格、すなわち「行政機関は法律の定めるとおり行動せよ」ということを裁判所に求めうる抽象的資格を、憲法上有している。

　二面関係における処分の取消・義務付け・差止訴訟は、法律に定めるとおり申請に応答せよという請求権や不利益処分を放置・続行しないように求める防御権などを基礎とする「給付訴訟」が原型となり、それに一定の装飾が加えられて実定化されたものと理解される。

　三面関係において第三者によって提起される処分の取消・義務付け訴訟は、法的に保護された自らの利益の反面としての防御権または個別行政法規によって行政庁が考慮しうるはずの自らの利益を行政庁が正しく考慮し直すよう求める権利を基礎とする「給付訴訟」が原型となり、それに一定の装飾が加えられて実定化されたものと理解される。

　以上のように中川教授は、「是正請求権に基づく是正請求訴訟」として抗告訴訟を理解し直すことを提言しているが、そのような発想によれば、アクチオ的な理解の克服が重要なのであり、民事訴訟の古典的発想である「実体的請求権構成」と被告の「行為糾弾型構成」の対比は、実は本質的な違いではないということになる。

　他方で、山本隆司教授[44]は以下のように説明している。

　取消訴訟の訴訟物は「規律としての行政行為の内容の実体的違法性と、措置としての行政行為の手続的違法性」と考えられ、原告私人の側からは、行政行為が規律する私人（原告とは限らない）の実体法上の権利・義務ないし法的地位の存否、あるいは原告私人が行政行為に当たり適正な手続を受ける法的地位と表現できる。このように、取消訴訟も一種の「公法上の法

律関係」に関する訴訟であると見ることが可能である。

　取消判決は、行政行為の違法性の認定、ないしは行政行為に規律される私人の法的地位の認定を前提にして、行政庁が違法行為により形成した（している）状態を、違法行為がなければ存在するはずの状態に回復する一手法と位置づけられる。

　そして、取消訴訟に関する考察を一般化すると、行政行為により規律を行うべきこと、あるいは行うべきでないことを担保するための法制度、いいかえれば行政行為に規律される私人の法的地位を実現するための請求権（原状回復、義務付け、差止め等）を観念できる。

　実体法・手続法とそれをサンクションするための制度・請求権の二層構造を想定することにより、行政法の分野においても「救済法」というカテゴリーを観念することができる。

　以上のように、中川教授と山本教授は、それぞれアメリカ、ドイツと比較法的な背景を異にするにもかかわらず、同様の志向を示していると思われる。

五　おわりに

　行政訴訟制度改革の評価は、かなりの程度、判例による積極的な法創造がいかになされるかに依存している。したがって、学説の役割のひとつは、改正法のメッセージを生かした形で判例が展開することを側面から支えていくことであると著者は考える[45]。また、行政機関と裁判所の役割分担は、憲法構造の理解によって左右される。本章で分析したように、「義務付け訴訟・差止訴訟」の展開にとって重要なのは「憲法論としての概括主義」をどう理解するかであり、「行政訴訟の憲法的基礎論」が必須となる[46]。この点は、「確認訴訟の活用」とも共通すると思われる。

　さて、本章の分析は、「実体権構成」に好意的であり、その結論は「救済法」という発想を「憲法論を踏まえた行政訴訟理論」の中間到達点であるとみるものであった。しかし、これは、著者が比較法研究の基礎をドイツ行政法学に求めてきたことに規定されているかもしれない。そこで、最後に、「公権論的構成」に異論を唱える次のような立場[47]に触れておくこ

とにしたい。

〈異種の訴訟類型が存置されたにもかかわらず、殊更にその差異を無視するのは、解釈者の態度として公正とはいえない。〉〈義務付け訴訟・差止訴訟の法定は、取消訴訟の当事者・民事訴訟に対する優先と同様の序列を、義務付け・差止訴訟のために法定したことを意味する。その点に不満を抱く論者は、異種の訴訟類型が想定する異種の実体法のなし崩し的な混同ではなく、抗告訴訟と当事者訴訟を一本化する行訴法の再改正を提案すべきである。〉

仲野理論は「深遠かつ難解」であり、ドイツでは民事訴訟以外の訴訟を「権利保護訴訟中心主義」に立って考察する傾向があるが、イタリアでは権利保護訴訟一元論はパンデクテン学の「大いなる錯覚」の産物であるという批判があるという指摘[48]には心を打つものがある。

また、「法実証主義」を徹底し、結論の妥当性という誘惑に屈しない気骨を小早川教授および藤田宙靖教授から学んだとする[49]点は、研究者の姿勢としては称賛に値する。

しかしながら、引用した部分の解釈論は、改正法の下でも、「抗告訴訟中心主義」および「形成訴訟説」をとるものであり、行政訴訟制度改革に逆行するものであるという外在的批判を免れないであろう。行政訴訟制度改革が裁判所を中心とする実務主導であったという櫻井教授の指摘[50]を想起しつつ、われわれの生き方として、「学者」の価値をどこに認めるかという悩ましい問題が残っていることを指摘して、拙い考察を終えることにしたい。

【第2章注】

(1) 塩野宏「行政事件訴訟法改正と行政法学──訴訟類型論からみた」民商法雑誌130巻4=5号599頁

(2) 髙木光＝常岡孝好＝橋本博之＝櫻井敬子『行政救済法』（弘文堂・2007年）15頁（髙木執筆））。

(3) 塩野宏『行政法Ⅱ（第4版）』（有斐閣・2005年）77頁。

(4) 原田尚彦『訴えの利益』（弘文堂・1973年）65頁参照。

36　第1編　理論体系

(5)　人見剛「無名抗告訴訟」南博方＝高橋滋編『条解行政事件訴訟法（第3版）』（弘文堂・2006年）102頁、105頁。なお、橋本博之「義務付け訴訟の法定」小早川光郎＝高橋滋編『詳解改正行政事件訴訟法』（第一法規・2004年）42頁は、義務付け訴訟について「全面否定説」「全面肯定説」「補充的肯定説」、塩野宏『行政法Ⅱ（第3版）』（2004年）200頁は、「全面的否定説」「補充説」「独立説」というネーミングを用いている。

(6)　人見・前掲注(4)106頁。

(7)　同108頁。

(8)　「事後訴訟中心主義」について、山本隆司「差止訴訟の法定」小早川光郎＝高橋滋編『詳解改正行政事件訴訟法』（第一法規・2004年）66頁参照。

(9)　人見・前掲注(5)99頁、原田・前掲注(4)69頁参照。

(10)　山本隆司・前掲注(8)66頁、72頁。

(11)　小早川光郎「抗告訴訟の本質と体系」『現代行政法大系4』（有斐閣・1983年）135頁。同『行政法講義下Ⅱ』（弘文堂・2005年）136-141頁。

(12)　髙木光『行政訴訟論』（有斐閣・2005年）143頁（初出・1990年）。

(13)　小早川光郎『行政法講義下Ⅲ』（弘文堂・2007年）334、336頁。

(14)　橋本博之『行政訴訟改革』（弘文堂・2001年）61-65頁。

(15)　興津征雄「フランス行政訴訟における裁判所と行政庁との役割分担の変化について(1)──1995年改革の射程とその後の判例──」民商法雑誌134巻3号（2006年）388頁、同「(2完)」134巻4号595頁。

(16)　ドイツにおける一時代の一部の考え方が、日本では、戦後のドイツ行政法学が常に立脚点とする憲法原理を十分考慮することなく、「ドイツ法起源」の概念として膠着するという現象について、山本隆司・書斎の窓550号（2005年）46頁参照。

(17)　仲野武志『公権力の行使概念の研究』（有斐閣・2007年）1-4頁によれば、わが国の従来の行政法学には、行政法を国家・私人間の個々的な権利関係の束に還元してゆこうとする点で、方法論上、基本的な一致がみられると指摘し、そこでは、行政実体法は、国家が行政行為を行うに際して保護義務を課す規範から導出された私人の権利（権利領域及び排除請求権）から構成され、行政訴訟法は、このような個別実体権を保護する手続として把握される。仲野は、このような行政訴訟観を「権利保護訴訟観」と呼び、これが行政訴訟法に民事訴訟法学の成果を吸収することを可能にしたと指摘しているが、本章では、技術的側面に着目しつつ大雑把に「実体権構成」と表現した。

(18)　橋本博之『解説改正行政事件訴訟法』（弘文堂・2004年）59-60頁。

(19)　山本隆司『行政上の主観法と法関係』（有斐閣・2000年）198頁以下、394頁以下参照。

(20)　塩野・前掲注(3)225頁。

(21) 山本隆司「行政訴訟に関する外国法制調査——ドイツ（上）」ジュリスト 1238 号（2003 年）91 頁。

(22) 髙木光『事実行為と行政訴訟』（有斐閣・1988 年）104 頁以下参照。

(23) 塩野・前掲注（1）607 頁。

(24) 橋本博之『解説改正行政事件訴訟法』（弘文堂・2004 年）48 頁、53 頁。

(25) 原田尚彦『行政法要論（全訂第 6 版）』（学陽書房・2005 年）95 頁。原田理論について簡単には、髙木光『行政訴訟論』（有斐閣・2005 年）218 頁以下参照。

(26) また、「実体権構成」を志向するのであれば、取消訴訟の背後にも請求権を想定するという一貫した説明をした方が力強い印象を与えるのではないかと思われる。

(27) 髙木・前掲注（25）226 頁。阿部泰隆『国家補償法』（有斐閣・1988 年）176 頁以下参照。

(28) 山本隆司・前掲注（19）333 頁。小山剛『基本権の内容形成』（尚学社・2004 年）92 頁以下、215 頁以下参照。

(29) たとえば、戸松秀典『憲法訴訟（第 2 版）』（有斐閣・2007 年）は、「基本権保護義務」に触れることをしていない。

(30) 高橋宏志『重点講義民事訴訟法（上）』（有斐閣・2005 年）64 頁以下参照。

(31) 人見・前掲注（5）96 頁。

(32) 芝池義一「行政事件訴訟法改正の概観」園部逸夫＝芝池義一『改正行政事件訴訟法の理論と実務』（ぎょうせい・2006 年）10 頁。

(33) 山本和彦「民事訴訟法理論からみた行政訴訟改革論議」法律時報 76 巻 1 号（2004 年）108-109 頁。

(34) 平成 16（2004）年 10 月 7 日に最高裁判所において開催された「行政事件担当裁判官協議会」においては、次のような意見分布であったことが紹介されている。〈義務付け訴訟の法的性質については、形成訴訟説および給付訴訟説が述べられたが、形成訴訟説が多数であった。〉最高裁判所事務総局行政局監修『改正行政事件訴訟法執務資料』（法曹会・2005 年）32 頁。

(35) 小早川光郎他「研究会改正行政事件訴訟法」小早川光郎編『改正行政事件訴訟法研究』（ジュリスト増刊・2005 年）118 頁（小早川光郎発言）は、従来の第一的判断権を重視するような考え方からすると、一種の形成判決とも考えられる、とする。

(36) 高安秀明「差止訴訟」園部＝芝池編・前掲注（32）194 頁は、給付訴訟としての形式が採用されているが、その本質的性格は形成訴訟であると考えることもできる、としている。

(37) 義務付け訴訟・差止訴訟の双方について断定的に形成訴訟説を唱えるものに、行政事件訴訟実務研究会編『行政訴訟の実務』（ぎょうせい・2007 年）94 頁、108 頁がある。おそらく法務省の訟務検事の執筆にかかるものであろう。（第 1

38 第1編　理論体系

　章注（33）参照）
(38)　高橋宏志・前掲注（30）66-67頁、71頁。
(39)　行政事件実務研究会編・前掲注（37）94頁。
(40)　小早川光郎他「行政訴訟改革・行政法の将来展望」日弁連法務研究財団編
　『法と実務4』（商事法務・2004年）94頁（髙木光執筆）
(41)　山本和彦・前掲注（33）109頁
(42)　小林久起「行政事件訴訟法の一部を改正する法律について——行政訴訟制度
　改革を活かすための救済法と司法権の考え方とともに」判例時報1877号5頁。
　　　先駆的なものとして、下山瑛二・人権と行政救済法（三省堂・1979年）2頁。
(43)　中川丈久「行政訴訟としての『確認訴訟』の可能性」民商法雑誌130巻6号
　（2004年）998頁、1015頁注61
(44)　山本隆司「訴訟類型・行政行為・法関係」民商法雑誌130巻4＝5号（2004
　年）657-660頁。なお、注目すべきは、661頁の、行政法の分野では確認訴訟を
　原型とみることに一定の理由があるとの指摘であるが、これは、当然のことなが
　ら兼子一理論への回帰ではなく、憲法論を踏まえた行政訴訟理論の中間到達点で
　あると思われる。
(45)　髙木・前掲注（25）86頁。
(46)　同・193頁。
(47)　仲野・前掲注（17）5頁。
(48)　同・37頁注66
(49)　同・39頁注85、はしがき3頁。
(50)　櫻井敬子「行訴法改正について」学習院大学法学会雑誌40巻2号（2005
　年）6頁。

第3章　強制と制裁

一　はじめに

　本章は、まず、独占禁止法上の課徴金の根拠づけについて、行政法学の立場から若干の分析を加え、続いて、「法執行システム」という捉え方が行政法の理論体系にとってどのような意味を持つかを、「行政制裁」と「行政強制」という２つの概念および両者の関係を手掛かりに、整理することを目的とする。

二　独占禁止法研究会報告書

　2003年の独占禁止法研究会報告書[1]で示された制度改革案については、様々なスタンスからの論評がありうるところであった。このうち、課徴金制度の抜本的見直しを期待した論者には不満が残るものであったと思われる[2]。また、日本経団連の提言[3]は、その方向は異なるものの、報告書の理論的曖昧さを問題にする点では同様と評価することもできよう。

　著者は、措置体系見直し部会に参加して様々な議論に生で接すると共に、門外漢でありながらも意見を述べる機会を与えられた。著者自身は課徴金を正面から制裁金と性格づけるべきであるとの立場に共感を覚えたが、以下の分析は報告書に対する批判を付け加えること、あるいは逆に擁護することを直接の目的とするものではない。制度改革に妥協は不可避であり、理論的一貫性の追求は度が過ぎると学者の道楽との誹りを受けるからである。

　しかしながら、独占禁止法の「執行力の強化」という政策目標が争う余地のないものであるとしても、単に今回の法改止が実現すればよいと割り切ることもできなかったように思われる。閣法については、他の分野の制度との整合性を意識した説明が不可欠であるとともに、将来の制度設計に支障を及ぼすことがないような配慮が望ましいからである。また、今回の措置体系見直し部会の議論のなかで再度クローズアップされた課徴金の根拠づけは、著者の専攻する行政法学の立場から見れば、「行政法システム

の存在意義」あるいは「行政法学の存在意義」[4]という哲学的な問題を意識させるものでもあるからである。

そこで、以下では、現行課徴金制度の導入の際に根拠づけとされた「不当な経済的利得の剥奪」という説明（三）および「二重処罰の禁止」という憲法論の意義（四）をそれぞれ分析しつつ、民事法および刑事法の限界を克服するために行政法システムが存在し、「課徴金」ないし「行政制裁金」の根拠は、憲法的価値を実現するための立法裁量によって与えられる独自のものと理解すべきであるという試論を提示することにしたい。

三　利益剥奪と制裁の二者択一論

1977年に現行の課徴金制度が導入された際の「不当な経済的利得の剥奪」という説明は、現在でも妥当するのであろうか。公正取引委員会は1991年の改正によっても課徴金の性格は変わっていないという立場であるが、これには批判的な論者が少なくない[5]。

また、報告書は「違反行為のために社会に及ぼした経済的厚生の損失を負担又は補償させる」という考え方を新たに提示するものの、課徴金の性格を基本的に変えるものではないとしているが、これに対しては、より強い批判が予想される。

それでは、当初は「行政制裁金」ではなかったものが、1991年の改正によって「行政制裁金」に変容したという説明、あるいは、少なくとも今回の改革案によれば「行政制裁金」に変容するという説明はどのような意味を持つのであろうか。著者には、損害賠償ないし不当利得のアナロジーという「民事法的発想」の影響、ないしは二重処罰の禁止という「憲法論」を過度に意識した「言葉へのこだわり」であるように感じられる。

すなわち、「行政制裁」という概念は広義で用いられる場合もあれば狭義で用いられる場合もある。宇賀克也教授によれば、課徴金の性格づけをめぐる議論を分析するために、「過去の行政上の義務違反に対して課される刑罰以外の制裁で、その威嚇的効果により間接的に義務の履行を強制するもの」という広義の概念で論じているのか、「違法行為前よりも不利益な状態におくこと」という狭義の概念で論じているのかを区別する必要が

ある[6]。

「違法行為によって得た利益の剥奪は制裁には該当しない」という見解は、狭義の概念を用いるものである。このような用語法を仮に「利益剥奪と制裁の二者択一論」と呼ぶとすると、この用語法はそれ自体としては論者の自由である[7]。また、経済学的な分析との整合性を検証し[8]、あるいは裁量となじみやすいかを判断する[9]ための物差しとして有用であることは確かである。

他方、「利益剥奪と制裁の二者択一論」は用い方によっては制度設計に際しての強い制約として機能する。たとえば、「利益剥奪」としての課徴金は導入が許されるが、「制裁」としての課徴金は導入が許されないとか、「利益剥奪」としての課徴金は刑事罰と並存しうるが、「制裁」としての課徴金は「刑事罰」と並存しえないというような論法である。

しかし、後にも触れるように、この2つの論法はいずれも根拠がないものであると著者は考える。また、このような弊害は、「利益剥奪と制裁の二者択一論」の背景に、多くの場合「懲罰的損害賠償」を異質なものとみる伝統的な「民事法的発想」が潜んでいること、あるいは「制裁的機能」は刑法が専管的に担う（べき）ものであるという思い込みがあることによってもたらされていると推測される。

著者は、課徴金の「性格づけ」と「根拠づけ」は別次元の問題であると考える。そして利益剥奪か制裁かは「性格づけ」の問題であると理解するので、なぜ、国家が課徴金を課すことができるのかという根拠づけとしては、端的に「独禁法の実効性を確保するためである」というべきであり、理論的にはそれで足りる[10]と信じるものである。

もっとも、制度改正につき広く関係者の合意を得るためには、多くの人々の正義感情に合致するという意味での「実質的な根拠づけ」をさぐる努力が必要であることはいうまでもない。しかし、「不当利得ないし損害賠償のアナロジー」は実は「実質的な根拠づけ」としては有効ではなかったのではなかろうか。たとえば、「実質的な根拠づけ」が必要であるとする阿部泰隆教授の〈制裁として構成するならともかく、儲けすぎを徴収する制度として構成するのであれば、カルテルなどによって、消費者の利益

42　第1編　理論体系

が害される場合、本来ならば、その儲けは被害者である消費者に返還すべきものであって、消費者が損したときに、なぜ国家が儲けることができるのかという問題がある〉という指摘[11]は、むしろ「利益剥奪」としての性格づけの限界を明らかにしているように思われる。著者の理解によれば、「社会的公正を確保するためのカルテル行為による不当な経済的利得の剥奪」という表現は、カルテル行為者に利得を残しておいたままでは実効性が確保されているとはいえないこと、すなわち正義感情に反する状態であるということを裏面から説明しているに過ぎない。なぜ、損害を受けた者や損失を被った者ではなく国家が金銭を得ることができるのかという根拠づけは、その性格づけにかかわらず、形式的には「法律によってそのような権限が認められているから」ということ、実質的には「法律の実効性を確保するために必要不可欠であるから」ということに求めるほかないのではなかろうか。

　さて、「利益剥奪」としての課徴金は導入が許されるが、「制裁」としての課徴金は導入が許されないという論法は、課徴金の根拠づけを民事の損害賠償ないし不当利得に求め、かつ、国家は、損害ないし損失を被った者に「代わって」徴収する権限を有するにとどまると理解し、損害賠償ないし不当利得が成立した場合には、既に徴収した課徴金は返還すべきであり[12]、その後に課徴金を課す場合には額を調整すべきであるとする場合には一応首尾一貫する。しかし、現行課徴金制度の理解としても、そのような「民事法的発想」はもはやとられていないように思われる。この点を社会保険庁シール談合事件に関する裁判例で確認しておこう。

　まず、課徴金納付命令審決取消請求について、平成10年に最高裁判所判決[13]が下されている。同判決の判示は簡潔であるが、調査官が執筆したと推測される以下のようなコメント[14][15]には十分な注意が払われるべきであろう。

〈課徴金は、制裁だけではなく、不当な利益のはく奪とカルテル禁止の実効性確保も目的としており、かつ、反社会性ないし反道義性を非難するというよりは、行政法規の実効性を図るためのものであるということができそうである。……また、課徴金は、右のように複合的な趣旨、性質のも

のである上、画一的、外形的基準により機械的に算出される一定額の金員にすぎず、民法上の不当利得があろうとなかろうと、あるいは不当利得が極めて多額であろうと、それらに関係なく一定の額を納付させるものであり、民法上の不当利得とは元来異なるものといわざるを得ないであろう。そうだとすれば、不当利得と課徴金の重複を避けるためには、両者の調整をするか、又は課徴金を懲罰的制裁と解して違憲とするしかないという立論は成り立たないということになろう。〉

　以上のように、少なくとも裁判所においては、不当利得との調整という立論が成り立たないということで決着済みともみられたのであるが、不当利得返還請求について、被告は同様の主張を繰り返した。

　しかし、第1審である東京地裁平成12年判決[16]、控訴審である東京高裁平成13年判決[17]はいずれも、結論的に課徴金の支払いは不当利得返還請求に影響を及ぼさないとした[18]。

　以上をまとめると、裁判例においては——それに批判的な見解はあるものの——現行の課徴金制度はすでに民事の損害賠償ないし不当利得とは異質のものとして認知されているということが許されるであろう。

　かくして、以下の中間的結論が得られる。第1に、「利益剥奪」としての課徴金というのは、なぜ国家が金銭を徴収できるのかという課徴金の根拠づけに関する説明ではなく「性格づけ」であり、ある種の課徴金制度の機能を叙述するものであるというべきである。第2に、「制裁」としての課徴金というのも、同様に課徴金の根拠づけに関する説明ではなく「性格づけ」であり、ある種の課徴金制度の機能を叙述するものであるというべきである。第3に、上記コメントも指摘するように、「利益剥奪」と「制裁」は実は二者択一的な関係にあるのではなく、ある種の課徴金が「利益剥奪」の機能と「制裁」の機能をともに有することは妨げられない[19]。

　そこで、次の問題は「制裁」の機能を有する課徴金と刑事罰との関係である。項を改めて検討しよう。

四　二重処罰の禁止論

　課徴金と刑事罰が並存することは、二重処罰の禁止という憲法原則から

みて問題となるのであろうか。とりわけ、「利益剥奪」としての課徴金は刑事罰と並存しうるが、「制裁」としての課徴金は「刑事罰」と並存しえないという論法は成り立つのであろうか[20]。

憲法39条後段は「何人も、実行の時に適法であった行為又は既に無罪とされた行為については、刑事上の責任を問われない。又、同一の犯罪について、重ねて刑事上の責任を問われない」と規定している。

課徴金と刑事罰の並存を問題とする立場は、憲法39条後段の「刑事上の責任」を拡大解釈するものである。すなわち、純粋の刑事罰ではない「行政制裁」であっても、「実質的にみて」同様の機能を持つものであれば、刑事罰と同視すべきであるというのであろう。

独禁法の課徴金の導入および拡充にあたって、上記の立場が強い影響力を持ったことは確かである。これは、すでに触れたように、おそらく、「差額説」に代表される「民事法的発想」の反面として、制裁的機能は刑法が専管的に担うものであるという思い込みがあったことによるのであろう。しかし、著者には、このような発想は理解しがたい。民事法と刑事法だけで法システムが形成されているのであれば、民事法の限界は刑事法で補完するしかない。しかし、現行法は、大別して民事法、刑事法、行政法の3分野で形成され[21]、法の機能のひとつである「社会統制機能」[22]の相当部分は行政法のシステムによって担われている[23]から、「制裁的機能」は刑法の専管するところではありえないのではなかろうか。

他方、上記のような著者からみれば「素朴な」二重処罰の禁止論は、裁判例においては——その当否はともかく——ほとんどの場合「一蹴」されてきた[24]。また、学説においても、それが根拠のない立論であることが次第に支配的な認識となってきていると思われる。著者は、この問題については、佐伯仁志教授の立場、すなわち、憲法39条は二重起訴の禁止規定であり、行政制裁と刑罰との併科の限界は「罪刑均衡原則」として理解すべきであるという整理[25][26][27]を支持する。ただ、「罪刑均衡原則」という表現では刑事法的な色彩を帯びるので、憲法論としては「比例原則」[28]という表現がより適切であろう。

さて、独占禁止法の執行については、「アメリカモデル」と「ドイツ・

EU モデル」を対比し[29]、制度設計として、刑事罰か行政制裁金かの二者択一であるかのような印象を与える分析が経済法専攻者の中では支配的であるようにも見える[30]。日本経団連の意見の中にも、〈行政措置である課徴金と刑事罰を併科する制度を有するのはわが国のほか、主要国では韓国のみである〉とのくだりが見られ、これが〈EU 型の制裁金に改める場合には、刑事制裁との関係を整理することが必要となる〉との立論の伏線となっている[31]。

　しかし、より視野を広げると別の示唆が得られることも確かである。すなわち、佐伯教授が紹介されているように、アメリカでは、税法の他、証券取引法に代表される経済法や環境法等の違反に対する制裁として、刑罰以外の制裁、とりわけ行政制裁としての制裁金（civil penalty）が広く活用されている[32]。そして、合衆国憲法修正 5 条の二重の危険条項に関する判例法理の展開をみると、連邦最高裁判所は 1989 年のホーパー事件判決では行政制裁金と刑罰の併科に厳しい判断を示したが、その後の判決で軌道修正が図られ、1997 年のハドソン事件判決で、行政制裁金に対する二重の危険条項の適用を否定する立場が確立されているとのことである[33]。

　以上によれば、アメリカにおいて、独禁法の執行が刑事罰中心で行政制裁金を用いていないのは、むしろ特殊なケースと理解すべきではなかろうか。そして、そのような特殊性が、その違反が連邦司法省反トラスト局によって執行されるシャーマン法が先行し、後に創設された FTC の権限が限定されているという、専ら歴史的沿革[34]に由来するものであるとすれば、そのようなモデルに依拠して、現在の日本の制度が比較法的にみて特異なものであり、刑事罰と課徴金の並存を解消する方向が「抜本的見直し」であるという論法は、そもそも、その前提である比較法的な認識に問題があるということになろう[36]。

　そこで、問題とされているのは刑事罰と課徴金が併科されることよりも、むしろ課徴金が多額に及ぶことにあるのではないかと著者は推測する。すなわち、法人に対する刑事罰は罰金であるから、経済的負担という点では課徴金と同じである。そこで、罰金については刑事手続による手続保障があるのに対して、より多額に及ぶ課徴金がより機動的に課されるとなると、

バランスを失するのではないかということである。

　確かに、現行法上認められている「過料」は比較的少額である。また、道路交通法に基づく駐車違反の取締りにおいて導入の方向が示されている「行政制裁金」もそれほど多額とはいえない。罰金よりも軽い制裁であれば受け入れやすいのも人情である。しかし、独禁法の課徴金は場合によっては罰金よりもはるかに多額となる。なぜ、国家が課徴金を課しうるのかという「実質的な根拠づけ」が特に求められるのは、ひとつにはこのような文脈で理解されるべきであろう。

　しかし、これも考えてみれば決定的な疑念とはいえない。多額の金銭的負担を課すものは、課徴金に限られるわけではなく、税がまさにそうである。たとえば、環境税[36]のひとつとして導入が検討されている炭素税は、それ自体は適法な行為であるエネルギー消費に「負のインセンティブ」を与えるものである。そして、この「誘導的機能」は「制裁的機能」の薄められたものに他ならない。そして、この場合にはそれ自体適法な行為に対して刑事罰が課されることはないから、二重処罰の禁止論の余地はない。しかし、政策目的実現のために国家が環境税を課しうることが正義感情に合致するのであれば、違法な行為に対する抑止という政策目的のために国家が課徴金を課すことはより正義感情に合致するのではなかろうか。報告書がいう「社会的公正の確保」はこのように理解することができよう。したがって、なぜ国家が課徴金を課しうるのかという「実質的な根拠づけ」を特に求めることは、なぜ国家が環境税を導入しうるのかという「実質的な根拠づけ」を特に求めることと同様の正当性しか持たないと考えられる[37]。

　そこで、最後に残る疑念は、課徴金が政策目的の実現にとって有効な武器であるとした場合に、なぜ公正取引委員会だけがそれを持ちうるのかというものであろう。すなわち、既存の他の制度にないものは簡単には認めるべきでないという発想をとると、課徴金が税金でもなく、負担金でもなく、料金でもなく、ましてや刑事罰としての罰金でも、刑事罰を免れるための反則金でもないとすると、それではなぜ国家が多額の金銭を徴収できるのか、伝統的な行政上の秩序罰（過料）とはわけが違うのではないかと

いう疑問が出てくる。

　しかし、憲法によって国会に与えられた立法裁量の範囲内であれば、それぞれの法律の実効性を確保するための手段を工夫すること、そしてそのための有力な選択肢として行政機関に一定の権限を与えること、そしてその権限の行使が「制裁的機能」を有することに理論的障害はないはずである。例えば、現行の数多くの行政法規には営業停止命令の権限が規定されており、この権限の行使が「制裁的機能」を有することは特に問題とされていない。そして、営業停止は刑事罰としての罰金と比較して多くの場合はるかに大きなダメージを営業者に与えるが、行政機関がそのような権限を与えられることの根拠が改めて問われることはない。まして、それが二重処罰にあたるという憲法論はさすがにされていない。

　したがって、結局のところ、課徴金を賦課する権限についてその「実質的な根拠づけ」が特に求められるのは、主として、それが普遍性を欠くこと、すなわち、従来一般的ではなかったということによるのではないかと思われる。しかし、既存の制度にある諸手段が「限定列挙」であるということは、著者の知る限りこれまでいかなる法理論によっても論証されていない。また、そもそも課徴金は既存の制度として認知されているのであり、「他の分野の制度との整合性」は、むしろ課徴金ないし行政制裁金を独禁法以外の分野にも導入することによって図られるべきものであろう。なぜ、公正取引委員会だけがという問題設定をし、結果として「尊敬はされるが尊重されない」行政機関を数多く存置するのは生産的とはいえないと著者は信じるものである。

　以上の検討によって、「二重の処罰論」およびそれに付随する憲法論は、課徴金制度の改革にとってのハードルとはならないことを示すことができたと考える。最後に、残された課題について触れて中間的なまとめとすることにしたい。

五　中間的まとめ

　課徴金の根拠づけに関するここまでの分析から得られた結論は、以下のふたつである。第1に、民事法および刑事法の限界を克服するために行政

法システムが存在するのであり、課徴金ないし行政制裁金の根拠は、憲法的価値を実現するための立法裁量によって与えられる独自のものと理解すべきである。第2に、日本の民事法および刑事法は、「懲罰的損害賠償」を認めず、あるいは「責任主義」を堅持するなど、大陸型の古典的な「司法法」(Justizrecht) の伝統に忠実な構造を維持している。そこで、「司法的執行」(judicial enforcement＝裁判所を利用した実効性確保) の拡充を行う柔軟性に欠けていることは否定しがたい。したがって、行政法システムによって補完する必要性がより高いと考えられる。

　以上は試論にとどまるものである。すなわち、上記の第1のような仮説は、おそらく経済学的な分析に親和的であり、また、コモンローの限界に対処するために行政機関が創設されたというアメリカ行政法のモデルに適合的な説明であろう。しかし、率直に告白すると、著者はいわゆる「ドイツ派」に属する研究者であり、仮説を検証するに足りる地道な研究の蓄積があるわけではないし、まして行政法研究者を代表する立場にあるわけでもない。問題提起を旨とした本章前半の記述には裏付けが不十分な部分が多々あろうし、思い違いが含まれている可能性もある。とりわけ、「刑事罰により近い」と整理されているドイツ・EU型の行政制裁金についての検討ができなかった。この点を含め、後進の研究者によるより本格的な考察を期待したい。

【第3章前半注】

(1)　「独占禁止法研究会報告書について」公正取引委員会平成15年10月28日。

(2)　村上政博「独占禁止法上の制裁措置の現状と課題——刑事罰への犯則調査権限と行政制裁金制度の導入を」NBL 770号（2003年）9頁。郷原信郎「独占禁止法の制裁・措置体系の見直しについて」ジュリスト1249号（2003年）124頁参照。

(3)　諸石光熙「措置体系の見直しについての日本経団連の提言——課徴金と刑事罰の併科を中心に」NBL 770号16頁。

(4)　中里実「経済的手法の法的統制に関するメモ——公共政策の手法としての租税特別措置・規制税・課徴金（上）（下）」ジュリスト1042号121頁、1045号

123 頁（1994 年）参照。租税法専攻の中里教授が〈租税特別措置・規制税・課徴金を政策目的実現の手法の一つとして位置づける努力を怠るならば、行政法学は、自らの可能性を自らの手で閉ざしてしまうことになろう。〉と指摘してから 10 年近く経った。その後の行政法学の状況については、曽和俊文「法執行システム論の変遷と行政法理論」公法研究 65 号（2003 年）216 頁参照。

(5) 多くの文献があるが、コンパクトにまとめたものとして、泉水文雄「課徴金(1)」独禁法審決・判例百選（第 6 版）（2002 年）64 頁。

(6) 宇賀克也「行政制裁」ジュリスト 1228 号（2002 年）50 頁。狭義説として阿部泰隆、広義説として佐伯仁志、白石忠志を挙げ、自身は後者をとるとしている。

(7) 宇賀・同 51 頁。

(8) 「デッドウェイトロス」（dead-weight loss）（死重損失）に関連して、泉水文雄「独占禁止法と損害賠償」民商法雑誌 124 巻 4 = 5 号（2001 年）111 頁注 72 は「差額説」の問題点を指摘している。

(9) 来生新「排除措置と課徴金」日本経済法学会年報 13 号（1992 年）41 頁など、裁量を認めることは「行政上の措置」であることと矛盾し、あるいは「制裁」性を帯びることになるという見解があるが、行政法専攻者にとっては奇妙な議論というほかない。阿部泰隆「課徴金制度の法的設計」『政策法学の基本指針』（弘文堂・1996 年・初出 1993 年）251 頁参照。また、郷原・前掲注 (2) 129 頁は、裁量性を否定したままで減免制度を導入するのは困難とするが、裁量を認めるか否かは政策的判断であり、認めない制度設計も十分ありうると思われる。

(10) この立場から、〈どのような場合にそのような課徴金制度を設けることが「公共の福祉」に適うかについては、立法府に広い立法裁量があると考えられる〉としたものとして、来生新「阿部教授の『課徴金制度の法的設計』に対する反論」横浜国際経済法学 4 巻 2 号（1996 年）66 頁。

(11) 阿部・前掲注 (9) 273 頁。

(12) 阿部・前掲注 (9) 234 頁は、〈消費者の被害で国が儲けるのは不合理〉という。

(13) 最判平成 10 年 10 月 13 日判時 1662 号 83 頁。

(14) 判時 1662 号 84 頁。

(15) なお、原審である東京高判平成 9 年 6 月 6 日判時 1621 号 98 頁は、カルテルに対する抑止効果が期待されている点では、課徴金制度が一種の制裁機能を果たしていることは否定できないが、「基本的な性格が社会的公正を確保するためのカルテル行為による不当な経済的利得の剥奪という点にあることは明らか」としていた。

(16) 東京地判平成 12 年 3 月 31 日審決集 46 巻 695 頁 = 判時 1734 号 28 頁。

(17) 東京高判平成 13 年 2 月 8 日審決集 47 巻 690 頁 = 判時 1742 号 96 頁。

(18) ただし、丹宗暁信 = 岸井大太郎『独占禁止手続法』（有斐閣・2002 年）262

頁（厚谷襄児執筆）が指摘するように、東京地裁判決が課徴金と不当利得制度の異質性に着目するもので、より説得的であるのに対し、東京高裁判決はその同質性を意識している。また、東京高裁判決は、傍論ではあるが、〈独占禁止法は、カルテル行為に対しては別途刑事罰を規定しているから、課徴金の納付を命じることが制裁的色彩を持つとすれば、それは二重処罰を禁止する憲法 39 条に違反することになる〉としている。判時 1742 号 10 頁。これは、私見によれば「素朴な」二重処罰の禁止論であり、最高裁平成 10 年判決に反するというべきであろう。また、最高裁平成 10 年判決に批判的な来生新教授も、〈制裁そのものであれば二重処罰の禁止原則に反する〉とするにとどまり、課徴金は不利益の賦課それ自体を目的とするものではないと見ている。来生新・前掲注 (9) 38 頁。

(19)　佐伯仁志「二重処罰の禁止について」『刑事法学の現代的状況（内藤謙先生古稀祝賀）』（有斐閣・1994 年）279 頁。

(20)　阿部・前掲注 (9) 232 頁は、「利益剥奪」としての課徴金については二重処罰の問題はそもそも生じないとするにとどまり、「制裁」としての課徴金が「刑事罰」と並存しえないとはしていない。

(21)　小早川光郎＝小幡純子＝高木光＝高橋滋「法曹養成と行政法教育」自治研究 76 巻 12 号（2000 年）5 頁。

(22)　田中成明『法理学講義』（有斐閣・1994 年）74 頁以下は、刑法と不法行為法に着目して「社会統制機能」を説明している。

(23)　日本機械学会編『新版機械工学便覧デザイン編⑨（法工学）』（日本機械学会・2003 年）19 頁（高木光執筆）。

(24)　追徴税、加算税に関する最判昭和 33 年 4 月 30 日民集 12 巻 6 号 938 頁、最判昭和 36 年 5 月 2 日刑集 15 巻 5 号 745 頁、最判昭和 45 年 9 月 11 日刑集 24 巻 10 号 1333 頁。前掲注 (13) 最高裁平成 10 年判決。

(25)　佐伯・前掲注 (19)。

(26)　佐伯仁志「経済犯罪に対する制裁について」法曹時報 53 巻 11 号（2001 年）1 頁。

(27)　佐伯仁志「アメリカにおける二重処罰の禁止——最近の発展を中心に」『田宮裕博士追悼論集（下）』（信山社・2003 年）513 頁。

(28)　中里・前掲注 (4) ジュリスト 1045 号 125 頁。

(29)　松下満雄「独占禁止法の執行——総論」日本経済法学会年報 13 号（1992 年）2 頁。

(30)　泉水・前掲注 (5) 65 頁も〈独禁法違反行為に対して刑罰と課徴金とを併科する制度は比較法的には珍しい〉と指摘している。

(31)　諸石・前掲注 (3) 17 頁、21 頁。

(32)　佐伯・前掲注 (19) 282 頁。同・前掲注 (26) 4 頁。

(33)　佐伯・前掲注 (27) 521 頁。

(34) 丹宗＝岸井・前掲注（18）10頁（丹宗暁信執筆）。

(35) もちろん、現在存在する制度が合理的であるという保障はない。したがって、並存を認めているアメリカの制度は不合理であり、日本は真似をすべきでないという論法であるならば、それはひとつの見識である。

(36) 中里・前掲注（4）ジュリスト1042号122頁は、財政税（収入目的のみ）と規制税（政策目的あり）という区別を示した後、規制税をつきつめていって、租税であるための要素としての収入目的を剥奪したものが課徴金であるとしている。

(37) 同様に、金銭を課すものに「税」というラベルを貼れば憲法上の疑義がなく、課徴金というラベルを貼る場合にのみ、特段の正当化が必要というのもバランスを欠く。この点からは、「制裁」である重加算税について、判例が二重処罰にあたらないとする理由付けには多少不満が残るところである。

六　法執行システム論

　以下では、「法執行システム」の全体のなかで行政法システムがどのように位置づけられるべきか、また、法の「社会統制機能」[1]との関係で行政活動の存在意義をどのようなものと考えるべきか[2][3]を考察するための準備作業として、「法執行システム」という捉え方が行政法の理論体系にとってどのような意味を持つか[4]を、「行政制裁」と「行政強制」という2つの概念および両者の関係を手掛かりに、整理してみたい。

　京都大学における共同研究「ポスト構造改革における市場と社会の新たな秩序形成──自由と共同性の法システム──」は、〈構造改革後の法秩序形成のあり方、すなわち、単なる自由放任でない、自律性を尊びながら、かつ自律性を支える全体のシステムを維持するあり方〉をさぐるものである[5]。また、「市場の秩序形成」「社会の秩序形成」「エンフォースメント」という3つの部会の名称に含まれる「秩序形成」および「エンフォースメント」という用語から示唆されるように、この共同研究においては、法ないしルールの「機能」に着目した分析が不可欠なものとされている。

　市場や社会の「秩序形成」という場合に、あるべき状態が「目標」として設定され、その「目標」をどのように実現するかという形での分析がなされることになる。そこでは、「目標」を実現するための様々な「手段」がどの程度「実効性」を有するかという視点が重要となる。また、あるべ

き状態としての「秩序」あるいはそれを実現するためのルールに関しては、それらに反する行動や、秩序の形成やルールの順守にとって阻害要因となる行動の存在が不可避であるから、それらの行動の「抑止」やそれらの行動の結果の「是正」のための手段が用意されなければならない。そのような手段の中核は、公的機関が行使する「強制」および「制裁」であるが、これらについても、どの程度「実効性」を有するかという視点が重要となる。

さて、わが国の行政法学においては、すでに1960年代後半から1970年代には「実効性確保」という視点に先駆的論者が着目し[6]、1980年代後半には、「実効性確保」という言葉が学会報告の表題として採用されるに至っている[7]。さらに1990年代以降は、学会の統一テーマとされ[8]、あるいは論文の表題の中で用いられる[9]など、その問題意識がかなり広く共有されるようになり、現在では、標準的な教科書[10][11]でも一定の説明がなされている。そして、著者のみるところ、「実効性確保」という用語は、「法執行システム」ないし「エンフォースメント」という捉え方を行政法学が受け止めたものにほかならない。その意味で、「法執行システム」という捉え方が、すでにわが国の行政法の理論体系に一定の影響をもたらしていることは確かである。しかしながら、周知のごとく、わが国の行政法学の理論体系は、戦前に受けたドイツ理論（ないし大陸法系の理論）の強い影響をかなりの程度引き継いでいる。そこで、「法執行システム」という捉え方から得られる示唆を、伝統的な概念を用いた議論のなかで適切に位置づけるためには、様々な概念の意義についての慎重な考察が必要となるのである。

そこで、以下まず、独占禁止法における課徴金の性格をめぐる議論を振り返えった（七）のち、「行政制裁」の概念（八）および「行政強制」の概念の意義について（九）、それぞれ整理すると共に、「制裁」と「強制」という2つの要素を包括しようとする「実効性確保」という捉え方が理論的にどのような意味を持っているのかについて再考することにしたい。

七　課徴金の性格付け論争

　独占禁止法の平成 17（2005）年の改正で、同法の「実効性」を高めるために課徴金が強化された。

　この立法論的な政策判断は、従来の独占禁止法の「法執行システム」ないし「エンフォースメント」が不十分であり、同法〈違反を是正〉し、同法の〈目的に適合した状態を実現する〉ためには、より「抑止効果」の高い仕組みが必要であるという判断によるものであった。そして、より具体的には、課徴金の水準が、「不当な利得」に相当する額に抑えられていることが問題であるとされたところである。そして、先にみたように、改正論議[12]においては、古典的な解釈問題としての「二重処罰の禁止論」が再度持ち出され、課徴金の性格をめぐって「利益剥奪か制裁か」という問題設定がなされたのである[13]。

　さて、このような問題設定の主たる狙いは、〈制裁としての課徴金と刑事罰の併科は憲法 39 条の二重処罰の禁止に抵触する。〉という命題を前提に、〈課徴金を強化する場合には、刑事罰を廃止すべきである。〉という立法論的提言、あるいは、〈刑事罰を存置する場合には、課徴金の強化は断念すべきである。〉という立法論的提言を根拠づけるところにある[14]。このうち、立法論的提言の前者は、先に触れた我々の共同研究の〈行政制裁金の導入・強化と刑事罰の廃止〉という基本的方向に関する中間的結論と矛盾するものではない。しかし、その前提である命題に、理論的に見過ごせない重大な誤りが含まれている[15]ことは、再度確認しておく必要があろう。

　憲法 39 条〈何人も、実行のときに適法であった行為又は既に無罪とされた行為については、刑事上の責任を問われない。又、同一の犯罪について、重ねて刑事上の責任を問われない。〉

　この 39 条の後段から、〈制裁としての課徴金と刑罰の併科は許されない。〉という命題を導くのは相当無理がある。すなわち、カルテルをした事業者に課徴金を課すことも「刑事上の責任」を問うことを意味するというのは、かなりの「拡大解釈」であるからである。

　この点につき、佐伯教授は、憲法 39 条のモデルといわれるアメリカ合

衆国憲法修正5条の〈何人も同一犯罪について、重ねて生命身体の危険に臨ましめられることはない。〉という規定について、アメリカでの判例の状況を含めた検討を踏まえて、次のように説いていた[16]。

「憲法39条は、二重起訴の禁止という手続上の保障に限定して理解すべきである。また、この手続上の保障は、原則として刑事手続上の負担に限定される。他方で、刑罰権の実体面での制約原理は、憲法13条に含まれる「罪刑均衡の原則」に求められるべきである。行政制裁と刑事罰の併科についても、その制約は同様に「罪刑均衡の原則」（ないし「比例原則」）からなされるべきである。

刑罰規定には自由刑と罰金刑を併科するものがあり、さらに没収刑が科されることもある。このような複数の制裁を1つの手続で併科することが許されるならば、それを別個の手続で併科することも、実体面での問題に限っていえば、許されるというべきである。そうであれば、さらに、これらの制裁の一部を刑事罰ではなく行政制裁として科すことも許される。もし、行政制裁と刑事罰の両方を科すことが許されないとすれば、それは2度に分けて科すからではなく、全体として均衡を失しているからであろう。」

以上のような佐伯説によれば、〈制裁としての課徴金と刑事罰の併科は憲法39条に反する。〉という主張は、全く根拠のないものということになる。そして、とりわけ、理論上の見地から問題とされるべきは、上記の主張が、「制裁」はすべて「刑事罰」に該当するという無理な「拡大解釈」をしていることで、その背景には〈制裁的機能は刑事法が専管するものである。〉という誤った観念[17]がみられることである。

なお、判例上は、非刑事的制裁と刑事罰の併科が許されることは、従来から特に問題なく認められてきている[18]。また、独占禁止法の課徴金についても、平成10年の最高裁判決[19]が、傍論ではあるものの、刑事罰との併科の合憲性を認め[20]、平成17年の最高裁判決[21]で「不当利得構成」がとられないことが明示されるに至っている。そこで、現在では、もはや導入時のように「制裁」ではなく「利益剥奪」であるという「正当化」をする必要がないことが確認されているとみるべきであろう[22][23]。

八　行政制裁の概念

（1）　狭義の制裁と広義の制裁

　行政法の仕組みによって課される「制裁」と刑事法の仕組みによって科される「制裁」の役割分担をどのように図るかは、あるべき「法執行システム」を考える際に、避けて通れない問題である。

　その前提として、「行政制裁」について、行政法理論ではどのような整理がなされてきたのであろうか。この点は、著者のみるところ実は十分なものではない。そこで、この点について考察を深めることが今後の課題となるが、さしあたりは、以下のような宇賀教授の説明から出発するのが便宜であると思われる[24][25]。

　「「行政制裁」には、広い意味と狭い意味の2つがある。広義の「行政制裁」とは、〈過去の行政上の義務違反に対して課される刑罰以外の制裁で、その威嚇的効果により間接的に義務の履行を強制するもの〉である。また、狭義の「行政制裁」とは、広義のそれのうち〈違法行為前よりも不利益な状態に置くもの〉である。」

　以上のような分析に従う場合には、次の2点に留意が必要となる。まず、第1に、課徴金の性格をめぐる議論のなかでみられた「利益剥奪と制裁の二者択一論」は、狭義の「行政制裁」に着目するものであったことである。すなわち、そこでは、「利益剥奪」にとどまっている限りでは「二重処罰」の問題は生じないが、「利益剥奪」を超えると「制裁」としての性格を持つことになり「二重処罰」の問題が生じる、とされていた。

　このような立論においては、「制裁」という概念が「罰」という概念とほぼ重なるものとイメージされ、かつ、「罰」という概念と「刑事罰」という概念の区別も全くなされていないということが指摘できる。おそらく、ここでの「制裁」という概念は、アメリカ法でいうペナルティ（penalty）という捉え方に近いのであろう。しかし、ペナルティには刑事罰だけではなく、非刑事的な（civil）のそれ、すなわち制裁金が含まれ、アメリカでは、税法、環境保護法、証券取引法、虚偽請求法など多くの分野で用いられている[26]ことを見落としてはならなかったと思われる。

（2）「性格付け」と「機能」の区別

　第2に、広義の「行政制裁」という捉え方は、「機能」に着目したものであると思われる。すなわち、このような広義の概念は、「制裁的機能」を有するものを広く包括することをめざすものとみられるのである。しかし、その反面、「間接的に」「強制する」という言葉の意味次第で、その範囲が曖昧なものとなる可能性があることに留意が必要となる。

　というのは、たとえば、広義の「行政制裁」に含まれるものとして、伝統的な行政法理論における「行政罰」から「行政刑罰」を除いた「行政上の秩序罰」があるからである。しかしながら、現行法上の「行政上の秩序罰」は、比較的低額の「過料」を課すもので、「威嚇力により」「強制する」という機能を果たすことが予定されているかどうかには疑問が残る[27]。

　また、同じ「過料」という名称で、「行政上の強制執行」の一種としての「執行罰」というカテゴリーに分類されるものがある。この「過料」は、戦後改革によって現行法上はほとんどみられないものであるが、理論上は「間接強制」とされ、「間接的に義務の履行を強制する」という機能を果たすことが予定されているというべきである。ただ、これはおそらく、宇賀教授のいう広義の「行政制裁」には含まれない。その理由は、「過去の義務違反に対して課される」のではなく、「将来の義務履行を強制するために課される」からである。

　しかしながら、義務の履行をめざすもの（「強制」）なのか、義務の履行をあきらめて「懲らしめる」もの（「制裁」）なのかは、その手段がどのように機能するかに依存しているから、制度上の位置付けだけでは判断できないというべきかもしれない。すなわち、ある措置の「（法的）性格付け」と「機能」は重なる場合もあれば異なる場合もあるといわざるを得ないのである。

　「性格付け」とは、その措置の「趣旨」ないし「目的」に照らしてなされるものである。「秩序罰」は、「過去の義務違反に対して課される」ものであるとされ、「制裁」という「性格付け」がなされているが、宇賀教授は「強制」という「機能」をも有していると考えていることになる。他方

で、「執行罰」は「将来の義務履行を強制するために課される」ものであるとされ、「強制」という「性格付け」がなされているが、「実効性」に欠けるために、「制裁」という「機能」を有するにとどまる場合もあるかもしれない。

（3）「サンクション」の概念

ここで、「制裁」と「サンクション」の関係について補足するとともに、「実効性確保」の概念のねらいについてコメントしておく。

行政法学においては、「実効性確保」のための手段を分類する手がかりとして、「強制」と「制裁」のほかに「サンクション」という概念が提唱されたことがある。たとえば、畠山教授は、「制裁」と同様に「機能」に着目しつつ、「制裁」よりも広い概念として「サンクション」という概念を用いた[28]。すなわち、そこでいう「サンクション」は相手方にとって不利益に機能する「ネガティブなサンクション」と、相手方にとって利益に機能する「ポジティブなサンクション」の両方を含み得るとされたのである。そして、この新たなアイデアが英語から来ていたこと、また、環境法などの領域で用いられる「経済的インセンティブ」などが例示されていたことから、経済学的な考察が背景にあったことは容易に推測できる。税と補助金は、法的な「性格付け」は全く異なるものの、経済学的には「機能的等価物」である場合もあるからである。

このように、「サンクション」や「インセンティブ」という捉え方は、「制裁」という捉え方よりさらに視野を広げるという意義を有すると思われる。そして、多くの仕組みをその機能面によって整理していくという発想、同じような機能を持つものを比較して、その相互関係を意識するという発想が、制度設計という観点からは重要であることがうかがえる。

なお、「実効性確保」という捉え方は、先に触れたように1960年代半ばから1970年代に「義務履行確保」という捉え方からさらに一歩進むものとして「発見」されたものである。その契機は、当初は日本特有の現象とみられていた「行政指導」の多用であった。「行政指導」は、定義上、法的な意味で「義務を課すものではない」から、それがめざす目標が正当なものであり、かつ目標の実現のために「公表」や「給付拒否」などの手段

を駆使することが正当なものであるとされた場合にも、それらの手段は「義務履行確保」という概念によっては整理できないからである[29]。

社会的な背景としては、公害問題や都市問題の深刻化、消費者問題の発生などが指摘される。伝統的な「法律による行政の原理」は、「自由主義国家観」を出発点にしており、その原理に忠実に従うと、「公的規制」は、法律によって授権された限りでのみ行えることになり、その手段も「行政行為」と「強制執行」および「行政罰」に限定される。しかし、国の法令による対応が不十分な状況のなかで、現実の行政需要を意識した現場の行政機関は、緊急避難的にこれらの制約を打破しようとしたのであり、行政法理論の側でも、それらの対応に一定の積極的評価を与えたのである[30]。

そして、「実効性確保」という概念は、広義の「制裁」と広義の「強制」という概念を包括するものであるから、「実効性確保」という整理の仕方は、「行政強制」という整理の仕方と「義務履行確保」という整理の仕方の両方の狙いを共に生かすことをめざすものとみることができる。そこで、そのような整理ないし説明の仕方は長所を有するとともに短所を有することになる。

短所として指摘されるのは、法的な問題の焦点を曖昧にするおそれである。曽和教授[31]によれば、規範論としての行政法理論を重視するならば、同じ「経済的手法」であっても、義務履行確保手段としての経済的手法と社会システムとしての経済的手法（義務履行確保あるいは法違反の是正を目的としない経済的負担）は、区別されなければならない。前者については、私人の行動に対する適法・違法の判断が先行しており、その判断基準の妥当性が伝統的な法律学の関心事であったからである。

ただ、曽和教授も、従来「行政強制」論の枠組みで検討されてきた制度の多くが、行政目的を達成する手法としても理解できること、「法執行システム」という捉え方も、それをより最広義に捉えれば「法目的の実現システム」ということになり、そこには規制手法、助成手法、経済的手法など様々な手法が包括されることを指摘している。

九　行政強制の概念

（1）「即時強制」の位置づけ

「法執行システム」の説明のなかで、「義務履行確保」というグルーピングとは別に、「行政強制」というグルーピングがある。たとえば、田中二郎博士の教科書[32]では、「行政強制」という概念が、「行政上の強制執行」と「行政上の即時強制」の上位概念とされ、それが「行政罰」と対置されていた。

これに対して、1970年代以降の多くの教科書で採用されている「義務履行確保」というグルーピングの場合は、「義務履行確保制度」の中に「行政上の強制執行」と「行政罰」が位置づけられ、「即時強制」（ないし「即時執行」）は孤立するものが多くなっている[33][34]。このように、戦後の行政法学の学説史からは、「行政強制論」から「義務履行確保論」へという流れがあるといえるので、「行政強制」というグルーピングの方が「古く」、「義務履行確保」というグルーピングの方が「新しい」ということになる。しかし、戦前の行政法学を視野に含めると必ずしもそうはいえないことに留意が必要である[35]。

さて、「即時強制」の概念において第1に注意すべきは、そこでの「強制」が「有形力の行使」という最も狭い意味のそれであることである[36]。すなわち、「即時強制」における「強制」は「有形力の行使」という「直接強制」と共通点を有するものが想定されている。行為類型の観点からは、いわゆる「権力的事実行為」がその中核ということになる。このようなカテゴリーの存在は、市場や社会の「秩序形成」という観点、法の「社会統制機能」という観点から見落としてはならないと思われる。しかし、他方で、裁判所の活動を中心に法の機能を分析する場合には、位置づけに困難を有するものであることも確かである。

これに対して、「行政上の強制執行」には、「強制徴収」「代執行」「執行罰」「直接強制」という4つの類型が含まれ、それぞれにおける「強制」の意味はさまざまである。そこで、「強制執行」における「強制」の概念はより広いものになっている。

第2に注意すべき点は、「即時強制」と「直接強制」ないし「代執行」

との違いは、「行為類型」としての違いというよりは、「行政手続上の位置づけ」の違いではないかということである。すなわち、「法執行システム」というときも、それを広く捉える場合には、「法の実現のプロセス」ということになるので、「行為」と「手続」の組み合わせという観点からの整理が有効であると考えられるからである。

　そこで「即時強制」の理解においてまず参考とされるべきは、この概念の淵源であるドイツにおける位置づけ[37]であろう。

　まず、ドイツにおいては、「行政上の強制執行」を金銭給付義務の実現にかかるものとそれ以外の「作為、受忍または不作為義務」の実現にかかるものに分けて説明する「二元的構成」を採用し、「作為、受忍または不作為義務」の実現にかかるものについて「行政強制」（Verwaltungszwang）という概念を用いるのが通例である[38]。

　また、ドイツにおいては、「行政強制」を「行政行為」によって課された義務の「強制執行」（Verwaltungsvollstreckung）と捉え、「行政強制」の手段として、「代執行」「強制金」「直接強制」という3つの類型を位置づけている[39]。

　そして、「即時強制」は、独自の行為類型ではなく、「行政強制」の手段が「先行する行政行為なしに」用いられるものであると理解されているのである[40]。このように、ドイツにおいては、「即時強制」は、「行政強制」の手段が用いられる態様を表わすものであるが、注意すべきは、「即時強制」で用いられる手段は、「代執行」と「直接強制」の2つに限定されることである。これは「強制金」は性質上「手続の省略」になじまないことによるもので、連邦法ではそのように解釈するものとされるが、ラント法のなかには、条文のなかで明示しているものもある。

　以上のように、ドイツにおいては、行政行為によって課せられた義務を「戒告」（連邦行政執行法13条）および「強制手段の決定」（14条）という「手続」を踏んで実現する形態が原則であるという整理がなされている。そして、そのような「標準的な」形態の対極に「即時強制」が、そして両者の中間に、行政行為は先行するものの、「戒告」ないし「強制手段の決定」が省略される「略式手続」（Abgekürztes Verfahren）が位置づけられている

のである。

（2）「間接強制」の概念

　先に触れたように、「強制」の概念は多義的である。とりわけ、〈義務の
履行を間接的に強制する〉というように、「強制」という概念を機能的に
捉える場合には、その範囲は曖昧にならざるを得ないという問題がある。
たとえば、宇賀教授のように「広義の行政制裁」を〈過去の行政上の義務
違反に対して課される刑罰以外の制裁で、その威嚇的効果により間接的に
義務の履行を強制するもの〉と捉える場合には、「行政上の秩序罰」も
「間接的」「強制」に当たることになりそうである。しかしながら、現行法
上の「行政上の秩序罰」は、比較的低額の「過料」を課すもので、「威嚇
力により」「強制する」という機能を果たすことが予定されているかどう
かには疑問が残る。そこで、「制裁」と性格付けられるものの中には、「強
制的機能」を有するものとそうでないものがあり、低額の「過料」（＝「秩
序罰」）は、もともと「制裁」という機能を有するにとどまるものとして制
度設計がされていると整理をすべきであろう。

　これに対して、「行政刑罰」は通常の理解によれば「厳しい制裁」であ
り、平均的市民に対しては、「強制的機能」を有するものとして制度設計
がなされるはずであった。しかし、違反の多くが見逃され、あるいは低額
の罰金刑で終わることが通例となると、「行政刑罰の著しい機能不全」が
語られることになるのである。

　他方で、同じ「過料」という名称で、「行政上の強制執行」の一種とし
ての「執行罰」というカテゴリーに分類されるものがある。これは、戦前
にドイツから継受された仕組みで、現在のドイツでは「強制金」（Zwangs-
geld）という名称になっている。この「執行罰」は、わが国では戦後改革
によって整理され、現行法上はほとんどみられないものとなっているが、
ドイツでは一般法で認められており、かつ、近時はその活用が図られてい
るとされる[41]。この「執行罰」ないし「強制金」は、理論上は「間接強
制」とされ、「間接的に義務の履行を強制する」という機能を果たすこと
が予定されているというべきものである。そこで、わが国においても、活
用する方向での立法による改革が望ましいと思われる[42][43][44]。

（3）「公表」の「制裁的機能」

さて、「新たな義務履行確保手段」として説明される「公表」[45]については、「行政制裁」の一種なのか、「行政強制」の一種なのかという問題があることが指摘できる。

すなわち、たとえば、櫻井・橋本両教授の教科書[46]での公表についての説明は、どちらかといえば「公表」を「行政強制」の一種として捉えているかのような印象を与えるものとなっている。しかし、多くの学説においては、「公表」の「制裁的機能」が法律（ないし条例）の根拠を必要とする理由づけとされており、上記教科書も異なる立場をとっているとは言い切れない。

そこで、いずれの立場をとるにせよ、公表についての説明と、行政代執行法1条の解釈における説明の整合性をどのように確保すべきかが多少気になるところである。

行政代執行法が昭和23（1948）年に「行政執行法」を廃止しつつ制定された際の考え方がどのようなものであったのか、そして、それは現時点でどの程度維持されていると考えるべきなのかが問題である。

行政代執行法1条〈行政上の義務の履行確保に関しては、別に法律で定めるものを除いては、この法律の定めるところによる。〉

この1条で「別に法律」という場合の「法律」は、2条の「法律」にかっこ書がついていることとの対比で、「文理解釈」からは、国会の定める「法律」に限定されるということになる。そして、同法の制定当時、「義務の履行確保」の手段のなかに、「公表」が含まれると考えられていなかったことは確かである。

先にみた櫻井・橋本両教授の発想は、義務履行確保の制度を設ける権限は、国だけではなく、地方公共団体にも認めるのが憲法の趣旨に合致するので、行政代執行法1条に「実定化」されている「法律主義」の及ぶ範囲を限定的に解釈すべきであるというものであるとみられる。このような発想は多くの論者も共有するところで、政策的には適切であると思われる。

ただ、そのような「目的論的解釈」の際のテクニックとしては、制定当時に念頭に置いていたものについてだけ「法律主義」が妥当するというも

の（「古典的手段法定説」＝第1の考え方）のほかに、同法にいう「義務履行確保」の概念を厳格に解して、理論上の「強制執行」についてだけ「法律主義」が及ぶとすることも考えられる。

　第2の考え方（「強制執行法定説」）によれば、行政代執行法は、「直接強制」と「執行罰」（と「強制徴収」）について個別の法律が認める場合だけに許容するということを定めたにとどまり、義務の不履行に対する「制裁」としての「行政罰」について規律するものではないことになる。そこで、条例で「行政刑罰」を定めることができるかどうかは、行政代執行法1条の解釈問題とは別に、「罪刑法定主義」および地方自治法の解釈問題として、また、条例で「行政上の秩序罰」である「過料」を定めることができるかどうかはその応用問題として解決されるべきことになる。そして、さらに、新たな「制裁」としての公表の法的統制についても、同様に、行政代執行法1条の解釈問題とは別に、まずそれが「法律の留保」に服するのかを解明し、それが肯定された場合には、続いて、条例が根拠として許容されるのかを検討すべきことになると思われる。

　以上のように考えてくると、即時強制の許容性に関する議論も再考の余地がありそうである。現在の多くの教科書では、「直接強制」の根拠は法律に限定されるが、「即時強制」の根拠は条例でもよいという立場が採られている[47]。しかし、原田尚彦教授のように、「直接強制」とのバランスを重視する立場もある[48]。

　そこで、上記の第2の考え方によって、条例を根拠とする即時強制が許容されるという解釈をとると、それは「即時強制」は「強制執行」ではないという形式論理に依拠しているという批判を受けることになりそうである。そのような批判を回避し、逆の結論を導くためには、行政代執行法1条にいう「義務履行確保」には、理論上の「強制執行」だけではなく、「即時強制」も含まれるという第3の考え方（「行政強制法定説」）をとることが考えられる。さきに紹介した「即時強制」は「行政強制の例外中の例外」であるというドイツの発想に従えば、こちらの方が「素直」な立場といえそうである[49]。

（4） 広義の「強制執行」

　最後に、「強制執行」を広義に捉え、「即時強制」も「強制執行」の一種であるとする説明について触れる。

　オーストリアの公法学においては、基礎理論として純粋法学の影響がなお根強いようであり、たとえば、憲法学の標準的な教科書において、「強制規範」（Zwangsnormen）の要素として、「刑罰」（Strafe）または「強制執行」（Exekution）の存在を想定する立場が表明されている[50]。

　そして、本節にとって興味深いのは、行政手続に関する教科書的説明[51]のなかで、「強制執行」（Exekution）についても「狭義」と「広義」のそれがあり、「狭義の強制執行」は、義務を付加する行為とそれを実現する行為の2段階を踏むが、例外的なものとして「即時強制」があり、それを含めて「広義の強制執行」と呼ぶとの整理が示されていることである。

　先にみたように「義務履行確保」という捉え方は、「強制執行」の概念を中核としていることから、さしあたりは、裁判所の活動を中心に法の機能を分析する立場と親和的であると思われる。すなわち、民事法の世界では、裁判所の判決によって「義務」が個別的具体的に確定され、それを義務者が「任意」に履行することによって法秩序が維持される、というのが本来あるべき姿とイメージされる。

　そして、行政法の世界でも、それと類似したいわゆる「三段階構造モデル」[52]が説かれてきたことが想起されるべきであろう。すなわち、行政庁の行政行為によって「義務」が個別的具体的に決定され、それを義務者が「任意」に履行することによって行政目的が実現される、というのが本来あるべき姿とイメージされるのである。そして、そのような「任意の履行」がない場合に、「強制的」な履行を確保することが法秩序の維持のために不可欠であると意識されている[53]。

　しかし、「法の社会統制機能」を重視する場合に、このような裁判所の活動を中心とした法の機能の分析で十分か、また、「行政法の社会統制機能」を重視する場合に、裁判所の判決と行政庁の行政行為という活動を中心にした法の機能の分析で十分かには疑問が残るところである。行政法学における「行政行為論から行政の行為形式論へ」[54]という理論の展開は、

まさに、「行政指導」「事実行為」「行政立法」「行政計画」など「行政行為」以外の行政活動への着目が必要であることを背景としていたからである。

十　おわりに

　以上のとおり、本章後半の内容は、従来の研究に特に目新しいものを付け加えるものではなく、オーストリア法の研究から若干の示唆を得たことを示したにとどまるなど、まさに基礎作業に過ぎないものである。法の「社会統制機能」との関係で、行政活動の存在意義をどのようなものと考えるべきか、また、「法執行システム」の全体のなかで行政法システムがどのように位置づけられるべきかを考察することが本来の課題であるが、最後に、「課徴金の普遍性」について一言してひとまず本章をとじることにしたい。

　周知のごとく、違法行為に対して課される「課徴金」は、久しく独占禁止法に基づくものに限られていた。そして、平成16 (2004) 年に導入された証券取引法に基づく課徴金も、当初の水準は、違反行為によって得た利益相当額とされた[55]ところである。ほかに、平成19 (2007) 年の公認会計士法の改正により監査法人に対する課徴金が導入されたが、これらを合わせみても、「課徴金」がわが国の「法執行システム」の中で普遍的な仕組みとなっていないことは明らかである。このことをどのように評価すべきかが、次の問題であり、その前提として、「制裁」および「強制」の概念で捉えられる様々な仕組みとの関係が整理されなければならないが、あらかじめ、理論面での見通しを示すと以下のとおりである。

　独占禁止法は、主として「経済法学」の研究領域であり、行政法学にとっては、ひとつの「参照領域」[56]と位置づけられる。そこで、「法執行システム」ないし「エンフォースメント」という捉え方、そして「実効性確保」という用語が、経済法学においては当初から抵抗なく受け入れられたとしても[57]、行政法理論にとっては、「新たな」視点をもたらすものとして受け止められ、その「消化」にはなお時間と労力を有するものと思われる[58]。この点を象徴的に示すものとして、標準的な教科書[59]は次のよう

66   第1編　理論体系

に説いている。

〈加算税、課徴金等の違反金は、税法、経済法など個別法の必要性に応じて作られ、かつ、それぞれの分野で論議の対象とされてきたものである。したがって、もともとの立法理由も一様ではないが、法令違反を抑止する、別言すれば、法執行の実効性を企図するものとして収斂しつつあるものといえよう。ただ、わが国においては、行政上の義務履行確保における一般的制度の一つとして違反金制度を普遍化することまでには至っておらず、不当な経済的利得の抑止に限定して、まさにアドホックな対応で推移してきている点に注意しなければならない。その意味で、違反金制度を普遍的なものとして法制上位置づけるには、なお、秩序罰との関係につき、さらには条例による違反金制度の活用可能性を含め検討した上で、違反金（行政制裁金など名称はいろいろ有り得る）にかかる法制上の整備を進めるのが妥当であろう。それまでは、これまでどおりに、個別具体の作用法ごとに、違反金の必要性、算定額を検討する必要があるように思われる。〉

　以上の説明は、現状の認識としては、著者としても異論のないところである。また、著者は「課徴金の普遍性」を主張する論者として紹介されている[60]が、著者の前記改正論議での主張の力点は「課徴金の性格付け」と「課徴金の根拠付け」を区別すべきである[61]というところにあり、課徴金を行政の全分野に導入すべきであるという立法論的提言をしたわけではない。

　ただ、一般論としては、わが国の行政法規は「実効性確保」のための法的な手段が十分に整備されていないことが多く、立法による改善の必要性が高いということができよう。そして、その際の基本方針としては、導入ないし強化される手段の「（法的）性格付け」とその手段が実際に果たす「機能」の乖離をできるだけ少なくすることが重要であると考える。すなわち、ある手段を導入する場合には、「機能」に即した「性格付け」を行うべきであり、「性格付け」にふさわしい「機能」を果たしていない手段については、まずその「機能」を強化する方策を検討すべきであろう。そして、著者も、相当数の論者が提言しているように、わが国の行政法規の実効性確保のためには「行政制裁金」（＝「違反金」）ないし「強制金」の導

入・強化が望ましいという結論が、比較法的な検討から得られるとの見通しをもっているのである。

【第3章後半注】

* 初出原稿は、科学研究費補助金・学術創成研究費「ポスト構造改革における市場と社会の新たな秩序形成——自由と共生の法システム——」（研究代表者：川濱昇京都大学教授）主宰の第3回学術創成セミナーにおいて著者が行った報告「強制・制裁・サンクション——行政法学の立場から——」（2007年11月2日）をもとに、その後の状況をふまえて改稿したものである。

(1) 田中成明『法理学講義』（有斐閣・1994年）p74-80は、法の機能を「社会統制機能」「活動促進機能」「紛争解決機能」「資源配分機能」の4つに整理し、「社会統制機能」を有するものとして、刑法と並んで不法行為法をあげている。同書の説明は「制裁」ないし「サンクション」の概念について考察する際に有益な示唆に富むものであるが、行政法の「社会統制機能」についての分析は少ない。この点の補充が著者の今後の課題である。日本機械学会編『機械工学便覧デザイン編β9（法工学）』（丸善・2003年）第1章（髙木光執筆）参照。

(2) 1990年代の規制緩和論における〈行政による事前規制から司法による事後規制へ〉というスローガンの限界について考察した論稿として、曽和俊文「司法改革の理念と行政法」自治研究77巻10号（2001年）7-16頁。

(3) より一般的に民事法および刑事法の限界から行政法の存在意義を説いた先駆的なものとして、阿部泰隆『行政の法システム（上）』（有斐閣・1992年）。

(4) 曽和俊文「法執行システム論の変遷と行政法理論」公法研究65号（2003年）216頁。曽和教授の定義によると、「法執行システム」とは、〈私人による（行政）法違反を是正し、（行政）法目的に適合した状態を実現するための法的仕組み〉をいう。そして、これは、アメリカ法にいうエンフォースメント（Law Enforcement）という捉え方に近いものとされている。

(5) 著者の第3回学術創成セミナーでの報告の概要は、髙木光「強制・制裁・サンクション——行政法学の視点から——」学術創成通信2号13頁に掲載されている。

(6) 先駆的なものとして、今村成和『行政法入門（初版）』（有斐閣・1966年）がある。その他の文献については、曽和・前掲注（4）および髙木光『技術基準と行政手続』（弘文堂・1995年）第1編第3章「行政手法論」（初出・1986年）参照。

(7) 髙木光「実効性確保」公法研究49号（1987年）186頁。

(8) 碓井光明「行政上の義務履行確保」、畠山武道「行政強制論の将来」、早坂禧

子「行政調査」、福井秀夫「行政代執行制度の課題」、曽和俊文「経済的手法による強制」、市橋克哉「行政罰」、三辺夏雄「自治体行政の実効性の確保」、芝原邦爾「行政の実効性の確保—刑事法の視点から—」公法研究 58 号（1996 年）。

(9)　たとえば、宮崎良夫「行政法の実効性の確保」雄川献呈『行政法の諸問題（上）』（有斐閣・1990 年）203 頁、大橋洋一「建築規制の実効性確保」法政研究 65 巻 3・4 号 1 頁（1999 年）など。近時の論文集として、北村喜宣『行政法の実効性確保』（有斐閣・2008 年）。

(10)　塩野宏『行政法 I（第 5 版）』（有斐閣・2009 年）227 頁注 4 は、〈制裁目的の制度と、効果としての抑止制度を弁別し、全体を行政法の実効性確保の制度として整理することにも意味があると思われる。〉と指摘し、大橋洋一『行政法（第 2 版）』（有斐閣・2004 年）381 頁の整理法を評価している。塩野教科書自体は、第 2 部「行政上の一般的制度」のなかで第 1 章「行政上の義務履行確保」と第 2 章「即時執行」という整理を行っている。なお、ここでいう「即時執行」は、伝統的な用語では「即時強制」に相当する。

(11)　これに対して、宇賀克也『行政法概説 I（第 3 版）』（有斐閣・2009 年）は、第 4 部の表題を「行政上の義務の実効性確保」とし、第 15 章「行政上の義務履行強制」と第 16 章「行政上の義務違反に対する制裁」に分けて説明し、「即時強制」は、第 2 部「行政活動における法的仕組み」のなかの第 8 章「規制行政にある主要な法的仕組み」のところで説明している。

(12)　著者は、改正に先立って平成 14（2002 年）から独占禁止法研究会に置かれた「措置体系見直し部会」において行われた議論に参加する機会を有した。

(13)　この問題設定は新しいものではなく、課徴金が昭和 52（1977）年に導入された際にも、平成 3（1991）年に強化された際にも、課徴金は「利益剥奪」であり「制裁」ではない、という「正当化」のロジックが用いられたことが伏線となっている。このロジックは、課徴金の創設時から示されてきた、課徴金の性質は制裁であり、刑罰との併科は、憲法 39 条が禁止する二重処罰にあたるのではないかという疑義に応えるものであった。そこで、平成 17 年の改正においても、「制裁」としての性格を有することになる場合は、刑事罰との関係を整理しなければならないという主張が再び強硬になされたのである。

(14)　「行政制裁」と「刑事制裁」の関係を理論的に整理しなければならないという主張は、それ自体としてみれば正当である。その主張の政治的意味については、岸井大太郎「課徴金」法学教室 286 号 2 頁（2004 年）参照。

(15)　著者は、当時この問題について最も詳細で説得力のある分析を示されていた刑法学者の佐伯教授の研究に依拠して小稿を執筆した。髙木光「独占禁止法上の課徴金の根拠づけ」NBL774 号 20-26 頁（2003 年）（＝本書第 1 編第 3 章前半に収録）。佐伯仁志『制裁論』（有斐閣・2009 年）第 2 章第 1 節（初出・1994 年）第 2 節（初出・2003 年）。

(16)　佐伯・前掲注（15）95-96 頁。

(17)　髙木・前掲注（15）24 頁。

(18)　たとえば、租税の領域では、追徴税と刑罰の併科に関する最大判昭和 33 年 4 月 30 日（民集 12 巻 6 号 938 頁）と、重加算税と刑罰の併科に関する最判昭和 45 年 9 月 11 日（刑集 24 巻 10 号 1333 頁）があった。また、刑事裁判における証人の証言拒否に関する過料と刑罰の併科に関しては、最判昭和 39 年 6 月 5 日（刑集 18 巻 5 号 189 頁）があった。

(19)　最判平成 10 年 10 月 13 日判時 1662 号 83 頁（シール談合事件審決取消訴訟）は次のように判示している。〈本件カルテル行為について、……罰金刑が確定し、かつ、国から上告人に対し不当利得の返還を求める民事訴訟が提起されている場合において、本件カルテル行為を理由に上告人に対し同法 7 条の 2 第 1 項の規定に基づき課徴金の納付を命ずることが、憲法 39 条、29 条、31 条に違反しないことは、最高裁昭和 33 年 4 月 30 日大法廷判決・民集 12 巻 6 号 938 頁の趣旨に徴して明らかである。〉

(20)　例外として、東京高判平成 13 年 2 月 8 日判時 1742 号 96 頁（シール談合事件不当利得返還請求訴訟）は、これも傍論とはいうものの、次のように判示していた。〈独占禁止法は、カルテル行為に対しては別途刑事罰を規定しているから、課徴金の納付を命ずることが制裁的色彩を持つとすれば、それは二重処罰を禁止する憲法 39 条に違反することになる。したがって、課徴金制度は、社会的にみれば一種の制裁という機能を持つことは否定できないとしても、本来的には、カルテル行為による<u>不当な経済的利得の剥奪を目的とする</u>制度である。そして、このような課徴金の経済的効果からすれば、課徴金制度は、民法上の不当利得制度に類似する機能を有する面があることも否めない。……利得者が、損失者にすべての利得を返還し、他に剥奪されるべき不当な利得はないにもかかわらず、なおも課徴金が課されるというときには、そのような課徴金の納付命令の合憲性については検討が必要であろう。〉

　　この東京高裁判決の「素朴な二重処罰禁止論」は、公正取引委員会の伝統的説明である「不当利得構成」にミスリードされたものかもしれないが、上記の判例の流れからすれば、特異なものというべきであろう。

(21)　最判平成 17 年 9 月 13 日民集 59 巻 7 号 1950 頁（機械保険カルテル）は、次のように判示している。〈独禁法の定める課徴金の制度は、昭和 52 年法律第 63 号による独禁法改正において、カルテルの摘発に伴う不利益を増大させてその経済的誘因を小さくし、カルテルの予防効果を強化することを目的として、既存の刑事罰の定め（独禁法 89 条）やカルテルによる損害を回復するための損害賠償制度（独禁法 25 条）に加えて設けられたものであり、カルテル禁止の<u>実効性確保のための行政上の措置</u>をして機動的に発動できるようにしたものである。また、課徴金の額の算定方式は、実行期間のカルテル対象商品又は役務の売上高額に一

70 第1編 理論体系

定率を乗ずる方式を採っているが、これは、課徴金制度が行政上の措置であるため、算定基準も明確なものであることが望ましく、また、制度の積極的かつ効率的な運用により抑止効果を確保するためには算定が容易であることが必要であるからであって、個々の事案ごとに経済的利益を算定することは適切ではないとして、そのような算定方式が採られ、維持されているものと解される。そうすると、課徴金の額はカルテルによって実際に得られた不当な利得の額と一致しなければならないものではないというべきである。〉

(22) 白石忠志『独占禁止法』（有斐閣・2006年）440頁。

(23) 証券取引法の平成16年改正による課徴金の導入と併せて解説するものとして、櫻井敬子「課徴金」自治実務セミナー44巻11号12頁（2005年）参照。同論稿は、同『行政法講座』（第一法規・2010年）の第7章「法執行」に収録されている。

(24) 宇賀克也「行政制裁」ジュリスト1228号（2002年）50頁。

(25) 「行政制裁」をさらに広義に捉え、許認可等の取消しなどを含める整理もあるが、塩野・前掲注（10）226頁注（4）は、「機能」だけに着目するのではなく、「法的性格付け」（「本来の制度趣旨」）に十分意を払う必要があるとして、これに批判的である。これに対して、宇賀・前掲注（11）249頁は、立法論としては、制裁を直接の目的とした許認可等の取消しも考えられないわけではなく、現に存在すると指摘している。

(26) 佐伯・前掲注（15）77頁参照。

(27) 櫻井敬子「行政的制裁」自治実務セミナー46巻1号16頁（2007年）参照。

(28) 畠山武道「サンクションの現代的形態」『岩波基本法学第8巻』（1983年）365頁。

(29) 髙木・前掲注（6）99頁

(30) 「要綱行政」ないし「権限なき行政」が、後の「政策法務」、いわゆる「攻めの法律学」の先駆的形態であるとするものもある。人見剛「分権改革と自治体政策法務」ジュリスト1338号96頁（2007年）。

(31) 曽和・前掲注（4）219頁

(32) 田中二郎『新版行政法上』（弘文堂・1974年）

(33) 塩野・前掲注（10）221頁。

(34) 宇賀・前掲注（11）103頁。

(35) 髙木・前掲注（6）97頁。詳細な概念史として、須藤陽子「『行政強制』と比例原則」川上古稀『情報社会の公法学』（信山社・2000年）599頁、同「直接強制に関する一考察」立命館法学312号（2007年）5頁、同「『即時強制』の系譜」立命館法学314号（2007年）1頁。

(36) 櫻井敬子＝橋本博之『行政法（第2版）』（弘文堂・2009年）は179頁、187頁で次のように説明している。〈直接強制とは、義務者の身体または財産に対し

て直接有形力を行使して、義務の実現を図ることをいう。作為義務・不作為義務のいかんを問わないし、非代替的作為義務の場合はもとより、代替的作為義務の場合でも直接強制の対象とすることが可能である。〉〈即時強制とは、義務の存在を前提とせず、行政上の目的を達するため、直接身体もしくは財産に対して有形力を行使することをいう。義務の存在を前提としないので、義務履行確保の手段とはいえないが、直接強制との違いは実際上は大きくない。たとえば、違法駐車された自動車のレッカー移動については、警察官が運転者に対して移動命令を出したうえで行う場合（道路交通法 51 条 1 項、2 項）と、運転者が現場にいない場合に移動命令を出すことなく車両を移動する場合（同条 3 項）の 2 通りがある。移動命令を前提とした移動は直接強制とみる余地があり、これを前提としない移動は即時強制である。両者は概念的には別異であるが、実際上の措置として質的に異なるというほどのものではない。〉

(37) 以下の記述は、学術創成研究の平成 21 年度研究員であった重本氏が京都大学大学院に提出した最新の学位論文に依拠している。重本達哉『ドイツにおける行政執行の規範構造―行政執行の一般要件と行政執行の例外の諸相―』（2010年・未公表）。その前半部分は、法学論叢 166 巻 4 号（2010 年）109 頁、167 巻 1号（2010 年）39 頁に公表されている。

(38) 連邦の「行政強制」に関する一般法の規定は以下のとおりである。連邦行政執行法 6 条 1 項〈物の引渡し又は作為、受忍若しくは不作為を命じる行政行為は、それが不可争となるか又は確定前の執行が命じられ若しくは法的争訟手段が停止的効果を有しない場合には、9 条の定める強制手段によって実現することができる。〉

(39) 連邦行政執行法 9 条 1 項〈強制手段は、代執行（10 条）、強制金（11 条）、直接強制（12 条）とする。〉2 項〈強制手段は実現される目的と適正な関係にとどまるものでなければならない。強制手段は、関係人及び公衆に対する侵害の度合いが最小になるように定められなければならない。〉

(40) 連邦行政執行法 6 条 2 項〈行政強制は、刑罰若しくは過料の構成要件を実現する違法行為の阻止又は切迫する危険の回避のために即時執行が必要不可欠であり、かつ、行政庁がその法律上の権限内で行動する場合、先行する行政行為なしに用いることができる。〉

(41) 西津政信『間接行政強制制度の研究』（信山社・2006 年）32 頁。

(42) 阿部泰隆『行政法解釈学 I』（有斐閣・2008 年）594 頁参照。

(43) この点からも参考となるのは、民事執行の領域における「間接強制」の活用という動きであろう。すなわち、司法制度改革の議論のなかで、民事執行の非効率性が批判され、その原因のひとつが従来の「間接強制の補充性」という原則であるとされたところである。そして、平成 15（2003）年の「担保物権及び民事執行制度の改善のための民法等の一部を改正する法律」（略称「新担保・執行法」）

72　第1編　理論体系

および平成 16 年（2004）年の「民事関係手続の改善のための民事訴訟法等の一部を改正する法律」（略称「続改善法」）によって、物の引渡し義務や代替的作為義務・不作為義務、そして扶養義務等に係る金銭債権について、間接強制による強制執行が認められるようになっている。中野貞一郎『民事執行法（増補版新訂5 版）』（青林書院・2006 年）11 頁。

(44)　なお、民事法における「代替執行」と行政法における「代執行」とは同じ概念をルーツとするが、「直接強制」および「間接強制」との役割分担が異なる点に注意が必要であるとされている。すなわち、民事執行にいう「代替執行」は、「代替的作為義務」についてのほか、「不作為義務」について、債務者のした行為の結果を除去し、または将来のため適当な処分をすることを裁判所に請求するという形態がある（民法 414 条 3 項）。また、民事執行では「直接強制」が一般的な強制手段とされ、行政法にいう「強制徴収」も含めた制度となっている。阿部・前掲注（42）554 頁。

(45)　最判平成 14 年 7 月 9 日民集 56 巻 6 号 1134 頁は、宝塚市が条例に基づく「中止命令」に従わなかった業者を被告として、民事訴訟を提起し、不作為義務の履行を求めた事件に関するものである。行政上の義務についての不履行にどのように対処するかは、まさに「法執行システム」の問題であり、これについての古典的な分類が、「司法的執行モデル」と「行政的執行モデル」である。「司法的執行」というのは、行政上の義務についても、その不履行に対する「強制」や「制裁」は、通常の裁判所が担当するシステムであり、英米法がそれを採用しているとされる。「行政的執行」というのは、行政上の義務については、行政機関が、通常の裁判所の力を借りることなく、「強制」や「制裁」によって対処することができるシステムであり、ドイツ法がそれを採用しているとされた。なお、フランスは、英米とドイツの中間的なシステムであると指摘されている。阿部・前掲注（42）556 頁参照。（フランス法の現状については、学術創成研究の平成20 年度研究員であった福重さと子氏の研究（未公表）が継続中である。学創通信 5 号 45 頁参照。）上記最高裁判決は、わが国における「法執行システム」のめざすべき方向は、「行政的執行モデル」の要素の強化にあることを示唆していると思われる。

　　なお、上記条例は平成 15 年に全面的に改正され、その「実効性確保」のための手段として、命令違反についての刑事罰と並んで、公表の規定が置かれた。宝塚市パチンコ店等及びラブホテルの建築の規制に関する条例 12 条〈市長は、建築主等が、第 4 条第 1 項若しくは第 9 条第 1 項の同意を得ずに、（中略）、対象建築を建築しようとし、又は建築したときは、当該建築主等（中略）に対して、当該建築工事の中止を命じ、又は相当の猶予期限を付けて当該建築工事の変更、原状の回復、除却その他必要な措置を採るべきことを命ずることができる。〉13 条1 項〈市長は、前条の規定による命令を受けた建築主等が、当該命令に従わない

場合において、必要があると認めるときは、その事実を公表することができる。〉2項〈市長は、前項の規定により事実の公表を行うときは、あらかじめ当該事実を公表される建築主等に対し弁明の機会を与えなければならない。〉22条〈第12条の規定による命令に違反した者は、6月以下の懲役又は300,000円以下の罰金に処する。〉

(46)　櫻井＝橋本・前掲注（36）183頁は以下のように説明している。〈義務を履行しない者の氏名（個人名ないし企業名）・住所等を公表することにより、義務の履行を促すことが制度化されている場合がある。……公表は……情報提供の意味合いを持つと同時に、公表される者にとっては義務の履行を促す機能をあわせ持つ。〉〈公表は、義務履行確保の手段として高い効果が期待される反面、氏名を公表される当該個人ないし企業に深刻な不利益を与える可能性があり、また、いったん誤った情報が公にされると原状回復が事実上困難となる。そこで、義務履行確保のための公表制度を設けるには法律の根拠が必要であり、公表に先立って直接の利害関係者に意見書提出を認める等の事前手続を整備すべきである。〉〈条例で一定の行為を義務づけ、その義務履行確保の手段として氏名等の公表制度を設けることは、直接強制や執行罰とは異なり、可能と考えられている。公表は行政代執行法制定時には想定されていなかった新たな義務履行確保の手段であり、同法の規制の及ぶところではないからである（行政代執行法1条）。〉

(47)　塩野・前掲注（10）242頁。宇賀・前掲注（11）248頁。

(48)　原田尚彦『行政法要論（全訂第7版）』（学陽書房・2010年）239頁。

(49)　明示的ではないが、芝池義一『行政法総論講義（第4版増補版）』（有斐閣・2006年）211-212頁。これらに対して、阿部・前掲注（42）592頁は、地方分権の時代に即して、行政代執行法1条を「文理に反して」限定解釈すべきであるという立場（第4の考え方＝「条例準法律説」）をとっている。そこでは、重大な人権侵害が生じない場合には、条例でも、「直接強制」や「略式代執行」を定めうるという結論をとることによって、条例で「即時強制」を定めうるという結論とのバランスを図ることが試みられているのである。

(50)　Walter/Mayer/Kucsko-Stadlmayer, Bundesverfassungsrecht, 10. Aufl. (2007), Rz3。なお、ここでは、Strafe と Exekution の上位概念として Sanktion が用いられているため、「制裁」の概念が本稿よりもさらに広く、「強制執行」を包括するものとなっている。

(51)　Walter-Mayer, Verwaltungsverfahrensrecht, 8. Aufl. (2003), Rz969. Antoniolli-Koja, Allgemeines Verwaltungsrecht, 3. Aufl. (1996), S. 622 も同様。なお、オーストリアにおけるいわゆる権力的事実行為と行政行為論との関連については、髙木光「即時的命令強制行為（行政法入門45）」自治実務セミナー48巻8号（2009年）3頁。

(52)　藤田宙靖『第4版行政法Ⅰ（総論）改訂版』（青林書院・2005年）20頁。高

木光「三段階構造モデル（行政法入門 27）」自治実務セミナー 46 巻 9 号（2007年）3 頁。

(53) 他方、刑事法の世界では、「刑罰」は、裁判所によって科されることにより、それ自体が、法秩序をかく乱した者に対する「制裁」として機能するものと想定されているようである。ただ、刑事政策の観点からは、「執行猶予」等の制度を含めて、刑事実体法の「実効性確保」のあり方を機能的に分析する必要性が感じられる。

(54) 髙木光『事実行為と行政訴訟』（有斐閣・1988 年）283 頁（初出・1985 年）参照。

(55) 証券取引法は、平成 18 年改正で金融商品取引法と改題され、平成 20 (2008)年の同法改正で課徴金の水準の引き上げがなされている。宇賀・前掲注 (11) 246 頁は、同法の課徴金を利益剥奪のためのものと固定的に考えるべきではないとする。

　　金融商品取引法に基づく課徴金の制度設計と比例原則の関係については、本書第 2 編第 1 章参照。

(56) 「参照領域」理論は、ドイツのシュミット・アスマン教授等が説くものである。大橋・前掲注 (10) 14 頁。なお、実質的に同書の第 3 版にあたるものとして、同『行政法 I（有斐閣・2009 年）』17 頁参照。

(57) 注 (6) で指摘したように、「実効性確保」という視点を重視し、行政法の教科書の記述に初めて採用した今村教授が、独禁法に造詣の深い研究者であったことは、偶然ではないと考える。

(58) 白石・前掲注 (22)、金井貴嗣＝川濱昇＝泉水文雄編『独占禁止法（第 3 版）』（弘文堂・2010 年）。

(59) 塩野・前掲注 (10) 245-246 頁。

(60) 同・246 頁注 (3)

(61) 髙木・前掲注 (15) 21 頁。

第4章 法治国的国家責任論

一 はじめに

　本章は、名古屋冷凍倉庫第一事件に関する最高裁判所平成22年判決[1]（以下、適宜、単に「冷凍倉庫事件判決」と呼ぶ。）を踏まえて、国家賠償法1条の違法性に関する「判例理論」に対する学説のあり方について若干の考察を加えることを目的とする。

　「租税法」という領域は、「行政法」にとっては古典的な「参照領域」であり、課税処分は「行政処分」のひとつの典型例である。そこで、課税処分をめぐる法的紛争の解決にあたっては、「行政法総論」や「行政救済法」における「一般理論」が、原則として適用されるものと理解され、逆に、課税処分をめぐる法的紛争について最高裁判所が示した判断は、狭い意味での「判例」としての意味を持つにとどまらず、多くの場合「判例理論」としての意味を持つものと理解されてきたと思われる。

　冷凍倉庫事件判決は、固定資産税の大規模な過大徴収と、還付不能となった過納金の返還の模索という特殊な背景を有する事案に関するものである[2]。したがって、当該事案の処理として「妥当な結論」を導くために、「公定力と国家賠償請求」という論点についての「一般理論」をするのにふさわしい事案であったかには疑問も残るところである。

　しかしながら、同判決は、〈最判昭和36年4月21日民集15巻4号850頁の射程が金銭の納付を義務づける処分にも及ぶか〉という従来の裁判例を二分する問題[3]に実務上決着をつけたのみならず、「公定力は国家賠償訴訟には及ばない」という「判例理論」を確認したものと理解されることになると思われる[4]。また、さらに同判決は、国家賠償法1条の「違法性」について「職務義務違反説」を確認し、同時に「違法性相対説」を確認しているとみることができるものでもある。

　このような「判例理論」に対する学説のあり方として、同様の「一般理論」のレベルで反応する手法と、領域や事案の特性に応じた「個別理論」によって反応する手法がありうる。そして、前者の手法のうちで、著者に

とって最も興味深いのは「法治国的国家責任論」に影響を受けたとみられる論者[5]の立場である。

そこで、以下、まず、「法治国的国家責任論」の内容を簡単に整理した（二）のち、課税処分に関して「違法性同一説」を採用することにはどのような実践的意義が認められるのか（三）、「法治国的国家責任論」の発想と「課税処分の公定力」の扱いはどのように関連するのか（四）を順に検討し、最後に若干の感想を述べることにしたい。

二　法治国的国家責任論

ドイツにおける「法治国的国家責任論」のわが国の学説への影響をみるには、宇賀克也教授の教科書である『行政法概説II』の記述を手掛かりにするのが便宜であろう。

宇賀教授は、「行政救済法の体系」に関して、〈ドイツでは、違法行為を是正するための法治国原理担保手段という面から、行政訴訟制度と国家賠償制度を同一の機能を営むものとして捉える見方が広くみられる〉と指摘している[6]。この指摘は、わが国における「国家賠償」と「損失補償」を総合的に把握する「統一的補償理論」の長所を認めつつ、問題点もあるとする記述[7]に続けてなされており、わが国においてもドイツの上記の発想に学ぶべきであるとするものと理解できる。

そして、「国家賠償」の要件としての「違法性」を重視し、「行政訴訟」と「国家賠償」の有機的関連を強調するこのような見解は、周知のごとく、原田尚彦教授[8]および藤田宙靖教授[9]の教科書の体系にも現れていたところである。

さて、本章の考察にとって重要な点は、戦後のドイツでは、取消訴訟等を「第一次的救済手段」と位置づけ、国家賠償請求を「第二次的救済手段」と位置づけるという発想が有力になっていることである。そして、この発想は、まずは、「法治国原理」の担保のためには「第一次的救済手段」を充実しなければならないという考え方（以下、「第一次的救済拡充論」と呼ぶ）につながる。「第一次的救済拡充論」については、わが国の学説はほぼ異論なく「学ぶべき」ものとしてきたと思われる。

問題は、上記の発想が、場合によっては、「第一次的救済手段」を採ることを怠った者については、「第二次的救済手段」が制限されてもやむを得ないという考え方[10]（以下、「第二次的救済制限論」と呼ぶ）につながることを意味することである。そして、これについては、わが国の学説の反応は分かれていたと思われる。すなわち、「法治国的国家責任論」から学びつつ、わが国における解釈論においては、「第一次的救済拡充論」をとるが、「第二次的救済制限論」には与しないという選択も可能であると考えられたのである[11]。

このような状況のなかで、課税処分等に限ってではあるが、比較的早い時期から「第二次的救済制限論」に一定の共感を示した論者がいた。それが宇賀教授[12]と塩野教授[13]であり、その所説は有力なものと受けとられ、否定説に与する学説の優勢および裁判例における「否定説の台頭」の一因となったと思われる。

そして、著者の立場から興味深いのは、両教授が「違法性同一説」論者であることである。そこで、「法治国的国家責任論」と親和性が認められる「違法性同一説」を課税処分に関して採用することにはどのような実践的意義が認められるのかをまず検討することにしたい。

三　課税処分について「違法性同一説」を採用する実践的意味

（1）　国家賠償法1条の「違法性」に関する「職務義務違反説」

冷凍倉庫事件判決は、以下のように、国家賠償法1条の責任は「職務義務違反」を要件とすることを確認している（下線著者）。

〈国家賠償法1条1項は、……と定めており、地方公共団体の公権力の行使に当たる公務員が、個別の国民に対して負担する職務上の法的義務に違背して当該国民に損害を加えたときは、当該地方公共団体がこれを賠償する責任を負う。〉

〈たとい固定資産税の価格の決定及びこれに基づく固定資産税等の賦課決定に無効事由が認められない場合であっても、公務員が納税者に対する職務上の法的義務に違背して当該固定資産の価格ないし固定資産税等の税額を過大に決定したときは、これによって損害を被った当該納税者は、地

方税法 432 条 1 項本文に基づく審査の申出及び同法 434 条 1 項に基づく取消訴訟等の手続を経るまでもなく、国家賠償請求を行い得るものと解すべきである。〉

そして、宮川補足意見は、抗告訴訟と国家賠償請求が、〈その目的・要件・効果を異にするものであり、別個独立の手段として、あいまって行政救済を完全なものとしていると理解することができる〉と述べ、金築補足意見も〈取消しを経ないで課税額を損害とする国家賠償請求を認めると、取消訴訟の出訴期間を延長したのと同様の結果になるかどうかは、取消しと国家賠償との間で、認容される要件に実質的な差異があるかどうかの問題である。〉とし、国家賠償法 1 条について判例がいわゆる「職務行為基準説」を採っていることから要件に差異があることを、立証責任の所在の違いとともに理由づけとしている。

同判決の主たる意義は、先にみたように、〈最判昭和 36 年 4 月 21 日の射程が金銭の納付を義務づける処分にも及ぶか否か〉という問題について「肯定説」をとった点にある。そして、〈法廷意見が、取消訴訟と国家賠償請求訴訟との制度的差異を取り立てて強調せず、また憲法 17 条も援用しないなど、宮川裁判長の補足意見から一線を画している点が注目される〉とする読み方もあろう[14]。しかし、国家賠償法 1 条の「違法性」について、最高裁判所の判例は、「職務義務違反説」[15]によるものが大勢であることから、同判決は「違法性相対説」をも「肯定説」の副次的理由づけとしていると著者は考える。

なお、著者は、「職務義務違反説」という「判例理論」の形成の過程を以下のように理解してきた。すなわち、「職務義務違反説」は、昭和 50 年代に検察官の起訴等[16]や裁判官の裁判[17]というやや特殊な公務に関して登場し、昭和 60 年に国会議員の立法[18]というこれまた特殊な公務の事例であるにもかかわらず「一般論」としての位置づけを与えられ、昭和 61 年のパトカー追跡事件判決[19]を経て、平成 5 年の奈良民商事件判決[20]でその地位を固めた。

すなわち、奈良民商事件判決は、それ以前の判例によって「職務義務違反説」という枠組みが「判例理論」として形成されつつあるとの理

解[(21)(22)]からの判断であり、かつ同判決は、課税処分という典型的な行政処分にかかわるものであったことから、その後の裁判所が、上記の「判例理論」がほぼ確立されたとの理解[(23)(24)]のもとで、他の領域における多くの事件を処理する基礎となったものと思われる。

（２）「違法性相対説」と「違法性同一説」の対立？

さて、著者の理解によれば、国家賠償法１条の違法性に関する「判例理論」としての「職務義務違反説」は、不法行為の要件の捉え方としては「違法性一元説」的な傾向を持ったものとして展開することとなった[(25)(26)]。すなわち、「違法性と過失の二元論」においては、行為者側の事情は「過失」要件で考慮されるのが本来の姿であったが、民事の不法行為理論における「相関関係理論」がそれに対する修正を余儀なくさせ、批判説として「過失一元論」や「違法性一元論」が出てきたことは周知のところである。そして、「職務義務違反説」においては、〈公務員の側からみて誠実に職務を遂行している限り、なるべく国家賠償法上も違法という「否定的」評価をすべきでない〉という発想[(27)]で、行為者側の事情が「違法性」要件で考慮されるため、国家賠償法１条の「違法性」が肯定される場合には、改めて「過失」要件が審査されて否定されることはあまりなくなるという構造を有しているのである。

ところで、課税処分は、典型的な「行政処分」であり、理論上も「侵害留保説」の観点から「法律の根拠」を必要とする「行政行為」の典型である。したがって、「違法性同一説」を採用する論者にとっては、取消訴訟における違法性（以下、「取消違法」という。）と国家賠償法１条にいう違法性（以下、「国賠違法」という。）を同一のものと解すべき典型的な事例であるということになる。そこで、先にみた奈良民商事件判決は、理論的には受け入れがたいものと感じられ、また、事案の特性からみても〈抗告訴訟と国家賠償訴訟で同じ行為の適法違法が判断された事案ではないから、違法性相対説にはまったくふさわしくない例であって、およそ先例にはできない判例である〉との評価もみられるところである[(28)]。

しかし、判例理論の採用する「違法性相対説」と有力学説の「違法性同一説」の対立は、その見かけほど大きなものではないとも考えられる。と

いうのは、「違法性同一説」の論者においても、行政処分の違法性を理由とする国家賠償請求において、取消違法の存在だけで、請求を認容すべきであるとの立場が主張されることはないからである。

確かに、課税処分に関しては、過納金相当額部分については、国家賠償請求が認容されるためには、取消違法の存在が必須であると考えられている。取消違法の存在はその意味で「必要条件」である[29]。しかし、その他の条件が満たされない限り請求認容とはならないと考えられているから、「十分条件」ではない。すなわち、「違法性同一説」においては、取消違法が存在すれば、国賠違法も肯定されるが、さらに「過失」（あるいは、「故意・重過失」）要件が充足されるかが検討されるべきであるとされる。他方、「違法性相対説」においては、取消違法が存在しても、直ちに国賠違法が肯定されるわけではないとされるが、国賠違法が肯定された場合は、「過失」要件には重きは置かれないのである。

このようにみると、両者は「論理構成上」の違いがあるものの[30]、見方を多少変えれば、実質的な違いはそれほどないのではないかという疑問が生じる。というのは、多くの裁判例における判断の仕方を見る限り、「職務義務違反」の有無の判断に先立って、加害行為の客観的違法性の判断がなされているからである[31]。そこで、その行為が行政処分である場合には、「違法性同一説」論者の要求する「国家賠償法1条の枠内での違法性と過失の二段階審査」は、「国家賠償法1条の枠外と枠内での二段階審査」で代替されているともいえるのである。したがって、取消訴訟と国家賠償訴訟が併合されているケースでは、取消違法が存在すれば、その限度で原告は救済を得られることから、国家賠償請求において「違法性相対説」に対抗して「違法性同一説」を提唱する実践的意義はないように思われる。

ところが、宇賀教授は、「公権力発動要件欠如説」が「救済拡充論」という意味での実践的意義を有するとしている。すなわち、宇賀教授は、その教科書において、「公権力発動要件欠如説」＝「違法性同一説」が「被害者救済の拡大という実践的意図」を果たすためにも優れているというニュアンスをにじませている。具体的に、どのような場面で違いが現われるの

かをみると、次のように、たとえ、「違法ではあるが、過失がない」とい
う理由で国家賠償請求が棄却されても、「違法でない」という理由で棄却
されるよりも良い場合として、出訴期間徒過の場合がある、という説明が
なされている[32]。

　〈たとえば、違法な行政処分により被害を被ったが、取消訴訟の出訴期
間は徒過していると仮定しよう。この場合、被害者としては、当該行政処
分が実体的・手続的要件を欠くものであったことを裁判所に確認してもら
うためには、国家賠償のルートを用いるしかない。もし、裁判所が公権力
発動要件欠如説を採用すれば、過失がないから違法性の有無はともかく請
求を棄却するという変則的な判決をしないかぎり、公権力発動要件が欠如
していたという司法判断を得ることができることになる。もちろん、それ
により当該処分の取消しの効果が発生するわけではないが、かかる司法判
断は、間接的にではあれ、公権力発動要件を欠いた行政処分への非難・制
裁としても機能をもち、ひいては、行政庁による職権取消しを促すのであ
る。したがって、仮に過失なしとして請求が棄却されても、国家賠償請求
における違法（公権力発動要件欠如）の判断は、大きな意義をもちうる。〉

　〈これに対して、職務行為基準説が採られた場合、公権力発動要件に欠
如があるかという意味での違法性は、判決文の表面には直接出てこなくな
る可能性が高い。なぜならば、公権力発動要件欠如説においては違法では
あるが過失がないとされるケースも、職務行為基準説のもとでは違法でな
いとして処理されることになるからである。したがって、国家賠償法に法
治国原理担保機能を最大限に発揮させるためには、公権力発動要件欠如説
の方が適切であるといえる。〉

　しかし、この記述を読んで気になるのは、判例の立場によると行政処分
の客観的違法性についての判断がなされないままで国家賠償請求が棄却さ
れることになる、という心配に理由がないものではないとしても、他方で、
このような「行政救済法」における「一般理論」は、課税処分に関わる法
的紛争ではそのメリットをそもそも発揮できないのではないか、という点
である。というのは、宇賀教授自身の「行政法総論」における「一般理
論」のうち、「公定力」ないし「規律力」に関するものが、「国家賠償請求

82　第1編　理論体系

否定説」を帰結するようにも思われるからである。そこで、「法治国的国家責任論」の発想と「課税処分の公定力」の扱いはどのように関連するのかを検討するのが次の課題である。

四　課税処分の公定力

（1）　取消手続の排他性の潜脱？

冷凍倉庫事件判決の原審の「国家賠償請求否定説」は、課税処分の違法性を理由とした国家賠償請求を認めることは「取消手続の排他性の潜脱」となるという発想によるものであった。このような発想は、先にみたように、宇賀教授及び塩野教授の説にみられた。すなわち、宇賀教授は、もう一冊の教科書である『行政法概説 I』[33]で、塩野説を引用しつつ、次のような指摘をしてきたのであった。

〈税金の賦課、年金の支給のように、金銭の納付・支給を直接の目的とする行政行為の場合、取消訴訟の排他的管轄が及ばす、直ちに国家賠償請求が可能とすると、取消訴訟の排他的管轄を認めた趣旨が潜脱されないかという疑問がある。〉

取消訴訟と国家賠償請求の「機能の同一性」を指摘し、後者の容認は、不服申立前置など取消争訟制度の趣旨の潜脱となり許されない、という論法には、これも先にみたように「法治国家的国家責任論」の影響が認められるが、そのなかで、わが国の学説で評価が分かれた「第二次的救済制限論」という側面である。

ここで、注目すべきは、阿部泰隆教授の見解であろう。周知のごとく、阿部教授は「違法性同一説」の代表的論者であるとともに、義務付け訴訟論をはじめとする「救済拡充論」にはドイツの「法治国的国家責任論」から学んだ発想の影響が感じられる論者である。しかし、「公定力と国家賠償請求」という論点についてみると、阿部説は初期の宇賀説とは対照的である。

阿部教授は、「国家賠償請求否定説」は「誤解」であるとし、次のように説明している[34]。

〈取消訴訟と国家賠償訴訟は制度目的を異にするのである。すなわち、

取消訴訟なら、課税処分そのものを取り消すので、課税処分に基づいて行われた滞納処分まで違法として、競落人の地位を覆滅するなど、法的安定性を害するから、そうした事態を生じないように、出訴期間を置くのである。〉

〈これに対して、国家賠償訴訟で課税処分が違法とされても、それは金銭的な清算だけであって、滞納処分を覆滅するものではないから、それは実質的に課税処分の効力を消滅させるものではなく、第三者には影響を及ぼさず、法的安定性を問題とする必要はないのである。〉

〈国家が、あるいは小さな自治体であれ、何年か後にまれに国家賠償訴訟で税金相当額分の返還を求められることが起きても、そのために、法的安定性が害されるというほど、日本の法秩序は脆弱なものではない。〉

阿部教授の発想の特徴は、「救済拡充論」を徹底し、「救済制限論」につながるような「一般理論」を極力排除しようとする理論構成を志向するところにあると思われる。したがって、「行政処分の公定力」については、その存在を認めるにしても、「違法な行政処分は、実体法上は無効と扱われるべき」という発想を基本にすえて、その機能の限界を追求するという解釈論がとられるのであろう。そこで、「課税処分の公定力と国家賠償請求」という論点に関しては、迷いなく「国家賠償請求肯定説」を採用し、「第二次的救済制限論」に親近感を抱く論者とは一線を画すために、「不可争力」ないし「出訴期間」による「法的安定性」の確保という「一般理論」の意義を上記のように「第三者の保護」に限定して理解しようとしているのである。

〈出訴が遅れて損するのは基本的には原告側であり、行政側にとっては便宜以外の何者でもないから、それによって裁判を受ける権利を大幅に制限するのは、違憲ではないかとの疑問ももつ。解釈論としても、出訴期間の徒過による救済の拒否を可急的に防止すべきである。〉

このようにみてくると、「法治国的国家責任論」と「国家賠償請求否定説」とは一律に親和性があるはいえないということになろう。その理由は、小澤道一教授[35]が指摘されているように、〈本問題は、過大納付をした納税者の救済と租税法関係の安定・納税者間の公平確保との利益衡量の問題

84 第1編 理論体系

である。〉ことから、「救済の便宜」をどの程度重視するかによって、「結論の妥当性」に関する実質的判断が分かれ、さらに、論者が「妥当」と考える結論に導くために、「解釈論」としてどの程度「無理」をすべきか、どの程度「理論的整合性」を犠牲にすべきかの判断が分かれるからであると推測される。そして、仮説的にさらに推測を加えるとすれば、論者が取消訴訟ないし国家賠償に一般的に妥当する「汎用理論」を志向するか、場面によっては「一般理論」を相対化する「類型論」を志向するかによって、上記の親和性の違いがでてくるのではないかと思われる[36]。

このような観点から、最後に、「違法性同一説」論者のなかで「汎用理論志向」の強弱の違いが認められることを指摘しておくことにしたい。

（2）「違法性同一説」の妥当領域

「違法性同一説」の妥当領域については、論者によって微妙な違いがあるように思われる。

たとえば、塩野教授は、直接には「行政処分」がなされた場合と「権力的な実力行使」の場合を想定して「違法性同一説」を提唱している[37]。塩野教科書では「公権力発動要件欠如説」という用語が採用されるに至っているが、塩野説で想定されている「公権力」とは、国家賠償法１条に関する「狭義説」の想定していた「公権力」に近いように思われる。そこでは、国家賠償法１条の「違法性」をそれが適用されるすべての行政の活動について一元的に「職務義務違反」という枠組みで判断しようとする「判例理論」の「汎用理論志向」に対して、広義説を妥当とし、部分的には「相関関係理論」によって対処する分野を認めつつも、基本的には行為の客観的な違法性判断を重視すべきとする「類型論志向」と呼べる発想が示されているとも評価できよう[38]。

また、阿部教授の「違法性同一説」には、以下の説明[39]にみられるように「類型論志向」がより顕著である（下線著者）。

〈わが国の判例は、国家賠償法における公権力の意義を広義説により非権力的公行政作用にまで及ぼしているので、そこには当然行為規範はない。そうした例では、国家賠償における違法性を取消訴訟とは別に相関関係理論で判断する方が適切であるし、公立学校事故のような例において、違法

と過失の一体的判断がなされているのは不合理でない。<u>警察官による実力行使とか、風致地区の行政指導では、事後に国家賠償訴訟は可能でも、取消訴訟は可能ではないから、両者における違法性の考え方に差があっても、特に困る問題はない。</u>〉

このように、「行為規範」がある場合とない場合という区別を用い、「行為規範」がある場合は国家賠償法1条における違法性は抗告訴訟におけるそれと同一となるが、「行為規範」がない場合は、国家賠償法1条にいう違法性は「相関関係理論」によって判断すべきものとしている。そして、ここでいう「行為規範がある場合」は、内容的にみると「侵害を授権しつつその要件を定めている規範がある場合」を意味し、塩野教授と同様に、主として「行政処分」の場合が想定されていると思われる。

これに対して、宇賀教授の教科書での説明にはどちらかといえば「汎用理論志向」が感じられる。すなわち、宇賀教授は、自説を「公権力発動要件欠如説」と命名するとともに、そこでいう「公権力」に、「行政処分」のみならず、パトカーの追跡のようないわゆる「権力的事実行為」や、行政指導のような「非権力的事実行為」、さらには通達の発出のようないわゆる「内部効果を有するにとどまる法行為」をも含めているようにも読めるからである[40]。宇賀説の背景には、国家賠償法1条の「違法性」要件をドイツ理論に依拠して統一的に理論づけようとする思考が強いのではないだろうか。この推測が当たっているとすれば、その反面として、行政領域や行為類型によって異なる枠組みを許容する「類型論志向」があまり表には出ていないことがよりよく理解できると思われる。

以上のように、本章では、「公定力と国家賠償請求」という論点についての学説の分かれ方と「法治国的国家責任論」ないし「違法性同一説」との親和性について考察したが、いずれも一義的な親和性は認められないということが判明した。得られた結果はいかにも消極的であり、学術論文としての価値はあまり高くないことを自認せざるを得ない。ただ、「違法性同一説」が「有力説」であることは確かであるものの、論者の理論的立場や発想は多様であるということは確認できたと思われる。そして、著者が「通説」という表現に多少の違和感を抱いていることの理由が説明できた

86　第1編　理論体系

ことに一応満足し、最後に、「国家賠償請求肯定説」の理論的支柱となったとみられる人見剛教授の説に触れて、本章を閉じることにしたい。

五　おわりに

著者のみるところ、冷凍倉庫事件判決の結論を左右したのは、〈国家賠償請求訴訟は、「法治国家の最後の手段」である〉という発想である。「法治国家の最後の手段（ultima ratio)」という表現は、ドイツで「第一次的救済手段」が整備されていなかったワイマール時代に活躍した行政法学者W. イェリネックのものであり、その業績の研究者として知られる人見教授[41]の説が最高裁判所に採用されたのは偶然ではないと思われる。

【第4章注】

(1)　最判平成22年6月3日民集64巻4号1010頁。

(2)　人見剛『速報判例解説8号』（法学セミナー増刊・2011年）81頁（初出「速報判例解説」TKC ローライブラリー行政法 No. 84 (2010年9月8日掲載))。佐藤竜一・同269頁。

(3)　最高裁判決が出される前の最も網羅的な分析として、小澤道一「課税処分に係る取消争訟制度の排他的管轄と国家賠償請求との関係（上）（下）」判例時報2061号3頁、2062号13頁（2010年）。また、様々な学説についても詳細な検討がなされている。本章は、同様の網羅的な検討を試みるものではなく、また、学説の「優劣」を論じるというよりは、むしろ特定の論者の「思考」について著者の問題関心から分析を加えるものである。なお、小澤論文では触れられていないが、原田尚彦教授も教科書において、1998年の第4版以降「国家賠償の補足性」を指摘している。原田・後掲注 (8) 141頁、283頁参照。

(4)　仲野武志・本件解説『平成22年度重要判例解説』56頁。北村和生・本件評釈、民商法雑誌143巻3号60頁（2010年）

(5)　宇賀克也『行政法概説II（第3版）』（有斐閣・2011年）序論、第19章、第21章（以下、宇賀・概説IIと引用する）参照。第1版は2006年、第2版は2009年であるが、内容に基本的な変化はみられない。なお、冷凍倉庫事件判決は、宇賀克也『行政法概説I（第4版）』（有斐閣・2011年）333-334頁（以下、宇賀・概説Iと引用する）で扱われている。

(6)　宇賀・概説II 5頁。

(7)　同4-5頁（下線筆者）〈ドイツでは、違法行為を是正するための法治国原理担

第 4 章　法治国的国家責任論　　*87*

保手段という面から、行政争訟制度と国家賠償制度を同一の機能を営むものとしてとらえる見方が広くみられる。すなわち、国家賠償制度を単に、すでに生じた損害の金銭的塡補のための法としてのみ把握するのではなく、行政作用が違法であることを宣言し、行政主体に違法行為に起因する損害の賠償を義務づけることにより、間接的にではあるが、違法状態を排除し、将来の違法行為を抑止する機能を重視して、<u>法治国原理を担保するための究極の手段</u>として位置づけるのである。このような観点から、ドイツでは、行政争訟制度を<u>法治国原理を担保するための第一次的救済手段</u>、国家賠償制度を<u>法治国原理を担保するための第二次的救済手段</u>として位置づける見解が有力である。〉

(8)　原田尚彦『行政法要論（全訂第 7 版補訂版）』（学陽書房・2011 年）。初版は1976 年である。

(9)　藤田宙靖『行政法 I（総論）（第 4 版改訂版）』（青林書院・2005 年）。初版は1980 年である。

(10)　このような発想を標語的に表現すると、「受忍せよ、しかして清算せよ」ないし「受忍し、清算を請求しうる」（dulde und liquidiere）」から、「防衛せよ、しかして清算せよ（wehre dich und liquidiere）」の法理への転換である。宇賀克也『国家責任法の分析』（有斐閣・1988 年）173 頁、212 頁、231 頁、288、445 頁参照。

(11)　人見剛「金銭徴収・給付を目的とする行政処分の公定力と国家賠償訴訟」東京都立大学法学雑誌 38 巻 1 号 157 頁（1997 年）。四で検討する阿部説も同様である。

(12)　小澤・前掲注（3）（上）7 頁によれば、最初の記述は、『行政判例百選（第 2版）』最判昭和 57 年 2 月 23 日民集 36 巻 2 号 154 頁（強制競売事件）についての解説（1987 年）のなかにみられる。この「国家賠償請求否定説」は 1993 年の第3 版でも維持されている。そして、「演習行政法 2」法学教室 162 号（1994 年）114 頁および、宇賀克也『国家補償法』（1997 年）379 頁、381 頁（以下、宇賀・補償法と引用する。）でも同様である。したがって、1997 年までの立場は明確である。その後の改説の可能性については、注（33）参照。また、宇賀説について異なる理解を示すものとして、中山代志子「違法な課税処分と国家賠償請求」自治研究 86 巻 3 号 117 頁（2010 年）。

(13)　塩野宏『行政法講義案（上）』（1989 年）109 頁では、問題提起にとどめられており、また、塩野宏『行政法 II（第 2 版）』（1994 年）251 頁で提唱されたのも、純粋な「否定説」ではなく、故意・重過失がある場合は、国家賠償請求の余地を認めるという解釈論である。この点は、第 5 版まで同様である。したがって、小澤・前掲注（11）（下）19 頁では、「故意・重過失限定肯定説」に分類されている。また、人見・前掲注（11）163 頁でも「肯定説」に分類されている。引用の仕方をみる限り、宇賀説と塩野説は互いに支えあっているものの、その内容には微妙

88 第1編 理論体系

な、あるいは見方によっては根本的な違いがある。

(14) 仲野・前掲注 (4) 56 頁。

(15) 藤田・前掲注 (9) 502 頁参照。「職務義務違反説」という表現は、1993 年の第 3 版から登場する。多くの教科書や解説では「職務行為基準説」と呼ばれているが、多義的であるという難点がある。芝池義一『行政救済法講義（第 3 版)』（有斐閣・2006 年) 244 頁は、「義務違反的構成」と「職務行為基準説」を区別すべきとしている。著者は、いわゆる「職務行為基準説」には、結果論的な違法判断をすべきであるとする「結果違法説」を排斥する「行為時基準説」という要素と、行為について客観的な違法判断をすべきであるという説を排斥する「職務義務基準説」という要素が共に含まれるのであり、全体としては「行為時の職務義務を基準とする説」となっていると理解している。

(16) 最判昭和 53 年 10 月 20 日民集 32 巻 7 号 1367 頁（芦別事件)。篠田省二『判解民昭和 53 年度』470 頁。

(17) 最判昭和 57 年 3 月 12 日民集 36 巻 3 号 329 頁（商事留置権事件)。村上敬一『判解民昭和 57 年度』200 頁。

(18) 最判昭和 60 年 11 月 21 日民集 39 巻 7 号 1512 頁（在宅投票制度事件)。泉徳治『判解民昭和 60 年度』366 頁。

(19) 最判昭和 61 年 2 月 27 日民集 40 巻 1 号 124 頁（パトカー追跡事件)。加藤和夫『判解民昭和 61 年度』93 頁。

(20) 最判平成 5 年 3 月 11 日民集 47 巻 4 号 2863 頁（奈良民商事件)。井上繁規『判解民平成 5 年度』368 頁。

(21) 昭和 53 年判決、昭和 57 年判決自体には「職務義務違反説」ということが明示されているわけではない。宇賀・概説 II 407 頁は、昭和 53 年判決は「公権力発動要件欠如説」を採用したものと読むべきであり、昭和 57 年判決が、はじめて「公権力発動要件欠如説」と区別された意味での「職務行為基準説」を採用したとしている。この指摘は傾聴に値するものであり、53 年判決においては、検察官の行為が「行為時を基準とすると」適法であったとされているにとどまる。著者は、村上、泉両調査官解説等に従って「行為時の職務義務を基準とすると」適法であったという意味であると読んできたが、厳密には、昭和 53 年判決は後にそのように「理解された」というのが穏当であろう。その意味で、髙木光「公権力発動要件欠如説（行政法入門 56)」自治実務セミナー 50 巻 4 号 7 頁（2011年）の記述はやや安易であったと反省している。なお、著者の批判に対する反論として、宇賀克也「公権力発動要件欠如説について」自治実務セミナー 50 巻 6 号 28 頁（2011 年）参照。

(22) 宇賀・補償法 103 頁は、昭和 60 年判決に対する批判のなかで、ドイツの職務責任の法理の「転用」に触れている。また、同書 104 頁は、ドイツでは「職務義務違反」と「過失」の二元的判断が行われているとしている。「適法な活動を

行う職務義務」を認めつつ、「過失」要件でバランスをとろうとすれば、そのような傾向を示すことになることは理解できる。これに対して、わが国の判例は、そのような場合に「過失」要件で審査されるような事情を合わせて「職務義務違反」で一元的に処理する途を選んだことになる。後掲注（26）参照。なお、芝池・前掲注（15）244頁も、ドイツの「職務責任」に関する法理の「転用」を示唆しているが、芝池義一『行政法読本（第2版）』（有斐閣・2010年）386頁では、判例の採用する2つの考え方である「義務違反的構成」（＝職務義務違反という要素）と「職務行為基準説」（＝注意義務違反という要素）を区別すべきものとしつつ、いずれにおいても「一元論的傾向」が認められることを指摘している。

(23)　判例のなかには、学校事故に関する最判昭和58年2月18日民集37巻1号101頁や最判昭和62年2月6日判時1232号100頁などのように専ら「過失」要件について判断しているものもある。

(24)　「違法性と過失の二元説」を採用するものと理解されてきたものとして、最判平成3年7月9日民集45巻6号1049頁と最判平成16年1月15日民集58巻1号226頁がある。宇賀・概説II 411頁のほか、塩野宏『行政法II（第5版）』（有斐閣・2010年）321頁、櫻井敬子＝橋本博之『行政法（第2版）』（弘文堂・2009年）379-380頁、稲葉馨＝人見剛＝村上裕章＝前田雅子『行政法（第2版）』（有斐閣・2010年）284頁など参照。私も、髙木光＝常岡孝好＝橋本博之＝櫻井敬子『行政救済法』（弘文堂・2007年）29-30頁では、それに従った。しかし、その後、改説の必要を感じるようになったため、2011年5月の4刷では校正漏れの訂正と合わせて、記述内容を多少修正した。福井章代『判解民平成16年度（上）』92頁によれば、平成16年判決は、むしろ「違法性相対説」に属するものであり、国家賠償法1条の要件のうち、「違法性」には触れずに「過失」を否定することによって事案を処理したものに過ぎない。このような読み方は平成3年判決についても十分可能であろう。平成3年判決について詳細な検討を加えるものとして、神橋一彦「違法な法令の執行行為に対する国家賠償請求訴訟について」立教法学75号67頁（2008年）参照。

(25)　最判平成19年11月1日民集61巻8号2733頁（旧三菱徴用工402号通達事件）は、奈良民商事件判決と同様の表現で、通達の違法性そのものと、通達を発出した国の担当者の「職務義務違反」は区別されるべきであるという立場を明示している。また、調査官解説である、三木素子『判解民平成19年度（下）』724頁は、国家賠償法1条の解釈運用において「違法性と過失の一元説」的傾向を正面から是認している。神橋教授も、平成16年判決で「過失」の問題として扱われている問題を、「違法性」の問題として論じたとしても、現在の判例を前提とする限り、あながち不当とはいえないのではないかと指摘している。神橋一彦「『職務行為基準説』に関する理論的考察」立教法学80号36頁（2010年）。

(26)　近時の最高裁判所の裁判例をみると、最判平成17年4月19日民集59巻3

90　　第 1 編　理論体系

号 563 頁（検察官による接見拒否）を例外として、以下のように、「職務義務違反説」+「違法性一元説」的傾向がさらに定着しつつあるように感じられる。櫻井＝橋本・前掲注（24）378 頁、稲葉馨「国家賠償法上の違法性について」法学 73 巻 6 号 29 頁（2010 年）および髙木・後掲注（31）参照。

最判平成 18 年 3 月 23 日判時 1929 号 37 頁（刑務所での信書の発信不許可）：〈熊本刑務所長の本件信書の発信の不許可は、裁量権の範囲を逸脱し、又は裁量権を濫用したものとして<u>監獄法 46 条 2 項の規定の適用上違法であるのみならず、国家賠償法 1 条 1 項の規定の適用上も違法</u>というべきである。……。そして、熊本刑務所長は、前記のとおり、本件信書の発信によって生ずる障害の有無を何ら考慮することなく本件信書の発信を不許可としたのであるから、熊本刑務所長に過失があることも明らかというべきである。〉

最判平成 20 年 2 月 19 日民集 62 巻 2 号 445 頁（メープルソープ写真集税関検査）：〈本件写真集が関税定率法 21 条 1 項 4 号所定の輸入禁制品に該当するとしてされた本件通知処分は、取消しを免れないというべきである。もっとも、……被上告人税関支署長において、本件写真集が本件通知処分当時の社会通念に照らして「風俗を害すべき書籍、図画」等に該当すると判断したことにも相応の理由がないとまではいい難く、本件通知処分をしたことが職務上通常尽くすべき注意義務を怠ったものということはできないから、本件通知処分をしたことは、<u>国家賠償法 1 条 1 項の適用上、違法の評価を受けるものではない</u>と解するのが相当である。〉

最判平成 20 年 4 月 15 日民集 62 巻 5 号 1005 頁（広島弁護士会接見申入拒否）：〈公務員による公権力の行使に国家賠償法 1 条 1 項にいう違法があるというためには、公務員が、<u>当該行為によって損害を被ったと主張する者に対して負う職務上の法的義務に違反した</u>と認められることが必要である。……（中略）受刑者との接見を求める者が、接見の対象となる受刑者の利益を離れて当該受刑者との接見について固有の利益を有している場合があることは否定し得ないが、旧監獄法 45 条 2 項の規定が、このような受刑者との接見を求める者の固有の利益と規律及び秩序の確保等の要請との調整を図る趣旨を含むものと解することはできない。したがって、旧監獄法 45 条 2 項は、親族以外の者から受刑者との接見の申入れを受けた刑務所長に対し、接見の許否を判断するに当たり接見を求める者の固有の利益に<u>配慮すべき法的義務</u>を課すものではないというべきである。……。以上によれば、広島刑務所長の本件各措置について、国家賠償法 1 条 1 項にいう違法があったとすることはできない。〉

上記に掲げた判決群のうち、少なくとも平成 20 年のメープルソープ判決は、行政処分の取消訴訟と国家賠償請求訴訟が併合提起されたケースに関するもので、取消違法を肯定しつつ、国賠違法を否定しており、「職務義務違反論」+「違法性相対説」に依拠していることが明らかである。稲葉・前掲注（26）48 頁は、そ

のような理解を示したうえで、判例理論を批判している。しかし、宇賀・概説 II
第 3 版には、著者の見落としでなければ、同判決についてのコメントはみられな
い。

(27)　髙木光「国家賠償における『行為規範』と『行為不法論』──パトカー追跡
事件判決再考」石田喜久夫・西原道雄・高木多喜男先生還暦記念（中）『損害賠
償法の課題と展望』（日本評論社・1990 年）159 頁。

(28)　阿部泰隆『行政法解釈学 II』499 頁。なお、同書 498 頁は、402 号通達に関
する平成 19 年 11 月 1 日判決と、信書の発信不許可に関する平成 18 年 3 月 23 日
判決を「違法性同一説」＋「違法性と過失の二元論」を採用したものであるとし
ているが、著者の「読み方」は異なる。注（25）（26）参照。

(29)　たとえば、塩野・同 320 頁は〈行政処分が取消訴訟上適法であれば、それに
よって権利利益の侵害が生じても、相手方は、損失補償請求権を有する場合を除
きこれを受忍しなければならない。その意味で、権力的行為形式としての行政行
為によって生じた損害賠償事件においては、賠償請求権の成立には、当該行為の
取消訴訟上の違法が必要条件となる。〉としている。

(30)　塩野・同頁は、〈この問題は実用性というよりは論理構成に関するものであ
るということができる〉と的確に指摘している。著者も、少なくとも「実用性」
の見地からは、不法行為の要件をどのように設定するのが妥当かは、諸要件の全
体構造に照らして判断されるべきであり、「違法性要件」だけを切り離して評価
することはできないと考える。現在の日本の民法学における多彩な学説について
は、吉村良一『不法行為法（第 4 版）』（有斐閣・2010 年）29-42 頁、85-95 頁の
整理が参考になる。

(31)　著者は、平成 3 年判決や平成 16 年判決のような事案において、「当該処分は
違法である」という判断が裁判所によってなされることは、「公権力発動要件欠
如説」の採用を意味しないと考えている。髙木光「違法性相対説（行政法入門
57）」自治実務セミナー 50 巻 8 号 12 頁（2011 年）参照。

(32)　宇賀・概説 II 419-420 頁。なお、出訴期間の経過等により取消訴訟が利用で
きない場合の救済の方法として、「職権取消」の義務付け訴訟を示唆するものと
して、人見剛「行政処分の不可争後の権利救済の可能性─行政処分の不可争力の
限界」都立大学法学雑誌 39 巻 1 号 121 頁（1998 年）参照。

(33)　宇賀・概説 I（第 3 版）（2009 年）320 頁。ただ、この記述自体は、塩野説を
引用しつつ、「疑問である」とするにとどまるもので、断定はしていないとも読
める。この点は、2004 年の第 1 版から同様である。また、2011 年の第 4 版では、
冷凍倉庫事件判決を紹介し、〈この問題に判例法上、決着をつけた〉とコメント
し、「故意・重過失制限肯定説」を引用するというスタイルがとられている。明
確に「否定説」を主張していた時期の文献について、注（12）参照。

(34)　阿部・前掲注（28）170 頁。

92 第1編 理論体系

(35) 小澤・前掲注 (3)（下）22 頁。

(36) 初期の宇賀説には、強い親和性が認められたが、塩野説においては弱い親和性が認められるにとどまる。阿部説には、本文でみたように親和性は全く認められない。また、遠藤博也教授は、国家賠償請求肯定説から否定説に改説している。そして、宇賀説には「汎用理論志向」が認められるのに対して、塩野説、遠藤説、阿部説には「類型論志向」が認められるという違いがある。山本教授は、遠藤説が判例による「職務行為基準説」の一般化に道を開いたことも確かであるが、その真価は〈国家賠償請求の事案類型の多様性を縦横に説いた〉点にあると理解すべきであると指摘し、「類型論志向」を示しつつ、「公権力発動要件欠如説」と判例の立場を「止揚」しようとする意欲的試論を提示している。山本隆司「国家賠償 (4) ―違法性 (2)」法学教室 356 号 121 頁（2010 年）参照。また、同 119 頁では、課税処分に関しては、「効果峻別論」＝否定説ではなく、「要件区別論」が正当であるとしている。同「公定力 (1)」法学教室 364 号 111 頁（2011 年）も参照。

(37) 塩野・前掲注 (24) 320-324 頁。

(38) 「公定力と国家賠償請求」という論点については、「取消手続の排他性の潜脱」の問題は、金銭の給付を目的とする行政処分に特有の問題とされていたことはいうまでもない。これは、ある意味では「類型論志向」であり、「国家賠償請求肯定説」の方が「汎用理論志向」であるともいうことができる。他方、塩野説の背景には、行政行為の「規律力」という観念があり、伝統的理論における「公定力の実体法的要素」が一律に妥当するという「汎用理論志向」があることが指摘できる。そしてその理論を貫き「課税処分の規律力」との「理論的整合性」を重視すれば、小澤教授のいう「純粋型」の「国家賠償請求否定説」になるのが筋であったと思われる。小澤・前掲注 (3)（下）20 頁参照。しかし、実際に提唱された見解は、故意・重過失の場合は「国家賠償請求」が可能であるという形で「救済の便宜」ないし「実質的な公平性」に配慮したものであった。なお、冷凍倉庫事件判決自体も、その「結論の妥当性」は多くの論者が認めるところであろうと思われるが、「理論的整合性」という観点からはやや疑問が残ることは否定できない。

(39) 阿部・前掲注 (29) 500-501 頁

(40) 宇賀・概説 II 411-413 頁。他方、先にみたように、「金銭の徴収や給付を直接の目的とする行政行為」に限って「取消訴訟の排他性の潜脱」という問題があるとする点では、「類型論志向」が表れている。なお、山本・前掲注 (36) 121 頁は、〈一般に、国や地方公共団体等の機関が作用の根拠規範または規制規範に反したことを、国家賠償法 1 条の「違法」と解する見解が、公権力発動要件欠如説と称される〉と説明している。

(41) 人見剛『近代法治国家の行政法学』（成文堂・1993 年）250 頁。なお、宇賀・

第4章　法治国的国家責任論　　*93*

補償法 62 頁は、「究極の根拠」と訳している。また、前掲注（7）で引用した宇
賀・概説 II 5 頁には、「究極の手段」との表現がみられる。

94 第1編　理論体系

第5章　私経済行政

一　はじめに

　本章は、行政法学において「法律の執行」という概念がどのような意味を持つものとされているかについて、「私行政」ないし「私経済行政」[1]の概念を手掛かりに考察することによって、若干の整理を示すことを目的とする[2]。

　以下、まず、「違法性同一説」における「行為規範」の意義について整理する（二）。次いで、「法律の留保論」における「公行政留保説」の特徴を確認しつつ、その意義をオーストリア理論に照らして分析し（三）、最後に、「行政＝法律の執行」モデルの限界および「国庫の基本権拘束」の理論の意義（四）についてそれぞれ簡単に触れることにしたい[3]。

二　「違法性同一説」における「行為規範」の概念

（1）「公権力の行使」に関する「広義説」

　国家賠償法1条にいう「違法性」をどのように理解すべきかについての議論の錯綜の原因のひとつは、国家賠償法1条にいう「公権力の行使」の概念が広義に解され、行政事件訴訟法3条1項ないし2項にいう「公権力の行使」の概念とのズレがあることであろう。

　そして、学説のスタンスとして、まず、解釈論としては、国家賠償法1条にいう「公権力の行使」についての判例の立場である「広義説」に従うのかどうかが問われることになる。ただ、近時の教科書を見る限りでは、判例の立場に批判的なニュアンスをにじませる論者であっても、多くは、明示的に「狭義説」を主張して判例と全面対決するわけではなく、「広義説」を容認している[4][5]と見られる。

　わが国の判例の採用した「広義説」は、ワイマール時代に、ドイツのライヒ裁判所（Reichsgericht）の判例が、「職務責任」に関するワイマール憲法131条の「公権力の行使」という文言を「公の職務の遂行」という意味に解釈した（＝「書き換えた」）のと同様の「判例による法創造」（richterliche

Rechtsfortbildung）である。そして、そのような立場は、ワイマール時代の標準的教科書の著者である W. イェリネックの「権力的行政」「単純高権的行政」「国庫的行政」の３区分[6]、あるいはわが国で戦後の一時期「通説」の代名詞とされた田中二郎博士の「権力関係」「管理関係」「私法関係」といういわゆる「三分説」[7]を想起させるものでもある。「行政概念」との関係では、国家賠償法１条の「広義説」は、「形式的意義の行政」[8][9]すべてに国家賠償法１条が適用されるものとはせず、「公行政」と「私行政」ないし「私経済行政」との区別を前提とするものといえよう[10]。

　また他方で、「広義説」は「公行政」の行為形式の違いを重視しないものであり、国家賠償法１条の適用範囲を「実質的意義の行政」に限定しない点に特徴がある。たとえば、政省令の制定は、「実質的意義の立法」とされるが、適用範囲に含まれることは疑われない。さらに、比較法的にみると、国家賠償法１条の適用範囲に、「形式的意義の行政」には含まれない「国会の立法作用」や「裁判所の司法作用」などが含まれていることも特徴といえよう[11]。

　かくして、解釈論として「違法性同一説」を採用する場合には、教育活動や行政指導や通達などの、それらを直接攻撃する抗告訴訟を想定することが困難な行政の行為類型に関して、国家賠償法１条にいう違法性をどのように判断すべきであると主張するか、さらに、国家の立法作用や裁判所等の作用についてどのような立場をとるのかが、見方によっては理論的に深刻な問題となる。

　というのは、「違法性同一説」の出発点である狭義の「違法性同一説」は、抗告訴訟における違法性と国家賠償法１条にいう違法性を同一と考えるべきであるとするにとどまり、上記の問題については直接の解答を与えるものではなかったからである[12]。

（２）　阿部説と宇賀説の相違点

　そして、この点については、第４章[13]で指摘したように、阿部説は「類型論志向」に基づいて、「違法性同一説」の妥当範囲を狭いものとするものであるが、宇賀説は、「汎用理論志向」に基づいて「違法性同一説」の妥当範囲を広いものとするものである。そして、本章の考察にとって重

要なのは、両者における「行為規範」という言葉の意味が明らかに異なることである。

　まず、阿部泰隆教授の立場は、「行為規範」がある場合とない場合という区別を用い、「行為規範」がある場合は国家賠償法１条における違法性は抗告訴訟におけるそれと同一となるが、「行為規範」がない場合は、国家賠償法１条にいう違法性は「相関関係理論」によって判断すべきであるというものである[14]。そして、阿部説にいう「行為規範がある場合」は、内容的にみると「侵害を授権しつつその要件を定めている規範がある場合」を意味すると思われる。すなわち、行政処分について、主として「根拠規範」としての性質を有する部分を含む「法律」がある場合が想定されているように思われるからである。このように、阿部説における「行為規範」は通常の用語法よりも狭い意味であることに注意が必要である。

　これに対して、宇賀克也教授の立場は、周知のごとく、自説を「公権力発動要件欠如説」と命名するとともに、判例の採用している「職務義務違反説」に全面的に対決する姿勢を示しているように見受けられるものである。そして、その教科書である『行政法概説Ⅱ』における記述からは、そこでいう「公権力」には、「行政処分」のみならず、パトカーの追跡のようないわゆる「権力的事実行為」や、行政指導のような「非権力的事実行為」、さらには通達の発出のようないわゆる「内部効果を有するにとどまる法行為」も含まれるという立場と理解できる[15][16]。これらのうち、前二者と情報提供・教示については、同教授の大著である『国家補償法』[17]の以下のような記述（下線著者）で確認できよう。

　〈権力的事実行為についても、違法性の判断について、行政処分の場合と基本的に同様に考えることができよう。なぜならば、かかる事実行為も、当然、法律による行政の原理に服し、<u>作用法上の根拠</u>がある場合のみ、これを発動することができるからである。

　そして、その発動のための実体的要件が充足され、かつ、手続的要件も存在する場合には、それをも充足することによって……はじめて、当該権力的事実行為が適法になる。〉

　〈公務員が職務を行うにおいて情報提供・教示をする場合には、それが

義務づけられている場合……はもちろん、そうでない場合であっても、法令の解釈を誤ってはならないという行為規範の遵守を義務づけられているとも解しうる。〉

〈行政指導……の国家賠償法１条１項の違法性についても、行政処分の場合と同様に考えることができると思われる。

行政指導のうち、いわゆる法定行政指導の場合には、それをなしうる実体的要件（手続的要件も定められている場合には、それも含む）を充足しなければ、かかる指導をなしえないことはいうまでもない。すなわち、行政指導を発動する要件が法定されているわけであり、かかる要件を充足していないにもかかわらず、行政指導を行えば、発動要件を欠如した行政指導となり、違法と評価されることになる。〉

〈法定外行政指導の場合には、明文の発動要件は存在しないが、法律による行政の原理に照らせば、法令の趣旨に正面から抵触するような行政指導を行うべきでないという行為規範の遵守義務を行政機関は課されているといえよう。〉

〈このように、法令の趣旨に抵触する行政指導を行うことは違法と解されるが、明文の法令に違反しなくても、法の一般原則に違反する行政指導は、やはり違法と評価されることになる。〉

このように、宇賀説においては、「行為規範」という概念は、阿部説におけるそれよりは広い意味で用いられている。著者のみるところ、そこでの「行為規範」は、「法治国原理」の下で行政活動が従うべき「外部法」を意味しているのであり、「根拠規範」および「規制規範」を含み、さらにそこでの「規制規範」としては「法律」に限られず、「比例原則」なども含まれることが想定されている[18]。

（３）「行為規範」としての「行政作用法」

この点、山本隆司教授[19]は、〈一般に、国や地方公共団体の機関が作用の根拠規範または規制規範に違反したことを、国賠法１条１項の「違法」と解する見解が、公権力発動要件欠如説と称される〉と説明している[20][21]。また、稲葉馨教授は、〈行政作用法は、その名の通り、第一次的には、行政機関の作用（活動）を律する「行為規範」たる意味を有す

る〉[22]と説明している。これらを合わせみると、宇賀説は内容的にみれば「法治国原理違反説」とでも呼ばれるべきものであると考えられる[23]。

著者は、神橋論文[24]に触発されて、「公権力発動要件欠如説」は「隠れた自己責任説」に帰着するのではないか、との指摘を行った[25]ことがある。これは、国家賠償法１条の責任を解釈論としても「自己責任」と構成することが正面から認められれば、公務員の「違法行為」もまた「行政主体」に「帰属」することになり、その「行為」の違法性は「行政主体＝私人」間を規律する規範＝「外部法」（＝「行政作用法」）に反することを意味するという理論構成が可能になるが、宇賀説はこれに帰着するのではないか、という疑問である。

この疑問は、実は、宇賀説だけに向けられたものではなく、塩野説にも同様に向けられるものである。塩野教科書には、法律構成としては「代位責任」を容認するものの、国家賠償を認める実質的根拠としては、「自己責任」という考え方を前提とするという趣旨を示すかのような記述[26]、すなわち、「帰属」（Zurechnung）という概念を用いた次のような説明（下線著者）がみられるからである。

〈論理構成としても、行政行為それ自体との違法とは別に国家賠償法上の違法の概念を立てることには疑問がある。というのは、行政行為は法律に適合していることを要請され、また、その要請を充たしている限りで損害賠償法上の責任を負わない。これに対して、行政行為が違法な場合においても、当初は主権無答責の法理、違法行為の国家帰属不能の理論によって、国家の損害賠償責任が否定されていたのである。しかし、この２つの法理が放棄されることになり、国家の行為が違法であれば、国家賠償請求の途が開かれることになったわけである。したがって、中心となるのは、客観的な法秩序に照らして国家行為が違法と評価されるかどうかである。〉

このように、塩野説は苦心の説明を試みることによって難解なものとなっているが、その点は、塩野教科書自体が「自認」するところと著者は考えている[27]。

以上の分析から、「違法性同一説」における「行為規範」の概念の意味は、「根拠規範」および「規制規範」の意味、とりわけ、それらが「法律」

に限られるのかということによって異なることが確認できたと思われる。

そして、通常は「根拠規範」は「法律」に限られると理解されているのであり、それをめぐる議論が「法律の留保論」にほかならない。そこで、以下では項を改めて、わが国における「公行政留保説」の意味を確認したうえで、「法律の留保論」におけるその意義をオーストリア理論に照らして再考することにしたい。

三 わが国における「公行政留保説」とオーストリア理論
（1）「公行政留保説」という用語

「法律の留保論」は、ドイツ理論やオーストリア理論への依拠が顕著であるほか、用語自体が様々であることから学説の整理が困難である論点である。

さて、近時の有力な立場として「権力留保説」ないし「権力行政留保説」があるが[28]、この立場を主張するにあたって、「侵害留保説」を伝統的な立場と位置づける一方で、対抗理論としての「全部留保説」ないし「公行政留保説」は、わが国の判例の採用するところではないとし、他方で、ドイツの判例のとる「本質性理論」ないし「重要事項留保説」は、その妥当範囲が明確性を欠くことから、現代の民主主義国家における理論としては、「権力行政留保説」が基本とされるべきであるとされることがある[29]。

「権力行政留保説」については、「行政の法的特権」をあくまでも法律実証主義的に説明し、「市民法をベースラインとする」という志向を示す点で、「行政法＝特別法説」に親和性があることが指摘できるが、他に、「行為形式」を基準とする点で、オーストリア理論との親和性が認められることも指摘できよう。

さて、本章の考察にとって重要なのは、これらの「法律の留保論」における諸説において、「行政主体」が、別途、「私法上の行為形式」を用いることが許されることは当然の前提とされ、「私法上の行為形式」を用いた作用は、はじめから「法律の留保」が及ぶかどうかという問題の外であるとされているという芝池義一教授の指摘である[30]。

そして、このような、いわば「財産権の主体」としての国や公共団体というものを想定するのが、ドイツ理論やオーストリア理論の伝統であり、この点はわが国でも同様であると思われる。

上記の指摘は、「全部留保説」や「完全全部留保説」と呼ばれる説[31]も、その内容をみると、「公行政」と「私行政」ないし「私経済行政」との区別・併存を前提として、「公行政」については、行為形式にかかわらず、すなわち、行政行為や法規命令や権力的事実行為に限ることなく、行政指導や補助金の交付等にも「法律の根拠」を要求するものにほかならないというものである。そこで、国や地方公共団体が「私法形式で活動できる」という「授権」が憲法によってなされているという理論構成、あるいは「憲法以前の規定による授権」ないし「慣習法上の授権」によって認められているという理論構成[32]が必要になるのではないか、また、その場合に「私法形式で活動できる」ということが「私人と同様の立場で活動できる」という意味のままでよいのかが問題となろう。

（2）「侵害行政留保説」と「権力行政留保説」の相違点

「侵害行政留保説」と「権力行政留保説」の最大の違いは、「侵害行政留保説」においては「法律の根拠」なくして「行政行為」という「行為形式」を用いることが認められることがあるのに対して、「権力行政留保説」においては、「法律なければ行政行為（＝行政処分）なし」という原則がとられることであろう。

この点については、判例の立場は、「侵害行政留保説」に親和的である。判例のとる「処分性の定式」[33]は、周知のごとく〈公権力の主体たる国又は公共団体の行為のうち、その行為によって直接国民の権利義務を形成し、又はその範囲を確定することが法律上認められているもの〉である。そして、裁判例をみる限り、「法律上認められている」という部分は、厳密な意味での「根拠規範」というものを要求するものではない。たとえば、労災就学援護費に関する最高裁平成15年判決[34]は、不支給決定の処分性を肯定しているが、労働者災害補償保険法29条は、政府が行う保険給付を補完するために、保険料の一部を財源として「労働福祉事業」を行うということを認める規範に過ぎない。これは、「根拠規範」ではないことはも

ちろん、「規制規範」ともやや異なるものであろう。

　また、補助金等に係る予算の執行の適正化に関する法律は、一般には「規制規範」と説明されている。そこで、同法による支給の決定の処分性は肯定されているが、その結論を是認する場合には、「権力行政留保説」における「法律なければ行政行為なし」という原則は、「法律＝根拠規範＋規制規範」という考え方ということになってしまう。したがって、「権力行政留保説」を「行政行為には根拠規範が必要である」という理論に忠実なものとして主張する論者は、「判例の立場」を否定しなければ首尾一貫しないことになるはずである[35]。

　さて、「公行政」と「私行政」の二区分は、「公法」と「私法」の性質上の違いを認める考え方に依拠している。すなわち、「公行政」は「法律の執行」としての性質を有するが、「私行政」は、「私法」が適用される「行政」であり、「私行政」自体は「法律の執行」ではなく、「私法を執行する」のは裁判所である、という考え方[36]である。この点を、オーストリア理論に照らして確認するのが、次の課題である。

　（３）　「法律の執行」＝「行政」＋「司法」の公式

　別稿[37][38][39]で紹介したように、古典的な「三権分立」のモデルにおいて、「法の定立」＝「立法」（Gesetzgebung）と対置される「法の執行」＝「法律の執行」（Vollziehung des Gesetzes）という説明がみられた。そこでは、「行政」（Verwaltung）と「司法（裁判）」（Rechtsprechung, Gerichtsbarkeit）の上位概念が「執行」（Vollziehung）ということになる。

　そして、オーストリアにおいては、このような古典的な「法律の執行」概念が現在においても前提とされているように見受けられる。その理由は、現在妥当する憲法が、1920 年の憲法の基本的発想を受け継いでいることであろう[40]。

　オーストリア連邦憲法 17 条〈立法（Gesetzgebung）および執行（Vollziehung）の権限に関する 10 条ないし 15 条の規定は、私権の主体（Träger von Privatrechten）としての連邦および邦の地位に変更をもたらさない。〉

　18 条 1 項〈すべての国家行政（Die gesamte staatliche Verwaltung）は、法律の根拠に基づいてのみ行われうる。〉2 項〈各行政官庁は、法律の根拠に

基づいて、自己の権限の範囲内で、命令（Verordnungen）を発することができる。〉（3項以下略）

23条1項〈連邦、邦、市町村およびその他の公法上の社団または営造物は、その機関として行動する者が法律の執行中に（in Vollziehung der Gesetze）違法行為により何ぴとに対してであれ有責に損害を加えたときは、その損害について責任を負う。〉2項〈前項に掲げられた法主体の機関として行動する者に故意または重過失があるときは、この者は、法主体が被害者に賠償した損害につき、法主体に対して責任を負う。〉（3項略）4項〈第1項ないし第3項の詳細は、連邦法律によって定める。〉（5項略）

以上のような規定を有する連邦憲法は、「公行政（Hoheitsverwaltung）」と「私経済行政（Privatwirtschaftsverwaltung）」の二区分を採用していると理解され、それを前提として、18条1項の定める「法定主義」（Legalitäts-prinzip）の妥当範囲や、「私法形式による行政」の法的統制のあり方が議論されている。

そして、注目すべきは、「私経済行政」には、「公共契約（Öffentliches Auftragswesen）」「補助金行政」「公企業」の3類型が含まれるとする整理が見られることである[41]。そこで、ドイツにおける「規制行政」（Ordnung-sverwaltung）「給付行政」（Leistungsverwaltung）「準備行政」（Bedarfsverwal-tung）「営利企業的行政」（Die erwirtschaftliche Betätigung der Verwaltung）「行政私法」（Verwaltungsprivatrecht）などの用語による議論[42]とは、基本的な問題関心を共通にしつつも、随所に微妙な違いが生じるようになっている。

（4）　オーストリアにおける「私経済行政」の概念

オーストリアにおける連邦憲法18条1項の「法定主義」の妥当範囲に関する議論は、ドイツや日本における「法律の留保論」に対応するもので、「私経済行政」もまた「法定主義」原理に服するのかという問題が最も争われる点であるとされる[43]。

「すべての」という用語を重視する「文理解釈」と、行政作用に対する法律による拘束を強めるべきであるという「目的論的解釈」を合わせると「肯定説」に傾くが、「公行政」と「私経済行政」の二区分という沿革を重視する「歴史的解釈」と、「私権の主体としての連邦および邦」を想定す

る憲法の条文全体の「体系的解釈」を合わせると「否定説」に傾くことになる。そして、現在では、憲法裁判所の判例は「否定説」を採用しており、学説上も「否定説」が優勢である[44]。

また、連邦憲法23条は、日本国憲法17条に相当するもので、法律による具体化は、1948年の「職務責任法」(Amtshaftungsgesetz)によってなされている[45]。この連邦憲法23条および職務責任法1条には「法律の執行」という表現が含まれているが、これによって、「立法」(Gesetzgebung)の領域と「私経済行政」の領域は除外され、そこでは「職務責任」は成立しないことになるのである[46]。

以上のような、〈「私経済行政」は「法律の執行」ではない〉という公式に照らすと、わが国における「公行政留保説」という用語は、先に示唆したようにオーストリア理論と親和性が認められるようにも感じられる。ドイツ憲法だけではなくオーストリア憲法にも造詣が深い高田敏教授が、編著をされた行政法教科書[47]で、「実質的意味の行政」を「法の下における司法以外の執行作用」と定義する[48]とともに、「法律の留保」と「法律の優位(優先)」に代えて、「法律の授権」と「法律の覊束」という用語で、次のような説明[49](下線筆者)をされているからである。

〈法律の授権(広義)には、組織法的授権と作用法的授権があり、前者が後者に論理的に先行する。そして、作用法的授権には、行政の立法行為の授権と個別行為の授権(狭義の法律の授権)がある。法律の留保といわれるものは、狭義の法律の授権を意味する。〉

〈行政の個別行為への法律の授権を要する範囲の問題は、公行政におけると、私経済行政(国庫的行政)におけるとでその態様を異にする。すなわち、私経済行政については組織法的授権のみで行政権の発動が認められ、作用法的授権を要しない。この場合、作用法の役割を果たすのは民事法である。もちろん、行政作用法が設けられればそれにもとづかなければならないのは当然であるが、私経済行政も、後述の法律の覊束、とくに実質的意義における会計法の規制は受けなければならない。〉

〈これに対して、公行政については組織法の存在は自明のこととして、法律の授権、すなわち当該行政作用自体について定める作用法の根拠を要

104 第1編 理論体系

するのを原則とする。……ここでは、権力的行政であると非権力的公行政であるとを問わず、また賦課的行政であると授益的行政であるとを問わず、およそ公行政には法律の授権を要することを原則とし、法治主義の目的に照らして法律の授権の不要性が証明される場合には授権のない発動が認められる、と解する（授権原則説）。〉

　以上のような高田教授の「授権原則説」＝「公行政留保説」には、オーストリア理論の伝統である「公行政」と「私経済行政」の二区分、そして「公行政＝法律の執行」という捉え方の影響が感じられる。ただ、著者のみるところでは、わが国における「公行政留保説」は、オーストリアの「公行政留保説」とはやや異なる意味を持つものとなっている。

　というのは、オーストリア理論では、行政作用の「内容」による分類よりも「形式」による分類が重視されているからである[50]。そこで、ドイツにおける「給付行政」も「私法形式」によってなされる場合には、オーストリアにおける先にみたような整理においては「私経済行政」にいったん分類されることになる。他方、オーストリアにおける「公行政」は、「公法上の行為形式」による行政を意味し、またそこで主として想定されているのは、「法規命令（Verordnung）」と「行政行為（Bescheid）」と「即時的命令強制行為」（AuvBZ）[51]という3つのいわゆる「権力的行為形式」である。したがって、オーストリアにおいて「公行政」にはすべて法律の根拠が必要であるという見解を採る場合は、結果的にはわが国における「権力行政留保説」に類似したものとなるように思われる。

　以上みたように、オーストリア理論は興味深い示唆を与えるものではあるが、わが国において「実質的意義の行政＝法律の執行」あるいは「公行政＝法律の執行」という同様の説明を試みることは適切なのであろうか。項を改めて著者の考えを述べることにしたい。

四　「行政＝法律の執行」モデルの限界

（1）「控除説」の伝統

　「実質的意義の行政」を「法律の執行」として、あるいは「公行政」を「法律の執行」として説明することは適切であろうか。著者には、「控除

説」の伝統[52][53]を尊重する場合には、困難を伴うように思われる。

　これまでみたところからは、「実質的意義の行政＝法律の執行」と説明する場合の「法律」は、「根拠規範」と「規制規範」の双方を含むことになると思われる。というのは、「控除説」を基本とする限りでは、「実質的意義の行政」には、様々な性質を有するものが含まれざるを得ない。そして、仮に「私経済行政」を除外して、「公行政」に限定するとしても、「法律の優位」と「法律の留保」の区別を前提とし、あるいは「法定主義」の厳格さをある領域では緩和することを認める場合には、「公行政」作用のなかには「根拠規範」なしになされるものが存在することは避けられないからである。つまり、「法律の執行」の概念で様々な性質を有するものをすべて包括するためには、「法律」の概念を拡大するか、「執行」の概念を拡大するか[54]のどちらかしかないのである。

　著者のみるところ、「作用としての行政」は、「法律」によって示された公益（「任務・所掌事務」）を実現するため「公権力」を行使する作用を中核とするものと捉えられてきている[55][56]。そして、当然のことながら、この中核領域においては「行政＝法律の執行」モデルは違和感なく受け止められるが、他方で、「予算」によって示された公益を実現する作用も無視できないものとされている。そして、わが国では、ドイツの理論動向を参考に、その相当部分は「私法」の規律に服する「国庫的行政」ないし「私経済的行政」ではなく、「公法」の規律に服する「公行政」と捉えられてきたと思われる。「法律補助」と並んで「予算補助」というものがひろく存在するが、「予算補助」は、「法律の根拠」なくしてなしうるものの、「公行政」であるとみるのが、「給付行政論」の帰結であろう。したがって、このような「公行政」を「法律の執行」と説明するためには、そこでいう「法律」の概念を「根拠規範＋規制規範」という形で拡大せざるを得ない。しかし、それにも限界があり、さらに「組織規範の執行」というような無理な説明を強いられることになると思われるのである。

　他方、「形式的意義の行政」を「法律の執行」として説明することは適切か、という問いには、否定で答えるべきであろう。「実質的意義の行政」についてそのような説明が適切ではないとすれば、当然の帰結である。た

とえば、仮に、「形式的意義の行政」には、「実質的意義の行政」のほかに、「法規命令（＝実質的意義の立法）」と「私経済行政」が含まれる（「私経済行政」は「実質的意義の行政」には含まれないという理解）と説明する場合、「法規命令」の方は「法律の執行」という説明が適切であるが、「私経済行政」については、先にみたとおり適切ではない。そして、「私経済行政」については、そのような説明が必要でないことが「国庫の基本権拘束」の理論によって示唆されているのである。

（2）「組織規範」による「帰属」

ここで、「組織規範」の位置づけについて確認しておく。

「実質的意義の行政」に含まれる作用のなかに、「根拠規範」または「規制規範」としての「法律」なしになされるものがある場合、それを「法律の執行」として説明するためには、「組織規範」を動員するほかない。しかし、たとえば、行政指導を「○○省設置法」の「執行」として説明するのは、いかにも技巧的と感じられるであろう[57]。

「帰属」（Zurechnung）という概念を重視する場合には、「私経済行政」もまた、「組織規範」によって国家または公共団体に「帰属」することになった作用であるから、「控除説」によれば「実質的意義の行政」に含まれるはずである。「控除説」にいう「国家作用―立法作用―司法作用＝行政作用」という公式において、その出発点となる「国家作用」は、「組織規範」によって国家に「帰属」することになった作用全体であり、「行政作用」はその一部ということになるからである。

そして、憲法の「統治機構論」が扱う「規範」の相当部分は、「強制規範」（Zwangsnormen）ではなく、「授権する規範」（ermächtigende Normen）であり、それが「権限創設規範」（Erzeugungsnormen）と「執行規範」（Vollzugsnormen）の両者を含み、前者が法理論上の「組織法」、後者が「手続法」に該当するという説明がみられる[58]ということを考え合わせると、「組織規範」としての性質を持つ「法律」の意義を踏まえた説明を補うことが要請されるものの、結論的には、やはり、すべての「実質的意義の行政」を「法律の執行」として説明するという企てには無理が内在しているというべきであろう[59]。

以上の考察で確認できたことは、「法律の執行」の概念は多義的であり、その概念の操作の当否には慎重な検討を要することである。得られた結論はいかにも消極的であるが、最後に、「国庫の基本権拘束」の理論に触れつつ、今後の課題を整理することにしたい

（3）「国庫の基本権拘束」の理論

　国や地方公共団体がなす「私法上の契約」の締結を「法律の執行」の一種と説明すべきなのか、という問いに関連して興味深いのが、百里基地訴訟に関する最高裁判所平成元年判決[60]の次のような判示（下線著者）である。

　〈憲法九八条一項は、憲法が国の最高法規であること、すなわち、憲法が成文法の国法形式として最も強い形式的効力を有し、憲法に違反するその余の法形式の全部又は一部はその違反する限度において法規範としての本来の効力を有しないことを定めた規定であるから、同条項にいう「国務に関するその他の行為」とは、同条項に列挙された法律、命令、詔勅と同一の性質を有する国の行為、言い換えれば、公権力を行使して法規範を定立する国の行為を意味し、したがつて、行政処分、裁判などの国の行為は、個別的・具体的ながらも公権力を行使して法規範を定立する国の行為であるから、かかる法規範を定立する限りにおいて国務に関する行為に該当するものというべきであるが、国の行為であつても、私人と対等の立場で行う国の行為は、右のような法規範の定立を伴わないから憲法九八条一項にいう「国務に関するその他の行為」に該当しないものと解すべきである。〉

　〈憲法九条は、その憲法規範として有する性格上、私法上の行為の効力を直接規律することを目的とした規定ではなく、人権規定と同様、私法上の行為に対しては直接適用されるものではないと解するのが相当であり、国が一方当事者として関与した行為であつても、たとえば、行政活動上必要となる物品を調達する契約、公共施設に必要な土地の取得又は国有財産の売払いのためにする契約などのように、国が行政の主体としてでなく私人と対等の立場に立つて、私人との間で個々的に締結する私法上の契約は、当該契約がその成立の経緯及び内容において実質的にみて公権力の発動たる行為となんら変わりがないといえるような特段の事情のない限り、憲法

九条の直接適用を受けず、私人間の利害関係の公平な調整を目的とする私法の適用を受けるにすぎないものと解するのが相当である。〉

　以上のように、同判決は、「統治権の主体としての国家」と「財産権の主体としての国家」の二区分という「古典的な」発想を示している。また、行政処分や裁判が「法規範を定立する行為」であるという部分は「法段階説」を想起させる[61]。そして、注目すべきは、「私法の適用される社会事象には憲法は適用されない」という克服されたはずの「国庫理論」=「公法と私法の絶対的二元論」に立っているようにもみえることである。そこで、このような発想にわが国の憲法学説は概して批判的である[62]。

　この点、戦後のドイツでは、「公法と私法の相対的二元論」を発展させて、「主体説」的な発想から、国や地方公共団体が「私法形式」を用いて活動する場合も、憲法とりわけ「基本権」には拘束されるという考え方が次第に有力となり、現在では憲法裁判所の判例もそれを前提としている[63]。そして、このような解釈論上の努力の武器とされたのが、「行政私法」（Verwaltungsprivatrecht）[64]の概念や「国庫の基本権拘束」（Fiskalgeltung der Grundrechte）の理論であることは周知のところである[65]。

　そこで、翻って考えてみると、このように「私法上の契約」の締結という「行政」は、「法律の執行」ではないとしても、憲法の拘束には服する、という結論を導くことは可能であるとすると、そのような結論を導くためだけに「法律の執行」の概念を拡大する必要はないという議論が説得力を増すと思われる。「実質的意義の行政」については、それを「法律の執行」という性質を持つものとすることは「定義」を工夫すれば可能ではあろう。しかし、それは困難を伴うのみならず、「適切な法的統制」を及ぼすための良い戦略ともいえないように感じられるのである[66]。

　かくして、「行政=法律の執行」という説明をすること自体が適切かということよりも、様々な目的・内容・形式を持って展開される「形式的意義の行政」について、どのようにすれば「適切な法的統制」を及ぼすことができるのかということについて問題関心を持つことが重要ではないか[67]とも考えられる。このような発想をするとすれば、結局のところ、〈「私経済行政」は「法律の執行」か？〉という問いは、実は「正解」のな

い問いであったというべきことになろう。

（4）「行政契約論」の課題

わが国における「行政契約」の概念は、「公法上の契約」と「私法上の契約」の双方を含むものとされており、後者については、「私人と同様の立場で締結する」ものであるのかどうかが、必ずしも明確ではない状況が続いている。この点を含め、「行政法の理論体系」との関係で位置づけが困難な素材を扱うのが「行政契約論」であることは確かであり、その深化が課題であるということができよう。

近時の行政法の教科書は、「組織としての行政」を出発点として、「組織としての行政」が行う活動のすべて、すなわち、「形式的意義の行政」をどのように統制するかを考察するのが「行政法的思考」であるという立場をとるものが多数派となっている⁽⁶⁸⁾。「行政法的思考」が、「行政権の行使を公正妥当なものとするための法的規範はいかにあるべきか」ということに最大の関心を有するとすれば、「組織としての行政」の活動のすべてについて「法的統制」のあり方を検討するのが自然であろう。

そして、「形式的意義の行政」をどのように法的に統制するかを考察するという目的を持って「行政法の理論体系」を「組織法」「作用法」「救済法」の3本柱で組み立てようとする場合には、すでに指摘したように「組織規範」「根拠規範」「規制規範」という3区分との関係を常に意識する必要があろう⁽⁶⁹⁾⁽⁷⁰⁾。

すなわち、この3区分は、主として「法律」の性質を分析する際のものであった⁽⁷¹⁾ことに留意する必要があろう。「根拠規範」の概念は、「法律の留保論」における「法律の根拠」＝「作用（活動）の根拠となる法律」を意識していたからである。そして、わが国においては、「行政契約」に法律の根拠は不要であると考えられてきた。しかし、「契約を締結し得る」という「授権」がどのようになされているのかの説明が必要であると思われる。

また、「規制規範」に関しては、行政権が従うべき「行為規範」が「法律」に限定されるわけではないことが重要であった。「法律の優位」からさらに「憲法の優位」⁽⁷²⁾が語られ、また、「比例原則」や「平等原則」な

110 第1編 理論体系

どの機能が次第に重視されるようになっているからである。

五 おわりに

　以上のとおり、本章の考察の結果得られた成果は、「行為規範」概念の多義性を確認したほかは、「行政＝法律の執行」モデルは、「実質的意義の行政」の典型例として「行政行為」を想定しているという、いかにも陳腐なものである。このことは、翻って考えてみれば、「行政法総論」の要である「行為形式論」が「行政行為論」の発展形態であること、行政行為の「公定力」が「行政法総論」と「行政救済法」の結節点であること、「行政組織法」「行政作用法」「行政救済法」という体系化を試みる場合に、「行政庁」の概念がその結節点となることから当然というべきかもしれない。

　しかし、このように、「行政行為」の特殊性のみを意識することが、「行政権の行使を公正妥当なものとするための法的統制」をバランスよく考えるためにマイナスであることも繰り返し指摘されてきたところである。国家賠償法1条の「公権力の行使」に関する「広義説」を素材にした「行為規範」概念の多義性は、この点を確認するものであろう。また、オーストリアにおいては、「法規命令の公定力」[73]が認められているともいえることが示唆されている。〈違法な行政行為は原則として有効であるが、違法な法規命令は無効である〉というような、わが国では自明の前提とされている事柄も常に疑ってかかることが必要なのではあるまいか。その意味で、本章は、研究者としては「あまり進歩がない」[74]部類に属する著者が素朴な疑問や迷いを活字にすることも、学界全体の発展のためには有益であることがあると信じて書かれたものである。

【第5章注】

(1)　本章の初出原稿が考察の手掛かりとしたのは、稲葉馨＝人見剛＝村上裕章＝前田雅子『行政法（第2版）』（有斐閣・2010年）の記述である。なお、塩野宏『行政法Ⅰ（第3版）』（有斐閣・2009年）は「私経済的行政」という表現を用いている。「私経済行政」と「私経済的行政」はほぼ同義であるが、「私経済的行政」という用語においては、「私人と同様の立場で行う活動」という含意がより

強いと思われる。

(2) 「テキストブック・ライター」になるなという故山田幸男教授の戒めについて、阿部泰隆「行政法学の教え方――『行政の法システム』出版にあたって」書斎の窓 421 号 23 頁（1993 年）参照。著者は、当時、教科書の執筆依頼を受けて準備作業を続けているところであったが、様々な論点について「勉強不足」を痛感していた。その意味で、本章は、上記の教訓に背くことになるのではないか、というおそれを多少とも緩和することをも目的とするものである。

(3) 他に、裁量論との関係で「法の定立」と「法の執行」の区別がどのような意味を持つかについての考察が不可欠であるが、別稿に留保することにしたい。

(4) 原田尚彦『行政法要論（全訂第 7 版）』（学陽書房・2010 年）288 頁。

(5) 藤田宙靖『行政法 I（総論）（第 4 版改訂版）』（青林書房・2005 年）492 頁。

(6) W. Jellinek, Verwaltungsrecht, 3. Aufl. (1931), S. 20ff.

(7) 田中二郎『行政法上巻（全訂第 2 版）』（弘文堂・1974 年）69 頁以下。

(8) 「実質的意義」「形式的意義」「組織的意義」の区別について簡単には、Maurer, Allgemeines Verwaltungsrecht, 16. Aufl. (2006), §1 Rn 2. 及び後掲注 (9) 参照。

(9) Ehlers, in: Erichsen/Ehlers, AllgVerwR, 13. Aufl. (2006) §1 Rn 4-13.

(10) ただ、競争入札に参加させる業者の指名に関する最判平成 18 年 10 月 26 日判時 1953 号 133 頁など、近時の判例は「私経済行政」に適用範囲を拡大しているともみられる。

(11) 体系的な見地からは、「国家賠償法」の領域は、「行政救済法」の領域から部分的に「はみ出している」という指摘が可能である。

(12) さらに、1980 年代前半の阿部＝遠藤論争を振り返ると、「違法性同一説」対「違法性相対説」は、抗告訴訟が先に提起されてその判決が確定した後に、国家賠償請求訴訟が提起された場合の「抗告訴訟判決の既判力」の扱いという限定的な問題設定についての議論であったはずである。阿部泰隆「国家賠償法における違法と抗告訴訟における違法」成田頼明編『行政法の争点（新版)』（有斐閣・1990 年）176 頁。

(13) 髙木光「公定力と国家賠償請求」水野武夫先生古稀記念論文集（法律文化社・2011 年）（＝本書第 1 編第 4 章に収録）

(14) 阿部泰隆・国家補償法（有斐閣・1988 年）148 頁。同・行政法解釈学 II（有斐閣・2009 年）501 頁。なお、同 436 頁は、最広義説が内容的にはより合理的であるとしている。

(15) 宇賀克也『行政法概説 II（第 3 版)』（有斐閣・2011 年）412-413 頁。

(16) ただし、宇賀教科書の目次は教授の真意を正確に反映していないこともあるようであり、注意が必要である。たとえば、素直に読めば「自己責任説」は立法論としての優位が説かれているにとどまるが、〈なお、私見の根底にあるのは自

己責任的発想であり、そうであるからこそ、「行政主体—私人」間を規律する行為規範＝「外部法」に反することを意味するという理論構成に矛盾はないと考えています。〉というコメントには、「解釈論」としても「自己責任説」を採用するとの含意があるようにも思われる。宇賀克也「公権力発動要件欠如説について」自治実務セミナー 50 巻 6 号 29 頁（2011 年）参照。しかし、ドイツにおいても、1981 年の国家責任法（Staatshaftungsgesetz）の採用した「違法性を要件とする行政主体の自己責任」の法理は、残念ながら改革立法が無効とされたことにより、実定法としての「職務責任」（＝代位責任構成）との関係では、「立法論」として位置づけられざるを得ない。したがって、そのような法理を参考に「公権力発動要件欠如説」をわが国の国家賠償法 1 条の「解釈論」として主張することに「無理」はないのかが気になるところである。

(17)　宇賀克也『国家補償法』（有斐閣・1997 年）139-140 頁、148 頁、150-152 頁。

(18)　塩野宏『行政法 II（第 5 版）』（有斐閣・2010 年）322 頁にも、「規制規範」に「法律」の形式を持つものに加えて、「比例原則」などが含まれるとの説明がみられる。ここでは「国家に課せられた」「行為規範」という発想が現れている。なお、原田・前掲注 (4) 288 頁は、〈権力行為の違法性は主としてその根拠規範である行為規範を中心にして論じられる（その場合に、根拠規範のみならず比例原則等の制約規範が考慮されるのはいうまでもない）のに反し、非権力行為の違法性を判定する場合には、権利ないし法益間の調整が重要な要素となり、いわゆる利益衡量論が支配的イデーとなる。〉と説明している。

(19)　山本隆司「国家賠償 (4) —違法性 (2)」法学教室 356 号 121 頁（2010 年）。

(20)　塩野・前掲注 (18) 314 頁参照。塩野教科書では第 5 版から「公権力発動要件欠如説」という用語が採用されるに至っているが、「違法性同一説」の妥当範囲については、先にみた阿部説と宇賀説の中間に位置づけられると著者は考えている。

(21)　確かに、そのように捉えれば、「根拠規範」を必要としないと考えられる行為類型についても「公権力」を語り、また、その行為自体の客観的違法性を観念することが可能になる。

(22)　稲葉他・前掲注 (1) 18 頁

(23)　「公権力概念の純化」について、髙木光『事実行為と行政訴訟』（有斐閣・1988 年）276 頁参照。

(24)　神橋一彦「『職務行為基準説』に関する理論的考察—行政救済法における違法性・再論—」立教法学 80 号 1 頁（2010 年）

(25)　髙木光「公権力発動要件欠如説（行政法入門 56）」自治実務セミナー 50 巻 4 号 7 頁（2011 年）。

(26)　塩野・前掲注 (18) 320-321 頁

(27)　当然のことながら、論者の思考や説明の一部に矛盾や迷いが含まれていても、

それが直ちに全体としての「高い評価」を損なうものではない。また、迷いを告白するような記述も、場合によっては、他人に批判される前に自己批判をする「知的誠実さ」の現れとして積極的に評価すべきであると思われる。

　塩野教科書が指摘するように、「代位責任的法律構成」の克服が課題とされることは確かであるが、どこまでを「解釈論」として主張し、どこからは「立法論」とするかは悩ましいところである。

(28)　芝池義一『行政法総論講義（第4版補訂版）』（有斐閣・2006年）45-46頁は、「侵害留保説」「権力作用留保説」「全部留保（法規留保）説」「完全全部留保（公行政留保）説」という分類を示している。

(29)　稲葉他・前掲注（1）23-27頁は、「侵害行政留保説」「権力行政留保説」「公行政留保説」「重要事項留保説」という分類を示しつつ、「権力行政留保説」を基軸にすえるべきであるとしている。

(30)　芝池義一『行政法読本（第2版）』（有斐閣・2010年）17頁、26頁、58頁参照。同『市民生活と行政法』（放送大学教育振興会・2002年）22頁。

(31)　塩野宏『行政法Ⅰ（第5版）』（有斐閣・2009年）71-80頁は、「侵害留保理論」「全部留保理論」「社会留保理論」「権力留保理論」「本質性理論」という分類を示しつつ、いわゆる「法規留保説」を「権力留保理論」に先行するものとしている。

(32)　ドイツにおける警察概括条項に関して、髙木光「比例原則の実定化―『警察法』と憲法の関係についての覚書―」芦部古稀記念論文集（下）（有斐閣・1993年）215頁参照。

(33)　塩野・前掲注（18）109頁

(34)　最判平成15年9月4日判時1841号89頁

(35)　したがって、稲葉他・前掲注（1）27頁は、当然のことながら、補助金行政の現状に批判的である。

(36)　Herrnritt, Grundlehren des Verwaltungsrechtes (1921), S. 7. Antoniolli/Koja, Allgemeines Verwaltungsrecht, 3. Aufl. (1996), S. 32, 94.

　Adamovich/Funk, Allgemeines Verwaltungsrecht, 3. Aufl. (1987), S. 46.

　いわゆる「法段階説」における「上位法の具体化」というものを想定すると、「法律」の「具体化」はすべて広い意味での「法律の執行」に含まれることになる。しかし、通常は、私人による民法上の契約の締結は、民法という「法律の執行」とは捉えられず、民事法の執行を行うのは、裁判所であると考えられている。そこで、国や公共団体が「私人と同様の立場で」活動することを認める場合には、そのような活動は、「法律の執行」には含まれない、と説明されるべきことになる。しかし、このような伝統的な発想は、「行政権の行使を公正妥当なものにするための法的拘束」を強めようとする「行政法的思考」の妥当範囲をはじめから狭めていることは確かである。そこで、将来的には、国や公共団体が「私人と同

様の立場で」活動しうること自体を否定する発想を貫いた理論の構築が検討されるべきであろう。大橋・後掲注 (68) 参照。

(37) 髙木光「警察の概念 (行政法入門 25)」自治実務セミナー 46 巻 7 号 4 頁 (2007 年)

(38) 同「公行政留保説 (行政法入門 58)」自治実務セミナー 50 巻 12 号 1 頁 (2011 年)

(39) 同「私経済行政 (行政法入門 59)」自治実務セミナー 51 巻 2 号 4 頁 (2012 年)

(40) 阿部照哉＝畑博行編『世界の憲法集 (第 4 版)』(有信堂・2009 年) 100 頁以下 (高田敏執筆)。

(41) Harald Stolzlechner, Einführung in das öffentliches Recht, 4, Aufl. (2007), Rz537, 548, 608.

(42) Maurer, Allgemeines Verwaltungsrecht, 16. Aufl. (2006), §3 Rn 6-33.

(43) Heinz Mayer, B-VG 4. Aufl. (2007), S. 134.

(44) 高田敏「法治主義の概念と動向」公法研究 57 号 134-135 頁 (1995 年) によると、第二次大戦後は「肯定説」が優勢であったが、1970 年代から変化がみられ、1980 年代以降は「否定説」が優勢になっている。

(45) オーストリアの「職務責任」は、ドイツの「職務責任」のような「公務員の個人責任」を基礎とした「代位責任」という法律構成ではなく、「機関」(Organ) の行為が法人に「帰属」(Zurechnung) するという発想、すなわち「自己責任」という法律構成を採用している点に特徴がある。Mayer, Anm. 43, S. 176. 宇賀克也『国家責任法の分析』(有斐閣・1988 年) 64 頁参照。

(46) ただし、最高裁判所 (OGH) の判例にはそのカズイスティークの中で、「法律の執行」の概念を広く解釈し、行為形式から判断すると「私経済行政」に分類されかねない活動 (＝いわゆる「非権力的行政」＝「単純な公権行政」(schlichte Hoheitsverwaltung)) を「職務責任」の領域に取り込む傾向があるとの指摘もある。Mayer, Anm. 43, S. 177.

(47) 高田敏編著『新版行政法―法治主義具体化法としての―』(有斐閣・2009 年 ＝初版 1993 年)。

(48) 前掲注(47) 10-11 頁。

(49) 前掲注(47) 31 頁、35-36 頁。

(50) Harald Eberhard, Der verwaltungsrechtliche Vertrag (2005), S. 94, 290.

(51) 髙木光「即時的命令強制行為 (行政法入門 45)」自治実務セミナー 48 巻 8 号 4 頁 (2009 年)

(52) 「控除説」自体の構造は戦前と戦後で変わっていないが、その意味が変わっているのではないかという疑問もある。髙木・前掲注 (37) 参照。戦前の「控除説」について、美濃部達吉『日本行政法 (上)』(有斐閣・昭和 11 年) 18-26 頁参

照。

(53) 他方で、「控除説」による広い意味での「行政」には、「行政＝法律の執行」モデルが念頭に置く狭い意味での「行政」（Verwaltung）の他に、「執政」（Regierung）と呼ばれる作用が含まれるとの指摘もある。すなわち、近時の憲法学においては、「行政」と区別された「執政」という概念を用いることを提唱する論者が増えているようであるが、それと関連して、「内閣」の任務は、「法律の執行」に限定されるのか、という論争がみられるところである。毛利透＝小泉良幸＝浅野博宣＝松本哲治『憲法Ⅰ』（有斐閣・2011 年）224 頁。

(54) 毛利透「行政概念についての若干の考察」ジュリスト 1222 号 132 頁（2002年）は、高橋和之教授の「行政＝法律の執行」説を支持するとともに、高橋説は「全部留保説」あるいは「権力留保説」を意味すると指摘している。他方、高橋和之『立憲主義と日本国憲法（第 2 版）』（有斐閣・2010 年）336 頁は、「執行」とは、ケルゼン的意味での「法律の実現」を意味するとしている。

(55) なお、「形式的意義の行政」は「組織的意義の行政」を前提としているので、その範囲をどう確定するかという難問は残る。ある公的な機能を果たしている組織を「行政機関」と呼ぶかどうかが、恒常的に主として「実質的意義の行政」を行うものと予定されているかどうかによって決まるとすれば、そこにはある種の「循環論法」ないし「結論先取り」が潜んでいることになるからである。そして、多くの行政法教科書は、結局のところ、依然として、「作用としての行政」の典型例としては、「行政行為」＝「行政処分」をなすことをイメージしているのではないか、と感じられるのである。

(56) 〈「私経済行政」は「実質的意義の行政」には含まれない〉という理解であるが、この考え方は「控除説」と矛盾するおそれがある。

(57) 「任務及び所掌事務」は、局単位や課単位でも語られるのであり、それらは必ずしも「法律」によって配分されているわけではない。「組織規範」の存在形態は多様であり、「○○省組織令」や「○○省組織規定」によって割り振られているものもある。

(58) Walter/Mayer/Kucsko-Stadlmayer, Bundesverfassungsrecht, 10. Aufl. (2007), S. 2.

(59) 高田教授の「授権原則説」＝「公行政留保説」によれば、行政指導についても原則として「作用法的授権」が必要とされるので、「法律の執行」と捉えられることになり、理論的には首尾一貫したものとなることは確かである。

(60) 最判平成元年 6 月 20 日民集 43 巻 6 号 385 頁。

(61) いわゆる「三段階構造モデル」においては、「法律⇒行政行為⇒強制執行」という「上位法の具体化」のプロセスが「実質的意義の行政」の典型例としてイメージされている。「行政行為」は「法律の執行」であり、「強制執行」は「行政行為」によって課せられた私人の義務の強制的実現であるという意味において

116　第1編　理論体系

「行政行為の執行」とされる。

　しかし、「執行」と日本語で訳されるドイツ語には、Vollziehung と Voll-streckung の区別がある。行政事件訴訟法 25 条以下の定める「執行不停止の原則」に関する条文における「執行」の概念は、広いものとなっている。

(62)　高見勝利・平成元年度重要判例解説 11 頁参照。新正幸『憲法訴訟論（第 2版）』（信山社・2010 年）343 頁。なお、同書 181 頁以下の「行為規範」と「権限規範」についての説明参照。

(63)　BVerfG, Beschluss v. 13.06.2006, BVerfGE116, 135. ドイツでは、「行政私法」の概念を通じて、私法形式による行政もその 3 類型（「行政私法」「準備行政」「営利的活動」）にかかわらず、基本権の拘束を受けるという議論が次第に支配的になってきているようである。そこで、現状では、基本法 1 条 3 項の「執行権」は、形式的意義の行政全体を意味するに等しいと思われる。Friedhelm Hufen, Staatsrecht II (2007), §7 Rn 11-14.

　しかし、それが、市役所が文房具を購入する行為も「法律の執行」であると説明すべきことを意味するのかは微妙である。

(64)　わが国への紹介として、成田頼明「行政私法」成田・前掲注 (10) 26 頁。ドイツの近時の動向については、Ulrich Stelkens, Verwaltungsprivatrecht (2005).

(65)　オーストリアの状況について、VfGH, Erkenntniss v. 30.11.2000, VfSlg. 16027/2000 参照。

(66)　ただ、参考までに、私法上の契約の形式による「行政」について「法律の執行」という説明の適切さについての著者の感覚を示しておくことにしたい。たとえば、公共事業のための「任意買収」についてはそのような説明が適切なように感じられる。というのは、「強制収用」という「権力的手段」を用いることができるという背景のもとで、特定の行政目的の実現のための手段として「私法上の行為形式」が用いられているからである。しかし、いわゆる「準備行政」、たとえば市役所がその業務のために鉛筆を購入する行為などについては、「法律の執行」という説明はしっくりこない。稲葉他・前掲注 (1) 20 頁は、「公行政」と「私（経済）行政」の区別をしたのち、「公行政」をさらに、〈行政の存立目的である国民・住民の福利を直接実現する作用〉と〈「公権力の行使」による間接実現作用（徴税など）〉に分けている。また、〈私（経済）行政〉は、〈市場経済の中で基本的に私人と同様な立場で行われる行政の存立目的の間接実現作用（物品等の購入・土地の任意買収など）〉としている。他方で同書 4 頁は、国公立病院や市営バス事業を、行政目的（サービス提供）を直接実現する「公行政」に分類している。

(67)　その意味で、わが国の「行政契約論」はフランスのみならず、ドイツやオーストリアの経験からもなお学ぶべきことが多いと思われる。

(68)　大橋洋一『行政法（第 2 版）』（有斐閣・2004 年）8 頁の分析を参照。「実質

説」をとることを明言するものとして、小早川光郎『行政法上』（弘文堂・1999年）15頁。なお、上記の多数派が、「実質的意義の行政」＝「作用としての行政」の概念を不要なものと考えているわけではないことも確かである。というのは、ドイツ由来の「私人による行政」という概念を認めるほか、「組織としての行政」を定義する際に、「作用としての行政を行うことを本務とする組織」というような手法が用いられるからである。

(69)　わが国で通例となっている「行政組織法」「行政作用法」「行政救済法」という「体系」は、実は、現在のドイツの行政法の理論体系とは異なるものである。その理論的な意味や理由の解明もまた重要な課題であろうが、本章ではそれに立ち入る余裕はなかった。

(70)　「組織規範」と「根拠規範」の区別は、「任務」（Aufgabe）と「権限」（Befugnis）の区別と、かなりの部分において重なり合う。

(71)　塩野・前掲注（29）72頁。

(72)　Jestaedt, in: Erichsen/Ehlers, Anm. 9, §10 Rn 2.

(73)　髙木光「法規命令の公定力？（行政法入門46）」自治実務セミナー48巻10号4頁（2009年）

(74)　オーストリアにおける「取消し得べき法令」についての指摘は、実は既に田中二郎「法令の瑕疵と其の審査権」田村徳治編『憲法及行政法の諸問題（佐佐木博士還暦記念)』（有斐閣・1938年）114頁注4にみられる。

第2編　一般原則

第1章　課徴金と比例原則

一　はじめに

　本章は、金融商品取引法に基づく課徴金納付命令を素材として、課徴金の制度設計にとって比例原則がどのような意味を持つかについて若干の考察を加えることを目的とする。

　以下、まず、金融商品取引法に基づく課徴金納付命令に関するJVCケンウッド事件一審判決[1]を紹介するとともに、著者の立場[2]からみた同判決の問題点を簡単に指摘する（二）。次いで、課徴金の制度設計における「性格づけ」論争の意味を再確認した（三）のち、「比例原則」についての近時の憲法学上の議論[3]を参照しつつ、この事件で「憲法上の比例原則」と「行政法上の比例原則」がどのような意味を持つと考えるべきか（四）、「憲法適合的解釈」という手法がどのように位置づけられるか（五）を考察することにしたい。

二　JVCケンウッド事件

（1）　事案の概要

　事案は、簡略化すると以下のとおりである[4]。

　JVCケンウッドは、平成21年7月10日、第三者割当により8回に分けて320個（1個あたり50万株）の新株予約権を発行することを取締役会で決議し、関東財務局に対して、新株予約権の募集に関する有価証券届出書を提出するとともに、プレスリリースを行った。

　本件有価証券届出書には、JVCケンウッドの直前の連結会計年度（平成20年4月1日から平成21年3月31日）に係る連結損益計算書が記載されていたが、当該連結損益計算書には連結純損失を過小に記載する誤りがあった[5]。JVCケンウッドは、平成22年3月12日、関東財務局長に対し、

本件有価証券届出書の訂正届出書等を提出した。

証券取引等監視委員会は、平成 22 年 6 月 21 日、本件有価証券届出書を含む JVC ケンウッドの法定開示書類について、内閣総理大臣および金融庁長官に対して課徴金納付命令を発出するよう勧告を行い[6]、金融庁長官は同日、審判手続開始の決定をした。

これに対して、JVC ケンウッドは、違反事実自体は認めたものの、納付すべき課徴金の額について争った。そこで、金融庁長官は、平成 22 年 10 月 27 日の審判を経た審判官の決定案に基づき、平成 22 年 12 月 9 日に、本件新株予約権による資金調達額を 185 億 8088 万 4000 円[7]として計算し、その 4.5% に相当する 8 億 3613 万円の納付を命じる決定[8]を行った。この決定の取消訴訟が本件である。

なお、その間の平成 22 年 8 月 27 日、JVC ケンウッドは、本件新株予約権の取得条項[9]（会社法 236 条 1 項 7 号）に基づき、本件新株予約権の全部を取得し、取締役会決議により取得した本件新株予約権の全部を消却した。

東京地方裁判所は平成 24 年 6 月 29 日の判決で、本件決定は違法とはいえないとして原告の取消請求を棄却した。その理由の要点は、以下のとおりである（下線著者）。

〈1〉（金融商品取引法 172 条の 2 第 1 項第 1 号）所定の課徴金については、重要な事項につき虚偽の記載がある発行開示書類に基づく募集により<u>有価証券を取得させた時点</u>で課徴金の納付命令の決定をする要件は満たされ、その時点における事情を基礎に課徴金の額を算定すべきものと解するのが、その文言に即した解釈というべきであって、このことは、同号において、「新株予約権の行使に際して払い込むべき金額」との文言が用いられていることとも優れて整合的であるということができる。（判決書 36 頁）

〈2〉金商法の定める課徴金の制度は、そもそも、その導入の当初から、個々の事案ごとに違反者が現に経済的な利得を得たか否かを問うてそれとの調整を予定するものとはされておらず、このことは平成 20 年改正後にあっても維持されているということができるから、これとは異なる前提に立つ原告の主張を採用することはできない。（39 頁）

〈3〉原告において、本件新株予約権証券の発行により結果的に経済的な利得を得ていないとしても、そのことは、比例原則の考え方にも配慮された上で制定された現行の金商法の規定（乙5）の定めるところに従ってされた本件決定が同原則に反することを直ちに基礎づける事情には当たらないことは明らかというほかないし、これをもって、本件決定が実質的な正義に反するということも困難といわざるを得ない。この点に関する原告の主張は、結局のところ、現行法の解釈を離れた制度論、立法論をいうものに過ぎないものというべきである。(39頁)

〈4〉（金融商品取引法172条の2第1項第1号所定の課徴金の）具体的な額については、同法の定める課徴金の制度が行政上の措置であって、迅速かつ効率的な運用により制度の趣旨および目的の実現を確保する必要があることに鑑み、明確かつ容易にこれを算定することにできるよう、あらかじめ設けられた基準である同号の定めるところに従って、一律かつ機械的に算定すべきものとされている。このような同号所定の課徴金の制度の趣旨および目的ならびにその枠組みに鑑みれば、同号にいう「新株予約権の行使に際して払い込むべき金額」については、その文理に照らしても、当該新株予約権証券を取得させた時点においてそれに係る新株予約券の行使に際して払い込むことが予定されていた価額（すなわち当初行使価額）をいうものと解するのが相当である。(41頁)

〈5〉同号にいう「新株予約券の行使に際して払い込むべき金額」について、これを個々の事案において当該新株予約券証券を取得させた時点より後に生ずべきものを含む各般の事実関係を踏まえて合理的に見込まれるところ等を問うてそれとの調整をすべき旨を定めたものと解するのは困難というほかない。(43頁)

（2）　控訴審での争点

　さて、著者からみると、一審判決には、課徴金の制度設計における「憲法上の比例原則」の意味についての考察ないし「公法学的思考」[10]が不足しているために、一審段階で提出された意見書における正当な指摘を受け止めていないという問題があると思われる。すなわち、本件の争点は、控訴審では、以下のように再構成されるべきである。

1. 金融商品取引法 172 条の 2 第 1 項第 1 号は、「憲法上の比例原則」[11]に反して、全部または一部が無効である、といえないか。

2. 金融商品取引法 172 条の 2 第 1 項第 1 号について、「憲法上の比例原則」に反しないように「憲法適合的解釈」[12][13]を施すと、課徴金の額の判断基準時は、「発行時」ではなく「課徴金納付命令時」となるといえないか、あるいは「新株予約権の行使に際して払い込むべき金額」は、「名目的行使額」（＝当初行使価額）ではなく「合理的見込額」となる、といえないか。

3. 本件決定は、「行政法上の比例原則」[14]に反して、全部または一部が違法である、といえないか。

そして、上記の問題設定についての著者の検討結果は、以下のとおりである。

1. 全部が「違憲無効」（＝「法令違憲」[15]）とまではいえない。しかし、「新株予約権の行使に際して払い込むべき金額を含む」とする括弧書の部分については違憲の疑いがあり、裁判所の判例政策として、この部分を「違憲無効」と解することも十分考慮に値する。

2. 課徴金の額の判断基準時という形で問題を捉えた上で、裁判所の判例政策として「課徴金納付命令時説」を採る余地はある。また、仮に「発行時説」を採るとした場合には、「新株予約権の行使に際して払い込むべき金額」の意義は、「合理的見込額」と解されるべきである。

3. 金融商品取引法 172 条の 2 第 1 項第 1 号について、「憲法上の比例原則」に反しないように「憲法適合的解釈」を行う場合には、「行政法上の比例原則」違反の問題を検討する必要はない。

以下、検討の過程を示すため、項を改めて、まず、課徴金の制度設計における「性格づけ」論争の意味を再確認しよう。

三　課徴金の制度設計

（1）「利益剥奪」と「制裁」

課徴金制度は、わが国においては、必ずしも普遍的なものではない。先行していたのは独占禁止法において 1977（昭和 52）年に導入された課徴金

制度である。独占禁止法の課徴金制度は、まず、1991（平成3）年改正によって強化され、さらに 2005（平成 17）年改正によって強化された[16]。そして、2005 年の改正に先だって、課徴金の性格をめぐって「利益剥奪か制裁か」という問題設定がされたのは周知のところである。

　この問題設定は、課徴金の創設時に〈課徴金は「利益剥奪」であり、「制裁」ではないから、刑事罰と併科しても憲法 39 条が禁止する二重処罰には当たらない〉という「正当化」（＝「根拠づけ」）のロジックが用いられたことが伏線となっている。

　著者は、このような問題設定自体に疑問を持つものであるが[17]、立法趣旨を明らかにするためには、立案当局や関係者がどのような思考方法によっていたかを分析することが有用である。したがって、その限度で、「利益剥奪か制裁か」という「性格づけ」は、依然として意味がある。

　さて、本件で争われている解釈問題は、金融商品取引法の 2008（平成20）年改正において、発行価額の総額に「新株予約権の行使に際して払い込むべき金額」を含めたことによって生じたものである。したがって、本件においては、課徴金に関する 2008 年改正の経緯、特に、発行価額の総額に「新株予約権の行使に際して払い込むべき金額」を含めた趣旨の理解が不可欠である。

　すなわち、金融商品取引法（旧証券取引法）における課徴金制度は、2004（平成 16）年改正において、同法の違反行為を的確に抑止し、その規制の実効性を確保する観点から、行政上の措置として違反者に金銭的な負担を課すものとして導入されたものであるが、そこでは、当該目的を達成する手段として、〈違反者が違反行為によって得た経済的利得相当額を基準とする〉方式が採用されたことに留意が必要である。

　2004 年改正による導入の当時、〈違反行為の抑止のためには、違反行為による経済的利得相当額では不十分で、諸外国のように行政庁の裁量により、違反者の得た経済的利得を大幅に上回る金額の制裁金を賦課すべき〉という議論もなされていたが、金融商品取引法（旧証券取引法）においては、あくまでも〈経済的利得相当額が基準とされた〉のである[18]。

　そして、課徴金制度については、その後、複数回の改正が行われている

が、2008（平成20）年改正においても、課徴金の水準については、〈引き続き利得相当額を金額の基準〉として金額の見直しが行われたとされている[19]。

　以上のような課徴金制度の創設や改正の経過からすれば、金融商品取引法における課徴金制度の目的が違反行為の抑止にあるとしても、その目的を達成するための「手段」は、基本的には、経済的利得相当額の金銭（課徴金）の賦課であると考えられていたことは明らかである。

　確かに、2008年改正によって課徴金減算および加算の制度が新たに設けられたことから、単なる「利益剥奪」ではなく、「制裁」という機能が加わっている[20]ことは否定できない。しかし、全体としてみると、「違反行為の抑止」という「終局目的」を達成するための「手段」＝「中間目的」[21]としては、「利益剥奪」が採用されているとみるべきであろう。仮に、「中間目的」としても「制裁」を採用するのであれば、課すかどうか、どの程度のものとするか、について「裁量」を認める制度設計になるべきものと考えられるからである。

　そして、この点は、2008年改正に至る法制審議会のワーキング・グループにおける検討をみても裏付けられる。すなわち、そこでは、抑止の実効性の確保が必要であることは指摘されていたが、抑止効果をできる限り高めるということが目指されていたわけではない。とりわけ、行政が課す金銭的な不利益措置については、比例原則の観点から、「課徴金の水準や対象範囲」につき〈制度の目的と手段が比例しているかを考慮することが重要〉である旨が指摘されていたことに注目すべきであろう[22]。

　そこで、このような、2008年改正においても維持された、課徴金の額を「経済的利得相当額」を基準とするという方式は、憲法上の制約をクリアするために要求される判例法上の基本的条件である「手段の合理性・必要性」を満たすための政策的選択という側面を有していると考えられる。課徴金の賦課は、違反行為の抑止という規制目的を達成するための「手段」であるが、その制度設計においては、様々な選択肢があり、立法においてはその中から、政策的な見地から、一定の方式が選択されるのである。

　また、抑止の「実効性の確保」のため、課徴金の額の引上げが必要であ

ると指摘されていたことは確かであるが、各種審議会やワーキング・グループでの議論の中心は、課徴金の水準の引上げ（1%から2.25%へ、新株予約権証券について2%から4.5%へ）である。そして、新株予約権証券に関し、発行価額の総額に「新株予約権の行使に際して払い込むべき金額」を含めることについては、十分な検討がなされていないことが、本件のような解決の困難な解釈問題を生じさせる背景となっているのである。

（2）「法定主義」（Legalitätsprinzip）と「便宜主義」（Opportünitätsprinzip）

課徴金の制度設計において、課徴金を課すか否か、その額をどうするか、について行政機関に「裁量」を認めるかどうかという論点がある。

金融商品取引法は、基本的には、このような「裁量」を認めない方式を採用している[23]。刑事訴訟における「起訴法定主義」と「起訴便宜主義」という分類になぞらえると、「法定主義」が採用されていることになる。また、額についても「機械的」に定まるということであるとすれば、刑事罰における「法定刑」の定め方になぞらえると、検察官による「求刑」の幅や裁判所による「量刑」の余地を認めない方式ということになる。

金融商品取引法が採用しているこのような方式について、著者は、「抑止の実効性確保」という観点からは疑問が残るものであると考えている。「制裁」としての「性格づけ」をする場合には、実害のない違反に対しては「制裁」の発動を見送る裁量を認め、また、違反の態様に応じて「制裁の強さ」を加減する裁量を認める制度設計が適切であるからである[24]。

そこで、本件での問題は、従来から「課徴金」が課されるものとされてきた違反行為においては、違反者が「利益」を得ているという前提条件が満たされているものであったのに対して、2008年改正によって対象が拡大され、そうではない場合を含む可能性がある条文が設けられたことをどう評価するかである。すなわち、違反者が現実に「利益」を1円も得ていない場合にも適用されるとして何の問題もないのか、という論点である。これは、憲法学では、「過剰包摂型審査」ないし「適用違憲」が問題とされる類型に属すると思われる[25]。

さて、上記の論点について留意すべきは、〈法令に違反する非難すべき行為を行ったにもかかわらず課徴金が賦課されないのは不当である〉とい

う価値判断は、常識論に過ぎず、課徴金制度が刑事罰のように道義的非難を「目的」とするものではないと考えられる以上は、それを根拠に「何の問題もない」とすることはできない[26]ということである。

　他方で、「現実の利得」がない場合には課徴金を課すことはできない、という議論も成り立たない。「利益剥奪」という手法が基本的政策として採用されていることは確かであるが、そこでいう「利益」は、あくまでも蓋然性ないし可能性という要素を含む「一般的抽象的」な意味のそれであるからである。そこで、問題とされるべきは、違反者が「利益」を得る可能性がないような場合にもなお課徴金を課すことが許されるのか、そして、仮に許されるとしても、その課徴金の額に限度はないのか、であろう（これが、後に検討する「必要性」「利益の均衡」のテストである。）。

　そして、前半の問いについて、「利益剥奪」と性格づけられる課徴金は、「利得の可能性のない」場合には、そもそも課すことが許されない、という立場もありうるところである。この立場を否定するためには、2008年改正によって、部分的には「利益剥奪」という「性格づけ」ではカバーされない課徴金が導入されたと解するほかはない。すなわち、「利得の可能性がない」場合になお課される課徴金は、「制裁」という「性格づけ」をされているとみるほかない。そして、「制裁としての課徴金」がなぜ認められるのか、という「正当化」に関する問いに対しては、違反抑止の実効性を確保するために必要であるから、という実質論と、法律という形で民主的正統性を有する決定がなされているから、という形式論で答えれば足りる、と著者は考えている。

　以上のように、著者は、「利益剥奪」という「正当化」（＝「根拠づけ」）は不要であるという理論的立場であるが、それぞれの課徴金制度の分析においては、「利益剥奪」という「性格づけ」がなされているのか、「制裁」という「性格づけ」がなされているのか、という分析は、なお意味があると考えている。そして、金融商品取引法172条の2第1項第1号括弧書は、「利益剥奪」という基本的な「性格づけ」とは一定の矛盾を含むものであることを素直に認めるべきであると思われる。率直に述べることが許されるとすれば、2008年改正のこの部分は「拙速」であり、新株予約権の経

済実体、とりわけ、それが様々な異なる機能を果たすものである[27]ことについての配慮を欠いたものであったという印象をぬぐえない。

　他方、「制裁」という「性格づけ」によってすべての問題が解決するわけでもない。著者は、課徴金の制度設計に関して、独占禁止法の2005年改正に関与した経験を有し、そこでは、課徴金の抑止効果を高める制度改正を支持する立場を表明した。しかし、抑止効果を最大化すればよいというものではないことは当然の前提である。「制裁」という「性格づけ」をする場合には、先に述べたように、「便宜主義」的な運用ができることが要請され、また、後に述べるように「比例原則」の観点からバランスをとることが要請されるから、違反者が「利益」を1円も得ていない場合に、多額の課徴金が課されることのないような立法段階の配慮が要請される[28]ほか、それが不幸にして不十分な場合は、それを補う憲法解釈論が必要となる。また、課徴金は、時に刑罰としての罰金よりも多額に及ぶ[29]のであるから、「刑罰法規の明確性」の要請とのバランスから、課徴金の要件についても曖昧な定め方は許されないのではないか、が検討課題となる。かくして、より穏当な「合憲限定解釈」が成り立たない場合は、「法令違憲」という結論を採らざるを得ないのである。

四　「憲法上の比例原則」と「行政法上の比例原則」の区別

（1）　比例原則の「実定化」

　本章の分析の道具である「比例原則」は、ドイツの伝統的な「警察権の限界論」のひとつであったものである。そこでは、「危害の防止除去」(Gefahrenabwehr) という「消極目的」のために、行政権に「権力手段」が概括的に授権されており、「警察権」を発動するか否か、どの程度の強度の措置を発動するか、について裁量が認められる、という「警察便宜主義」が前提となっていた[30]。そこで、「行政法上の比例原則」が典型的に機能するのは、法令によって行政機関に「効果裁量」（「決定裁量」＋「選択裁量」）が認められている場合に、その裁量権の行使を文字通り行政機関の自由に委ねるのではなく、法的な意味で限界づける、という局面である。

　「比例原則」は、その出発点においては「不文の法原則」であったが、

著者の立場によれば、学説による提言が判例によって採用された時点で「実定化」されたと評価される。また、「憲法」や「法律」という「成文法」に明示的に書き込まれ、あるいは、ある条文の趣旨に含められるという形で「実定化」されることもあるという性格を有する。

これに対して、「憲法上の比例原則」が典型的に機能するのは、議会の有する「立法裁量」の統制という局面である。ドイツの憲法裁判所は、法律の憲法適合性を審査するための法理として「比例原則」を多用している。そして、わが国においても、最高裁判所の「判例理論」として採用されている、という理解が近時広がっている[31]ところである。

なお、日本国憲法 13 条に「比例原則の実定化」がみられる、という見解をとる場合、その内容には上記の「行政法上の比例原則」と「憲法上の比例原則」の両方が含まれることになる。

（２）　立法裁量の限界

比例原則は、①手段の適合性、②手段の必要性、③利益の均衡（狭義の比例性とも呼ばれる）という３つの構成要素から成り立っている。そこで、法律の憲法適合性の審査においては、この３段階の審査が、立法裁量の限界を画するものとして検討されるべきものとなる[32]。

第１の手段の「適合性」（Geeignetheit）とは、その手段が立法目的の実現を促進するかどうか、というテストである。その手段が立法目的の実現を阻害するか、目的を促進する効果を持たないものであるときは、その手段は、「適合性」を欠くという理由で、違憲となる。このような結論に至るケースは、実際にはあまりないと思われる。本件においても、JVC ケンウッドは、課徴金を課すことが違反行為の抑止という目的のための「適合的」な手段であることを争ってはいない。

そこで、検討事項の 1A．すなわち、金融商品取引法 172 条の 2 第 1 項第 1 号は、「憲法上の比例原則」に反して、全部が無効（＝「法令違憲」）であるといえないか、については、全部が「違憲無効」とまではいえない、という結論をとることが許されるであろう。

第２の手段の「必要性」（Erforderlichkeit）とは、その手段が立法目的を達成するために必要（不可欠）であるかどうか、というテストである。立

法目的を達成するために等しく効果的であるが、基本権を制限する程度が低い他の手段が存在する場合には、その手段は、「必要性」を欠くという理由で、違憲となる。

そこで、検討事項の 1B. すなわち、金融商品取引法 172 条の 2 第 1 項第 1 号は、「憲法上の比例原則」に反して、一部が無効（＝「法令違憲」）であるといえないか、については、「新株予約権の行使に際して払い込むべき金額を含む」とする括弧書の部分については違憲の疑いがあり、裁判所の判例政策として、この部分を違憲無効と解することも十分考慮に値する、という結論が導かれうる。

というのは、本件に「必要性」のテストを厳格に適用するとすれば、新株予約権に関して、違反行為を抑止するために、企業の資金調達活動の自由を制限する程度が低い他の手段として、たとえば、「新株予約権の行使によって払い込まれることが合理的に見込まれる金額を含む」という定めや「新株予約権の行使がされないことが確定するまでの間に新株予約権の行使によって払い込まれる可能性のあった金額を含む」という定め[33]が想定されるからである。

第 3 の「利益の均衡」とは、手段が追求される目的との比例を失していないか、あるいは、手段が追求される目的と適切な比例関係にあるか、というテストである。第 1 の「適合性」および第 2 の「必要性」をクリアした手段であっても、なお、そこまでの重大な不利益を与えてまで実現すべき目的ではない、という理由で、その手段が、違憲とされることがあるのである。

なお、比例原則の適用には、緩やかなものと厳しいものがある。そして、わが国の最高裁判所が採用している比例原則は、重大な権利に対する強力な制限については、原則として、厳しいものであり、それ以外については緩やかなものであると評価されている[34]。

そこで、本件において、上記の「必要性」のテストを厳格に適用して、「法令違憲」という結論をとるかどうかは、裁判所の判例政策に委ねられると考えられる。先に述べたように、著者は、金融商品取引法 172 条の 2 第 1 項第 1 号を適用すると、利得がない場合にも課徴金が課されるケース

が生じるということを理由に、全体的に「違憲無効」であるとまではいえないと考える。

　というのは、これまでみたように、現行法における課徴金は、すべてが「違法利益の剥奪」を直接の目的としているわけではないからである。そして、課徴金が、違法行為に対する「制裁」という性格を有すること自体は、法律によって行政機関に権限を与えるという「正当化」がなされている限りで、妨げられない。問題は、利得がない場合にも課徴金を課すという「手段」が、「憲法上の比例原則」に反しないかであり、それは「金融商品取引法の実効性を確保する」という目的を達成するために「適合的」でないか、「必要（不可欠）」でないか、あるいは「均衡を失し」ているか、という3段階のチェックが必要であるということを意味する。

　2008（平成20）年改正は、拙速であり、「違反行為者が得ることが可能であった利益」を基準とする立法趣旨がうまく条文化されていない、という評価を重視すれば、再度の適切な改正がなされるまでは、新株予約権に関しては、1円たりとも課徴金を課すことはできないという結論をとるべきであろう。それで、特に金融商品取引法の立法目的が阻害され、公益上重大な支障が生じるというほどの事情はないとも思われる。したがって、括弧書部分は「違憲無効」であり、本件決定も、当然に全部が違法という結論を採用することも十分考慮に値する。

　他方で、本件のような多額の課徴金はともかく、低額の課徴金であれば、「適合性」や「必要性」は認めてもよいのではないか、とも考えられる。この場合は、第3のテストたる「利益の均衡」が問題ということになる。

　また、括弧書部分は「違憲無効」であるという憲法解釈が、ややドラスティックな印象を与えることは否定できず、裁判所が「代替的立法者」（Ersatzgesetzgeber）という役割を果たすことになる、という批判も想定されるところである。したがって、著者には、「法令違憲」という手法よりは、以下で検討する「憲法適合的解釈」（＝「合憲限定解釈」）がより穏当な手法と思われる。

五 「憲法適合的解釈」

（1） 課徴金納付命令時説

そこで、次に検討すべきは、

2A. 金融商品取引法172条の2第1項第1号について、「憲法上の比例原則」に反しないように「憲法適合的解釈」を施すと、課徴金の額の判断基準時は、「発行時」ではなく、「課徴金納付命令時」となるか、

2B. 金融商品取引法172条の2第1項第1号について、「憲法上の比例原則」に反しないように「憲法適合的解釈」を施すと、「新株予約権の行使に際して払い込むべき金額」は、「名目的行使額」（＝当初行使価額）ではなく、「合理的見込額」となるか、である。

著者は、2A. については、裁判所の判例政策としてこの解釈を採る余地はあり、2B. については、「発行時説」による場合には、この解釈論を採るべきであると考える。

まず、2A の「課徴金納付命令時説」は、黒沼意見書が提唱し、神田意見書および山口意見書が賛成している見解である。

この見解は「条文の文言に反しない」のみならず、「脱法を防止できる」ものであり、「課徴金の抑止効果を阻害しない」ものであるから、立法論としては極めて妥当なものである。したがって、「憲法適合的な解釈」を施して、「命令時説」を採用することも十分考慮に値する。

第一審判決は、判旨〈3〉で、原告の主張を「現行法の解釈を離れた制度論、立法論をいうものに過ぎない」としているが、このように「憲法適合的解釈」の必要性をカテゴリカルに否定する態度は、極めて疑問である。

他方、第一審判決が判旨〈1〉で述べるように、有価証券を取得させた時点で課徴金の納付命令をする要件が満たされ、その時点を課徴金算定の基準時と解する「発行時説」が、「文言に即した解釈」、すなわち素直な文理解釈であることも否定できない。

また、「違法行為の抑止」という立法目的を達成するための手段として、「利得」を基準とするという政策判断がなされていることを前提とすると、「違反行為者が得ることが可能であった利益」は、課徴金納付命令時よりは前を基準時とすべきとも思われる。そこで、「行為時」を基準として課

132 第2編 一般原則

徴金の額を定めるという制度設計が自然であると考える場合は、次にみる
「合理的見込額説」に傾くことになる。

（2） 合理的見込額説

2B. の「合理的見込額説」は、黒沼意見書が提唱し、神田意見書、山
口意見書、岩原意見書が支持している見解である[35]。

著者も、金融商品取引法172条の2第1項第1号について、「新株予約
権の行使に際して払い込むべき金額」は、「名目的行使額」（＝当初行使価
額）ではなく、「合理的見込額」となると考える。この結論は、通常の解
釈作法によって導かれるもので、「合憲限定解釈」[36]ではないことはもち
ろん、「憲法上の比例原則」に反しないように「憲法適合的解釈」を施す
とそうなると説明する必要はそもそもないものである。あるいは、無理の
ない「穏やかな憲法適合的解釈」から少なくとも要請される、とも説明で
きよう[37]。

これに対して、本件決定が依拠する「発行時説」＋「名目的行使額説」
を採用するときには、同条項が「憲法上の比例原則」に反するものになる
ことは明白であり、かえって、違憲無効（＝「法令違憲」）ということになら
ざるを得ないと思われる[38]。

すなわち、抑止効果を狙った課徴金の制度設計は、課徴金の額と「違反
によって得られる可能性のある利益」との均衡が緩やかにせよ保たれてい
る限りで「比例原則」を満足する。ここでは、第3のテストたる「利益の
均衡」が重要な意味を持つ。

というのは、結果として利得がない場合にも課徴金を課すという「手
段」が、「金融商品取引法の実効性を確保する」という目的を達成するた
めには、「適合的」であり、また、「必要」であるとしても、課徴金の額と
「違反によって得られる可能性のある利益」があまりにも「均衡を失して
いる」ケースを生じさせるような制度設計は許されないからである。

判例理論[39]によれば、法律の合憲性の審査においては、規制目的と規
制目的達成手段の両面について審査がなされるが、緩やかな審査において
も、手段について、その「必要性・合理性」が認められないことが「明ら
か」である場合にはもちろん、その手段が「著しく合理性を欠く」場合は、

違憲となる[40]。そして、実害のない違反に対して過大な制裁を加えるというケースは、手段が「著しく合理性を欠く」場合の典型例であると思われる。

　ところが、一審において被告行政庁側が主張し、一審判決が容認した解釈は、行政側の便宜に傾き、「機械的な課徴金の賦課」を認めるものに帰着している。これは、「利益の均衡」という第3のテストを全く意識しないものであり、「悪法も法である」というような「悪しき法律実証主義」的な解釈といわざるを得ない。

　また、上記のような解釈は、2008（平成20）年改正の趣旨にも合致しないと思われる。すなわち、既にみたように、課徴金の額は〈違反類型ごとに一般的・抽象的に想定し得る経済的利得相当額を基準〉として算出方法が定められ[41]、2008年改正においても、課徴金の水準については〈引き続き利得相当額を金額の基準とする〉こととされた[42]ものである。

　そして、ここでは、発行者が一定額の資金調達を行った場合に、当該調達額のうち「何％」が虚偽記載等の違反行為によって得た利得額であると「一般的・抽象的に想定」されるかが問題とされており、虚偽記載により形成された株価と、虚偽記載がなかった場合に形成されたであろう株価との差額が経済的利得であるという考えのもと、重要事実の公表による株価の変動率等の実証分析をもとに算出方法が法定されたとみられる。

　他方、発行価額の総額に「新株予約権の行使に際して払い込むべき金額」を含めた趣旨については、立案担当官により、「新株予約権の行使に際して払い込むべき金額」についても資金調達額として〈想定することが一般的である〉ためとの説明がなされてはいる。そこで、ここでも、「一般的に」「想定」される利得相当額の課徴金を課すという従前の方針に従っているようであるが、ここでは「資金調達」が行われることをも「想定」しているという問題があるのである。

　というのは、資金調達額のうち何％が虚偽記載等の違反行為によって得た利得額であると「一般的に」「想定」されるかについては、上記のとおり実証分析を踏まえた慎重な検討がなされているにもかかわらず、新株予約権証券を発行した場合については、残念ながら、将来行われる新株予

権の行使によって、実際にいかなる金額の資金調達が行われると「一般的に」「想定」されるかについては、同様の検討がなされた形跡が全くないからである。

そして、このような「想定」は、経済実体を無視したものであるから、それに依拠した解釈論は「著しく不合理」な結論を帰結するものとならざるを得ないと思われる。

このように、結局のところ、一審判決の誤りは、行政庁側の経済実体を無視した硬直的な解釈論[43]を、無批判に容認したところから生じていると思われるのである。

六　おわりに

以上のように、本件における著者の分析は、もっぱら「憲法上の比例原則」が課徴金の制度設計についてどのような意味を持つかについてのものである[44]。行政法を専門とする著者が、このような作業を行うことには各方面からの批判も予想されるところである[45]。しかしながら、著者は、法科大学院時代における実務と理論の連携という理念に照らせば、一定の作法[46]を順守する限りで、研究者が未解明の論点について「試論」的な見解を示すことも許されるのではないかと考えている。

【第1章注】
(1)　東京地判平成24年6月29日（平成22年（行ウ）第739号）裁判所WEBページ。
(2)　著者は、原告が一審で敗訴したのち、東京高等裁判所民事第19部に、平成24年（行コ）第301号課徴金納付命令決定取消請求事件として係属中に、森・濱田松本法律事務所から依頼をうけ、平成24年10月1日付けで意見書を執筆した。担当弁護士である近澤諒氏からは、資料の提供を受けたほか、控訴理由書等における原告・控訴人側の主張との調整に関して、様々な理論的示唆を受けた。この場を借りて感謝の意を表するとともに、本章は、この事件の争点をバランスよく扱うものではなく、特定の論点を筆者の理論的関心に引き付けて分析するものであることにつき読者に予めご理解をお願いしたい。
(2a)　その後、東京高判平成25年3月28日裁判所WEBページは、憲法論を一蹴

第1章　課徴金と比例原則　*135*

して、控訴を棄却し、その結論は、最決平成 27 年 1 月 22 日で確定している。

(3)　青柳幸一「審査基準と比例原則」戸松秀典＝野坂泰司編『憲法訴訟の現状分析』（有斐閣・2012 年）117 頁。

(4)　宮下央「有価証券届出書の虚偽記載に対する課徴金決定と実務への影響」商事法務 1926 号 23 頁（2011 年）参照。本件は、いわゆるエクイティ・コミットメントラインと呼ばれる資金調達方法に係るものである。

(5)　JVC ケンウッドは当時、日本ビクターの親会社たる持株会社であったが、平成 22 年 2 月に、日本ビクターの海外子会社で不適切な会計処理があったことが発覚した。

(6)　同日、日本ビクターに対しても課徴金納付命令を発出するよう勧告がなされた。平成 19 年 7 月 24 日提出の有価証券届出書に係る課徴金の額は、取得させた株券の発行価額の総額が約 350 億円であったため、その 2% に相当する約 7 億円となった。

(7)　平成 21 年 7 月 28 日に、新株予約権証券を野村證券に 2088 万 4000 円で取得させ、払込みを受けているが、後に、本文のように取得条項に基づき取得し、同額を野村證券に返還している。残りの 185 億 6000 万円は「新株予約権の行使に際して払い込むべき金額」であり、取得可能な株式の総数 1 億 6000 万株につき「当初行使価額」である 116 円で計算したものである。この「当初行使価額」は、平成 21 年 7 月 10 日の JVC ケンウッドの普通株式の終値である 58 円の 2 倍である。宮下・前掲注 (4) 27 頁も指摘するように、株価の大幅な上昇がない限り、経済合理性の観点から、当初行使価額により行使されることは想定されない状況にあったにもかかわらず、このような計算をすることの当否が本件の主たる検討課題である。

　　本件では、JVC ケンウッドの判断により、各回の新株予約権ごとに、行使価額の修正を取締役会で決議できることとし、決議がなされた場合には、行使価額は所定の時点における普通株式の終値の 92% に相当する金額となる旨の条項があった。そこで、第一審で、原告は、①課徴金納付命令時を基準とすれば、利得はゼロであるから、課徴金の額も 0 円となるという主張のほか、②発行時を基準とするとしても、合理的な資金調達見込額は、発行時に修正がなされたと仮定した場合の修正後の行使価額に基づいて計算した 89 億 7920 万円についての 4 億 0500 万円となる、という主張をした。なお、平成 22 年 8 月 1 日に普通株式の併合がなされたため、同日後は、株式数は 10 分の 1、株価は 10 倍で計算することになる。

(8)　実際の課徴金の総額は 8 億 3913 万円であるが、平成 21 年 2 月 12 日提出の四半期報告書および平成 21 年 6 月 24 日提出の有価証券報告書の「虚偽記載」に係る課徴金の額を 300 万円とする部分は争われていないので、本文のように表記し、以下、一部取消請求の対象となっている本件有価証券届出書（発行開示書類）に

136　第2編　一般原則

関する部分を、「本件決定」と呼ぶ。

(9)　20連続取引日の普通株式の終値が29円（平成22年8月1日以降は290円）を下回った場合の条項である。

(10)　著者は「憲法学的思考」と「行政法学的思考」を合わせて「公法学的思考」と呼んでいる。著者の専門分野は行政法学であるが、比例原則は行政法学と憲法学の両方にまたがるものであり、従来から関心を有してきた。高木光「比例原則の実定化」芦部信喜先生古稀祝賀『現代立憲主義の展開（下）』（有斐閣・1993年）228頁参照。簡単には、高木光「裸の王様―憲法との関係、比例原則（もうひとつの行政法入門24・完）」法学教室234号77頁（2000年）参照。

(11)　「憲法上の比例原則」という言葉の用法は様々であるが、本章では、立法権の統制原理としてのそれを意味するものとして用いる。

(12)　ドイツ的な表現（verfassungskonforme Auslegung の訳）であり、内容的には、「法令違憲」という結論を避けるために行われる「合憲限定解釈」を含む。小山剛『『憲法上の権利の作法（新版）』（尚学社・2011年）245頁は、「合憲限定解釈」と呼ばれる解釈手法は、アメリカで「憲法判断回避の準則」のひとつとして説かれ、ドイツでは「憲法適合的解釈」と呼ばれる、と説明している。他方、宍戸常寿『憲法解釈論の応用と展開』（日本評論社・2011年）305頁は、「憲法適合的解釈」は、「体系的解釈」の一種であり、当然の解釈作法であるから、あえて「合憲限定解釈」といわれるのは、それだけの事情がある場合に限られる、と指摘している。

(13)　「不明確な」条文についての「解釈」は、建前上は「立法」ではないが、機能的にみると、裁判所による「条文の書換え」であることは否定できない、と著者は考えている。この立場によれば、ある解釈が「憲法適合的」か否かの判断は、仮にそのような内容の法律が制定された場合に、合憲か違憲かという判断によることになる。

(14)　「行政法上の比例原則」という言葉の用法も多様でありうるが、本章では、行政権の統制原理としてのそれを意味するものとして用いる。すなわち、憲法13条が比例原則を「実定化」したものであると考える場合には、行政権の統制原理として働く場面では、「行政法上の比例原則」が憲法13条に定められていると説明することになる。

(15)　憲法学における用語法は様々であるが、宍戸・前掲注(12) 290頁以下は、以下のように整理している。

　　第1に、「文面審査」と「適用審査」の区別は、当該訴訟事件の事実（司法事実）にとらわれずに、法令それ自体の合憲性を判断しようとするものか、法令の合憲性を当該訴訟当事者に対する適用関係においてのみ個別的に判断しようとするものか、の区別である。そして、前者の「文面審査」には、立法事実を考慮するものも含まれる。

第1章　課徴金と比例原則　*137*

　第2に、「法令違憲」は、法令が違憲無効とされる、という結果を表現するものであるから、「文面審査」によるものだけではなく、「適用審査」によるものもある。「適用審査」の結果には、「法令の全部違憲」「法令の部分違憲」「合憲限定解釈」「適用違憲」があり、他に、「処分違憲」というものが想定できる。

(16)　2009（平成21）年には、課徴金制度がさらに拡充されている。藤井宣明＝稲熊克紀編著『逐条解説平成21年改正独占禁止法』（商事法務・2009年）7頁。

(17)　髙木光「独占禁止法上の課徴金の根拠づけ」NBL774号20頁（2003年）。（＝本書第1編第3章前半に収録）

(18)　岡田大ほか「市場監視機能の強化のための証券取引法改正の解説」商事法務1705号44頁（2004年）。

(19)　大来志郎ほか「改正金融商品取引法の解説（4・完）課徴金制度の見直し」商事法務1840号31頁（2008年）。

(20)　中村聡ほか『金融商品取引法　資本市場と開示編（第2版）』（商事法務・2011年）578頁。「性格づけ」と「機能」の関係について簡単には、髙木光「法執行システム論と行政法の理論体系」民商法雑誌143巻2号143頁（2010年）（＝本書第1編第3章後半に収録）参照。

(21)　「目的と手段の相対性」については、宍戸・前掲注（12）53頁参照。

(22)　乙5号証の討議資料1・3頁参照。

(23)　橋本博之「改正証券取引法の理論的研究（1）証券取引法における課徴金制度の導入」商事法務1707号6頁（2004年）参照。

(24)　「硬直的な規定の見直しが求められる」と指摘するものとして、神崎克郎＝志谷匡史＝川口恭弘『金融商品取引法』（青林書院・2012年）588頁注（10）（川口恭弘執筆）。

(25)　小山・前掲注（12）253頁参照。

(26)　宮下・前掲注（4）27頁。

(27)　簡単には、神田秀樹『会社法入門』（岩波新書・2006年）186頁参照。

(28)　利得相当額を超える課徴金については、必要的一律賦課を定めた規定に対する憲法上の疑義が呈されることになるという指摘をするものとして、岸田雅雄監修『注釈金融商品取引法第3巻』（金融財政事情研究会・2010年）221頁（田中利彦執筆）参照。

(29)　開示違反関連の刑事罰の上限は、法人については7億円である。金融商品取引法207条1項1号、197条1項1号。中村ほか・前掲注（20）573頁。

(30)　詳しくは、須藤陽子『比例原則の現代的意義と機能』（法律文化社・2010年）93頁以下参照。

(31)　小山・前掲注（12）69頁、宍戸・前掲注（12）63頁、石川健治「法制度の本質と比例原則の適用」LS憲法研究会編『プロセス演習憲法（第4版）』（信山社・2011年）291頁以下参照。

138 第2編 一般原則

「判例理論として採用されている」かどうかという問題は、アメリカ由来の
LRA の原則などに関する議論と同様に、実はかなりやっかいである。青柳・前
掲注（3）138 頁は、〈日本の最高裁判所の判例がドイツ型比例原則と親和性があ
るとも、言い切れない。〉としている。ただ、「比例原則」は元来「自然法的」な
思考、すなわち常識的な正義の観念を定式化したものであるから、実際に参照し
それを継受しようとしたかどうか、あるいは意識したかどうかにかかわらず、一
定の共通の基盤を有する法律家に「共通する判断枠組み」となっている可能性は
高いと、著者は考えている。

Johhannes Saurer, Die Globalisierung desVerhältnismäßigkeitsgrundsatzes,
Der Staat 51, 3-33 (2012)

(32) 小山・前掲注（12）68 頁、宍戸・前掲注（12）52 頁参照。

(33) 「合憲限定解釈」が可能かどうかという判断が、仮にそのような法律を制定
した場合に合憲か、という判断に帰着することについては、前掲注（13）参照。

(34) 小山・前掲注（12）69-71 頁。高橋和之「違憲審査方法に関する学説・判例
の動向」法曹時報 61 巻 12 号（2009 年）3597 頁以下参照。わが国の判例におい
て、「利益の均衡」のテストがどのように用いられているかはやや不明確である。
「手段の必要性・合理性」という枠組みが「一本で何でも切れる万能ナイフ」の
ように使われていると指摘するものとして、井上典之ほか『憲法学説に聞く』
（日本評論社・2004 年）115 頁（棟居快行）参照。

(35) 宮下・前掲注（4）27 頁も同様。

(36) 宍戸・前掲注（12）305 頁は、通常の文理解釈からは導かれないような「限
定」を加えるものを「合憲限定解釈」と捉えている。

(37) 控訴人 JVC ケンウッドの立場からすれば、「百歩譲ったとしても」この解釈
を採用すべき、ということになろう。その意味で、1B。で検討した「括弧書部
分違憲無効説」ないし、2A。で検討した、「力強い憲法適合的解釈」による「課
徴金納付命令説」が優先されるべきであろう。

(38) ここでは、「合理的見込額説」は、「合憲限定解釈」という意味を持つ。

(39) 最判昭和 62 年 4 月 22 日民集 41 巻 3 号 408 頁（森林法）、柴田保幸『判解民
昭和 62 年度』198 頁。最判平成 14 年 2 月 13 日民集 56 巻 2 号 331 頁（証券取引
法）、杉原則彦『判解民平成 14 年度（上）』184 頁。

(40) 最判昭和 47 年 11 月 22 日刑集 26 巻 9 号 586 頁（小売市場）の「著しく不合
理であること」が「明白」という極めて緩やかな基準は限られた領域についての
み妥当すると考えるべきであろう。経済的自由の保障に関して、判例が規制立法
の性格に応じて厳格度を高めた審査を行っていることにつき、戸松秀典『憲法訴
訟論（第 2 版）』（有斐閣・2008 年）290 頁

(41) 岡田ほか・前掲注（18）47 頁。

(42) 大来ほか・前掲注（19）31 頁。

（43） もっとも、行政庁は法律が合憲であることを前提に「誠実に執行」すれば足りるという弁明はありうる。その場合、立法の不備を是正する責務を果たすことが裁判所により一層期待されることになる。また、会社法や金融商品取引法などが国の経済政策にとって重要な制度的インフラであるという観点を重視する立場からすれば、立法裁量の統制をやや強化する判例政策が望ましいと考えられる。神田・前掲注（27）205 頁参照。

（44） 検討事項の 3、すなわち、本件決定は「行政法上の比例原則」に反して、全部または一部が違法であるといえないか、についての著者の見解は、既に示唆されているように、本件では検討不要というものである。というのは、「行政法上の比例原則」が問題となるのは、通常は、法令によって行政機関に与えられた権限が「効果裁量」を含む場合、すなわち行為をするかどうかの裁量（決定裁量）、またどのような内容とするかについて選択の余地（選択裁量）を認めている場合であるからである。したがって、本件のように、法令が権限の発動を「義務的」なものとし、その内容についても「一義的」に定まるかのような規定ぶりをしている場合には、「行政法上の比例原則」に反して違法となるという「論証」がしっくりこない、という印象を与えることは確かである。原告の主張が、第一審判決に理解されなかった一因はこの点にある、と著者は考える。

　また、法令としては合憲であっても、本件のような「特性ある事実関係」に適用される限りで違憲であるといういわゆる「適用違憲」の主張についても、同様の問題があると思われる。宍戸・前掲注（12）297 頁参照。なお、「処分違憲」というカテゴリーは、行政処分等が「行政法上の比例原則」に反する状態を意味するもので、「行政処分等は違法である」ということと同義であり、単にその統制原理が憲法の条文に「実定化」されていることを表現しているに過ぎないと整理すべきではないか、と著者は考えている。

　なお、金融商品取引法 172 条の 2 第 1 項第 1 号について、「憲法上の比例原則」に反しないように、五。で検討したものとは別の「憲法適合的解釈」を施す余地はないであろうか。すなわち、仮に、利得がない場合には課徴金の賦課を見送ることが要請される、という「書かれていない但書」が付加されているという「解釈」ができれば、本件決定は、全体的に違法ということになる。この立場も、実質論としては妥当であろう。しかし、「解釈」として結果的に条文を「書き換えている」という嫌いがあることは否定できず、その意味では、2A. と同様である。

　また、本件で課された額は過大であって許されない、という発想は、黒沼意見書におけるように、「法令の解釈の誤り」と「行政法上の比例原則違反」を同様の機能を果たすものとみる立場につながり、実質論としては正当であろうが、著者は、2B について示したような解釈が理論的にすっきりしており、また同様の結論を導けるものとして優先されるべきであると考える。

本件において「当初行使価額」を基準として課徴金を課すことが「著しく不合理」であることは明らかであり、立法裁量を十分尊重する立場を採用したとしても、本件決定の一部取消しは不可欠である。本件の記録を瞥見した際に受けた印象を付言すると、甲17号証にあるように、当初行使価額が116円とされたのは、行政側の指導によるものであり、原告は、その指導に従いつつ、修正条項等の注記で、「開示規制」をクリアできていると信頼して行動したのであるから、「原告は当初行使価額での行使を想定していた」という被告の主張は信義に反するのではないかと思われる。宮下・前掲注（4）28頁も、本件プレスリリースにおいて、資金調達の額として、あえて発行決議日の終値である58円を基準として計算した92億8388万4000円という額が記載されていることを指摘している。

(45)　門外漢である著者が本件意見書の執筆を引き受けたのは、専門家である商法学者の見解の「結論」が「大局的な正義感」に合致するものであると感じたからである。

(46)　意見書の執筆スタイルも様々であろう。著者は、依頼者側の弁護士の下書きに手を入れるのではなく、自己の構成に従って全文を自ら起案すること、自己の理論的立場に反する立論をしないことを最低条件としているが、他方で、もっぱら研究者を読み手として想定している学術論文あるいはもっぱら学生を読み手として想定している教科書や解説ものとはそれぞれ異なる表現および文献引用が許容されると考えている。本章の作法は、読み手としての実務家を意識していることから、意見書に近いものとなっている。

第2章　公害防止協定と比例原則

一　はじめに

　本章は、摂津市対 JR 東海事件[1]を素材として、公害防止協定の法的拘束力が認められるための条件として指摘されている比例原則の意義について再考することを目的とする。

　公害防止協定の法的性質については「法的拘束力肯定説」が通説であるとされているが、法的拘束力が認められるための条件として指摘されている「比例原則」の位置づけは論者によって異なるように見受けられる。また、公害防止協定の法的拘束力を認めた最初の最高裁判決である最判平成21年7月10日判時2058号53頁（以下、平成21年最判と呼ぶ）の射程についても、論者の見解は様々である。摂津市対 JR 東海事件は、これらの違いのうち最も重要である「比例原則」の位置づけという難問の解答の手掛かりを与えるものと思われる。そこで、本章では、以下、事案の概要について簡単に紹介（二）したのち、学説の状況について分析を加える（三）ことにしたい。

二　事案の概要

（1）　事実経過

　JR 東海は、東海道新幹線の車両基地として、鳥飼車両基地を有しており、その事業面積約30万平方メートルのうち、95% が摂津市域に、5% が茨木市域に存する。

　JR 東海は、茨木市内に井戸2本を掘り、1日750トンの地下水を汲み上げて、災害時には断水のおそれのある上水道から切り替える計画を立て、平成26年9月10日、大阪府に「井戸使用許可事前協議書」を提出した。

　これに対して、摂津市は、JR 東海と摂津市が平成11年4月6日付で締結した「環境保全協定」（以下、平成11年協定という）の第8条（「事業者は、地下水の保全及び地域環境の変化を防止するため、地下水の汲み上げを行わないものとする。」）に反するものとして、平成26年9月29日に、大阪地方裁判所に

142 第2編 一般原則

工事差止めの仮処分を申請し、後にこれを取り下げて、平成26年11月14日に、大阪地方裁判所に本訴を提起した。平成11年協定に至る経緯は以下のとおりである。

当該地域では、昭和39年ころから地盤沈下が社会問題化したことに鑑み、昭和52年に、旧国鉄を含めた地元企業と摂津市との間に「環境保全協定」が締結された。昭和52年9月20日付けで旧国鉄と摂津市の間で締結された「環境保全協定」(以下、昭和52年協定という)の第8条は、「事業者は、地下水の保全及び地域環境の変化を防止するため原則として地下水の汲み上げを行わないものとし、現に地下水の汲み上げを行っている場合は、工業用水等に切り替えるため、地下水汲み上げ抑制計画を策定し、その達成に努めるものとする。」というものであった。

ただ、実際には、旧国鉄は、昭和39年に鳥飼基地の操業を開始し、同年から摂津市内に井戸を掘って地下水を汲み上げて利用していたが、昭和50年3月に用水の一部を大阪府工業用水道に、その後昭和51年9月に残りを摂津市上水道へ、順次切り替え、昭和52年協定の時点では、既に地下水の汲上げを完全に中止していた。

摂津市は、昭和63年9月1日付けで旧国鉄から鳥飼基地の操業等を承継したJR東海と、昭和52年協定とほぼ同じ内容の「環境保全協定」(以下、昭和63年協定という)を締結した。平成11年協定は、昭和63年協定を改定したものであり、第8条の文言が前記のとおりとなったほかは、ほぼ同じ内容である。

地下水の汲上げについては、昭和31(1956)年に工業用水法が制定され、同法に基づいて指定された「制限地域」においては、工業用の地下水の汲上げのための井戸の掘削は、都道府県知事の許可が必要となった。摂津市および茨木市を含む大阪府北摂地域は「制限地域」に指定されたが、昭和39年当時の鳥飼車両基地は「工業」に該当する業務を行っていなかったため、法の適用はなかったようである。

また、摂津市は、昭和52年に環境保全に関する条例を制定したが、同条例には地下水の汲上げ規制に関する条項は含まれていなかった。昭和52年協定は、同条例を踏まえたものと位置づけられている。さらに、摂

津市は、平成 11 年に「摂津市環境の保全及び創造に関する条例」を制定し、地下水の汲上げを原則禁止とした。例外を認める市長の許可の要件は厳格なものとなっている。平成 11 年協定も、昭和 52 年条例を踏まえたものと位置づけられており、平成 11 年条例の施行は、平成 11 年協定よりも後である。

（2）　争点

本訴における争点は、平成 11 年協定の第 8 条によって、JR 東海は鳥飼基地の茨木市内において地下水の汲上げを行ってはならないという不作為義務を負っているのか、また摂津市はその履行を裁判的に強制できるのかであり、細かく分けると、いくつかの論点が設定できる[2]。しかし、両当事者は、平成 11 年協定の第 8 条が法的拘束力を有するための条件として「比例原則」が問題となることを認めた上で、その適用について見解を異にしていた[2a]ため、最も重要なのは、原告の「JR 東海に対し、地盤沈下の具体的危険性の有無にかかわらず、一切の地下水の汲上げを禁止する効力を認めても、比例原則には反しない」という見解と、被告の、そのような義務を課することは「比例原則」に反するから、そのような法的拘束力は認められない、という見解のどちらが妥当かである。

そこで、このような比例原則の意義について考察するためには、一般論として、公害防止協定の許容性および法的拘束力の範囲についてどのように考えるべきかを整理することが必要となる。以下では、この一般論についての検討結果を、小早川教科書の記述を分析軸として紹介することにしたい。

三　公害防止協定の許容性および法的拘束力の範囲

（1）　学説の分布状況

まず、一般論としての、公害防止協定の許容性および法的拘束力についての学説の分布状況をみると以下のとおりである。

小早川光郎教授は、平成 11 (1999) 年の教科書[3]で、公害防止協定の許容性および法的拘束力の範囲について、「契約としての拘束力」を有し、相手方の義務不履行に対して、民事訴訟・民事執行など、一般の民事法の

144 第2編 一般原則

仕組みによる強制履行が可能となるためには、①当該行政機関の職務の範囲内で行われるものであること、②行政機関と相手方との任意の合意によるものであること、③相手方の負うべき義務の内容が十分に特定されていること、④その義務を負担させることが当該規制の目的との関係で比例原則を逸脱せず、また平等原則にも違背しないこと、等々の条件が満たされることが必要であり、〈以上の、またはそれに近いところが、ほぼ今日の多数説の立場でもある。〉と説明していた。

上記のような小早川説は、行政機関が、規制行政の領域において、私人に法的義務を課すために「契約」としての公害防止協定という手法を用いることを許容しつつ、そのための条件を厳しく設定する立場である。これを、以下では「行政契約の限界論」[4]と呼ぶことにしたい。なお、小早川教授のいう「今日の多数説の立場」を 1970 年代から提唱してきた先駆者は、周知のごとく、原田尚彦教授である[5]。

さて、小早川教授は、〈「合意は拘束する」の原則は、近代市民社会において一般に妥当すべきもの〉と説明し、〈一般に、行政機関が普通法の仕組みに従って――その限りでは他の社会構成員と同様の立場に立って――その職務を遂行することは、特別の制約は種々あるにせよ、それを原則的に認められないものとまでは考えるべきではない。〉と述べている。

これは、「行政契約論」の中では、「憲法間接適用説」的思考を示すものであると、著者には感じられる。そして、この思考によれば、行政主体と私人の間で締結される「行政契約」にも、私人相互間で締結される「私法上の契約」を想定している民法の諸規定が、原則として適用（ないし準用）されるという発想が自然にとられることになると思われる。そこで「行政契約」が無効となる原因は、「私法上の契約」が無効になる原因とほぼ同一の枠組みで捉えられることになり、「法の一般原則」が問題とされる際には、まず民法 1 条、90 条および 91 条が援用されることになるのでないかと推測される。

なお、平成 21 年最判の匿名解説[6]は、〈契約説を前提とすれば、公害防止協定中の条項の法的拘束力の有無については、通常の契約解釈と同様に判断すべきことになる〉とし、〈「法律による行政の原理」などを実質的に

潜脱するものでないかは、「適法性」ないし「社会的妥当性」の判断のなかで考慮されることになろう〉と指摘している。この立場と小早川説は親和的なものと思われる。

さて、近時の文献には、公害防止協定について「法的拘束力肯定説」が通説であるというような記述が多くみられることは確かである。しかし、その意味は、公害防止協定の条項のなかには、それについて「法的拘束力」を生じさせるという両当事者の合意がある場合には、法的拘束力が認められるものがある、という意味にとどまるのであり、「紳士協定」として締結された公害防止協定の存在を完全に否定するものではない。そして、両当事者の合意があれば無条件に「法的拘束力」が認められるわけではないこともまた当然であるとともに、「法的拘束力」が認められるための条件については、（残念ながら）学説上一致した見解があるわけではないことにも留意が必要である。

この点、注目すべきは、学説のなかには「憲法直接適用説」的思考ともいうべきものを強調するものがあることであろう。すなわち、藤田宙靖教授は、原田説に対しては批判的な立場であり、教科書において、昭和60 (1985) 年の第2版では、〈また、もし右のような考え方をすることが一般的に可能であるということになると、……、行政指導の結果行われた合意の多くに、紳士協定としてではなく行政契約としての法的効果を認める、という法解釈論の方向が開けてくることにもなりそうであるが、もとより、このような方向についてはいまだ検討しなければならない数多くの問題があり、学説・判例共に必ずしも、……このような方向への展開を始めているというわけではない。〉と説明し、平成5 (1993) 年の第3版においても、〈……、ただこのような考え方は、現在でも未だ問題提起の段階にとどまっている、と言わざるを得ない。〉と評価していたところである。

そして、藤田教授は、平成25 (2013) 年に公刊した新教科書[7]でも、平成5 (1993) 年の旧教科書第3版以来の説明[8]を維持して、次のように述べている。

〈行政行為を始めとする公権力行使には、公権力行使であるが故に課せられる法的制約が、法律の留保の原則以外にも多々存在する。例えば実体

法的にみても、憲法上の諸原則（平等原則・比例原則等を含む）による拘束が
あり、また、手続的・形式的にも、法律上種々の法的制約が課せられてい
る……。そこで、例えば行政行為を行う権限が行政庁に与えられていると
きに、行政行為に代えて契約の締結により同様の目的を達することを広く
認めるならば、これらの法的拘束を免れるための脱法手段として契約方式
が利用される道を開くことにもなりかねない……。そこで、このような見
地から、契約の可能性に対する制限が考えられなければならない。〉

〈この点例えばドイツの行政手続法典は、一方で行政行為に代えて契約
を締結すること（公法契約）を認めながら（同法 54 条）、他方で、右にみた
ような事態に対処するため、それが認められるための前提条件として、
様々な事項を定めている（同法 55 条以下）。わが国においては、これまでの
ところ、この問題についての判例・学説として確立したものは無いが、し
かし、この種の契約については、仮に民法上の原則が妥当するにしても、
右にみた基本的人権等の憲法上の原則、とりわけ平等原則・比例原則等は、
行政行為の場合と同様に妥当するものと考えるべきである、とする考え方
が、学説においては有力であると言ってよい。〉

さらに、藤田教授は、平成 21 年最判について、必ずしも原田説を採用
したものではないとの指摘を付加している[9]。

〈……、ただ、このような考え方は、現在では未だ問題提起の段階に止
まっている、と言わざるを得ない（前出の最判平成 21 年 7 月 10 日判時 2058 号
53 頁も、必ずしもこのような論理に基づくものではない）。〉

以上のような藤田説に著者は共感する。そして、理論的な観点からも、
このような発想[10]をとることによって、原田説以来の「行政契約の限界
論」の重要な要素である「比例原則」の位置づけがより明確なものとなる
と思われる[11]。

すなわち、どのような行為形式で活動するにせよ、国や公共団体は「憲
法」をはじめとする「公法的拘束」から逃避することは許されない（＝行
為形式濫用禁止の原則）と考えるべきである。そうすると、法律や条例で定
めた場合に許容されないような基本的人権の「制限」[12]や、法律や条例の
執行として行政処分で行った場合に許容されないような基本的人権の「制

限」[13]を、公害防止協定という形式を用いて行うことは認められないことになる。

言葉を換えていうと、法律や条例の根拠がなくても公害防止協定は締結できる、という考え方を採用することによって、「合意」ないし「同意」によって、「法律の留保」というハードルを越えたとしても、ほかに「法律の優位」というハードルがあり、さらに「憲法の優位」というハードルもクリアする必要があるのである。そして、公害防止協定の限界として多くの学説によって指摘されてきた「比例原則」は、上記の「憲法の優位」の原則の内容をなすものである。すなわち、基本的人権の「制限」は、正当な目的によるものであっても、①目的を達成する手段として適合的か、②より制限的でない手段が存在しないか、③制限される利益が達成される目的との関係で均衡を失していないか、という３段階のテストをクリアしたときにのみ許容される。

以上のように整理すると、「行政契約」の有効要件としての「適法性」（民法 91 条）は、個別行政法規との抵触が問題とされる局面で意味を持つが、「社会的妥当性」（民法 90 条）は、「比例原則」によってより厳格に検討されるため、意味を持つことはあまりなくなると思われる[14]。

（２）　行政契約の類型とそれらの許容条件

以上のような一般論において、行政契約の類型とそれらの許容条件の違いについて意識することが重要であると思われる。

わが国における「行政契約論」は、残念ながらなお発展途上であり、定説というものを得るには至っていない。このことは、もともと「行政契約」の概念が様々な類型の「契約」を包括するものであることにもよる。そこで、公害防止協定の法的拘束力について検討する際には、「行政契約の類型論」[15]を踏まえる必要があり、とりわけ、それぞれの類型によって、前記の「憲法間接適用説」的思考で差支えないものと、「憲法直接適用説」的思考が相応しいものがあるのでないか、という観点が不可欠であると著者は考えている。

このような観点は、先にみた藤田説に明確にみることができると思われる。すなわち、藤田説は、規制行政の領域における行政契約を想定したも

のであり、ドイツの行政契約論を参考にしたものであるとみることができる。というのは、ドイツでは「私法上の契約」と区別される「公法上の契約」としての「行政契約」をさらに、行政主体と私人が対等関係にある局面での「対等法契約」と、行政主体が私人に対して優越的な地位にある局面での「従属法契約」に区別して、法的拘束力が認められるための諸条件について規定が整備されている[16]からである。

そして、このような類型的思考は、芝池義一教授も教科書[17]において示唆しているところである。すなわち、行政主体と私人の間で締結される「行政契約」には、①行政サービス提供に係る契約、②行政の手段調達のための契約、③財産管理のための契約、④規制行政の手段としての契約、⑤その他の契約、という類型がある、とされる。そして、これらのうち、②と③は、「私法上の契約」と解されるので、「行政契約」としての特有の許容条件を検討する必要性が高いのは、①と④の類型ということになる。

このうち、①は、「給付行政のためにする契約」ないし「給付行政における契約」とも呼ばれるが、原則として民商法の適用があるほか、〈法律・条例で特則が設けられている場合があるし、さらに憲法上の諸原則による拘束を受ける。このことは、特に行政サービス提供に関わる契約について妥当する。〉と説明されている[18]。

以上からは、芝池説は、いわゆる「私経済的行政」ないし「準備行政」においては、「民事法優位思考」（＝「憲法間接適用説」的思考）が妥当するが、「給付行政」においては、「公法優位思考」（＝「憲法直接適用説」的思考）が加味されるべきであるという立場であるとみることができよう。

また、④については、公害防止協定について、比例原則等の「公法的拘束」が及ぶということが（なぜか）明示されていない点が気にはなるが、「協定方式に安易に依拠することは、法治主義の見地からは好ましいことではない。」という記述[19]があることから、規制行政の領域において「憲法直接適用説」的思考が相応しいことは当然の前提とされていると思われる。

以上をまとめると、著者は、規制行政の分野での公害防止協定の許容性および法的拘束力は、「法治主義」の要請による「公法的拘束」に十分留

意して慎重に検討されるべきであり、とりわけ、「行為形式の濫用」では
ないか、比例原則を満たしているか、という審査が不可欠であると考える。
　それでは、上記の「憲法間接適用説」的思考と「憲法直接適用説」的思
考がどのように分布しているかを、平成21年最判についての評釈・解説
について検証してみよう。

（３）　平成21年最判の読み方
　平成21年最判については数多くの解説ないし評釈がある[20]が、産業廃
棄物最終処分場をめぐる紛争という「事案の性質」に即した評価と、「公
害防止協定の法的拘束力」という「一般理論」に即した評価のいずれに重
点を置くかは、論者によって異なる。以下では、著者が注目するいくつか
の論者の立場を紹介する。
　第１に、産業廃棄物最終処分場をめぐる紛争という「事案の性質」に即
した評価に重点を置く論者によるものとして、北村喜宣[21]、島村健[22]両
評釈がある。廃棄物処理法という個別行政法規[23]について深く研究をし
ている２人の論者の、このような立場からは、平成21年最判の「射程」
は狭く捉えられ、公害防止協定の許容性および法的拘束力を一般的に認め
る「判例理論」が確立されたとは理解されないことになろう。
　北村評釈は、平成21年最判の結論を支持しているが、その理由づけの
なかで注目すべきは、以下のような説明である。
　〈許可容量に達するまでは、諸基準を遵守して埋立てができるのであっ
て、知事が許可条件のなかで使用期限を決定できるわけではない。〉〈処理
施設については許可期間の制限はない。「太く短く生きる」のか「細く長
く生きる」のかは、諸般の事情を総合考慮した処理業者の経営判断に委ね
られている。〉〈埋立て状況のいかんを問わずに絶対的期限を附款で規定す
るとすれば、比例原則に反して違法である。たとえ、処理業者と地元市町
村との間に、使用期限についての合意がされていたとしても、行政法的効
力を有する附款に含めることはできない。〉〈本件協定は、X（福津市）が締
結したものであって、法的には県とは何の関係もない。廃棄物処理法や紛
争処理条例とは別世界なのである。〉
　以上のように、北村評釈は、知事が廃棄物処理法14条の（業の）許可お

よび 15 条の（施設の）許可などの権限を行使しておこなう「規制行政」と、市が事業者との間で行う交渉およびその結果である協定を「切り離して」評価するものである。そこで、差戻後控訴審において、期限条項が公序良俗に反するかなどが審査される際には、〈設定された期限が本件処分場を用いての処理業者の営業活動を無意味にするほどに短期のものであったかどうか〉などが問題になるに過ぎないとしている。

　他方、島村評釈は、平成 21 年最判の結論に反対はしていないが、その理由づけないし判断の仕方、とりわけ、原判決の読み方についてはかなり批判的である。そのなかで注目すべきは、以下のような説明である。

　〈本件使用期限条項が廃掃法の趣旨に反するなどとは、控訴審は少なくとも明示的には一言も言っていない。〉〈原判決の趣旨は、"条例 15 条にいう協定は、生活環境保全のために必要な事項を規定することを予定するものであるのに、それと直ちに結びつかない事項（期限条項）が協定に定められており、これは、「協定の内容として相応しくないものであり、同協定の本来的効力としてはこれを認めることはできない」"ということではなかったか。〉〈ただ、原判決には、論理の混乱あるいは誤解を招く表現があり、このことが、肩すかしをくらわせるかのような上告審判決を招く結果につながったのではないかと思われる。〉〈本件使用期限条項は、控訴審判決の判旨とは反対に、産廃条例 15 条にいう生活環境の保全に関する事項にあたり、産廃条例 15 条が予定する協定の基本的な性格・目的から逸脱するものとはいえないと考える余地がある。〉〈最高裁判決においては、廃掃法及びその限界に直面して制定された本件産廃条例の仕組み全体の中で同条例 15 条の趣旨及び本件協定の意義を理解するという姿勢を欠いていた……のではないか。控訴審判決の結論については異論もあるところであろうが、本件協定を前記のような法的仕組みの中に位置づけて解釈しようとする態度という点では、評価される面もあろう。〉

　以上のように、島村評釈は、北村評釈と比較すると、期限条項の法的拘束力を否定した控訴審判決により好意的である。ただ、島村評釈は、公害防止協定のうち、「規制代替的契約」に該当するものと、そうではないものを区別する立場をとり、かつ、本件協定を「規制代替的契約」とは見難

い面があるとしているため、手段の相当性を厳格には審査しなかった差戻後控訴審の判断を是認している。

　第 2 に、「公害防止協定の法的拘束力」という「一般理論」に即した評価に重点を置くようにみえる論者によるものとして、山本隆司評釈および仲野武志[24]解説がある。このような立場からは、平成 21 年最判の「射程」が比較的広く捉えられる可能性がある。しかし、山本評釈については、結論として、公害防止協定の許容性および法的拘束力を一般的に認める「判例理論」が確立されたとは理解していない点に注目すべきであろう。

　山本隆司教授は、公害防止協定の許容性に関し、懐疑的な立場を明確に表明している。そして、その背景には、「法治国原理」から導かれる行政活動についての「公法的拘束」を重視するドイツ理論の影響があるとみられる。この意味で、山本説は、さきにみた藤田説と同様の「憲法直接適用説」的思考を示すものということができよう。

　他方、仲野解説は、コンパクトなものであるが、公害防止協定の類型化において、山本隆司教授とは異なる視点を示している点で注目すべきものといえる。すなわち、山本説を含む多くの学説は、「地方公共団体と事業者を当事者とする公害防止協定」と「住民と事業者を当事者とする公害防止協定」の二類型に分けて、その許容性及び法的拘束力を論じている。しかし、仲野解説は、次のように説明して、「規制主体と規制客体を当事者とする第 1 類型」「規制客体と第三者を当事者とする第 2 類型」「第三者と規制主体を当事者とする第 3 類型」に分類されなければならない、とする。

　〈しかしながら、本判決がこのような分類を前提としているかは疑問といわざるをえない。地方公共団体が潜在的にも事業者に対する規制権限を有しない場合には、その立場は一般私人と異ならないため、事業者（規制客体）に相対する当事者が地方公共団体か私人かでなく、（行政処分等行政法固有の権限を有する）規制主体か（規制主体でも規制客体でもない）第三者かという差異こそが本質的と考えられるからである。〉

　以上のような立場から、仲野解説は、廃棄物処理法は〈産業廃棄物の処分業に関する地方公共団体の規制権限を余さず都道府県に配分しており、市町村の条例に基づく規制権限の創設も予定していない〉という理解のも

とで、島村評釈を引用しつつ、本件協定は第2類型に属するとし、次のようにコメントしている。

〈Xの地位が一般私人と異ならない以上、本判決が（Xの主張にそのまま応える形で）契約の一般的な有効要件という、純然たる民事法上の判断枠組みを用いたことは、極めて自然であった。〉〈要するに本判決は、規制客体が行政処分等により課された義務に違反する行為を第三者との間で約する合意を、強行法規（民91条参照）違反として無効とするものにすぎず、何ら行政法固有の論点を含むものではない。〉

この仲野解説の類型論は、市町村と私人の立場を類似したものとみる点で、著者には疑問がある。水道水源条例などの例があるように、市町村は「抽象的」ないしは「潜在的」には「規制主体」としての立場を有しているとみるべきであると思われるからである。

また、仲野解説は、平成21年最判の判断枠組みは、第1類型および第3類型にも及ぶという見解を表明している。この点からは、仲野武志教授は、さきにみた「憲法間接適用説」的思考に属する論者であるともいえよう。

以上のような状況を前提とすると、平成21年最判は、事例判決として理解されるべき[25]であると著者は考える。また、山本隆司教授が指摘しているように、〈法律ないし条例の留保および民主制原理の迂回ではないかとの疑念は払拭できない〉[26]ことから、公害防止協定の許容性は単純には認められるべきではなく、法的拘束力の範囲も限定的に解されるべきであろう。

四　おわりに

本章の考察の結果は、行政契約における比例原則の意義について、問題の所在を明らかにしたに過ぎない。ドイツの行政手続法における公法契約に関する規律と民法の契約の無効原因を定める規定の適用関係についての複雑な議論を分析し、どの部分が参考にできるかなどを考察することは、なお今後の課題として残されている。熟慮を重ねたものだけを活字にされてきた小早川先生の古稀にこのような未熟な論稿を献呈することは心苦し

第2章　公害防止協定と比例原則　　*153*

い限りであるが、法科大学院時代の「理論と実務の架橋」というキャッチ
フレーズに免じて、お許しをいただければ幸いである。

【第2章注】

(1)　著者は、大阪地方裁判所平成26年（ワ）第11023号　地位確認等請求事件に
　　関して、被告である東海旅客鉄道株式会社（以下、JR東海という。）から依頼さ
　　れて鑑定意見書を執筆した。

(1a)　その後、第一審である大阪地判平成28年9月2日判例地方自治429号76頁
　　および控訴審である大阪高判平成29年7月12日判例地方自治429号57頁は理
　　由づけは異なるものの、摂津市の差止請求を認めず、その結論は、最決平成30
　　年3月8日で確定している。

(2)　JR東海から依頼された鑑定事項は以下の5つであった。

　　（第1）本件協定8条の地理的適用範囲についてどう考えるか。

　　（第2）本件協定8条の効力（法的拘束力）について、当事者の意思解釈の見地
　　からどうみるべきか。

　　（第3）本件協定8条の効力（法的拘束力）について、公害防止協定の法的性質
　　論の見地からどうみるべきか。

　　（第4）本件協定8条は、地下水の汲上げを一律に禁止しているかと解すべきか
　　（文言解釈として）。

　　（第5）本件協定8条の効力（法的拘束力）が認められる余地があるとしても、
　　本件において、本件協定8条を根拠として裁判所に地下水汲み上げの差止請求を
　　することができるか。

　　なお、事実経過について、本章は主としてJR東海側の資料に依拠している。
　　摂津市のウェブサイトにはやや異なる認識が示されている部分がある。

(2a)　著者に意見書の依頼があった時点は本文のとおりであったようであるが、
　　「比例原則」が適用されるのか自体についても争いがありうる。摂津市側から後
　　に提出された北村喜宣意見書、阿部泰隆意見書は公害防止協定には「比例原則」
　　の適用はないとの立場に依拠しているとみられる。

(3)　小早川光郎『行政法上』（弘文堂・1999年）262頁。

(4)　およそそのようなものは認められないという議論を克服するために、一概に
　　否定すべきではなく、これらの条件が満たされる場合には認めるべきである、と
　　いう説が提示された例としては、条例制定権に関するものが周知のところである。

(5)　初期からの学説の推移については、中山充「公害防止協定と契約責任」磯村
　　保他編『契約責任の現代的諸相（上)』（東京布井出版・1996年）321頁以下が詳
　　細である。

154 第2編 一般原則

(6) 判例時報 2058 号 54-55 頁。

(7) 藤田宙靖『行政法総論』（青林書院・2013 年）315 頁。

(8) 藤田宙靖『行政法 I（総論）（第 3 版）』（青林書院・1993 年）290-291 頁。

(9) 藤田・前掲注 (7) 313 頁。

(10) 藤田・前掲注 (7) は、316 頁注 5 で、ドイツにおける「行政私法論」と同様の発想であることを示唆している。「行政私法論」は、行政主体は、たとえ、「私法形式」で活動する場合にも、「基本権の拘束」＝「憲法の拘束」ないし「公法的拘束」を免れることはできない、とするものである。塩野宏『行政法 I（行政法総論）（第 6 版）』（有斐閣・2015 年）45 頁参照。

(11) 石井昇「行政契約」磯部力＝小早川光郎＝芝池義一編『行政法の新構想 II』（有斐閣・2008 年）93 頁以下は、小早川説に従った整理を示していると思われるが、比例原則には触れるところがない。

(12) Winfried Brohm, Rechtsgrundsätze für normersetzende Absprachen, DÖV 1992, 1025 は、協定は、過剰禁止原則及び比例原則に反してはならず、したがって、協定の内容は制定を見送られる法規命令の授権の範囲を超えてはならない、と述べている。岸本大樹「契約と行政立法」北大法学論集 65 巻 3 号（2014 年）548 頁注 69 参照。

(13) Michael Kloepfer, Umweltrecht, 3. Aufl. (C. H. Beck 2004) §5 Rn 485 は、〈行政主体は契約の自由を有しない。行政行為でなし得ないことを公法契約でなすことは許されない〉と説明している。

(14) ただし、山本隆司『判例から探究する行政法』（有斐閣・2012 年）214 頁は、「法律、あるいは憲法ないし法の一般原則に違反」した場合は、民法 90 条または 91 条により契約条項が無効となる、としている。山本説は、「公法優位思考」を示すものではあるが、法律構成としては、「民事法優位思考」と同様の立場となっている。

(15) 塩野・前掲注 (10) は、8-11 頁で「規制行政」「給付行政」「私経済的行政」「税務行政」「調達行政」などの類型を説明し、行政契約については、209-216 頁で、「準備行政」「給付行政」「規制行政」の類型に分けて次のように説明している。〈規制行政においては給付行政と異なり、行政行為の方式がなじむ。また、法律による行政の原理が強く支配する分野、たとえば税務行政などでは、当事者の自由意思に基づく合意という契約という行為形式は原則として用いることをえないといえよう。しかし、規制行政においては契約方式が理論上全く不可能であるわけではなく、それぞれの領域において検討されなければならない。〉

(16) 簡単には、大橋洋一『現代行政の行為形式論』（有斐閣・1993 年）164-167 頁参照。

(17) 芝池義一『行政法総論講義（第 4 版補訂版）』（有斐閣・2006 年）240-241 頁。

(18) 芝池・前掲注 (17) 240 頁、244 頁。

第 2 章　公害防止協定と比例原則　*155*

(19)　芝池・前掲注 (17) 244 頁。芝池義一「行政法における要綱と協定」岩波基本法学 4-契約（岩波書店・1983 年）296 頁では、次のように「公害防止協定の限界論」の発想を示していた。〈ただ、協定方式または契約方式が法律による行政の原理を掘り崩すという批判も全くの杞憂とはいいきれないように思われる。とくに、事業者の同意が形式的なものであったり、協定の内容が合理性を欠く場合がそうである。したがって、事業者の同意が形式的なものでないことや、協定の内容が不合理でないことを、協定の法的拘束力承認の前提条件とすることも考えられる。〉

(20)　前掲注 (14) および後掲注 (21) (22) (25) (26) のほか、『平成 21 年度重要判例解説』（ジュリスト 1398 号）52 頁（石井昇）などがある。

(21)　北村喜宣『速報判例解説 vol. 5』333 頁。

(22)　島村健「行政判例研究 569」自治研究 87 巻 5 号 106 頁。

(23)　北村喜宣『環境法（第 3 版）』（弘文堂・2015 年）510 頁は、安定型最終処分場の建設・使用・操業を差し止めた全隈町産業廃棄物処分場事件高裁判決（東京高判平成 19 年 11 月 29 日）などを紹介するとともに、〈現行廃棄物処理法がタテマエ通りには機能しないことを前提としつつ、それでも安全性が確保されるような規制システムが整備されない限りは、生命・身体・健康侵害のおそれがあることを事実上推認している。現行法のもとでの安定型処分場制度に対する「死刑判決」ともいえる。〉〈これらの裁判例は、廃棄物処理法に対して、極めて深刻な問題を提起している。〉と指摘している。このように、規制行政の領域で、民事訴訟が「最後の砦」と意識されるとき、当該個別行政法規が不備であるか、「執行不全」の状態にあることが暗黙の前提となっていると著者は考えてきた。高木光「日本の廃棄物処理の手法」ドイツ憲法判例研究会編『先端科学技術と人権』（信山社・2005 年）121 頁以下参照。山本・前掲注 (14) 215 頁は、平成 21 年最判の事例で、一審の認定によると、処分場及び周辺の地下水から法令や公害防止協定の定める値を超える水銀が検出されている、という背景事情を指摘している。

(24)　磯部力他編『地方自治判例百選（第 4 版）』（有斐閣・2013 年）76-77 頁（仲野武志）。

(25)　宇賀克也他編『行政判例百選 I（第 6 版）』（有斐閣・2012 年）199 頁の福士明解説は、現在では「法的拘束力肯定説」が通説とされているとしつつ、平成 21 年判決の趣旨にはなお不明確なところが残ることを指摘している。

(26)　山本・前掲注 (14) 210-211 頁。

156　第2編　一般原則

第3章　職権取消と信頼保護

一　はじめに

　本章は、教員採用の職権取消を素材として、行政法一般理論における
「信頼保護原則」の位置づけについて若干の考察を加えることを目的とす
る。

　芝池義一『行政法総論講義』[1]を、現在の学界でなお「標準的」とされ
る塩野宏『行政法Ⅰ（総論）』と比較したときにまず目につくのは、信頼保
護原則に一章が充てられていることであろう。そして、著者は、ここに芝
池教科書の特徴である「ドイツ的な体系的美しさ」を感じてきたところで
ある。

　本章では、以下、まず、大分県教員採用取消事件における「職権取消の
限界論」の扱いを簡単に紹介（二）したのち、大分県教育委員会が依拠す
る塩野説のヒントとなったドイツの行政手続法第48条の意義を分析し
（三）、最後に、行政法一般理論における「信頼保護原則」の位置づけにつ
いて、芝池教科書からどのような示唆が得られるかについて触れる（四）
ことにしたい。

二　大分県教員採用取消事件

（1）　事案の概要

　原告AおよびBは、平成20年4月1日に大分県教員に正式に採用され
たが、5か月後の9月8日付で採用を取り消された。AおよびBは、それ
ぞれ採用取消処分の取消訴訟を提起し、大分地裁平成21年（行ウ）第3
号事件および同第4号事件として審理がなされることとなった[2]。

　本件の教員採用取消は、被告側の主張によれば、AおよびBの採用が
違法な行政行為であったことを理由とする「職権による取消」である。被
告側は、以下の論証によって、採用取消が適法であるとしている。(1) 平
成19年度に実施された平成20年度の教員採用試験においては、教育委員
会内部で得点を改ざんするという不正行為があり、Aについては、一次

試験および二次試験の両方に点数のかさ上げが、Bについては二次試験の点数にかさあげがなされていた[3]。(2) そこで、AおよびBは、本来不合格になるべきであるところ合格となっているので、AおよびBの採用は、地方公務員法15条の成績主義・能力実証主義に反する違法なものである。(3) そして、違法な行政行為を職権で取り消すべきことは、AおよびBの側に贈賄や口利きの依頼があったかなどの事情とは無関係である。

　以上の論証のうち、本章では最後の (3) の理論的当否に着目する。

（2）　職権取消制限論の状況

　授益的行政行為の職権取消については、信頼保護の観点から制限が問題となるが、学説は様々に分かれてきた[4]。戦後の学説の展開をおおまかにみると、職権取消の制限を当然視する説[5]を起点とし、法律による行政の原理を重視する批判説と、利益衡量をなお重視する説の対抗状況への移行ということになろう。この点について、批判説に属する藤田宙靖教授[6]は次のように説明していた。

　〈「法律による行政の原理」を形式的に貫徹すること自体が、場合によっては、私人の利益の実質的保護という見地からして好ましくない事態を招くことがある、ということは、伝統的な行政法理論の枠組みの中でも、全く等閑に付されていたわけではない。例えば、伝統的な理論の中に、「行政行為の取消制限論」というものがある。……もともと違法である行政行為を、違法であることが判明しても取り消さない、ということは、本来理論的には「法律による行政の原理」に抵触することであり、例えば(西)ドイツの行政法学界では、その是非をめぐって、過去激しく争われたところであるが、わが国の場合、むしろ、この問題が、法律による行政の原理との関係で明確に理論的に位置付けられて論ぜられることすらないのが実情である……。〉

　〈そこでは、例えば、違法な行政行為の取消制限は、法治国原理に反するものとして許されない、とする説 (E. Forsthoff) と、関係人の信頼保護ということも法治国原理の一内容であるとして、これに反対する立場 (O. Bachof) とがある。前者はいわば「法律による行政の原理」そのものを法

158 第2編　一般原則

治国原理と考えているのに対し、後者では、法治国原理がより範囲の広い
ものとして捉えられていることが注目される。〉

〈違法な行政行為の取消制限が法治国家の下でそもそも許されるか、と
いう問題は、先にも触れたように、かつてドイツ行政法学では激しく争わ
れたところであった。しかしわが国の場合、法律による行政の原理ないし
法治主義との関係で、違法な行政行為の取消制限が何故許されるのかを理
論的に説明している論者は、極めて少ないと言ってよい。〉

これに対して、芝池教科書[7]は次のように説明し、利益衡量をなお重視
する立場を表明している。

〈信頼保護は、法治主義の形式的な適用をチェックする原則として近年
注目されているものであり、行政活動に対する国民の信頼を一定の要件の
もとで保護しようとする原則である。信頼保護の典型的事例は、社会保障
給付が数年間行われたが、その後、給付の違法性が明らかになり給付決定
の職権による取消が行われる場合にみられる。この場合、「法律による行
政の原理」の見地からは、違法な給付の打切りが求められるが、相手方の
生活ないし信頼の保護の見地からは、取消の制限やその他の救済手段が求
められるのである。〉

〈授益的行政行為の職権取消においては、一方において、相手方の利益
ないし信頼の保護の要請から職権取消の抑制のベクトルが働くが、他方に
おいて、法治主義の形式的要請に基づき当該行為の取消を求めるベクトル
が働くのである。〉

〈授益的行政行為の職権取消が相手方に対して与える打撃ないし不利益
は、その行為の性質により、また、同一の行政行為であっても、状況によ
り異なる。したがって、対象が授益的行政行為であることから、その職権
取消を一律に制限することは適切ではない。授益的行政行為によって相手
方が受ける利益は行為の性質や状況によって異なるのであるから、その行
為の職権取消による打撃ないし不利益も個々の事案に即して判断しなけれ
ばならない。この個別の事案において相手方が受ける不利益を測るうえで、
次の2つの点が手がかりとなる。〉〈まず、取消が相手方に与える打撃は、
取消が行われる時期によって異なる。もとの行政行為（原行為）の直後に

行われる取消とその数年後における取消とでは、相手方等に対する打撃の程度は通例異なる。〉〈次に、相手方に対する打撃は、取消による打撃の緩和措置（たとえば事前の告知）や代償措置（たとえば補償）がとられるか否かによっても異なる。〉

〈次に違法性の程度や内容を考慮する必要がある。〉

〈さらに、取消を促すモメントとして、違法性と並んで、当該違法行為が存続するとそこなわれるおそれのある第三者の利益や公共の利益が考慮される必要がある。〉

〈他方、公益上当該行為の存続が要請されることもある。〉

〈以上、要するに、授益的行政行為の取消に関しては、相手方の権利利益の保護の要請が比較的強く働くことは確かであるが、法治主義の形式的要請や第三者・公共の利益も看過されるべきではなく、したがって、取消の許否の判断に際しては、右にみたような諸点を考慮する必要があるのである。〉

（3） 被告側の依拠する塩野説

さて、大分県教員採用取消事件で被告側が依拠したのは、「法治主義の形式的要請」を重視するかにみえる以下のような塩野説[8]である。

〈行政行為の取消しは、概念上、行政行為に瑕疵があることを前提としている。そして、それが違法の瑕疵であれば、当然、法律による行政の原理違反の状態が存在しているし、また公益違反の状態が生じているとすると、行政目的違反の問題がある。つまり、行政行為の取消しの実質的根拠は、適法性の回復あるいは合目的性の回復にある。〉

〈行政行為の取消しは、法律による行政の原理の回復であるので、行政庁としては、当然取消しをすべしということになる。しかし、現実の場合に取消しが行政主体と処分の相手方との関係で問題になる典型例として、授益的行政行為の場合がある。……ここで、抽象的にいえば法律による行政の原理と私人の信頼保護という2つの利益が衝突するのであって、ここに取消権の制限という問題が生ずることになるわけである。〉

〈学説は、授益的行政行為の取消しには一定の制限を課しており（田中・行政法上巻151頁）、現代社会における私人の行政への依存性を前提とする

160　第2編　一般原則

と、相手方および関係する私人の信頼を保護すべき場合があることは認められなければならない。この問題はすぐれて利益衡量的なものであるので、具体的場合においてどのような線を引くかは困難な問題があり（個別具体性を強調するものとして、遠藤・実定 183 頁）、抽象的な利益衡量原則については判例法が形成されているけれども（最判昭和 28 年 9 月 4 日民集 7 巻 9 号 868 頁、最判昭和 33 年 9 月 9 日民集 12 巻 13 号 1949 頁、最判昭和 43 年 11 月 7 日民集 22 巻 131949 頁）、類型的なケースごとの蓄積は形成されていない（学説・判例の詳細につき、参照、乙部「行政行為の（職権）取消論の展開」(2004 年)、乙部・行政行為の取消と撤回 (2007 年) 366 頁以下）。ただ、一般論としては、問題の焦点が、法律による行政の原理を否定するに足る相手方ならびに利害関係者の保護の必要性が認められるかどうかにあることからすると、利益保護の対象は財産的価値（金銭又は物の給付）に関係するもので（逆にいえば、資格等の地位付与に関する場合は公益上必要な要件が欠けている以上、取消権の制限は及ばない）、取消権の行使の結果蒙る相手方の不利益の具体的状況、当初の行政行為の瑕疵をもたらした原因（相手方の責めに帰すものかどうか）等の利益の比較を当該受益的処分にかかる法律の仕組みに即して判断することになろう（このような判断過程がかなり明瞭に示された判決として、参照、東京高判平成 16 年 9 月 7 日判時 1905 号 68 頁）。〉

　なお、被告側が決め手として援用している「資格等の地位付与に関する場合は公益上必要な要件が欠けている以上、取消権の制限は及ばない」という部分は、2009 年の第 5 版になって初めてみられる記述であり、それ以前[9]は、次のようになっていた。

　〈そこで、考慮すべき要素として次の点をあげておく。①金銭および現物給付と地位の賦与（免許、許可等）とを分け、前者についてのみ取消権の制限を加え、後者については、損失の塡補によってのみ利益の調整を図るものとするか。②金銭および現物給付について、信頼保護の程度を原則として過去の給付についてのみ取消しを認めるものとするか（取消しの効果の制限）。③信頼保護の原則からした場合、その保護に値しないものとする相手方の態様をどのようなものとするか（過失による誤った申請等の評価）。④当該行政行為に対して反対利害関係人がいる場合に、その者の正当な利

益をどのように評価するか。〉

　この考慮要素の摘出にあたって、後に紹介するようなドイツの行政手続法第48条の定めがヒントとされたことは疑いがない。この点は、芝池説も同様である。

　なお、被告側の立場について、阿部泰隆教授[10]は、塩野説の誤解であると次のように批判している。

　〈被告は、この塩野説を引用し、資格などの地位付与の場合には公益上必要な要件が欠けている以上、取消権の制限は及ばないとし、教員採用においては選考試験に合格することが教員を採用する際における資格要件の一つであるとするが、これは公的な資格と公務員たる地位を混同しているものである。〉

　〈ここでいう資格等の地位付与とは、公務員採用試験に合格するとか、教員選考試験に合格するといったことではなく、例えば自動車運転免許、弁護士資格、教員免許資格などをいうものであろう。その資格の要件が満たされていないことが発覚したら、採用などが取り消されるのは当然である。公務員の場合も、欠格事由を隠して採用された場合、後日それが露見したら、前記のように、失職扱いされる。しかし、本件では、原告は教員免許状を有しているから、公務員となる資格は有するのであって、資格が欠けているといった例ではない。単に点数が足りなかったのではないかというにとどまる。被告は、塩野説を誤解していると思量される。〉

　この批判における塩野説の理解は著者には納得し難い面があり、実践的意図[11]によって書かれた意見書におけるものとして評価する必要があると思われる。そこで、本章では、以下、より理論的に塩野説の意味を分析することにしたい。そのためには、塩野説のヒントになっているドイツ行政手続法第48条の定めを検討するのが便宜であろう。

三　ドイツ行政手続法第48条の意義

（1）　一般法としての行政手続法

　一般的な法理として信頼保護原則を位置づけると、その中に職権取消の制限、撤回の制限の法理が含まれることになる[12]が、「職権取消の制限」

162 第2編 一般原則

の法理そのものについても、行政法総論に属するものとして、すべての法分野について同様に妥当すると考えるべきかという問題がある。この点で参考になるのは、ドイツの状況であり、1976年制定の行政手続法[13]で一定の立法的解決が図られているとともに、「特別法は一般法を破る」という原則[14]に従い、そのような一般的な法理が妥当しない領域があることも明らかにされている。

以下では、まず、行政手続法第48条の規律の内容[15]を確認しよう。

第48条（違法な行政行為の職権取消）第1項〈違法な行政行為は、これを争うことができなくなった後においても、全部又は一部を、将来に向かって又は過去に遡って、取り消すことができる。権利又は法的に重要な利益を形成し又は確認する行政行為（以下、授益的行政行為という）は、第2項ないし第4項の定めるところによってのみ取り消すことができる。〉

第2項〈違法な行政行為であって、一回的若しくは継続的金銭給付又は分割可能な現物給付を与えるもの及びそれらの条件となるものは、授益者が行政行為の存続について信頼し、その信頼が職権取消をすべき公益上の必要性との比較衡量の結果、保護に値する場合には、取り消すことができない。〉〈受益者が与えられた給付を費消したとき又は財産処分を行ってそれをもはや取り戻すことができずあるいは取り戻すためには過大な不利益を被るときは、受益者の信頼は、原則として保護に値する。〉〈受益者は、次の各号の場合は信頼を援用することができない。1号　詐欺、強迫又は贈賄によって行政行為を得たとき　2号　重要な関係において不正確又は不完全な申告によって行政行為を得たとき　3号　行政行為の違法性を知り又は重大な過失により知らなかったとき〉〈第3文の場合においては、原則として過去に遡って取消を行う。〉

第3項〈違法な行政行為であって第2項に該当しないものが取り消された場合には、行政庁は関係人の申請により、行政行為の存続について信頼したことによって生じた財産上の不利益を、その信頼が公益との比較衡量との結果、保護に値する限りにおいて、塡補しなければならない。〉〈前項第3文は第1文の場合に準用する。〉（第3文以下、第4項、第5項略）

第48条第1項第1文は、「職権取消」の権限についての原則を定める規

定であり、「取り消すことができる」という部分で「決定裁量」を、「全部
又は一部を、将来に向かって又は過去に遡って」という部分で「選択裁
量」を想定していると解される[16]。そして、同項第2文及び第2項以下
で、行政行為の種別、当事者の事情、時間の経過[17]などに即して、この
ような「裁量権」の行使に一定の制限が加えられている。

　まず、第1項第2文は、「授益的行政行為」について、職権取消の制限
が認められることを一般的に定めている。そして、その具体化が、第2項
ないし第4項である。

　第2項は、「一回的若しくは継続的金銭給付」又は「分割可能な現物給
付」(Teilbare Sachleistung) を与える行政行為、そしてそれらの条件となる
行政行為については、職権取消そのものができなくなる[18]ことがあるこ
とを定めている。

　これに対して、第3項は、「第2項に該当しない行政行為」については、
職権取消そのものは、常にできるかのような定めとなっている。

　第2項と第3項の対置は、「金銭等給付的行政行為」[19] (Geldleistungsver-
waltungsakte) と「その他の行政行為」(Andere Verwaltungsakte) の峻別とも
いえるものであり、立法趣旨としては、第2項の対象である「金銭等給付
的行政行為」においては、専ら行政主体と受益者の「経済的利益」が問題
となる類型であるとされる[20]。他方で、第3項の規定を素直に解すると、
「その他の行政行為」においては、受益者の信頼は、財産上の塡補という
形でのみ保護される[21]ことになるように思われる。そこで、第2項と第3
項を合わせみると、1976年の行政手続法は、信頼保護を経済的利益とし
てのみ考慮する立場を採用していることになりそうである[22]。

　しかし、上記のような第3項の解釈、すなわち、信頼保護原則による職
権取消自体の制限を否定する解釈には批判的な見解がみられる。たとえば、
マウラーは、第1項で認められている裁量権を重視し、第2項はその制限
を、第3項は「補償」すべきことを定めているに過ぎないとしている[23]。
すなわち、第3項の対象となる「その他の行政行為」についても、職権取
消自体ができるか、どのようにできるかは第1項によって規律されるので
あるから、そこで信頼保護原則が働く余地があることになるのである。ま

た、ラムザウアーは、行政手続法第 48 条の採用した立場は、従来の裁判例および学説の大勢とは異なるものであったと指摘[24]するとともに、受益者の信頼は財産上の塡補という形でのみ保護すれば足りるという割切りには、「憲法上の重大な疑念」があり、第 48 条第 3 項の「憲法適合的解釈」によって第 1 項で認められている「裁量権」の行使のなかで、受益者の信頼保護を考慮すべきであるとしている[25]。これらの見解は、他の論者によっても支持されている[26]。

　また、ラムザウアーは、自己の見解が判例の大勢とも合致していると理解している[27]。この点については異なる評価もありえよう[28]が、著者は、ラムザウアーの理解に従うことが許されるのではないかと考える。というのは、ブリンガー[29]が、1999 年の雑誌論文で、1976 年の行政手続法第 48 条は、信頼保護原則による職権取消の強い制限という判例法理を修正しようとしたものであったが、連邦憲法裁判所の 1981 年決定[30]と同決定に依拠する連邦行政裁判所の 1983 年判決[31]などによって、その意図は貫徹できなかったとしていたところであるからである[32]。

（2）　特別法による行政手続法の適用除外

　次に、留意が必要であるのは、1976 年の行政手続法は一般法であり、職権取消の制限に関する同法第 48 条の規律が、すべての領域について妥当するわけではないことであろう。そして、たとえば、連邦の官吏の採用については、その職権取消には、連邦官吏法（Bundesbeamtengesetz）第 14 条の規定が適用され、行政手続法第 48 条の適用は排除されることが指摘されている[33]。同条の規定は以下のとおりである[34]。

　第 14 条第 1 項〈任用は、次の各号の 1 に該当する場合は、過去に遡っても、取り消さなければならない。1 号　任用が強制、詐欺又は贈賄によってなされたとき　2 号　被任用者が犯罪によって確定判決を受け、したがって官吏関係への登用にふさわしくないことが任命権者に知れなかったとき　3 号　被任用者が第 7 条第 2 項により任用されてはならないものであって、第 7 条第 3 項に基づく特例が認められておらず、また、この特例が事後的にも認められないとき〉第 2 項〈被任用者が懲戒手続において官吏関係からの排除又は休職手当の廃止の決定を受けていたことが任命権者

に知れなかったときは、任用を取り消すものとする。〉（第2文、第3項[35]略）

このように、官吏の採用については、職権取消が、不正行為や欠格事由など被任用者の責任領域に属する事項を理由とするものに限定されていることが、一般法である行政手続法第48条と相違する点であるとみられる[36][37]。

（3） 塩野説の援用の意味

以上のようなドイツの状況に照らすと、被告側の塩野説の援用については、次のような疑問が残ることになろう。

第1に、塩野説自体について疑問が残る。すなわち、「金銭及び現物給付」と「地位の付与」の区別は、ドイツの行政手続法第48条をヒントにしたものであろうが、後者について取消権の制限は及ばないという割切りには、「信頼保護原則」との関係でやはり問題が残るといわざるを得ない。というのは、仮に「信頼保護原則」が憲法上の原則ないし行政法の一般原則であるとすると、「法律による行政の原理」を強調し「適法性の回復」のために制限なく「職権取消」をすべしという立場は、職権取消の権限を有する行政庁の「裁量」の行使としての「考慮義務」とは相いれないおそれがあるからである。かくして、わが国における解釈論として、行政手続法第48条を参考にした割切りを主張することには慎重であるべきであると考えられる。

第2に、公務員の採用に関しては、公務員法特有の「職権取消の制限論」が妥当すべきではないかが検討されなければならない。そして、これが肯定される場合には、被告側による塩野説の援用は、そもそも適切ではないとも考えられるのである。この点、阿部泰隆教授は、以下のような遠藤博也博士の考え方[38]を紹介している[39]。

〈包括的な身分を設定する行為のうち、国籍付与行為（帰化の許可）、公務員任命行為などは、行為の違法を理由とする一般的な取消しができないものと解される。後者については不正手段を利用した場合にあっても、懲戒処分としての罷免によって処理されるべきであろう（国公法40条、82条参照）。前者についてはその事項の性質上一般的に取消を排除すべきで、特

に悪質な不正手段を利用して得た場合であっても、処分後ごく短期間に限って、回顧的な取消が許されるものと考えるべきであろう。〉

四 信頼保護原則の位置づけ

（1） 法の一般原則と行政法の一般原則

信頼保護原則は、どのような性質のものなのであろうか。わが国においては、近時の行政法の概説書における説明をみる限りでは、必ずしも明快なものとはなっていない[40]というほかない。

まず、第1に問題となるのは、「信義誠実の原則」と「信頼保護原則」の関係である。「信義誠実の原則」は「信義則」とも呼ばれ、「法の一般原則」と説明されるのが通例である。そして、民法第1条第2項は、本来は不文法であるものの「実定化」であると理解されている。すなわち、「権利の行使及び義務の履行は、信義に従い誠実に行わなければならない」という法規範は、民法に条文化されていない場合であっても妥当すると考えられるのである。そして「法の一般原則」であるという説明は、私法関係のみならず公法関係にも妥当するということを含意している[41]。

しかし、藤田宙靖教授が指摘していたように、民法に「実定化」されている上記の法規範は、基本的には、私人間に妥当するものであって、必ずしも当然に、国家機関と私人の関係にも妥当するものではないのではないか[42]、という問題がある。そこで、「私法の一般原則」と「公法の一般原則」を区別する方が適切である場合もあると考えられるのである。

はたして、「信頼保護原則」は、「信義誠実の原則」と区別される場合[43]には、専ら公法関係に妥当する不文の法規範であると考えられているようである。すなわち、芝池教科書の説明[44]によれば、「信頼保護原則」は、行政活動に関する私人の信頼を保護するものとして機能するものであり、「信頼保護原則」によって制約を受けるのは、専ら行政主体である。かくして、両者を区別する立場によれば、行政主体が一定の権利主張や権限行使において制約を受けるのは、「信義誠実の原則」による場合[45]と「信頼保護原則」による場合があることになる。

第2に問題となるのは、「公法の一般原則」のなかに「憲法の一般原則」

と「行政法の一般原則」の区別があるのかどうかである。この点について
は「比例原則」をめぐる議論[46]が参考にはなるが、率直にいって、なお
未解明の論点である。この点は後日の検討に留保し、以下では、ドイツ法
治国原理の内容について触れるにとどめることにしたい。

（2）　ドイツ法治国原理の内容

　芝池教科書は、「信義誠実の原則」と区別された「信頼保護原則」を
「行政法の一般原則」として位置づけるものとみられる[47]。すなわち、第
4章「信頼保護」は、第3章「法治主義」と第5章「行政裁量」とともに、
第2編「行政活動の一般的規制原理」の構成部分とされているからである。
そして、「信頼保護」が問題となる状況は、様々な行為形式について生じ
るのであり、一般的措置としては、法律・条例、行政計画があり、さらに
通達も加えることができ、個別的措置としては、行政行為、契約・協定、
行政指導、その他何らかの形での言明・言動が考えられる、とされてい
る[48]。

　それでは、芝池教科書のこのような「体系」は、どのような理論的立場
によるものであろうか。著者は、本章のこれまでの検討から示唆されてい
るように、ドイツの「法治国原理」に関する考え方を基礎にするものであ
ると推測してきた。というのは、戦後のドイツにおける「法治国原理」は
その内容が豊富なものとなっており、「法律による行政の原理」のみなら
ず、「法的安定性の原則」や「信頼保護原則」を含むものとされているか
らである[49]。

　すなわち、逆にみると、「信頼保護原則」は、法治国原理あるいは基本
権から導出される[50]とされる。そこで、授益的行政行為の職権取消にお
いては、同じ法治国原理から導出される「法律による行政の原理」との比
較衡量が必要となるであり、その際に2つは「同一ランク」の価値を有す
る[51]ものとされている。これは、「信頼保護原則」もまた、「憲法上の原
則」であるという説明に親和的である。遠藤博也博士の以下のような主
張[52]は、まさにこのような発想に依拠するものであろう。

　〈憲法上、三権分立の原理、法律による行政の原理（法律の優越の原則）に
より、違法の行政行為を職権によって取り消すべきだとする要請が働く。

168 第2編　一般原則

しかし、営業の自由、建築の自由などを資本・労力の投下によって具体化している場合にあっては、財産権尊重（憲法29条）の観点から、また、社会保障給付などに依存して生活しているときにあっては、生存権保障（憲法25条）の趣旨から、ただちに取り消すべきではないとする要請が働く。これらの要請もまた、法的安定、信頼保護ともども憲法上のものである。ゆえに、相反する要請の間において諸利益の比較衡量が要求される。〉

五　おわりに

わが国においては、職権取消の制限の法理は、裁判例が少ないこともあり、学説上様々な見解が示されているものの、いまだ定説というものには至っておらず、また、行政手続法のような一般法による規律もなされていない。立法、判例および学説の相互作用によってさまざまな法理の展開がみられるドイツと比較するとき、わが国における学説の役割の困難さを意識せざるを得ない領域は多い。そして、そのひとつの例として、大分県教員採用取消事件は、職権取消の制限論について、信頼保護原則の位置づけと合わせて考察を深める必要性を示したものということができる。

〈むろん、法治主義は、たんに形式的のみならず人権保障の視角から、実質的にも理解されなければならない。職権取消の限界に関する理論は、法治主義の実質的理解のためのひとつの具体的な試みでもある。〉

芝池教授が1979年に示した上記のような問題意識[53]が現在でもその意義を失っていないことを確認して、ひとまず、つたない本章を閉じることにしたい。

【第3章注】

(1)　芝池義一『行政法総論講義（第4版補訂版）』（有斐閣・2006年）。初版は1992年。

(2)　詳細については、原告側意見書をベースにした、阿部泰隆「教員不正採用を理由とする職権取消の違法性」自治研究89巻3号3頁（2013年）参照。なお、採用取消後、AおよびBは臨時講師として任用されている。

(3)　阿部・前掲注(2)4頁。新聞報道（大分合同新聞2014年11月18日）によれ

ば、県により点数かさあげがあったと判断されたのは 21 人であり、このうち、自主退職しなかった者について採用取消がなされた。大分地裁での審理は諸般の事情から長引いていたようであるが、2 件の訴訟のうち、A（37 歳）については提訴から 5 年 9 か月の 2014 年 11 月に結審し、2015 年 2 月 23 日に判決が予定されている。なお、21 人のうち、民間に就職した 1 人と B を除く 19 名は全員、これまでに大分や他の都道府県の教員採用試験に合格しており、A も、訴訟と並行して毎年大分県の試験を受け続け、2014 年に実施された試験に合格したという。また、別の新聞報道（大分合同新聞 2014 年 11 月 28 日）によれば、B（29 歳）は、採用試験当時は大分大学の学生であったようである。

(3a)　その後、裁判所の判断は分かれた。A について、第 1 審の大分地判平成 27 年 2 月 23 日裁判所 WEB ページは、採用は適法であり、したがって採用取消は違法とし、控訴審である福岡高判平成 28 年 9 月 5 日判時 2352 号 25 頁は、採用は違法であるとしつつ、A の信頼を保護する必要性が高いことから採用取消は違法であるとした。他方、B については、第 1 審の大分地判平成 28 年 1 月 14 日裁判所 WEB は、採用は違法であり、採用取消は違法状態の排除という公益が優先することから適法であるとしつつ、違法な採用につき損害賠償を認めることによって B の立場に配慮した。控訴審である福岡高判平成 29 年 6 月 5 日判時 2352 号 3 頁も同様の判断をした。また、AB いずれについても最高裁判所は平成 30 年 6 月 28 日決定で控訴審の判断を維持した。

(4)　阿部・前掲注（2）参照。詳細なものとして、乙部哲郎『行政行為の取消と撤回』（晃洋書房・2007 年）第 12 章「行政行為の取消論の展開」が、最近のものとして、中川丈久「『職権取消しと撤回』の再考」水野武夫先生古稀記念『行政と国民の権利』（法律文化社・2011 年）366 頁がある。

(5)　田中二郎『行政法総論』（有斐閣・1957 年）356-357 頁。田中二郎『新版行政法上巻（全訂第二版）』（弘文堂・1974 年）151-152 頁。杉村敏正『行政法講義総論（中）』（有斐閣・1963 年）69 頁、杉村敏正『全訂行政法講義総論（上巻）』（有斐閣・1974 年）236 頁。

(6)　藤田宙靖『行政法総論』（青林書院・2013 年）128 頁、243 頁。同書の前身である、藤田宙靖『行政法 I（第 4 版改訂版）』（青林書院・2005 年）124-125 頁、233-234 頁も同様。そして、この説明は 1980 年の初版 98-99 頁、155 頁から引き継がれているもので、その後の学説の展開をフォローしていないうらみがある。

(7)　芝池・前掲注（1）59-60 頁。芝池義一「職権取消と撤回」山田幸男＝市原昌三郎＝阿部泰隆編『演習行政上（上）』（青林書院新社・1979 年）276 頁は、〈職権取消については、従来の考え方は、利益保護の要請を強調することによって、取消の可能性よりはむしろその不可能性を原則とするようにも見える。〉と指摘していた。

(8)　塩野宏『行政法 I（第 5 版補訂版）』（有斐閣・2013 年）170 頁。同様のニュア

ンスを示すものとして、藤田・前掲注（6）総論127-128頁、243-244頁。

(9) 塩野宏『行政法Ⅰ（第4版）』（有斐閣・2005年）157頁。なお当初の塩野宏『行政法第一部講義案（上）』（有斐閣・1989年）129頁では、②は「金銭および現物給付について、信頼保護の程度を原則として、過去の給付についてのみ認めるものとするか（取消の効果の制限）」となっていたが、塩野宏『行政法Ⅰ』（有斐閣・1991年）130頁で、本文に引用したように変化した。しかし、②は、内容的にみると、「信頼保護の程度を原則として過去の給付についてのみ」「とし、将来に向かって」「取消しを認めるものとするか」となるべきものであり、校正漏れではないかと思われる。

(10) 阿部・前掲注（2）12頁。

(11) 塩野説の「権威」に裁判所が従う可能性があるとみて、それを防止するために、塩野説の「資格等の地位付与」の意味を（なかば意図的に）限定しているのであろう。

(12) 藤田・前掲注（6）355頁注5参照。

(13) ドイツにおいては、他に行政手続に関する一般的な規定が、租税通則法と社会法典に置かれている。乙部・前掲注（4）第4章「租税通則法における租税決定等の廃止変更」及び第7章「社会法典『行政手続』における行政行為の取消・撤回」参照。裁判管轄に関して独自の財政裁判所、社会裁判所が行政裁判所と別系統として設けられているのに対応したこのようなシステムを「三本柱」と呼ぶことにつき、髙木光『技術基準と行政手続』（弘文堂・1995年）137-138頁。

(14) 行政手続法の規定は個別法に定めのない場合に補充的に適用されるという「補充性条項」について簡単には、髙木・前掲注（13）173頁。

(15) 日本語文献として、司法研修所編『ドイツにおける行政裁判制度の研究』（法曹会・2000年）43-46頁（福井章代）が有益である。宇賀克也『行政法概説1（第5版）』（有斐閣・2013年）361頁にも簡潔な紹介がある。

(16) Matthias Ruffert, in: Ehlers, Allgemeines Verwaltungsrecht, 14, Aufl. (De Gruyter 2010), §24 Rn 14

(17) 第48条第4項は、違法な授益的行政行為の職権取消について1年間の除斥期間を定めている。ただし、詐欺、強迫及び贈賄による場合は、除斥期間は適用されない。

(18) 「存続保護」（Bestandschutz）とも呼ばれる。Ruffert, §24 Rn26

(19) 乙部・前掲注（4）53頁の訳語。なお、Hartmut Maurer, Allgemeines Verwaltungsrecht, 18. Aufl. (C. H. Beck 2011), §11 Rn 28 は、2項の対象を「給付決定」（Leistungsbescheide）と呼んでいる。

(20) なお、Ruffet, §24 Rn35 は、第3項の理由づけとしての「国家的利益との強い関連」は、説得的ではないと指摘している。

(21) Ruffert, §24 Rn 35 は、2項における「存続保護」と対比して、「財産的保護」

（Vermögensschutz）と説明している。

(22)　Maurer, §11 Rn 28 は「存続保護」と「財産的保護」を対比する説明に批判的である。

(23)　Maurer, §11 Rn 34

(24)　Kopp/Ramsauer, VwVfG, 15. Aufl.（C. H. Beck 2014), §48 Rn 133

　これに対して、Rufffert, §24 Rn19 は、行政手続法第 48 条は、従来の判例法理を条文化したものであるとしている。

　Maurer, §11 Rn 27 は、行政手続法第 48 条は、従来の連邦行政裁判所の判例法理を基礎としつつも、学説が提言していたより柔軟な解決を採用したものであるとする。また、§11 Rn 24 によれば、連邦行政裁判所は、「金銭等給付的行政行為」と「その他の行政行為」を特に区別していなかった。

(25)　Kopp/Ramsauer, §48 Rn 6, Rn 134

(26)　乙部・前掲注（4）53-54 頁。Steffen Detterbeck, Allgemeines Verwaltungsrecht mit Verwaltugnsprozessrecht, 11. Aufl.（C. H. Beck 2013), Rn 705

　Maurer, §11 Rn 34 も参照。Wolf/Decker, Studienkommentar VwGO VwVfG, 3. Aufl.（C. H. Beck 2012), VwVfG §48 Rn 37 は、判例多数説の採用する「憲法適合的解釈」を支持するとしている。

　ただし、Ruffert, §24 Rn 36 は、ラムザウアーらの見解は少数説であるとし、また、行政手続法の明確な立法趣旨に反する解釈であると批判している。

(27)　Kopp/Ramsauer, §48 Rn 6 及び Rn137 は、以下の 3 つの判決を引用している。

　BVerwG, Urteil vom 20.10.1987＝BVerwGE 78,139（引揚者証明書の取消）

　BVerwG, Beschluss vom 07.11.2000＝NVwZ-RR 2001,198（東ドイツ時代に収用された土地の返還決定の取消）

　BVerwG, Urteil vom 09.09.2003＝BVerwGE 119, 17（帰化決定の取消）

(28)　Ruffert, §24 Rn 36 参照。また、Detterbeck, Rn 705 は、ラムザウアーらの説を支持するものの、判例の理解はやや異なるようにも読める。引用されているのは、BVerwG, Urteil vom 20.03.1990＝BverwGE 85, 79 である。

(29)　Martin Bullinger, Vertrauensschutz im deutschen Verwaltungsrecht in historisch-kritischer Sicht, JZ 1999,905（906）

(30)　BVerfG, Beschluss vom 16.12.1981＝BVerfGE 59,128（引揚者証明書の取消）

(31)　BVerwG, Urteil vom 28.10.1983＝BVerwGE 58,159（引揚者証明書の取消）

(32)　ブリンガー自身は、ドイツにおける信頼保護原則の重視に批判的な立場である。また、古典的著作である Fritz Ossenbühl, Die Rücknahme fehlerhafter begünstigender Verwaltungsakte, 2. Aufl.（De Gruyter 1965), S. 46 も、当時の判例の個別具体的利益衡量という手法に批判的であった。また、S. 146 には、信頼

保護を職権取消の制限に代えて金銭補償で行うという　ベッカーとルーマンの立
法論が、行政手続法 1963 年草案に影響を与えたとの指摘がある。また、ブリュ
ーメルも、行政手続法は職権取消・撤回について新たな定めをしたと理解してい
た。髙木・前掲注（13）131 頁。Knack/Henneke, VwVfG Kommentar, 10. Aufl.
（Carl Heymanns Verlag 2014），§48 Rn 128-129 も、行政手続法第 48 条第 3 項は
従来の連邦行政裁判所の判例理論とは異なる規律をしたものであり、それに対す
る批判として「憲法適合的解釈」が、連邦憲法裁判所及び連邦行政裁判所によっ
て示されたと説明している。

(33)　Kopp/Ramsauer, §48 Rn 43. Ruffert, §24 Rn 9. 乙部・前掲注（4）163 頁、336
頁。

(34)　Ruffert, §24 Rn 9 は、第 12 条と表記しているが、2009 年に Gesetz zur
Modernisierung des Bundesdienstrechts という整備法による全面改正があり、
現在では第 14 条となっている。旧第 12 条については、乙部・前掲注（4）第 5
章「連邦官吏法における行政行為の取消」に詳しい紹介がある。

(35)　第 3 項は、違法な任命の職権取消について 6 か月の除斥期間を定めている。

(36)　乙部・前掲注（4）164 頁。

(37)　判例の立場は、職権取消をより制限している特別法については、行政手続法
第 48 条は適用されないが、信頼保護の観点を欠いている特別法については、行
政手続法第 48 条に表現されている信頼保護原則が補充的に適用されるというも
のであろうか。
　　　Wolff/Decker, VwVfG Vor §§48-51 Rn 10 参照。

(38)　遠藤博也『実定行政法』（有斐閣・1999 年）141-142 頁。

(39)　阿部・前掲注（2）9 頁。

(40)　櫻井敬子＝橋本博之『行政法（第 4 版）』（弘文堂・2013 年）33 頁は、「信義
則についてはさらに進んで、これを信頼保護原則と定式化し、行政活動の統制原
理として位置づける見解も有力である。」と説明するにとどめている。

(41)　櫻井＝橋本・前掲注（39）26 頁。

(42)　藤田・前掲注（6）総論 133 頁参照。民事・商事の法関係と課税処分の行政
庁と納税者の関係は利益状況がかなり異なると指摘している。

(43)　藤田・前掲注（6）総論 131 頁、355 頁では、禁反言の法理ないし信義誠実
則のなかで信頼保護の問題が説明されており、特に区別はされていない。原田尚
彦『行政法要論（全訂第 7 版補訂 2 版）』（学陽書房・2012 年）35 頁も同様に、
「信義則」を法の一般原則として挙げ、「信頼保護原則」については語っていない。
最判昭和 62 年 10 月 30 日判時 1262 号 91 頁も「法の一般原則である信義則の法
理」と「法律による行政の原理なかんずく租税法律主義の原則」の関係について
判示している。

(44)　芝池・前掲注（1）61 頁は、「信頼保護原則」は「信義則」と等置されること

第3章 職権取消と信頼保護 *173*

もあるが、「信頼保護原則」は、一定の行政活動に対する信頼の存在を前提とすることから、「信義則」よりも狭い概念であるとしている。

(45) 消滅時効の主張を「信義則」に反するとした例として、最判平成19年2月6日民集61巻1号122頁（在ブラジル被ばく者402号通達事件）があるが、このようなケースでは、「信頼保護原則」は問題とならない。

(46) 髙木光「課徴金の制度設計と比例原則——JVCケンウッド課徴金事件を素材とした一考察——」石川正先生古稀記念『経済社会と法の役割』（商事法務・2013年）164頁（＝本書第2編第1章に収録）では、立法権の統制原理として機能する場合を「憲法上の比例原則」と呼び、行政権の統制原理として機能する場合を「行政法上の比例原則」と呼ぶという試論を提示したが、通常の用語法とはやや異なるかもしれない。

(47) 塩野・前掲注(8) 62-63頁は、「行政上の不文法源」としての「行政上の法の一般原則」として、法律による行政の原理、平等取扱いの原則、比例原則、行政手続上の諸原則（告知・聴聞、文書閲覧、理由付記、処分基準の設定・公表）、信義誠実の原則、禁反言の原則、信頼保護の原則、政府の説明責任の原則を列挙している。しかし、信義誠実の原則と信頼保護の原則の関係についての説明は特に加えられていない。大橋洋一『行政法I（第2版）』（有斐閣・2013年）46頁も、「法の一般原則」として、信義誠実の原則、権限濫用の禁止原則、比例原則、平等原則のほか、現代型一般原則として市民参加原則、説明責任原則、透明性原則などを列挙するにとどまる。

(48) 芝池・前掲注(1) 61頁。

(49) 連邦憲法裁判所は、前掲注(30)の1981年決定にみられるように、法治国原理には法的安定性および信頼保護の要請（Gebot der Rechtssicherheit und Vertrauensschutzes）が含まれるという判断を繰り返し示している。なお、高田敏編著『新版行政法——法治主義具体化法としての』（有斐閣・2009年）44頁（高田敏）は、「信頼保護の原則は、日本においては、法の一般原則である信義則の行政法的表現とされるが、ドイツにおけると同様に、憲法原則ととらえることもできよう（その場合、憲法13条等を根拠とすると解する。）」と述べている。

(50) Ruffet, §24 Rn 3 Maurer, §11 Rn 22によれば、信頼保護原則の基礎づけとして、他に、社会国家原理や基本権を挙げる学説がある。ドイツにおける諸説について紹介するものとして、乙部・前掲注(4) 29-34頁。詳しくは、Hermann-Josef Blanke, Vertrauensschutz im deutschen und europäischen Verwaltungsrecht（Mohr Siebeck 2000）

(51) Ruffert, §24 Rn 15

(52) 遠藤・前掲注(38) 140頁。藤田・前掲注(6)総論128頁の指摘するドイツにおける論争と対応させると、Forsthoffの立場に立つのが、藤田・塩野であるのに対して、Bachofの立場に立つのが、遠藤・阿部・芝池ということになろう。

174 第2編 一般原則

　なお、Maurer, §11 Rn 21 によれば、ドイツにおいては、職権取消自由の原則が
かつては妥当していたが、1956 年以降の信頼保護の観点を重視する判例によっ
て状況が一変した。そして、多くの学説は判例を支持したが、例外的に批判説に
立ったのが、Forshoff であった。Bullinger・前掲注（29）は、比較法的な見地
を含め、批判説の復権を主張したものである。

(53)　芝池・前掲注（7）281 頁注（5）。

第4章　社会観念審査

一　はじめに

　本章は、最高裁判所が近時多用するようになっている「判断過程審査」という手法[1]が「社会観念審査」の意味をどのように変容させているかを検討することを目的とする。

　著者は、鞆の浦訴訟一審判決[2]を批判的に検討する際に、小田急高架訴訟に関する最高裁判所平成18年判決[3]の示した裁量統制の手法について、結局のところ、「判断結果の統制」＝「社会観念審査」に帰着し、「判断過程の統制」を示すような部分はどちらかといえばレトリックにとどまっているという見方を示した[4]。また、日光太郎杉控訴審判決[5]のいわゆる「判断過程の実体的統制」という手法をどのように理解すべきか、そのアイデアがドイツないしアメリカの判例法理をヒントにしたものなのか、あるいは独自のものなのかは、実は必ずしも明確ではない、と述べたことがある[6]。

　しかし、その後、著者は次の2つの指摘を直接のきっかけとして、視野をイギリス裁量論に広げる必要性を感じることとなった。すなわち、第1は、正木宏長教授[7]の〈考慮事項に着目するというのは、白石健三が長年暖めてきた発想であり、浜秀和によると、群馬中央バス事件東京地裁判決では、英米法のextraneous considerationという概念が「他事考慮」としてそのまま用いられたという〉という指摘であり、第2は、榊原秀訓教授の〈「社会観念上著しく妥当を欠く」は、違法の言い換えにしか過ぎないことがあり[8]、また、社会観念審査の審査密度が可変的なものであるならば、最小限審査という性格もなくなっているとみるべきである〉という指摘[9][10][11]である。

　そこで、以下、まず、近時の最高裁判所の判例における「判断過程審査」と「社会観念審査」の関係についての様々な論者の見解をみた（二）後、イギリス裁量論を参照しつつなされた、わが国の「社会観念審査」もまた変容しているという榊原教授の指摘の意味を考察する（三）ことにし

たい。

二 判例における「判断過程審査」と「社会観念審査」

（1）「最小限の審査」としての「社会観念審査」

　行政裁量の概念は多義的である。行政概念が多義的であるとともに、裁量概念も多義的であるからである。本章の主たる関心は、判例の枠組みの分析であるから、以下では、主として行政処分の取消訴訟ないし行政処分による損害についての国家賠償訴訟という局面を念頭に置いた考察を行う。

　この局面で裁判所がどのような「審査」をすべきかは、当該行政処分ないし当該行政処分が前提とした先行行為（都市計画決定など）における「裁量権」の存否・広狭とそれが認められる趣旨・目的に依存すると考えられる。裁判所がどのような審査をすべきかについて、近時は「審査密度」と「審査方式」という2つの次元に分けて分析されるようになっている[12]。

　「判断過程審査」は、「実体的審査」「手続的審査」と並んで、「審査方式」に関する分類である[13]。これに対して、「判断代置審査」は、それ自体は「審査方式」に関するものであるが、「審査密度」の最も濃い審査方式という意味を併有している。また、「社会観念審査」も、それ自体は「審査方式」に関するものであると思われるが、当初は、「審査密度」の薄いもの、すなわち、いわゆる「最小限の審査」を行うものと理解されていた[14]。

　そこで、榊原教授の整理によれば、多くの論者は、判断代置審査に加え、裁量濫用審査（＝社会観念審査）と判断過程審査を並列する「三分類説」を採用している。これに対して、判断代置審査と裁量濫用審査を分類したのちに、裁量濫用審査の中に社会観念審査と判断過程審査をあげる「二分類説」がある[15][16]。

（2）「中程度の審査」としての「判断過程審査」

　上記の「三分類説」によれば、「判断過程審査」は、裁量濫用審査（＝社会観念審査）よりも審査密度の濃いものであるが、判断代置審査よりは審査密度の薄いものと位置づけられる。そこで、判断代置審査を「最大限の審査」と呼ぶとすれば、判断過程審査は「中程度の審査」[17]と呼ぶのが

自然ということになる[18]。

　ところが、周知のように、このような「審査方式」と「審査密度」の対応関係を崩すかのような動向が最高裁判所の判例に現れることになった。その先駆けとなったのは、次のように述べる剣道実技拒否事件最高裁平成8年判決[19]である[20]。

　〈退学処分をしたという上告人の措置は、考慮すべき事項を考慮しておらず、又は考慮された事実に対する評価が明白に合理性を欠き、その結果、社会観念上著しく妥当を欠く処分をしたものと評するほかなく、本件各処分は、裁量権の範囲を超える違法なものといわざるを得ない。〉

　そして、上記判決から10年ほど間をおいて、同様の「その結果」という言い回しを用いるものが複数出現し、定式化するかのような印象を与えたのである。すなわち、学校施設使用不許可事件に関する最高裁平成18年判決[21]は、〈本件不許可処分は、重視すべきでない考慮要素を重視するなど、考慮した事項に対する評価が明らかに合理性を欠いており、他方、考慮すべき事項を十分考慮しておらず、その結果、社会通念に照らし著しく妥当を欠いたものということができる。そうすると、（……）、本件不許可処分が裁量権を逸脱したものであるとした原審の判断は、結論において是認することができる。〉と述べ、海岸占用不許可事件に関する最高裁平成19年判決[22]は、〈本件海岸の占用の許可をしないものとした上告人の判断は、考慮すべきでない事項を考慮し、他方、当然考慮すべき事項を十分考慮しておらず、その結果、社会通念に照らし著しく妥当を欠いたものということができ、本件不許可処分は、裁量権の範囲を超え又はその濫用があったものとして違法となる〉と述べている。

　また、小田急高架訴訟平成18年最判は、〈その基礎とされた重要な事実に誤認があること等により重要な事実の基礎を欠くこととなる場合、又は、事実に対する評価が明らかに合理性を欠くこと、判断の過程において考慮すべき事情を考慮しないこと等によりその内容が社会通念に照らし著しく妥当性を欠くものと認められる場合に限り、裁量権の範囲を逸脱し又はこれを濫用したものとして違法となる〉と述べている。ここでは、マクリーン事件昭和53年判決と同様の「により」という言い回しが用いられてい

るが、同判決の調査官解説[23]では、「その結果」という言い回しが用いられている。

「判断過程審査」と「社会観念審査」を結合するかのような「その結果」という言い回しをどう評価するか、論者の立場は様々であるように思われる。著者は、はじめに述べたように、小田急高架訴訟平成18年最判については「判断結果の統制」に帰着しているのではないかという読み方をしたことがあるが、「社会観念審査」の概念が変容しているのであり、「判断過程審査」という新しい方式が支配的になりつつあるという読み方にも十分な理由があると考えるに至っている。

いずれにしても、「社会観念審査」のラベルにおいて「中程度の審査」がなされる場合があることを認める場合には、「社会観念審査」の意味が、オリジナルのものとは異なるものを含むことは否定しがたい。そこで、オリジナルの社会観念審査[24]を「形式的社会観念審査」、判断過程審査と結合した社会観念審査を「実質的社会観念審査」と呼んで区別する試みがなされているのであろう[25]。

（3）　判断過程審査の細分類

判断過程審査の概念もまた多義的である。そこで、近時では、細分類の必要性が意識されている。まず、最広義の「判断過程審査」には、「手続的審査」も含まれる[26]。また、「考慮要素」に着目した審査のほかに、裁量基準に着目した審査がある[27]。

「考慮要素」に着目した狭義の判断過程の統制を「考慮要素型判断過程統制方式」と呼ぶとすると、これはさらに「形式的考慮要素審査方式」と「実質的考慮要素審査方式」に区分される[28][29]。

「形式的考慮要素審査方式」においては、考慮する必要のある要素を考慮しないで判断した場合（A）、逆に考慮してはならない要素を考慮して判断した場合（B）に、当該判断は違法とされる。前者を「要考慮要素不考慮」[30]、後者を「他事考慮」という。

この方式は、新しいものではなく、分限降任処分に関して次のように述べる最高裁昭和48年判決[31]で既に認められていた[32]。

〈分限制度の上記目的と関係のない目的や動機に基づいて分限処分をす

ることが許されないのはもちろん、処分事由の有無の判断についての恣意
にわたることを許されず、考慮すべき事項を考慮せず、考慮すべきでない
事項を考慮して判断するとか、また、その判断が合理性をもつ判断として
許容される限度を超えた不当なものであるときは、裁量権の行使を誤った
違法のものである。〉

　「実質的考慮要素審査方式」においては、上記の2つの場合のみならず、
本来重視すべき考慮要素を不当安易に軽視した場合（A＋）、あるいは本
来過大に評価すべきでない要素を過重に評価した場合（B＋）にも当該判
断は違法とされる。こちらも、同時期に日光太郎杉控訴審判決が示したも
のであったが、最高裁判所で認められるまでにはかなりの年数が経過した。
そして、たとえば、剣道実技拒否事件平成8年判決は、（A）と（B＋）を、
学校施設使用不許可事件平成18年判決は、（A＋）と（B＋）を指摘して
いる。

　以上の検討によって、言葉としての「社会観念審査」が多義的なものと
なっていること、すなわち、近時の最高裁判所の判例によって、「社会観
念審査」が変容していることは確認できたと思われる。しかし、問題はそ
の先にある。審査基準の可変性を認めることは、裁量統制のあり方につい
て裁判所の裁量[33]を認めることを意味するからである。したがって、そ
のような事態が裁判所の恣意を招かないようにするためには、審査基準の
明確化ないしは類型化が課題となる。以下、項を改めて、イギリス裁量論
の研究からの示唆を探ることにしたい。

三　イギリス裁量論からの示唆

（1）　ウェンズベリ不合理性審査

　神戸税関事件に関する最高裁昭和52年判決[34]やマクリーン事件に関す
る最高裁昭和53年判決[35]の採用しているオリジナルの「社会観念審査」
（＝「最小限の審査」）は、榊原教授によれば、イギリスにおいて〈いかなる
合理的当局もなし得ないほどそれほど不合理であるならば、違法である〉
とする「ウェンズベリ不合理性基準」に相当する[36]。確かに、1948年の
判決でグリーン卿（Lord Greene）が述べているところによると、伝統的な

180 第2編　一般原則

裁量の限界のひとつが「ウェンズベリ不合理性」であり、それは複数の「不合理性」のなかで、「目的違反」「不正な動機」「他事考慮・考慮不尽」などと並ぶものであったと思われる[37]。

そこで、オリジナルの「社会観念審査」＝「ウェンズベリ不合理性審査」は、「目的違反」「不正な動機」「他事考慮・考慮不尽」などが認定できない場合でも、「結論」が「社会通念上著しく妥当を欠く」ものであるときは、裁判所が違法と断じることができるということを意味すると整理すべきであろう。また、先にみたわが国の分限降任判決についても、「目的違反」「不正な動機」「他事考慮・考慮不尽」と並んで「社会通念上著しく妥当性を欠くこと」を、裁量権の逸脱濫用の類型として示したものという読み方もできるのではないか[38]と思われる。

（２）　広義の不合理性審査

榊原教授は、従来イギリスにおいては「不合理性（unreasonable）審査」が用いられ、比例原則を行政裁量の審査方法として有していなかったために、審査密度の向上のために比例原則を導入するかが議論になったのであり、わが国の「社会観念審査」と審査密度に係る議論は、ヨーロッパ大陸の影響を受けたイギリスにおける議論と類似の展開であるように思われると指摘している[39]。

確かに、オリジナルの「社会観念審査」＝「ウェンズベリ不合理性審査」は、誰もが合理的とは判断できないものを違法とするものにとどまるから、比例原則の一種と説明するのは多少問題がある。著者は、比例原則には「厳格な」ものと「緩やかな」ものがあると理解[40]しているが、裁量権の逸脱濫用の類型論においては、「社会観念審査」は比例原則違反という基準とは異なるという整理[41]にも十分な理由があると思われる。

なお、ウェンズベリ不合理性審査については、イギリスにおいても、当初から「不合理性」の概念が広狭2つの意味を持っていたことが指摘されている。すなわち、「不合理性」は広義においては、「目的違反」「不正な動機」「他事考慮・考慮不尽」をも包括するものとして用いられている。そして、広義の「不合理性」は、裁量権の逸脱濫用＝違法性の言い換えに過ぎないことになるので、体系化志向を有する論者は、このような用語法

に批判的であるようである[42]。

　榊原教授は、さらに、イギリスの裁量論が、ヨーロッパの影響、特にヨーロッパ人権条約を国内法化する1998年の人権法制定以降、大きく変化しようとしていることをいち早く2003年に指摘していた[43]。すなわち、伝統的なウェンズベリ不合理性基準ではあまりにも審査が緩やかであると意識される領域が生じるが、それへの対応として、2つの対応策が裁判所によって試みられているという。1つは、比例原則などの新しい基準の採用であるが、いま1つが、ウェンズベリ不合理性基準の「修正」であり、表面上は従来の基準を維持するものである[44]。しかし、「修正ウェンズベリ不合理性基準」における「不合理性」の基準は、「修正」にとどまらないものとなっており[45]、これまでの考察によれば、「不合理性審査」の変容というべきであろう。

（3）「社会観念審査」の変容

　以上のように、榊原教授の指摘を総合すると、わが国の判例における「社会観念審査」の変容は、イギリスにおける「不合理性審査」の変容と類似の現象ということになる。そして、判断過程審査を行う限りにおいて、「最小限審査」としての社会観念審査の意味は消滅している。かくして、そのように変容した形の社会観念審査における「社会観念上著しく妥当を欠く」は違法の言い換えに過ぎないことになる[46]。

　このような現象をどう評価すべきであろうか。論者の多くは、裁判所の裁量統制に向けての積極的な姿勢に期待して、多少の理論的な曖昧さには目をつぶる立場を採っているように感じられる。たとえば、橋本博之教授[47]は、〈近時の最高裁判決にみられる判断過程統制手法は、古典的な判例法との連続性を保ちつつ、行政決定過程での考慮要素の抽出と、それらが適正・合理的に考量されたかという観点から、多様なかたちで審査密度向上をもたらしつつある。決定に係る事実の基礎の欠如と社会通念に照らした妥当性の欠如という裁量統制基準は、その一般的性格と、裁量権行使のあり方としての統制規範としての事物本性的適合性により、判例法全体を規定する枠組みであり続けている。〉と述べていた。また、山本隆司教授も、社会観念審査と結合した判断過程統制手法をより一般化させ、「論

証過程の統制」による審査密度向上をアドホックに追求する方法での発展を支持している[48]。

　著者もまた、判例による積極的な法創造を側面から支援することを学説の重要な役割であると考えている。〈行政庁がどのような「考慮」をどのような基準・手順で行うべきであるかについてのルール＝「行為規範」に従ったかどうかに着目する統制〉としての、「行為規範的統制」に純化すべきとの試論[49]は、裁判所による「隠れた実体的判断代置」を危惧したものであるが、裁判所による統制一般を限定する意図[50]を有しているものではない。

　しかしながら、他方で著者は、橋本教授が指摘した「行政裁量に関する理論的枠組みの溶融化現象」[51]を危惧するものであり、学説の側では、新たな「類型化思考」によって対応する必要があるのではないかと考えている。

　判例が多用しつつある「判断過程の統制」は、一種の「汎用理論」であり、万能ナイフのように用いられると、「裁量権は合理的に行使されなければならない」という一般論を根拠に、裁判官の常識からみて不合理な裁量権の行使には「社会通念上著しく妥当を欠く」というラベルをはり、やり直しを命じることができる、という命題を導出することに帰着しかねない。その意味で、変容した形の社会観念審査は、「概念の濫用」であるというべきではないかと思われる。そこで、今後は、真の「判断過程の統制」を行う場合には、「その結果」という言い回しは避け、たとえば、「他事考慮・考慮不尽」による「裁量権の逸脱濫用が認められる」と端的に述べる[52]べきであろう。

四　おわりに

　裁量権の逸脱濫用論においては、司法審査の対象となっている行政決定の類型・性質に応じ、また、それぞれの行政決定の根拠となっている法令の趣旨目的およびそれらの行政決定の法制度上の位置づけ[53]に応じて、当該行政決定がどのような「判断過程」ないし「考慮」を経てなされるべきか、という「行為規範」を明らかにする作業が不可欠となる。そこで、

第 4 章　社会観念審査　　*183*

伝統的理論における「政治的政策的裁量」と「専門技術的裁量」の区別を
進化させたような行政裁量の「類型化」[54]が今後の課題となると思われ
る[55]。

　その際に、わが国の裁量論は、ドイツのそれとは異なり「効果裁量」の
みならず「要件裁量」を広く認めてきていることを意識した作業が必要と
なると思われる。そして、近時は、ドイツにおいてもドイツ裁量論の「特
異性」についての反省[56]があることを踏まえることが重要であろう。

【第 4 章注】

(1)　先駆的かつ詳細な検討として、橋本博之『行政判例と仕組み解釈』第 5 章
　　「行政裁量と判断過程統制」（弘文堂・2009 年、初出 2008 年）参照。

(2)　広島地判平成 21 年 10 月 1 日判時 2060 号 3 頁。

(3)　最判平成 18 年 11 月 2 日民集 60 巻 9 号 3249 頁。

(4)　髙木光「行政処分における考慮事項」法曹時報 62 巻 8 号 22 頁（2010 年）
　　（＝本書第 3 編第 1 章に収録）。

(5)　東京高判昭和 48 年 7 月 13 日行集 24 巻 6 ＝ 7 号 533 頁。

(6)　髙木光「計画裁量 (1) 行政法入門 53」自治実務セミナー 49 巻 10 号 4 頁
　　（2010 年）。

(7)　正木宏長「判断過程の統制について」水野武夫先生古稀記念論文集『行政と
　　国民の権利』184-185 頁（2011 年）。

(8)　榊原秀訓「行政裁量の『社会観念審査』の審査密度と透明性の向上」紙野健
　　二ほか編（室井力先生追悼論文集）『行政法の原理と展開』125 頁（2012 年）。

(9)　榊原秀訓「社会観念審査の審査密度の向上」法律時報 85 巻 2 号 7 頁（2013 年）。

(10)　審査基準の可変性という視点は、榊原秀訓「イギリス『憲法改革』と司法審
　　査」松井幸夫編著『変化するイギリス憲法』270 頁（敬文堂・2005 年）で、ウェ
　　ンズベリ原則と比例原則に関して示されていたところである。なお、深澤龍一郎
　　「裁量統制の法理の展開」法律時報 82 巻 8 号 33 頁（2010 年）にも、〈「社会観念
　　上著しく妥当を欠く」という表現は、実は、裁量権の範囲を越えること（しかも、
　　それは容易には越えられるものではないこと）を単に言い換えたものに過ぎない
　　のではないか、という仮説さえ立てることができるのである。〉という記述がみ
　　られる。しかし、同論文では、審査基準の可変性という視点は生かされていない
　　ような印象を受ける。

(11)　本章初出原稿の副題をイギリス裁量論からの示唆としたのは、専らドイツ法
　　（とアメリカ法）を参照して様々な論点を解明しようとしてきた自己の勉強不足

（＝「考慮不尽」）を反省する趣旨である。フランス裁量論について近時の詳細なものとして、亘理格『公益と行政裁量』（弘文堂・2002 年）があり、著者はフランス語がほとんど読めないため、これらの日本語文献に依拠している。

(12)　榊原・前掲注 (9) 4 頁。常岡孝好「行政裁量の判断過程の統制」法学教室 383 号 14 頁（2012 年）。

(13)　常岡・前掲注 (12) 14 頁は、3 類型に分けて説明し、第 1 の「実体・内容・結果」に着目した類型に、重大な事実誤認、目的違反・動機違反、法の一般原則違反（平等原則違反、比例原則違反、信義則違反）がある、と説明している。確かに、藤田宙靖『行政法 I（総論）（第 4 版改訂版）』（青林書院・2006 年）113 頁のように、判断過程審査を「考慮事項」に着目するものと狭義に捉える場合には、手続審査と区別されるのが自然である。これに対して、原田尚彦『行政法要論（全訂第 7 版補訂 2 版）』153 頁（2012 年）は「手続的審査方式」を広義のものとし、その中に「判断過程審査」を含めている。また逆に、判断過程審査を最広義に捉え、基準に着目するものなどを含めた手続審査を包括するものとみることも可能であろう。常岡・前掲注 (12) 14 頁参照。

(14)　榊原・前掲注 (9) 6 頁。小早川光郎『行政法講義下 II』（弘文堂・2005 年）195 頁。

(15)　市橋克哉ほか『アクチュアル行政法』（法律文化社・2010 年）107-109 頁（本多滝夫執筆）。行政事件訴訟法 30 条の表現を尊重するという観点からは、同条にいう「裁量処分」の審査方式の総称を裁量濫用審査とする「二分類説」が適切であると思われる。

(16)　なお、亘理格「行政裁量の統制」芝池義一ほか編『行政法の争点（第 3 版）』（有斐閣・2004 年）117-118 頁は、行訴法 30 条の立法当時の裁量濫用審査＝最小限の実体法的審査という考え方と、その後の判例学説との齟齬を指摘している。

(17)　小早川・前掲注 (14) 197 頁。

(18)　なお、榊原・前掲注 (9) 5 頁は、「三分類説」は、判断代置審査と裁量濫用審査（＝社会観念審査）を、過程ではなく、結論に焦点を当てたものとして把握するものであるとしている。

(19)　最判平成 8 年 3 月 8 日民集 50 巻 3 号 469 頁（剣道実技拒否事件）。

(20)　橋本・前掲注 (1) 163 頁。

(21)　最判平成 18 年 2 月 7 日民集 60 巻 2 号 401 頁（学校施設使用不許可事件）。仲野武志「判批」判例評論 578 号 7 頁（判時 1956 号・2007 年）。仲野は、オリジナルの「社会観念審査」を「著しさの定式」と呼ぶとともに、多彩な補充的基準を包摂しうる柔軟性を備えていたとし、剣道実技拒否事件判決によって「過小考慮定式」が、本判決によって「過大考慮・過小考慮定式」が取り込まれていると分析している。

(22)　最判平成 19 年 12 月 7 日民集 61 巻 9 号 3290 頁（海岸占用不許可事件）。

(23)　森英明『判解民平成 18 年度（下）』1160 頁（2009 年）。

(24)　起点は、最判昭和 29 年 7 月 30 日民集 8 巻 7 号 1501 頁（京都府立医大事件）に求められる。橋本・前掲注（1）155 頁。

(25)　曽和俊文「行政行為（4）（行政法を学ぶ第 12 回）」法学教室 380 号 50 頁、57 頁（2012 年）。常岡・前掲注（12）16 頁、22 頁。

(26)　常岡・前掲注（12）14 頁。

(27)　芝池義一『行政法読本（第 3 版）』（有斐閣・2013 年）74 頁以下は、実体的審査のなかで、比例原則、目的拘束の法理と並んで、「最高裁判所が用いている基準」として社会観念審査を説明し、新しい試みとして、判断過程審査と裁量基準を手がかりとする審査を説明している。深澤・前掲注（10）33-34 頁。山下竜一「裁量基準の裁量性と裁量規律性」法律時報 85 巻 2 号 22 頁（2013 年）。

(28)　村上裕章「判断過程審査の現状と課題」法律時報 85 巻 2 号 12 頁（2013 年）。

(29)　この区別を示したのは、村上裕章「判批（小田急高架訴訟）」判例評論 584 号 4 頁（判時 1974 号・2007 年）4 頁であり、常岡・前掲注（12）15 頁は、これに依拠している。榊原・前掲注（8）122 頁は、「考慮事項考慮審査」「考慮事項比重審査」と呼んでいる。また、仲野・前掲注（21）8 頁は、小早川の用語法に従い、前者を「他事考慮・考慮遺脱定式」、後者を「過大考慮・過小考慮定式」と呼んでいる。なお、仲野教授は、日光太郎杉控訴審判決の「過小考慮・過大考慮定式」は、「著しさの定式」に包摂されない独自のものであるとしている。

(30)　兼子仁『行政法総論』159 頁（筑摩書房・1983 年）は、「考慮不尽」と呼んでいるが、重みづけを伴うものと区別するためには、「考慮遺脱」と呼ぶことになろうか。

(31)　最判昭和 48 年 9 月 14 日民集 27 巻 8 号 925 頁（分限降任事件）。

(32)　村上・前掲注（28）13 頁。

(33)　榊原秀訓「イギリスにおける行政に対する司法審査」神長勲編（室井力先生還暦記念論文集）『現代行政法の理論』437 頁（1991 年）参照。

(34)　最判昭和 52 年 12 月 20 日民集 31 巻 7 号 1101 頁。

(35)　最判昭和 53 年 10 月 4 日民集 32 巻 7 号 1223 頁。

(36)　榊原・前掲注（9）6 頁。同・前掲注（10）261 頁。

(37)　Ralf Brinktrine, Verwaltungsermessen in Deutschland und England (1998), S. 377
　　「目的違反」「不正な動機」「他事考慮」は相互に排他的なものでは必ずしもなく、オーバーラップすることがある。なお、原田・前掲注（13）152 頁は、「不正な動機」または「目的違反」があると「他事考慮」となる、と説明している。

(38)　ただし、橋本・前掲注（1）137 頁は、「合理性を持つ判断として許容される限度を超えた不当な判断」を「他事考慮・考慮不尽」を包括するものと理解している。このような理解によれば、後の判例が、「他事考慮・考慮不尽」の結果

「社会通念上著しく妥当を欠く判断」をしたという枠組みを採用することも自然
ということになる。

(39) 榊原・前掲注 (8) 117-118 頁。

(40) 髙木光「比例原則の実定化」芦部信喜先生古稀記念論文集『現代立憲主義の
展開 (下)』219 頁 (有斐閣・1993 年)。

(41) 芝池・前掲注 (27) 74-76 頁。

(42) Paul Craig, Administrative Law, 7th ed, (Sweet and Maxwell, 2012), p562 お
よび Brinktrine, Amn. 37, S. 391

(43) 榊原秀訓「行政訴訟に関する外国法制調査——イギリス (下)」ジュリスト
1245 号 177 頁 (2003 年)。なお、人権法に基づく司法審査の基準と密度に関する
判例の状況については、榊原・前掲注 (10) 260 頁以下のほか、深澤龍一郎『裁
量統制の法理と展開』(信山社・2013 年) 251 頁以下 (初出 2009 年) が詳細であ
る。

(44) 榊原・前掲注 (43) 178 頁。

(45) 榊原・前掲注 (10) 261 頁。

(46) 榊原・前掲注 (8) 125 頁。

(47) 橋本・前掲注 (1) 173 頁。

(48) 山本隆司「日本における裁量論の変容」判例時報 1933 号 16 頁 (2006 年)。
同『判例から探求する行政法』233 頁 (有斐閣・2012 年)。なお、亘理・前掲注
(16) 119 頁も、判断過程の統制に好意的であるとみられる。

(49) 髙木・前掲注 (4) 23 頁。亘理・前掲注 (16) 116 頁は、行政にとっての行為
規範は、権限行使の結果の適正性およびその過程の適正性の両面に及ぶ、と指摘
している。

(50) 榊原・前掲注 (8) 131 頁参照。

(51) 橋本・前掲注 (1) 145 頁。

(52) たとえば、大阪地判平成 24 年 2 月 3 日判時 2160 号 3 頁は、「その趣旨、目
的から逸脱した目的や動機に基づき、又は上記目的を達成するに当たり考慮すべ
きでない事項を考慮するなど不合理な方法で上記裁量権を行使することは、裁量
権の範囲を逸脱し又は濫用したものとして、違法となる」と述べている。

(53) 法律によって与えられた行政裁量権の総体と行政処分における裁量権の関係
について、髙木光「法規命令による裁量拘束」法学論叢 172 巻 4＝5＝6 号 80 頁
(2013 年) (＝本書第 3 編第 2 章に収録)。

(54) Benjamin Schindler, Verwaltungsermessen (2010), S. 315 以下は、スイスの
研究者による試論である。

(55) 本章初出原稿の当時、著者は有斐閣京都支店の依頼に応じて概説書の執筆作
業を行っているところであったが、疑問点が次々と浮かび、論点についてそれぞ
れ結論を出すことの難しさを痛感していた。なお、中間的なものとして、髙木光

『行政法講義案』（有斐閣・2013年）があった。その後の、髙木光『行政法』（有斐閣・2015年）もなお、試論を多く含むものである。

(56)　エバーハルト・シュミットーアスマン著・太田匡彦＝大橋洋一＝山本隆司訳『行政法理論の基礎と課題』207頁（東京大学出版会・2006年）は、ドイツ裁量論の「過度のドグマ化による辺境化」の事態を恐れなければならないと指摘している。なお、純粋法学の視点から裁量論を見直す試みとして、Thomas Elsner, Das Ermessen im Lichte der Reinen Rechtslehre（2011），S. 257-263がある。

第5章　国家無答責の法理

一　はじめに

　本章は、「王は悪をなしえず」（King can do no wrong）という格言の意味を手がかりに、国家無答責の法理[1]の克服時期に関する教科書的説明を再吟味することを目的とする。

　著者は、2006年に刊行した共著の参考書[2][3]において、次のように簡略化して説明したことがあった。

　〈明治憲法下では、公務員の不法行為によって被害を受けた者の救済を阻むものがいくつかあり、日本国憲法17条はそれらを除去するための規定である。

　救済の妨げの第1は、「国家無答責の原則」であった。「主権無答責の原則」ともいい、主権と責任は矛盾するという法思想上の考え方である。これは、現在の眼からみればイデオロギーに過ぎない。しかし、その克服は先進国でもかなり遅く、フランス、ドイツでは20世紀初頭、イギリス、アメリカでは1940年代である。〉

　この記述をするにあたって参考にした文献において、国家賠償制度の歴史に関する記述には論者によって微妙な差異が認められた。しかし、著者の研究関心から遠いこともあり、その差異について十分検討することはせず、最終的には阿部泰隆教授の整理[4]に依拠して脱稿したと記憶する[5]。

　ところがその後、著者は、以下の3つを直接のきっかけとして、イギリスの国家賠償制度の理解を多少変える必要があるのではないかと考えるようになった。

　第1は、原田要論[6]の記述に関して学部学生の指摘した疑問である。

　すなわち、〈国家賠償制度は法治国にとって必須の制度である。だが、その沿革をかえりみると、国家の権威を尊ぶ政治思潮とそれを擁護する主権免責の法理に妨げられて、近代国家成立以降も容易に承認されなかった。行政法上の制度のなかで、もっとも発達の遅れたものの一つであったといえる。〉という書出しの部分は、フランスとドイツについての説明にはう

まくつながるが、後半の〈他方、民主的伝統の深い英米系の国家で国家賠償制度の発達がみられなかったのは不思議である。これらの国家では「王は悪をなし得ず（King can do no wrong）」の原則が支配し、国家権力は神聖無謬で違法なことをするはずがないとみなされた。公務員の不法行為によって国民に損害が及んでも、それは公務員個人の責任で処理すべき事項で、国家がこれを負担すべきいわれはないとされたのである。英米系の国家で国家賠償が実現するのは、アメリカでは 1946 年の連邦不法行為請求権法（Federal Tort Claims Act）、イギリスでは 1947 年の国王訴追法（Crown Proceedings Act）によっている。いずれも第二次大戦後である。〉という記述とのつながりが分かりにくいという。「不思議である」というのは、合理的に説明できないということなのか、それとも理不尽な制度がドイツよりも長く続いてきたということなのか、という質問であった。

第 2 は、岡田正則教授の次のような指摘[7]である。

〈"King can do no wrong" という格言の意味は、第 1 に、違法行為を国王に帰属させないことによって国王の超越的な調停権力としての独立性と中立性を確保すること、第 2 に、国王の権力自体を制約することにあるとされている。

右のような理解はブラックストン特有のものではなく、19 世紀末ごろの一般的な理解であったとみてよい。ところが日本では、この格言は法治主義の意義を述べたものとは理解されず、むしろ上述のように主権免責を裏付ける格言と誤解されていた。〉

第 3 は、「社会観念審査」と「判断過程審査」の関係について考察[8]するために、イギリス行政法の教科書[9]を読んでいて接した、1947 年法以前の慣行に関する次のような記述である。

〈損害賠償訴訟は、個々の公務員を被告として追行されるが、実際には防御活動は国によってなされ、そして、賠償請求が認容された場合には、公金による支払いがなされた。政府の省庁は、このような実務が円滑に遂行されるようにできる限りの助力をし、どの公務員を被告にすべきかについて疑義が残る場合には、「擬制被告」と呼ばれる被告の名前を提供した。〉

190　第2編　一般原則

　そして、改めて文献を読み直してみると、第2の格言の意味と第3の
「官吏個人責任訴訟の国による引受け」という実務的慣行については、実
は、下山瑛二教授の古典的著作[10]で既に指摘されていたところであっ
た[10a]

　そこで、本章では、以下、まず、イギリスの「King can do no wrong」
という格言と国家賠償制度の歴史との関連に関する論者の記述をみた
（二）後、イギリスの国家賠償制度は、これまでの標準的な教科書等の説
明から受ける印象とはやや異なり、それほど「発達が遅れたもの」ではな
かったとみるべきではないかという仮説を提示する（三）ことにしたい。

二　国家無答責の法理と主権免責の法理

（1）　主権免責の法理と違法行為不帰属の法理

　「国家無答責」の法理は、「主権免責」の法理とほぼ重なる[11]ものとし
て説明されることもあるが、「主権免責」の法理を狭義のものとし、「国家
無答責」の法理の中に「主権免責」の法理と「違法行為不帰属」の法理と
もいうべきものの2つが含まれるとされることがある。たとえば、宇賀克
也教授[12]の教科書での説明は以下のとおりである。

　〈主権と責任は矛盾するという主権免責の法理、および違法行為は国家
に帰属せず公務員個人に帰属するという法理が相まって、国家無答責の法
理が欧米近代国家においても広くみられた。この法理を比較的早期に克服
したのがフランスである。フランスでは、コンセイユ・デタと呼ばれる行
政裁判所が、1873年に公役務の瑕疵により損害を被った私人に対する国
家賠償責任を認めている（ブランコ判決）[12a]。ドイツにおいては……、1909
年にプロイセンが官吏責任を国が代位するという国家責任法を制定したこ
とにより、この構成による国家賠償制度が広まり、翌1910年に連邦にお
いても官吏責任を代位する国家賠償制度が法制化され、1919年のワイマ
ール憲法において、代位責任としての国家賠償が制度化されることになっ
た。イギリスにおいては、「王は悪をなしえず」（King can do no wrong）とい
う主権免責の法理が長く支配してきたが、ようやく1947年、国王訴追法
により一般的な国家賠償法が制定された。アメリカもイギリスの主権免責

の法理を継受していたが、ようやく 1946 年に連邦不法行為請求権法により一般的な国家賠償制度が法定化された。〉

　以上のように、宇賀教授は、「国家無答責」の法理を上位概念とし、その中に「主権免責」の法理が含まれるものとしている。そして、イギリスの「King can do no wrong」という格言が「主権免責」の法理を示すものと説明している。このような整理は、雄川一郎博士の説明にみられる[13]ものであり、阿部教授もこれに従っていた[14]ところである。

　また、塩野宏教授の教科書[15]での説明は以下のとおりである。

〈諸外国においても、国家賠償制度の創設は近代国家の他の諸法制度の整備と比較すると甚だ遅いものがある。その中で最も早くから判例上国家賠償法制が発展してきたのがフランスであって、中でも、公役務に関して生ずる賠償制度について行政裁判権を基礎づけた、1873 年のブランコ判決が著名である。ドイツにおいては、地域的、事項的には帝国憲法時代に国家賠償制度が存在していたが、全般にわたってその適用をみたのは、ワイマール憲法による。そして英米諸国では漸く 1940 年代になって制定法により国家賠償制度が整備されるに至った。

　このように各国において国家賠償制度の整備が遅れたのには 2 つの法思想上の理由がある。1 つは、主権は責任と矛盾するということを基礎とする主権無答責の原則の存在である。これは、イギリスには　King can do no wrong の法理として妥当していたし、大陸諸国、アメリカにもこの主権無答責の原理が長く妥当していたのである。いまひとつの国家賠償制度成立の障害は、法治国原理に由来するものであるが、そもそも違法な行為は国家に帰属することを得ないのであって、国家の使用人たる官吏の違法行為により人民に損害を与えたとしても国家自身が損害賠償の責任を負ういわれはないとするのである。いいかえれば、国家自身としては責任を負わないが、官吏個人が被害者に対して責任を負うというものであった。このような国家賠償制度否定の法理克服の歴史が各国の国家賠償制度の発展史ということになるわけである。〉

　以上のように、塩野教授の説明では、「主権無答責」の法理と「違法行為の不帰属」の法理が区別され、イギリスの「King can do no wrong」と

いう格言が「主権無答責」の法理を示すものとされている。「主権免責」と「主権無答責」という用語の違いを除くと、この点では、宇賀教授と塩野教授の説明は一致している。ちなみに、「主権無答責」ないし「主権免責」について、塩野教授の教科書では宇賀教授の論文が、宇賀教授の教科書では教授自身の論文が注記されている[16]。ただ、塩野教授の教科書には、「主権無答責」と「国家無答責」を同義のものとしているかのような説明[17]も見られる。

（2）　主権免責の法理と「王は悪をなし得ず」という格言

そこで、次に検討すべきは、「主権免責」の法理は「王は悪をなし得ず」という格言が示す考え方に基礎づけられているという説明であろう。わが国の教科書等の記述の中には、著者が調べた限りでは、これに疑問を抱かせるような手がかりはなかった。多くの論者は、「主権免責」の法理と「違法行為不帰属」の法理の区別とともに、雄川一郎博士の整理に従っていると推測される。

しかし、イギリスにおける「King can do no wrong」という格言については、はじめに紹介したように、本来は、国家賠償制度における「実体的根拠論」としての意味はないという指摘がある。このような見解によれば、「国家無責任」の法理を「王は悪をなし得ず」という格言と結びつけるのは、概念の誤用ともいうべきことになる。岡田教授の指摘は、わが国では誤解があったというものであるが、フランスやドイツやアメリカでも同様の誤解があったのであろうか。

そのような問題意識を持って、イギリス行政法の教科書を読んでいたところ、はじめに紹介したような記述に接したわけである。そして、別の箇所では、イギリスにおける「主権免責」の法理は、「王の免責」（Crown Immunity）であり、これは訴訟の被告とされることがないという「訴訟法上の免責」（procedural immunity）として長年続いてきたものであり、そのような意味での「主権免責」の法理は、「King can do no wrong」という格言とは、あまり関係がないという説明がなされている。というのは、実体法上は、王もまた（神と）法の支配に服するというのが700年以上にわたる伝統的法思想であるからというのである[18]。

そして、さらに、「King can do no wrong」という格言が、実体法上の意味を持つことになったのは、使用者責任の要件に関する19世紀の判例の不幸な副産物であると説明されている[19]。かくして、国王と官吏の関係を基本的には使用者と被用者の関係と同様に扱い、使用者が被用者の不法行為について責任を負うのと同様に、国が官吏の不法行為について責任を負うという本来あるべき姿を100年以上遅れて実現するために制定されたのが、1947年法ということになるようである[20]。

　以上のようなイギリスの国家賠償制度の理解が成り立つとすれば、「主権免責」の法理の意味については、少なくとも、イギリスとアメリカを区別して理解する必要がある[21]といえそうである。これまでは、英米では云々と一括して理解されがちであり、また、国家賠償制度も同様に「発達が遅れたもの」とイメージされてきたが、両国における「主権免責」の法理の射程は異なるようにみえるからである。

　すなわち、「国家無答責」の法理を、国および公共団体が権力的行政を行う場合に、国および公共団体の不法行為責任を追及することをカテゴリカルに排斥する法理と「定義」してみよう。そうしたとき、イギリスの「主権免責」ないし「王の免責」は、はじめからそのような法理を十分に支える力を有するものとはいえなかったように思われるからである。イギリスにおいては、その射程は、国の損害賠償責任についてのみ及び、公共団体については、コモンローの「使用者責任」の法理が妥当するのであり、また公共団体の使用者責任は1866年には確立したとされている[22]。

　また、イギリスにおいては、公務員の個人責任をカテゴリカルに排斥するような法理がない点がアメリカとの違いであるようにもみえる。そして、先に指摘した「官吏個人責任の国による引受け」という実務的慣行を合わせ考えると、そのような実務的慣行が確立した時点[23]で、国の損害賠償責任を否定するという「実体的根拠論」としての「主権免責」の法理は実質的には克服されたとみることもできるのではないかと思われる。

　「王の免責」の性質を、訴訟法上の特権と理解する場合には、官吏の不法行為についても、被害者―官吏―国の三者関係は、潜在的にはコモンローの「使用者責任」の法理が妥当する関係ということになる。1947年法

の趣旨を、このような潜在的な「使用者責任」の法理を顕在化する措置と評価することができるとすれば、同法以前の実務的慣行は、使用者としての責任を実質的に果たそうとするものであったともいえそうである。

それでは、項を改めて、フランスとの比較を簡単に行い、イギリスの国家賠償制度はそれほど「発達の遅れたもの」ではなかったという仮説を提示することにしたい。

三　先進国としてのフランスという神話
（1）　フランスにおける国家賠償制度の整備

教科書等を比較してみて興味深いのは、フランスにおける「国家無答責」の法理の克服時期に関する記述に違いがみられることである。すなわち、先にみたように、早いものは1873年を基準としているようである。たとえば、原田尚彦教授[24]は、次のように述べている[25]。

〈コンセイユ・デタは、どちらかといえば、当初は行政の特権擁護に資する機構であったが、19世紀後半になると、その態度を一転して、国民の人権の擁護と行政の適法性の監視を強め、行政上の不法行為責任を広く認めるようになった。1870年代には、公役務の瑕疵（faute de service public）によって損害を受けた国民には、国家の賠償責任を是認する判例を打ち立て、判例法によって国家賠償制度を確立させた。〉

これに対して、次のように、時期を遅らせ19世紀末とするものがある[26]。

〈各国の歴史をみると、国家賠償制度の沿革は多様な展開をたどっており、19世紀末のフランスを嚆矢に、ドイツではワイマール期に、英米諸国では20世紀半ばでの整備となっている。損失補償を含め他の近代国家の制度と比較すると、その制度化の立ち遅れは顕著であり、その原因となったのは「国家無答責の原理」の普及にある。〉

そしてさらに時期を遅らせ20世紀初頭とするものがある。たとえば、阿部教授は、次のように述べている[27][28]。

〈この国家無答責の法理が放棄されたのは、後述のように、ドイツ、フランスでは今世紀初頭、イギリス、アメリカ、日本では第二次大戦後であ

るが、その放棄の程度も、国家責任の仕組みも国により大幅に異なる。〉

〈権力行為については、コンセイユ・デタは今世紀初頭、国家無責任の法理を放棄した (1905年警察官の発砲に関するトマソ・グレコ判決)。〉

このように、フランスについて見解が分かれる理由は、フランスにおいては立法ではなく、専ら判例法によって「克服」がなされた[29]からであろう。

そこで、1873年の権限裁判所のブランコ判決をどう理解するかがひとつのポイントとなる。同判決は、国家責任に関する公法の理論の展開の基礎となったものではあるが、それ自体は管轄権に関するものであり、司法裁判所の管轄の否定ないし民法の規定の適用の排除を帰結するものであった[30]。そこで、「国家無答責」の法理を、国および公共団体が権力的行政を行う場合に、国および公共団体の不法行為責任を追及することをカテゴリカルに排斥する法理と「定義」する場合には、1905年のトマソ・グレコ判決を基準とする最後の見解がとられるべきことになると思われる。

しかしながら、このようにフランスにおける「国家無答責」の法理の克服を20世紀初頭とすると、ドイツとの比較で「先進性」を語ることが難しくなることは否定しがたい。

（2）　フランスにおける官吏の特権

さらに気になるのは、イギリスとの比較においても、フランスの国家賠償制度の「先進性」を語ることに問題はないのかである。この点については、実は阿部教授の次のような指摘[31]があったところである。

〈たしかに、19世紀のなかごろまでのフランス行政法では、公権力については、国家無責任の法理が妥当し、かつ公務員は、裁判から特に保護されていた。共和8年 (1800年) の憲法75条は、すべての職員は、公務の執行としてなしたいかなる行為も、コンセイユ・デタの同意なしには訴追されることがないと定めていたが、それには刑事の訴追だけでなく、損害賠償の訴えも含まれていたという。ただし、この規定は1870年に廃止されたが、代わりに権限裁判所の許可が官吏を訴追するための条件となり、この廃止はほとんど無意味になったという。したがって、国家は無責任でも、官吏が個人として責任を負うイギリス法のシステムは、国家も官吏も責任

を負わない当時のフランスの法制よりは自慢に値するものであった。〉

このように、フランスにおいて「国家無答責」の法理の克服が20世紀初頭であり、他方で「官吏の特権」の廃止もなかなか進まなかった[32]という指摘からは、フランスの国家賠償制度の「先進性」は神話ではないかという疑問が生じるであろう。ダイシーの著作[33]から推測すると、遅くとも20世紀初頭には、イギリスにおいて「官吏の個人責任訴訟の国による引受け」という実務的慣行が形成ないし確立されていた[34]と思われるからである。

四　おわりに

阿部教授が、ダイシーがフランス行政法を批判するだけではなく、越権訴訟の発展などその長所を認めていたことを指摘[35]しつつ、〈本格的な比較研究は次の世代の論文に期待する〉としていた[36]ように、法制度の評価においては、個々の制度の評価と諸制度の総合的評価の双方が必要である。また、国家賠償制度においては、どのような場合に請求が認容されるか、という実体的な要件のあり方[37]も重要な要素である。このような様々な要素を含めた包括的な評価は、著者の能力を超えるものである。また、本章は〈イギリスの国家賠償制度は、それほど「発達の遅れたもの」ではなかった。〉という仮説を提示するにとどまるものであり、単なる感想に過ぎないともいえよう。恥ずかしい限りであるが、「検証」をイギリス法の専門家ないし若い研究者に期待しつつ、つたない本章を閉じることにしたい。

【第5章注】
(1)　表現は様々である。今村成和『国家補償法』（有斐閣・1957年）18頁は「国家無責任の原則」と、阿部泰隆『国家補償法』（有斐閣・1988年）19頁は「国家無責任の法理」と呼んでいる。また、戦前のわが国の状況を説明する際には、厳密には「公権力無責任の原則」と呼ぶべきとするものとして、室井力ほか編著『コンメンタール行政法Ⅱ行政事件訴訟法・国家賠償法（第2版）』（日本評論社・2006年）510頁（芝池義一執筆）。

(2) 髙木光＝常岡孝好＝橋本博之＝櫻井敬子『条文から学ぶ行政法』（有斐閣・2006 年）。著者は国家補償の領域を担当し、法科大学院生の自習用の教材という性格を考慮し、条文と判例を中心に、標準的な教科書等の説明に依拠した解説を心掛けた。

(3) 髙木光＝常岡孝好＝橋本博之＝櫻井敬子『行政救済法』（弘文堂・2007 年）。実質的には注 (2) の改訂版にあたる。

(4) 阿部・前掲注 (1) 19-46 頁。

(5) 髙木・前掲注 (2) 10 頁。なお、同・前掲注 (3) 24-25 頁では、最初の部分の「除去」を「克服」に代えた。

(6) 2010（平成 22）年度後期「行政法第二部」を担当した著者は、髙木ほか前掲注 (2) 3 刷（2009 年）を教科書に、原田尚彦『行政法要論（全訂第 7 版）』（学陽書房・2010 年）を参考書として指定した。なお、同書は、同年度前期「行政法第一部」（岡村周一教授担当）でも指定されていたので、第 1 順位とし、他に、宇賀克也『行政法概説 II（第 2 版）』（有斐閣・2009 年）、塩野宏『行政法 II（第 5 版）』（有斐閣・2010 年）、芝池義一『行政救済法講義（第 3 版）』（有斐閣・2006 年）を推薦した。

(7) 岡田正則『国の不法行為責任と公権力の概念史』（弘文堂・2013 年）89 頁。

(8) 髙木光「社会観念審査の変容——イギリス裁量論からの示唆——」自治研究 2014 年 2 月号（＝本書第 2 編第 4 章に収録）参照。

(9) H. W. R. Wade & C. F. Forsyth, Administrative Law, 10th ed. (Oxford University Press, 2009), p. 699
　　同様の記述は、P. Craig, Administrative Law, 7th ed. (Sweet and Maxwell, 2012), p. 903 にもみられる。

(10) 下山瑛二『国の不法行為責任の研究』（有斐閣・1958 年）21 頁、37 頁、49 頁。第 3 の実務的慣行については、下山瑛二「英米における国家賠償責任について」比較法研究 6 号 5 頁（1953 年）にも簡単な紹介があり、今村・前掲注 (1) も、27 頁注 (6) でそれを引用しつつ、1947 年法制定以前においても、主権免責の法理が完全に維持されていたわけではなかったとコメントしていた。また、阿部・前掲注 (1) 22 頁も、この実務的慣行に言及している。

(10a) 本章の初出稿の副題を「イギリス国家賠償制度の名誉回復」としたのは、それまで気づかなかった自らの不勉強を恥じる趣旨を含んでいる。

(11) たとえば、阿部泰隆『行政法解釈学 II』（有斐閣・2009 年）430 頁は、「官は悪をなさず、国家無責任の法理の克服」というコラムにおいて、〈明治憲法時代は、主権免責の法理が妥当していた。これは、国家は違法行為を犯すことはない、官吏が違法行為を犯すことはあるが、国家は官吏に違法行為を行うことを授権していないから、それは私人の行為であって、国家は責任を負わないという理論であった。「官は悪をなさず」（お上は過ちを犯さない）という法理である。これは、

まさに官権国家の理論であった。〉と説明している。また、藤田宙靖『行政法総論』518頁（青林書院・2013年）は、〈「国家の無責任」ないし「主権免責」と称される原則〉と述べている。

(12)　宇賀克也『行政法概説II』352頁（有斐閣・2006年）。この「欧米における国家無答責の法理」という小文字欄は、第2版（2009年）376-377頁でも全く変化がない。第3版（2011年）388-389頁、第4版（2013年）400-401頁も同様である。他方、初版においては、冒頭の350頁の大文字欄で、〈しかし、大日本帝国憲法下では、公権力の行使については国が損害賠償責任を負わないのが当然と考えられていた。本章では、まず、この国家無答責法理について説明する。〉と述べ、続いて「国家無答責の法理の確立」という小文字欄で、戦前のわが国の状況についての説明を加え、さらに、351頁の「判例における実体的根拠論の不在」という大文字欄で〈かかる国家無答責の法理は、欧米先進国においても、かつては採られていたものであり、大日本帝国憲法下のわが国が、この法理を採用したこと自体は、特に驚くに値いしないが、わが国の場合、行政裁判法16条と、公法私法二元論を基礎とした権力行政についての司法裁判所の管轄の否定により、国家無答責の実体的根拠を論ずるまでもなく、訴訟法上の理由で権力的活動に対する国家賠償請求の道が閉ざされていた。〉という説明がなされていた。しかし、第2版においては、冒頭の376頁の大文字欄の説明が、〈大日本帝国憲法下では、公権力の行使については国が損害賠償責任を負わないとする国家無答責の法理が有力であった。〉と変更され、「国家無答責の法理の確立」「判例における実体的根拠論の不在」という2つの欄は削除されている。

(12a)　なお、ブランコ判決はコンセイユ・デタではなく権限裁判所の判決であり、宇賀教科書の記述は単純なミスであると思われるが、数次の改訂を経ているにもかかわらず修正されていない。東京大学の講義や演習の受講者に、そのような「大勢に影響のない」ミスについて指摘する小さな「親切」ないし「勇気」がなかったことは残念である。

(13)　雄川一郎「行政上の損害賠償」「アメリカ国家責任法の一断面」同・『行政の法理』333頁以下、454頁以下（有斐閣・1986年）（初出1965、1978年）。今村・前掲注（1）も同様に2つを区別している。

(14)　阿部・前掲注（1）20頁は、雄川・前掲注（13）に依拠したことを明言している。なお、雄川・前掲注（13）458頁は、アメリカ国家賠償法について、ボーチャードが1924年の論文で「ミステリー」という表現を用いたことを指摘している。原田・前掲注（6）の「不思議」という表現はおそらくそれに依拠したものであろう。

(15)　塩野宏『行政法II（第5版補訂版)』（有斐閣・2013年）289-290頁。初版（1991年）から変わっていない。

(16)　塩野・前掲注（12）290頁。宇賀克也『行政法概説II（第4版)』（有斐閣・

第 5 章　国家無答責の法理　*199*

2013 年）401 頁。

(17)　塩野・前掲注（12）291 頁〈行政裁判法と旧民法が公布された 1890 年の時点で、公権力の行使についての主権無答責の法理を採用するという基本的法政策は確立したのである。〉294 頁注 1〈「基本的法政策」という表現は、1890 年の時点で、主権（国家）無答責の法理が、制定法の形式において明確に定められたのではなく、その後の解釈・立法指針であって、その意味ではその具体化は判例ないしは個別立法に委ねられるという趣旨として本書では用いている。〉294 頁〈日本国憲法 17 条により国および公共団体の賠償責任が定められ、主権無答責の法理は憲法上否定された。〉

(18)　Wade/Forsyth, p. 694-696

(19)　Wade/Forsyth, p. 697-698

(20)　Wade/Forsyth, p. 699-700 したがって、同法の制定によって、官吏の個人責任には影響はない。国家責任と官吏の個人責任が併存することになる。

(21)　雄川・前掲注（13）456 頁は、注 1 で、H. W. R. Wade がイギリスの法律家からみると、アメリカ法が理不尽に映るとしていることを指摘していた。Bernard Schwartz & H. W. R. Wade, Legal Controll of Government（Clarendon Press Oxford, 1972), p. 185-187 また、そこでは、イギリスにおける実務的慣行についての説明もみられる。

(22)　Wade/Fortsyth, p. 649

(23)　実務的慣行の形成ないし確立時期については、リサーチ不足のため、今後の課題とせざるを得ない。

(24)　原田尚彦『行政法要論（全訂第 7 版・補訂 2 版）』（学陽書房・2012 年）285 頁。

(25)　藤田・前掲注（11）521 頁は、本文で〈各国では、比較的近時に至るまで、公務員の行為が違法であった場合、国民に対しては何らかの損害賠償がなされねばならないにしても、それは本来、公務員個人が責任を負うべきものなのであって、国がこれを負ういわれはない、という考え方がなされてきたのであった。そして、それにも拘わらず、最終的にはむしろすぐれて政策的な理由から行政主体の責任が認められるようになったのは、ドイツ、イギリス、アメリカ等の諸国でも、20 世紀をかなり経ってからのことであったのである。〉と説明するとともに、注 1 で、〈国家賠償については極めて進んだ判例理論を展開しているフランスにおいても、1870 年頃までは同様であったといわれている。〉とし、今村、雄川、阿部を引用している。

(26)　高田敏編著『新版行政法』（有斐閣・2009 年）345 頁（川内劦執筆）

(27)　阿部・前掲注（1）21 頁、30 頁。

(28)　櫻井敬子＝橋本博之『行政法（第 4 版）』（弘文堂・2013 年）379 頁。〈国家賠償制度の確立は、フランスで 1900 年代、アメリカやイギリスでは 1940 年代の

200 第2編 一般原則

ことであり、日本で国家賠償制度が成立したのは、第二次大戦後である。〉

この記述は、初版（2007年）から変わっていない。また、櫻井＝橋本は、「主権無答責」の法理と「違法行為不帰属」の法理を区別していない。〈ヨーロッパ大陸法系の国でも、国家に不法行為責任は帰属しないという主権無答責の法理がみられた。〉

なお、櫻井敬子＝橋本博之『現代行政法』（有斐閣・2004年）265頁（櫻井執筆）では、単に、〈20世紀半ばまでには、各国で国家賠償制度が次第に整備されていくことになる。〉と説明していた。

(29) 滝沢正「各国の国家補償法の歴史的展開と動向―フランス」西村宏一ほか編『国家補償法大系1・国家補償法の理論』（日本評論社・1987年）15頁は、沿革は異なるが、立法が関与した点で、ドイツ、日本、イギリス、アメリカは共通する、と指摘している。

(30) 雄川一郎「フランスにおける国家賠償責任法」同・前掲注（13）421頁（初出・1955年）参照。

(31) 阿部・前掲注（1）21-22頁。

(32) 滝沢・前掲注（29）35頁は、1910年代の判例によって、自己責任としての行政賠償責任とは区別された、民法の使用者責任と類似する責任が形成されたことを指摘している。

(33) A. V. Dicey, Introduction to the study of the Law of the Constitution 初版は1885年。1915年の第8版の訳著として、伊藤正巳＝田島裕訳・ダイシー著『憲法序説』（三省堂・1983年）がある。同書では省略されているが、下山・前掲注（10）『国の不法行為責任の研究』36-37頁で訳出されている付録（Appendix）の Note XII Proceedings against the Crown は、1902年の第6版にはなく、1908年の第7版で初めて出現する。また、第8版は基本的には第7版のリプリントである。

(34) 下山・37頁は、〈大体19世紀……には、この官吏個人の責任をもって、問題が片づけられえた、といってよいようである。〉と述べている。ただし、ダイシーの叙述は「実質的填補」に関するものであり、「擬制被告」は、時期がより遅い可能性がある。

(35) 阿部・前掲注（1）22頁。

(36) 同33頁。

(37) 実は、高木ほか・前掲注（2）の4刷（2011年）では、最後の部分を〈フランス・ドイツでは20世紀初頭であり、イギリス、アメリカでは1940年代にその動きがようやく始まったのである。〉と表現を変えた。これはアメリカにおける「裁量免責」の法理などの存在を意識したものであったが、イギリスについては、過ちを重ねたようで、さらに修正が必要である。また、アメリカについても、植村栄治『米国公務員の不法行為責任』（有斐閣・1991年）13頁、50頁、93頁、

147頁、157頁の「代位支払」に関する指摘に照らして「名誉回復」が必要かも
しれない。

第3編　行政処分と法規命令

第1章　行政処分における考慮事項

一　はじめに

　本章は、原告適格論と裁量統制論の接点として「行政処分における考慮事項」が位置づけられるという仮説[1]を、鞆の浦埋立免許差止訴訟[2]（以下、単に「鞆の浦訴訟」という。）を素材に検証しつつ、行政訴訟制度改革後の「判例理論」の理解および適用の仕方について若干の試論を提示することを目的とする。

　素材として鞆の浦訴訟を取り上げるのは、一審判決が「景観利益」を原告適格の基礎づけとして認めるとともに、「景観利益」の考慮を重視して裁量統制を行い、原告勝訴という思い切った結論を導いて注目されたこと、しかし、その理由づけを検討すると、従来の「判例理論」との整合性という観点からは疑問も残ることによる。

　以下、まず、原告適格および裁量統制に関する従来の「判例理論」の判断枠組みを簡単に整理し（二）、次に、それらを鞆の浦訴訟に適用するときにどのような問題が生じるかを分析し（三）、最後に若干の感想を付加する（四）ことにしたい。

二　従来の「判例理論」

（1）　原告適格論

　いわゆる「第三者の原告適格」について最高裁判所が採用している基本的枠組みは、著者の理解するところ[3]、以下のとおりである。

　第1に、原告適格を基礎づけるのは、「実体法上の権利利益」である。最判昭和53年3月14日民集32巻2号211頁（ジュース表示事件）は、「当該処分により自己の権利若しくは法律上保護された利益を侵害され又は必然的に侵害されるおそれのある者」と表現しており、これがその後の判例

でも踏襲されている。

　第2に、原告適格を基礎づけるのは、「行政法規によって保護された権利利益」であることから、理論上は「私法上の権利利益」と対置される「公法上の権利利益」である。この点は、判決文の中では必ずしも明示されていないが、「法律上保護された利益」と「反射的利益」との区別は、ドイツの「公権論」から受け継がれたものであり、判例の採用するいわゆる「法律上保護された利益説」＝「処分要件説」がドイツにいう「保護規範説」（Schutznormtheorie）に相当するとされている[(4)]ことから、論理的には動かしがたいところであろう。ちなみに、「法律上保護された利益」は、元来は「法的に保護された利益」と同じドイツ語（rechtlich geschüztes Interesse）の訳語で、広義の「権利」を意味する。

　第3に、原告適格を有する者の範囲については何らかの限定が必要である。すなわち、最判昭和57年9月9日民集36巻9号1679頁（長沼ナイキ事件）等が述べるように、当該処分権限の行使について制約を課している「行政法規」が、「一般的公益」の中に吸収解消されない「個々人の個別的利益」を保護する趣旨を含むかどうかが問題とされるので、誰もが原告適格を有する結果をもたらすような解釈はとれない。

　第4に、いわゆる環境行政訴訟など「処分の相手方」の行う事実的な活動により「侵害」が生じると主張される類型[(5)]においては、原告適格を有する者の範囲についての「画定」が必要であり、主として地理的な「線引き」がなされることになる[(6)]。

　この点、塩野宏教授[(7)]は、第2・第3の作業を「カテゴリーとしての切り出し」、第4の作業を「具体的な原告の範囲の切り出し」と呼び、判例が「二段階の切り出し作業」を行っていると整理している。

　そして、第4の「原告適格を有する者の範囲の画定」の手法としての地理的な「線引き」について、最高裁判所は、「被害の程度」に着目しつつ、以下のような表現を用いてきている（下線著者）。

　最判平成元年2月17日民集43巻2号56頁（新潟空港事件：以下「新潟平成元年最判」という。）：「当該免許に係る路線を航行する航空機の騒音によって社会通念上著しい障害を受けることとなる者」

最判平成 4 年 9 月 22 日民集 46 巻 6 号 571 頁（もんじゅ訴訟：以下「もんじゅ平成 4 年最判」という。）：「原子炉施設周辺に居住し、右事故等がもたらす災害により直接的かつ重大な損害を受けることが想定される範囲の住民」

最判平成 9 年 1 月 28 日民集 51 巻 1 号 250 頁（川崎市開発許可事件：以下、「開発許可平成 9 年最判」という。）：「がけ崩れ等による被害が直接的に及ぶことが想定される開発区域内外の一定範囲の地域の住民」

最判平成 13 年 3 月 13 日民集 55 巻 2 号 283 頁（山岡町林地開発許可事件）：「開発行為によって起こり得る土砂の流出又は崩壊、水害等の災害による直接的な被害を受けることが予想される範囲の地域に居住する者」

最判平成 14 年 1 月 22 日民集 56 巻 1 号 46 頁（千代田生命総合設計許可事件）：「建築物の倒壊、炎上等により直接的な被害を受けることが予想される範囲の地域に存する建築物に居住し又はこれを所有する者」

最判平成 14 年 3 月 28 日民集 56 巻 3 号 613 頁（桶川市総合設計許可事件）：「建築物により日照を阻害される周辺の他の建築物の居住者」

そして、行政訴訟制度改革後の最判平成 17 年 12 月 7 日民集 59 巻 10 号 2645 頁（小田急高架訴訟：以下、「小田急平成 17 年最判」という。）も、「都市計画事業の事業地の周辺に居住する住民のうち、当該事業が実施されることにより騒音、振動等による健康又は生活環境に係る著しい被害を直接的に受けるおそれのある者」という形で限定を加えている。

（2）　**裁量統制論**

裁量統制に関しては、原告適格と比較して、従来の「判例理論」を語ることはより難しいと思われる。というのは、裁判所が行政庁の処分権限の行使をどのように統制すべきかが、①そもそも裁量が認められているのか、②その裁量の広狭はどの程度か、③裁量が認められている趣旨は何か、などに依存するからである。

この点につき、たとえば、川神裕裁判官[8]は、最判昭和 53 年 10 月 4 日民集 32 巻 7 号 1223 頁（マクリーン事件）の〈法が処分を行政庁の裁量に任せる趣旨、目的、範囲は各種の処分によって一様ではなく、これに応じて裁量権の範囲を超え又はその濫用があったものとして違法とされる場合もそれぞれ異なるものであり、各種の処分ごとにこれを検討しなければなら

ない。〉という判示を引用しつつ、〈裁量権の範囲（幅）・内容は、各処分ごとに、その根拠法規についての裁判所による法律解釈によって判断される〉としているところである。

そこで、このような考え方を厳格に貫く場合には、鞆の浦訴訟における裁量統制の在り方は、公有水面埋立法2条に基づく免許に関する「判例」がある場合にはそれを出発点とし、ない場合には下級審の裁判例を参考に探求されるほかないことになる。

他方で、裁量統制論に関して、ある程度の類型化が可能であり、「判例理論」においてもそのような類型化に沿ったものが形成されつつあると考える立場もある。

すなわち、学説においては、裁判所の統制密度を3段階に分けるという説明がみられるところである。たとえば、小早川光郎教授の教科書[9]には「中程度の審査」というカテゴリーがみられるが、これは、「統制の程度」という観点から、裁量統制、すなわち裁量が認められる場合の審査の仕方を「最小限審査」と「中程度の審査」という2つの類型に区別するものである。第1の類型である「最小限審査」は「社会観念審査」とも呼ばれるが、その対極に裁量が認められない場合の「（実体的）判断代置型」の統制（＝「最大限審査」）という第3の類型が置かれるので、第2の類型はその中間に位置づけられるわけである[10]。また、高橋滋教授は、1999年の論稿[11]で、〈過去の最高裁判例を子細に検討すると、限定的な審査方式を採用するものの、伝統的な裁量濫用審査方式（「社会通念上著しく妥当を欠」くか否かの基準）よりも厳格な裁判審理の方式（「合理性の有無」）を要件面に関する行政判断の統制に用いるものが、右の判決（伊方上告審判決：引用者注）以外にも存在することが確認できる〉と指摘し、最判昭和35年7月21日民集14巻10号1811頁および最判昭和48年9月14日民集27巻8号925頁をその例として挙げていたところである。

さらに、山本隆司教授は、2006年の論稿[12]で、最高裁判所は事案により「著しさの統制」と「論証過程の統制」という2つの統制の方法を用いていると分析している。この2つは、以下の説明にみられるように、上記の「統制の程度」からみた2つの類型にほぼ対応する[13]。

第1の「著しさの統制」とは、最判昭和52年12月20日民集31巻7号1101頁（神戸税関事件）および最判昭和53年10月4日民集32巻7号1223頁（マクリーン事件）が採用した方法で、統制密度の低いものである。そこでは、裁判所は行政庁の「判断が全く事実の基礎を欠く」場合と「社会通念上著しく妥当を欠く（ことが明らか）」な場合に限って、それを違法と断じることができる。

第2の「論証過程の統制」とは、最判昭和44年7月11日民集23巻8号1470頁（旅券発給拒否事件）で示唆され、最判昭和48年9月14日民集27巻8号925頁（公務員分限事件）で明確に示されたものである。そこでは、裁判所は、行政庁が〈考慮すべき事項を考慮せず、考慮すべきでない事項を考慮するとか、また、その判断が合理性を持つ判断として許容される限度を超えて不当なものであるとき〉には、違法とすることができるのであり、第1の方法より統制密度が高いものである。さらに、最判平成4年10月29日民集46巻7号1174頁（伊方原発訴訟）、最判平成5年3月16日民集47巻5号3483頁（第一次教科書検定事件）および最判平成9年8月29日民集51巻7号2921頁（第三次教科書検定事件）は、この方法を、裁判所は〈行政の調査・審議・判断の過程に看過しがたい過誤欠落があるために、決定が合理性を欠くかどうか〉を審査すべきものと定式化している。

さて、本章にとって重要なのは、以上のような「類型化」という整理とは別に、「判断過程統制手法の拡張的活用」という指摘がみられることである。

すなわち、橋本博之教授[14]によれば、〈近時の判例・裁判例は、行政決定に係る意思形成過程の適否に着目した判断過程統制手法を急速に発展させ、一定の場合に行政裁量に係る審査密度を高めるという傾向を有している。他方、近時の判例・裁判例の展開には、伝統的な行政法学説が用意していた行政裁量論の枠組みでは十分に整理できない部分があり、行政裁量に関する理論的枠組みの溶融化現象と、裁判実務上の判断過程統制手法の拡張的活用が同時進行するという状況が看取される。〉のである。

かくして、冒頭に述べたように、裁量統制論に関しては、従来の「判例理論」を語ることは難しいといわざるを得ない。「審査密度」の観点から

みると、裁量統制に少なくとも2段階があることは確かであるが、そのような「類型化」における「中程度の審査」には、さまざまなものが含まれる（「最小限審査」においても微妙な相違が認められる）からである。また、学説の理解も統一には程遠い段階にある。したがって、橋本教授が指摘する[15]ように、「中程度の審査」をひとつのカテゴリーとして認識することは必ずしも適当ではないと考える。かくして、以下の分析および鞆の浦訴訟で採用されるべき裁量統制の手法についての言明は、性質上「試論」ということになる。

三　鞆の浦訴訟への適用

（1）　原告適格論

（a）　一審判決の問題点

鞆の浦訴訟一審判決は、鞆町に居住している者に「鞆の景観による恵沢を日常的に享受している者」であることを理由に原告適格を一律に認めた。この結論は、学界では概ね好意的に受け止められたようである[16][17]。しかしながら、著者は、一審判決の「原告適格論」は、従来の「判例理論」との整合性という観点から疑問が残り、また、地理的な「線引き」の困難性を示しているものであると考える。

鞆の浦訴訟のようないわゆる「第三者の原告適格」という類型において、行政訴訟制度改革後は、行政事件訴訟法9条2項の「解釈指針」、すなわち「考慮事項」を手掛かりとした判断がなされるべきことになる。そして、行政訴訟制度改革は、原告適格について、従来の「判例理論」に根本的な変更を加えることはしないが、「実質的にその範囲を拡大する」趣旨であるとされている[18]。

したがって、鞆の浦訴訟において「景観利益を主張する者」に原告適格が認められるかどうかを判断するにあたっても、行政訴訟制度改革前に蓄積された「判例理論」の基本的枠組み、すなわち「法律上保護された利益説＝処分要件説＝保護規範説」という枠組みを出発点としなければならないと考えられる。そこでは、「景観利益」という「考慮事項」が「処分要件」のなかでどのように位置づけられているかという形で問題が立てられ

なければならないのである。

　また、他方で、その際に忘れてはならないのは、従来の裁判例において「第三者の原告適格」が否定されたもののなかには、行政訴訟制度改革の趣旨からみて是認されないものもあることである。そこで、それらについては見直しがなされるべきであり、最高裁判所の否定例がある場合には、「判例変更」を促すような下級審の積極的な判断が望まれるところである[19]。そして、公有水面埋立免許に関する先例である、最判昭和60年12月17日判時1179号56頁（伊達火力事件：以下「伊達火力最判」という。）は、まさにそのような見直しがなされるべきもののひとつであり、後に述べるように、少なくとも、鞆の浦訴訟にはその射程は及ばないと考える。

　従来の「判例理論」との関係で、一審判決はどのように評価されるであろうか。判決の理由づけを読むと、原告適格の判断枠組みについての冒頭[20]では、従来の「判例理論」に従うことを表明しているかのようである。すなわち、「小田急平成17年最判」を参照しつつ、二の（1）で整理した第1点および第2点に相当する定式が示され、行政事件訴訟法37条の4第4項、9条2項が引用されている。しかしながら、ここでは二の（1）で整理した第3点および第4点に相当する部分への直接的な言及は見られない。

　他方で、一審判決は、「景観利益」が原告適格を基礎づけるとするにあたって、最判平成18年3月30日民集60巻3号948頁（国立マンション事件：以下「国立平成18年最判」という。）を出発点としている。そして、「美しい風景としての価値にとどまらず、全体として、歴史的、文化的価値をも有するもの」、すなわち「全体としての景観」を「鞆の景観」と呼び、〈この鞆の景観がこれに近接する地域に住む人々の豊かな生活環境を構成している〉としている[21]。

　しかしながら、「国立平成18年最判」は、「私法上の権利利益」としての景観利益の扱いについての判断を示したものにとどまるので、当然のことながら、「公法上の権利利益」が問題となる原告適格の判断について直接的な手掛かりとなるものではない。

　これに対して、「伊達火力最判」は、昭和48年法律第84号による改正

前の公有水面埋立法4条には、〈当該公有水面の周辺の水面において漁業を営む者の権利を保護することを目的として埋立免許権又は竣工認可権の行使に制約を課している明文の規定はなく、また、同法の解釈からかかる制約を導くことも困難である〉という判断を示していたところである。したがって、鞆の浦訴訟においては、まず、「伊達火力最判」の射程が及ぶのかが明らかにされなければならないはずであるが、一審判決にはこれについての言及は見られないのである。

(b) 行政庁側の主張の問題点

この点、行政庁側は、昭和48年の法改正後も、「伊達火力最判」の公有水面埋立法の趣旨解釈が妥当するとしてきたように思われる。すなわち、4条1項の2号・3号に「環境保全」や「災害防止」という文言が挿入されても、それは「一般的公益の保護」という趣旨に過ぎないというのである。

しかしながら、このような解釈は疑問であり、少なくとも、行政訴訟制度改革の趣旨には合致しない。都市計画事業認可に関しては、最判平成11年11月25日判時1698号66頁（環状6号事件）が、「小田急平成17年最判」によって明示的に判例変更されている。そこで、本来、「処分要件」のなかで「考慮事項」として位置づけられている「環境保全」は、性質上「個々人の個別的利益」を保護する趣旨をも含むものと考えるべきであったと思われる[22]。また、少なくとも、改正後の公有水面埋立法4条において「環境保全」という文言が挿入されていることは、「個々人の個別的利益」を保護する趣旨の側に「推定」をもたらすものと解釈されなければならない。したがって、行政庁側が主張し、鹿児島地判昭和60年3月22日行集36巻3号335頁（志布志湾事件）など初期の裁判例[23]が採用していたような解釈、すなわち4条3項にいう「その公有水面に関し権利を有する者」（＝「漁業権者」など5条に列挙されている者）以外には誰も原告適格を有する者がいないという解釈は、本来とるべきではなかったのであり、また、少なくとも「小田急平成17年最判」の趣旨に反するというべきであろう[24]。

（c）「景観利益」における「線引き」

　そこで、鞆の浦訴訟で重点的に検討されるべきは、「環境保全」に「景観保全」を読み込めるのか、そして、「景観利益」との関係で「原告適格を有する者の範囲の画定」の問題をどのように考えるのかであると思われる[25]。

　「景観」が「環境」に含まれるかについては、確かに、従来の裁判例の傾向からすれば、カテゴリカルに否定するのが「素直」とも考えられる。「環境保全」は主として「生命、身体、健康」という法益への侵害との関連で意識されてきており、「景観」や「文化財」はこれらの法益とはかかわりが薄いからである。

　しかしながら、行政事件訴訟法9条2項の指針は、「考慮事項」を手掛かりとするもので[26]、ある利益を保護すべきかどうかを考えるにあたっては、「利益の内容及び性質」を考慮すべきこと、「利益の内容及び性質」を考慮するにあたっては、「処分が違法になされた場合に害されることとなる利益の内容及び性質並びにこれが害される態様及び程度」をも勘案することを指示している。

　そこで、景観利益についても、その具体的な「内容及び性質」ないしその「害される態様及び程度」によっては、保護すべきとされることがあるとも考えられる。利益の種類によるカテゴリカルな割り切りではなく、「被害の程度」と相関させた「柔軟」な判断が要請されていると思われるからである。先に見た「国立平成18年最判」のメッセージはこのように受け止めるべきであろう。

　そこで、先に指摘したように、4条1項2号・3号の「環境保全」の中には、「個々人の個別的利益」が含まれると考えると、2号・3号の「環境保全」の中には「私益としての景観利益」の保護が含まれる余地があるということになりそうである。この点は、鞆の浦訴訟に関して公有水面埋立法の関係法令となっている「瀬戸内海環境保全特別措置法」[27]においては、「環境の保全」は、「自然景観の保全」を含む広義の概念であり、同法3条に基づく「基本計画」および4条に基づく「府県計画」には「自然景観の保全」に関するものが含まれ、また、埋立免許に関して「特別の配慮」を

求めている 13 条に基づく「基本方針」においては、「自然環境」に、「生物生態系、自然景観及び文化財」が含められ、埋立免許に当たっては、これらへの「影響の度合いが軽微であること」の確認が求められていることからも裏付けられる。

原告の主張は、公有水面埋立法 4 条 1 項 1 号の「国土利用上適正かつ合理的なること」という要件の中に、「景観利益」への配慮を読み込み、それによって同時に原告適格の基礎づけとしているとも理解できる[28]。この点は、理論的に一貫しないのではないかという疑問がある。しかし、原告の主張の結論部分は、〈本件公有水面の周辺に居住する住民のうち本件埋立が実施されることにより景観利益に係る<u>著しい被害</u>を<u>直接的</u>に受けるおそれのある者（下線著者）〉および〈当該地域に勤務し、そこで長時間を過ごす者〉は原告適格を有するというもので、「小田急平成 17 年最判」を意識したものであろう。そこでこの前半部分は、「被害の程度」によって地理的な「線引き」が相当になされるのであれば、「判例理論」との整合性は保たれていると見る余地がある。かくして、原告が「個々人として享受」している限りでの「鞆の景観」がどのようなものであるのか、それが「本件埋立」ないし「本件事業」によってどのように「侵害」されるのかが明らかにされる必要があると思われる[29]。また、「私益としての景観利益」を 4 条 1 項 2 号・3 号の「考慮事項」として読み込むことが可能であるとしても、そこでいう「景観利益」は、一審判決が重視した「国民的価値を有する景観」とは、一部共通する要素があるとしても、性質を異にするものとならざるを得ないと思われる。というのは、「私益としての景観利益」は、その実体を分析すると、おそらく「眺望権」的な利益、「人格権」的な利益、あるいは「営業権」的な利益に分解されるからである。

なお、一審判決が「景観利益を享受する者」の原告適格を基礎づけるために着目した規定は、公有水面埋立法 3 条 3 項の「意見提出権」、瀬戸内法 13 条 1 項、公有水面埋立法 4 条 1 項 3 号の 3 つであるが[30]、2 つめと 3 つめは、善解すれば、「環境保全」という考慮事項を手掛かりにするものとして、先に述べた考え方から支持できる余地がある。

以上のような考察によれば、一審判決の原告適格論の最大の弱点は「画

定」の問題を実質的に回避している点であるということになる。というのは、先の二の（1）で整理した第4点に関しては、〈原告らのうち、どの範囲の者が上記景観利益を有するものといえるか〉という問題設定をすることによって、一応は検討する形をとっているものの、〈鞆町は比較的狭い範囲で成り立っている行政区画であり、その中心に本件湾が存在することからすれば、鞆町に居住している者は、鞆の景観による恵沢を日常的に享受している者であると推認されるから、本件埋立免許の差止めを求めるについて法律上の利益を有する者であるといえる。〉[31] としているからである。

　この部分に対しては、地理的な「線引き」が名目的なものにとどまっているという批判が想定されるところである。確かに、原告は、〈個々の原告の居住地から埋立工事による構築物が見えるか否か、直接眺望侵害等何らかの被害を受けるか否かによって左右されるものではない〉とも主張していた。そこで、「幼少時の原風景」というように心だけが決めてとなると、「被害の程度」は現在の居住地には関わらないことになってしまうという問題がある。

　ただ、鞆町に居住している者に一律に原告適格を認めた一審判決のこの部分は、「線引き」の問題も実は、本来的には「判例政策」に委ねるほかない性質のものである[32] ことをも踏まえて評価しなければならないように思われる。一審判決が原告適格を認めた範囲は、仮の差止決定が認めた「歴史的町並みゾーン」590 ha の区域[33] よりも更に広いもので、従来の判例理論における「線引き」の問題を意識した原告の「苦心の構成」を杞憂とするような「鷹揚さ」が感じられる面もある。しかし、もんじゅ訴訟において、最高裁判所が、原子炉からの距離20 km で「線引き」をした原審の判断を「社会通念」に反するとして否定し、58 km までの原告全員の原告適格を認める「鷹揚さ」を示したことが想起されるべきであろう。その意味では、判例政策によって原告適格を決することが「正義」にかなうという「法的保護に値する利益説」の発想は全面的には排除できないのであり、「法律上保護された利益説」＝「保護規範説」＝「処分要件説」が強く機能するのは、塩野教授の指摘する「二段階の切り出し作業」のうち、

第一段階の「カテゴリーとしての切り出し作業」に限られるとみるべきであろう[34]。

（2） 裁量統制論

（a） 一審判決の問題点

鞆の浦訴訟一審判決の「裁量統制論」は、その理論的背景が必ずしも明確でなく、また、判断枠組みの設定の際の理由づけも十分にはなされていないという問題点が認められる。これは、景観利益という「考慮事項」が「処分要件」のなかでどのように位置づけられているかについて、従来の裁判例がほとんど答えていなかったことにもよると思われる。

一審判決は、本案の争点に関する判断の冒頭[35]で〈公水法４条１項１号は、広島県知事が本件埋立免許をするについて、それが「国土利用上適正且合理的」であることを要件としている。これは羈束裁量行為といえるものであるから、公水法は、本件埋立免許が上記要件に適合しているか否かの判断について、広島県知事に対し、政策的な判断からの裁量権を付与しているものと解される。〉としている。

ここで気になるのは、行政庁である知事の免許権限について、①そもそも裁量が認められているのか、②その裁量の広狭はどの程度か、③裁量が認められている趣旨は何かが明らかにされていない点である。

すなわち、まず、行政事件訴訟法30条にいう「裁量処分」とは、「実体的判断代置方式」による審査が及ばないものを指す。他方で、伝統的な行政法理論における「羈束裁量行為」という概念は「自由裁量行為」と対置されたものであり、「羈束裁量行為」は、現在の用語ではそもそも「裁量処分」ではなく、「実体的判断代置方式」による審査がなされる、というのが現在の行政法学の教科書的理解[36]であるからである。

次に、公有水面埋立法４条は、各号において埋立免許の「要件」を定めており、本件において知事が免許をなすためには、「国土利用上適正かつ合理的なること」（1号）だけではなく、「その埋立が環境保全及び災害防止につき十分配慮せられたるものなること」（2号）、「埋立地の用途が土地利用又は環境保全に関する国又は地方公共団体（港務局を含む。）の法律に基づく計画に違背せざること」（3号）および「埋立地の用途に照らし公

共施設の配置及び規模が適正なること」(4号)についても、基礎となる事実を認定し、それらの事実を要件にあてはめるという作業が必要となる。そして、このような作業のすべてについて、裁判所が「実体的判断代置方式」による審査をすべきであるという解釈はとりがたいところである。

そこで、一審判決も、その点は当然の前提として、知事には「政策的な判断からの裁量権」が付与されているとの結論をとっていると思われる。ただ、判決の文言からは、それが1号要件に関するものに限られる趣旨であるのかが明確でないのである。本来であれば、「処分要件」のそれぞれにつき、「要件裁量」が認められるのか、認められる場合には、どのような趣旨でどの程度の広さの裁量が認められるのかが明らかにされてはじめて、どのような統制方法がとられるべきかが決まるのであるが、残念ながら、鞆の浦訴訟の一審段階ではこれがなされていない。

また、一審判決は知事に付与された裁量権の範囲を「狭い」ものと考えているようであるが、その根拠が十分に示されていないと思われる。

一審判決は、瀬戸内法に言及したのち、〈したがって、広島県知事は、本件埋立免許が「国土利用上適正且合理的」であるか否かを判断するに当たっては、本件埋立及びこれに伴う架橋を含む本件事業が鞆の景観に及ぼす影響と、本件埋立及びこれに伴う架橋を含む本件事業の必要性及び公共性の高さを<u>比較衡量の上</u>、瀬戸内海の良好な景観をできるだけ保全するという瀬戸内法の趣旨を踏まえつつ、<u>合理的に判断すべき</u>であり、その判断が不合理であるといえる場合には、本件埋立免許をすることは、裁量権を逸脱した違法な行為に当たるというべきである。〉[37]としている(下線著者)。

これは「比較衡量の統制」ともいうべき判断枠組みを示すものであるが、それが裁量権の「広狭」についてどのような理論的考え方を背景とするかが不明確で、かつ、本件でそのような判断枠組みをとる根拠づけがなされていないことから、結論のみを示すものになっている。

そこで、以下は一審判決の意図の推測となるが、おそらく、土地収用法に基づく事業認定における行政庁の裁量権の範囲と公有水面埋立法に基づく埋立免許における行政庁の裁量権の範囲を同一と考え、前者の「裁量統制」に関する下級審裁判例の枠組みを本件にも「転用」しようとしたもの

216 第3編 行政処分と法規命令

であろう。

　この点は、埋立免許処分に関する最高裁判所の先例がないために、やむを得ない面があるが、著者には、結果的に、埋立免許権者の有する裁量権の範囲を必要以上に「狭い」ものとしているように思われる。

　というのは、本件で先例として、まず参考とされるべきは、高松高判平成6年6月24日判タ851号80頁（織田が浜事件差戻控訴審：以下「織田が浜判決」という。）の以下のような判断枠組みであり、これは一審判決が想定しているものと比べると、ある程度「広い」裁量を認めるものと読めるからである（下線著者）。

　〈埋立法4条1項1号にいう「国土利用上適正かつ合理的」であるか否かの判断は、埋立免許権者の全くの自由裁量によるものではないが、その文言及び事項の性質上当該埋立が国土利用上公益に合致する適正なものであることを趣旨とするものであるから、免許権者は、特に本件のように瀬戸内海の自然海浜を埋め立てる場合においては、国土利用上の観点からの当該埋立の必要性及び公共性の高さと、当該自然海浜の保全の重要性あるいは当該埋立自体及び埋立後の土地利用が周囲の自然環境に及ぼす影響等とを比較衡量のうえ、諸般の事情を斟酌して、瀬戸内海における自然海浜をできるだけ保全するという瀬戸内法の趣旨をふまえつつ、合理的・合目的的に判断すべきものであり、そこには、政策的判断からする埋立免許権者の裁量の余地を許容しているが、その判断が埋立免許権者に与えられた右の如き覊束的な裁量の限界を超えた場合、本号に違反し、違法となるものと解するのが相当である。〉

　ここでは、「覊束的な裁量」という表現も用いられているが、「諸般の事情を斟酌して……合理的・合目的的に判断すべき」という部分に重点があり、「政策的判断からする……裁量」というものがある程度「広い」ものであることが想定されていると読むべきなのである[38]。

　これに対して、一審判決が依拠したと推測されるのは、東京高判昭和48年7月13日行集24巻6=7号533頁（日光太郎杉事件：以下「日光太郎杉判決」という。）の判断枠組みである[39]。

　すなわち、「日光太郎杉判決」は、「判断過程の実体的統制」という手法

第1章　行政処分における考慮事項　*217*

で有名なものであり、原告が同判決を援用していたことから、一審判決が、同判決の統制手法を「転用」して、「比較衡量」を行う「政策的判断」の「合理性」を問題にしたという理解は十分可能であろう[40]。

　(b)　公有水面埋立法の条文構造

　しかしながら、そのような「転用」が正当かどうかは別の問題である。というのは、①行政庁にそもそも「要件裁量」が認められているのか、②その裁量の広狭はどの程度か、③裁量が認められている趣旨は何かは、当該行政処分の根拠規定の条文構造上の位置づけに即して判断されるべきであり、公有水面埋立法の条文構造は土地収用法のそれとはかなり異なるからである。

　土地収用法20条3号の「土地の適正且つ合理的な利用」と公有水面埋立法4条1項1号の「国土利用上適正且合理的」は、確かに、文言は類似している。しかし、それぞれの「処分要件」のなかの位置づけをみると、土地収用法は20条の3号要件のなかで、収用される土地を「事業」に利用することによって得られる利益（公益）の他に、収用されることによって生じる不利益（私益）を考慮するほかない構造になっている。これに対して、公有水面埋立法は、4条の3項のほか、4条1項2号・3号においても埋立がなされることによって生じる不利益（私益）を考慮できる構造になっているのである。

　「日光太郎杉判決」は、土地収用法20条に基づく「事業認定」についての行政庁の裁量権の統制に関わるものである。そこで、その3号要件たる「事業計画が土地の適正且つ合理的な利用に寄与するものであること」（および4号要件「土地を収用し、又は使用する公益上の必要があるものであること」）の判断について「要件裁量」を肯定する場合にも、その趣旨は、起業者に「収用特権」を付与するという「事業認定」の法的性格に即して理解されなければならないのである。

　すなわち、同判決が、3号要件の認定判断について行政庁に認められる裁量権の範囲を「狭い」ものと理解し、その裁量統制の手法が、多くの論者によって好意的に評価されているのは、そこで「みだりに土地所有権等を剥奪しないよう慎重な考慮をすべき義務」（＝「侵害」を必要最小限のものに

とどめる義務）が行政庁に課せられていることが背景にあると思われる。換言すれば、そこでは、「事業認定」が「収用裁決」の前提となる行為であること、すなわち、間接的ではあるが、高い蓋然性を持って「土地所有権」という「絶対的権利」に対する「収用」（＝「剥奪」）という典型的かつ強度の「侵害」をもたらすものであることが重視されているのである。

　そこで、著者は、土地収用法と公有水面埋立法はその構造を異にしていることから、「日光太郎杉判決」の基準を本件に「転用」することはできず、また、「織田が浜判決」の基準も公有水面埋立法の構造に照らして疑問が残るものであったと考える。

　そして、以下は試論であるが、鞆の浦訴訟で、「個々人の個別的利益としての景観利益の侵害」を主張する場合には、4条1項1号違反ではなく、4条1項2号および3号違反が問題とされるのが筋ではないか[41]と考える。すなわち、本件埋立自体により、「原告が享受している」限りでの「5つの港湾土木遺産」ないし「全体としての港湾の景観」に関する利益が「侵害」され、かつその程度が「軽微」ではないので、2号にいう「埋立が環境保全につき十分配慮」されていないことになり、また、本件埋立そのものとは一応別ではあるが、「本件事業」の不可欠の要素である「架橋」によって「原告が享受している」限りでの「全体としての港湾の景観」に関する利益が「侵害」され、かつその程度が「軽微」ではないので、3号にいう「埋立地の用途が環境保全に関する国及び県の法律に基づく計画」に違反しているという主張であれば、一応筋は通っていることになろう。

　これに対して、4条1項1号においては、様々な「一般的公益」を比較衡量すべきものと読むべきであり、そこでの要件該当性に関する免許権者の判断は、性質上、裁判所による尊重の度合いがより高いのではないかと思われる。一審判決が指摘する「瀬戸内法等が公益として保護しようとしている景観」の価値を、観光業を含む産業の振興という「一般的公益」等との関係でどの程度重視すべきかは、ある程度「広い」裁量に委ねられるというべきではなかろうか。

　さきにみたように、原告適格を基礎づける「権利又は法律上保護された利益」は「行政法規によって保護された私人の個別的利益」すなわち「私

益」の一種である。行政庁が裁量権の行使にあたって考慮すべき事項は、その根拠法規を基準に決まると考えるべきであるが、明文の指示または解釈によって考慮すべき事項であるとされる場合においても、それが「一般的公益」として考慮事項とされるときと、「私益」として考慮事項とされるときがあるのではないか。そして、知事の有する「裁量権の範囲の広狭」および「判断過程の合理性」を検討する場合にも、「一般的公益としての景観利益」と「私益としての景観利益」を区別して論じる必要があるのではないか。「一般的公益としての景観利益」と「私益としての景観利益」は、共に理論上は「公法上の権利利益」であるが、前者は「一般的公益」であって、直接には個々人には帰属しないというのが「判例理論」の枠組みであるからである。

　かくして、どの程度「一般的公益としての景観利益」を重視すべきかについての裁量の幅は、どの程度「私益としての景観利益」を重視すべきかについての裁量の幅とは異なるのであり、一般論としては、「一般的公益」と「一般的公益」の利益衡量についての裁量の幅は「広い」と考えるべきであると思われる。

　　(c)　「行為規範的統制」への純化

　さて、他方で、被告広島県は、知事に付与された裁量権の範囲は「広範な」ものであり、「社会観念審査」にとどめるべきであるとの立場をとっている。また、控訴理由書でも、最判平成18年11月2日民集60巻9号3249頁（小田急訴訟本案：以下、「小田急平成18年最判」という。）の示す裁量審査基準が妥当するという立場が維持されている。

　しかしながら、「小田急平成18年最判」は、直接には都市計画決定という、専門技術的・政策的な見地からの多様な利益の調整が必要とされ、性質上「内容形成の自由」を広く認めざるを得ない行為類型に関するものである。したがって、このような理論上の「計画裁量」[(42)]に関する裁量統制の手法ないし程度についての考え方は、ただちには、公有水面埋立免許処分のすべての要件に一律に妥当するわけではないと考えるのが穏当であろう。とりわけ、行政庁側が採用してきた、「環境保全」は「一般的公益」としてのみ考慮されるという解釈がとれず、また、「侵害される私益」に

ついての配慮が十分であるかどうかが、公有水面埋立法4条1項2号・3号の要件該当性として裁判所によって審査されると考える場合には、そこでの裁量審査基準は、いわゆる「中程度の審査」のいずれかとなる方が自然である。

　また、著者のみるところ、「小田急平成18年最判」の提示する裁量統制の手法は、「判断結果の統制」＝「社会観念審査」に帰着し、「判断過程の統制」を示すような部分はどちらかといえばレトリックにとどまっている[43]。

　かくして、これもまた試論にとどまるが、鞆の浦訴訟においては、「日光太郎杉判決」のような厳格な審査はふさわしくないが「小田急平成18年最判」の「転用」は4条1項1号の判断にとどめ、4条1項2号・3号違反が問題とされる場合には、「中程度の審査」手法のうち、「行為規範的統制」に純化したものを用いるのが適切ではないかと考える。ここでいう、「行為規範的統制」とは、行政庁がどのような「考慮」をどのような基準・手順で行うべきかについてのルール＝「行為規範」に従ったかどうかに着目する統制であり、言葉の本来の意味での「判断過程の統制」を意味する。すなわち、結局のところ「判断結果の統制」を行っているとみられる「日光太郎杉判決」のような「比較衡量の統制」ではなく、埋立免許処分の「処分要件」、ここでは瀬戸内法と一体となった法4条1項2号・3号の要件に即した、本来の「判断過程の統制」が要請されるのである。

　なお、仮に2号・3号要件の判断について「中程度の審査」を行うとしても、「行為規範」に反することが直ちに請求の認容をもたらすと考えるべきではないことにも留意が必要である。すなわち、最判平成4年10月29日民集46巻7号1174頁（伊方）が述べたように、行政庁の判断過程に「看過し難い過誤・欠落」があり、それが「結論に影響を与えた具体的可能性があるようなものである」場合に限って、裁量権の逸脱・濫用として処分を違法とすることが妥当であると思われる[44]。

　「比較衡量の統制」という手法は、「判断過程の統制」の一種ではあるが、「日光太郎杉判決」に対する批判[45]においてすでに指摘されてきたように、裁判所の価値判断を行政庁の価値判断より優先させることになりがちであ

るという欠点を構造的に有している。また、橋本博之教授が指摘するように、近時の最高裁判所は「判断過程の統制」を裁量統制の一般的手法と位置づけつつあるが、そのような「裁判実務上の判断過程統制手法の拡張的活用」も、同様に「隠れた実体的判断代置方式」となる危険性を秘めたものであるため、できる限り「行為規範的統制」への純化を心がけるべきであると思われる。

四　おわりに

　以上、本章では、未解明の問題に重点を置いて、もっぱら試論を提起するにとどまった。未熟なままの「判断過程」を表明し、「考慮不尽」を自白するということは、伝統的な学術論文では避けるべきとされたところであろう。

　しかし、「理論と実務の架橋」を目指す法科大学院の時代には、自己の理論的立場から「判例理論」を分析し、あるいは原理的な批判を加える[46]だけではなく、「判例理論」を前提としたアイデアを提供することによって、現場で未解明の争点と格闘されている下級審裁判官や訴訟代理人の方々をサポートする作業[47]も重要であると思われる。

　というのは、近時の行政訴訟はある意味では「活性化」しているものの、判決理由を読むときに「論証不足」を感じさせるものもかなり見受けられるからである[48]。そして、その原因のひとつとして「多忙な裁判官」のマニュアル依存という「仮説」が考えられるとしても、研究者の側も、実務の「使用に耐える」理論の提供を怠ってきたということについて反省しなければならないことは確かであろう。学術論文でもなく、判例評釈でもなく、また、意見書でもない本章が、藤山裁判官[49]が説かれる学者と実務家の「互いの交流」に寄与することを祈りつつ、本章をとじることにしたい。

【第1章注】
(1)　先駆的なものとして、芝池義一「行政決定における考慮事項」法学論叢116

巻 1-6 号 571 頁以下 (1985 年)、これに着目する近時のものとして、橋本博之
『行政判例と仕組み解釈』(弘文堂・2009 年) 113、173 頁参照。
(2)　広島地判平成 21 年 10 月 1 日判時 2060 号 3 頁。先行するものとして、仮の差
止めに関する、広島地決平成 20 年 2 月 29 日判時 2045 号 98 頁。
(3)　標準的な整理を示すものとして、塩野宏『行政法 II (第 5 版)』(有斐閣・
2010 年) 126 頁以下、判例に批判的な立場からの整理を示すものとして、阿部泰
隆『行政法解釈学 II』(有斐閣・2009 年) 145 頁以下参照。また、「小田急平成 17
年最判」後の下級審裁判例の動向の分析として、小澤道一「取消訴訟における周
辺住民の原告適格 (1) (2) (3) (4)」判時 2040 号 3 頁以下、2041 号 17 頁以下、
2043 号 31 頁以下、2044 号 3 頁以下 (2009 年) 参照。
(4)　橋本・前掲注 (1) 108 頁参照。
(5)　類型化という視点については、髙木光『事実行為と行政訴訟』(有斐閣・1988
年) 346 頁、同・後掲注 (6) 232 頁参照。
(6)　原子力訴訟における「線引き」について、髙木光『行政訴訟論』(有斐閣・
2005 年) 299 頁以下。「周辺住民モデル」についての最高裁判例の分析として、
橋本・前掲注 (1) 40 頁以下参照。
(7)　塩野・前掲注 (3) 137 頁。神橋一彦「取消訴訟における原告適格判断の枠組
みについて」立教法学 71 号 14 頁 (2006 年) は、「保護利益の判定」と「保護範
囲の画定」と表現している。なお、塩野・前掲注 141 頁注 (6) は、最判平成 21
年 10 月 15 日判タ 1315 号 68 頁 (サテライト大阪) が〈生活環境に関する利益は、
基本的には公益に属する利益というべきである〉として、「当該場外施設の設置、
運営に伴い著しい業務上の支障が生ずるおそれがあると位置的に認められる区域
に医療施設等を開設する者」に限って原告適格を肯定したことについて、「小田
急平成 17 年最判」の趣旨に反するものであるとしている。
(8)　川神裕「裁量処分と司法審査 (判例を中心として)」判例時報 1932 号 11 頁
(2006 年)。
(9)　小早川光郎『行政法講義　下 II』(弘文堂・2005 年) 197 頁。フランスにおけ
る「最小限の統制」「通常の統制」「最大限の統制」という 3 類型については、亘
理格『公益と行政裁量』(弘文堂・2002 年) 70 頁以下参照。
(10)　森英明「小田急平成 18 年最判解説」法曹時報 60 巻 10 号 3269 頁 (2008 年)
は、このような整理に従っているが、「羈束行為」概念の用法など多少気になる
点も見受けられる。
(11)　高橋滋「行政裁量論に関する若干の検討」『南博方先生古稀記念　行政法と
法の支配』(有斐閣・1999 年) 328 頁。なお、同「行政訴訟をめぐる裁判例の動
向と課題」法曹時報 59 巻 8 号 2519 頁 (2007 年) 以下参照。
(12)　山本隆司「日本における裁量論の変容」判例時報 1933 号 15 頁 (2006 年)。
(13)　同・16 頁は、本文のように整理したうえで、2 つの統制方法の関係について、

第1章　行政処分における考慮事項　*223*

第2の「論証過程の統制」を一般的な方法として捉え、第1の「著しさの統制」をその特殊な形態、バリエーションとして捉えるべきであるとの立場を表明しているが、この立場については異論も予想されるところであろう。

(14)　橋本博之・前掲注 (1) 145 頁。

(15)　同・154 頁。

(16)　橋本博之「行政事件訴訟法改正」法学教室 351 号 25 頁 (2009 年)、福永実『判例速報解説 6 号』(2010 年) 53 頁、大久保規子「最新判例演習室」法学セミナー 661 号 127 頁 (2010 年)、交告尚史「鞆の浦公有水面埋立免許差止め判決を読む」法学教室 354 号 7 頁 (2010 年)。

(17)　仮の差止めの申立てを結論としては却下した地裁決定に関して、北村喜宣『速報判例解説 3 号』(2008 年) 319 頁、福永実「自然・歴史的景観利益と仮の差止め」大阪経大論集 60 巻 1 号 65 頁 (2009 年)、阿部・前掲注 (3) 156 頁。

(18)　橋本・前掲注 (1) 107 頁。

(19)　髙木・前掲注 (6) 77 頁。

(20)　判時 2060 号 42 頁。

(21)　同 49 頁。

(22)　淡路剛久＝大塚直＝北村喜宣編『環境法判例百選』(2004 年) 185 頁 (岡村周一執筆) 参照。

(23)　髙木光「公有水面埋立と附近漁業者の原告適格」法学教室 58 号 98 頁 (1985 年)、福永・前掲注 (17) 72 頁参照。

(24)　従来の下級審裁判例においても、改正後の公有水面埋立法 4 条について、純粋に「一般的公益」の保護だけを目的とするものではないとするものが現われていたところである。すなわち、まず、佐賀地判平成 10 年 3 月 20 日判時 1683 号 81 頁 (佐志浜) は、4 条 1 項 2 号の「災害防止」については、個別的利益を保護する趣旨を認めている。ただし、同判決は、「開発許可平成 9 年最判」を引用しており、また、「生命、身体等に直接的かつ重大な被害を受ける蓋然性」という限定を用いることで、結論的には原告適格を否定している。そして、行政訴訟制度改革後も、(裁判所 WEB ページ参照) 松江地判平成 19 年 3 月 19 日裁判所 WEB ページ (「のり島の権利」) および広島高松江支判平成 19 年 10 月 31 日裁判所 WEB ページ (同控訴審) では同様のスタンスが維持されている。他方、大分地判平成 19 年 3 月 26 日裁判所 WEB ページ (「磯草の権利」) および福岡高判平成 20 年 9 月 8 日裁判所 WEB ページ (同控訴審) は、結論的には否定したものの、2 号の「環境保全」が原告適格を基礎づける可能性を認めている。

(25)　これは、塩野・前掲注 (3) 137 頁がいう「カテゴリーとしての切り出し作業」および「具体的な原告の範囲の切り出し作業」に相当する。

(26)　橋本・前掲注 (1) 95 頁以下参照。

(27)　北村・前掲注 (17) 319 頁は、公有水面埋立法と瀬戸内法のリンクを重視し

224 第3編 行政処分と法規命令

ている。また、小澤・前掲注（3）判時 2043 号 42 頁も同様である。

(28) 判時 2060 号 11 頁。

(29) 鞆の浦訴訟で直接争われている埋立免許の対象には、架橋部分は含まれていない。

(30) 判時 2060 号 49 頁。

(31) 同 50 頁。

(32) 髙木・前掲注（6）307 頁。

(33) 原告主張の「歴史的町並みゾーン」590ha は、「歴史的港湾ゾーン」43ha および「歴史的建造物・寺社ゾーン」35ha のほか、仙酔島などを含む。

(34) 神橋・前掲注（7）17 頁。また小澤・前掲注（3）判時 2044 号 10 頁は、山本隆司「原告適格 (1)」法学教室 336 号 70 頁（2008 年）を引用しつつ、原告適格は訴訟要件の問題であるから、その審理はある程度概括的なもので足りると考えるべきで、原告適格を認める地理的範囲も、「社会通念上相当程度の被害が生じると見込まれる範囲」とし、緩やかに、広めに設定すべきであるとしている。ただし、同・判時 2041 号 29 頁では、〈原告適格を行政区画によって決めるべき合理的理由は認め難い。〉としている。

(35) 判時 2060 号 51 頁。

(36) 芝池義一『行政法総論講義（第 4 版補訂版）』（2006 年）75 頁、塩野宏『行政法 I（第 5 版）』（2009 年）137 頁注 (4) 参照。

(37) 判時 2060 号 51 頁。

(38) 北村・前掲注（17）319 頁参照。

(39) 土地収用法 20 条に関する近時のものとして、東京地判平成 16 年 4 月 22 日判時 1856 号 32 頁（圏央道あきる野 IC）東京高判平成 18 年 2 月 23 日判時 1950 号 27 頁（同控訴審）東京地判平成 17 年 11 月 25 日判時 1919 号 15 頁（日の出町廃棄物処分場）東京高判平成 20 年 3 月 31 日判例地方自治 305 号 95 頁（同控訴審）がある。

(40) 北村・前掲注（17）319 頁は、本件は「日光太郎杉」の判断枠組みが用いられてよい事案であるとしていた。

(41) 小澤・前掲注（3）判時 2043 号 43 頁参照。

(42) ドイツにおける「過程の統制」に関する議論について、高橋滋『現代型訴訟と行政裁量』（弘文堂・1990 年）95 頁以下、トーマス・グロース「欧州的文脈におけるドイツの裁量論」判時 1933 号 5 頁以下、フランスにおける「費用便益衡量」型審査手法の展開に照らして「日光太郎杉判決」を分析するものとして、亘理・前掲注（9）258 頁以下参照。

(43) 森・前掲注（10）3272 頁参照。

(44) 髙木・前掲注（6）383 頁。

(45) 阿部泰隆『行政裁量と行政救済』（三省堂・1987 年）116 頁以下参照。川神・

第1章　行政処分における考慮事項　*225*

前掲注（8）15 頁も、否定的な評価をしており、藤山雅行編『行政争訟（新・裁判実務大系 25）』（青林書院・2004 年）239 頁（谷口豊執筆）も同様である。

(46)　たとえば、原告適格に関する「判例理論」自体については、「侵害思考の克服」という課題が指摘できる。髙木・前掲注（6）232 頁、大貫裕之「取消訴訟の原告適格についての備忘録」藤田宙靖博士東北大学退職記念『行政法の思考様式』（青林書院・2008 年）392 頁以下参照。

(47)　鞆の浦訴訟に関して、著者は広島県側から依頼を受けて意見交換を行ったが、本章は一審判決を批判することを目的とするものではない。

(47a)　2009 年 11 月に就任した湯崎英彦知事は計画の見直しを示唆し、控訴審では進行協議が繰り返されたが、2016 年 2 月には、原告側が訴えを取り下げ、広島県は免許申請を取り下げることによって、訴訟は終結した。

(48)　髙木光「行政訴訟の現状」公法研究 71 号 24 頁以下（2009 年）（＝本書第 1 編第 1 章に収録）参照。

(49)　藤山編・前掲注（45）はしがき参照。

第2章　法規命令による裁量拘束

一　はじめに

　本章は、健康保険法に基づく保険薬局指定処分を素材として、法規命令による規律が行政処分における「裁量権」にどのような影響を及ぼすか、とりわけ裁判所による逸脱濫用の有無の審査においてどのような意味を持つのかについて若干の考察を加えることを目的とする。

　以下、まず、保険薬局指定処分に関するある行政事件[1]の事案と一審判決[2]を簡単に紹介するとともに、著者の立場からみた一審判決の問題点を指摘（二）したのち、「行政裁量」の概念についての教科書的定義を確認しつつ、法規命令による規律が、裁判所による裁量統制にどのような影響を与えるとみるべきかを考察する（三）ことにしたい。

二　保険薬局指定拒否処分取消等請求事件

（1）　事案の概要

　事案は、簡略化[3]すると以下のようなものである。

　〈X会社は、A県B市の駅前の再開発ビルの一角で薬局を開設しようと計画し、A県知事から薬事法4条に基づく薬局開設の許可を受けた。そして、Xは、A県を管轄するK厚生局長Y（健康保険法施行規則第159条により大臣から権限が委任されている。）に対して、健康保険法第65条に基づく保険薬局の指定の申請を行った。

　これに対して、Yは、健康保険法に定める弁明の機会の付与および地方社会保険医療協議会への諮問の手続を踏んで、指定拒否処分を行った。指定拒否の理由としては、地方社会保険医療審議会の審議の結果、指定をしないとされたことのほか、①健康保険法第65条第3項第6号に該当すること、②保険薬局及び保険薬剤師療養担当規則第2条の3第1項第1号に該当すること、の2つが提示された。

　X会社が計画している薬局は、再開発ビルの1階に位置し、その入口は1から5階を占める病院の入口と並んでいる。しかし、両者の入口前の

スペースは、公道ではないものの、第三者が自由に通行できるようになっている。また、X会社は、A県内に既に30店を超える薬局を開設しており、病院とは経営的に全く関係がない。

さて、平成6年に追加された上記規則第2条の3第1項第1号にいう「保険医療機関と一体的な構造」であるかどうかの判断については、過去の事例を踏まえて、昭和57年に（旧）厚生省保険局医療課によって示された基準がその後も用いられており、たとえば、医療機関と薬局の建物または敷地が同一であっても、薬局の入口が「公道又はこれに準じる道路に面している」場合には「構造的独立性」が肯定されるものとされている。〉

この事案の背景として留意すべき点は、第1に、保険薬局の指定に関する法的規律が明確性を欠いていることである。すなわち、まず、「指定」という行為の法的性質そのものの理解も確立しているとはいえない。というのは、旧厚生省筋の解説書[4]では「公法上の契約」であるとの説明があり、被告側がそれを援用するのは「広範な裁量」が認められるという主張の基礎づけを狙っているともみられるからである。他方、保険医療機関の指定に関連して多くの裁判例がある[5]ことから、行政訴訟実務においては、「行政処分」であることは当然の前提とされているとみられる。本件においても、被告側が、原告の取消請求を却下せよ、などという抗弁を出しているわけではない。

したがって、本件で検討されるべきは、保険薬局指定申請に対して、Yがどのような判断過程によって諾否を決定すべきか、そして、それを裁判所が審査する場合に、どの部分に「裁量」を認め、それをどの程度尊重すべきものとされていると解すべきかである。

そこで、次に、健康保険法第63条[6]および第65条[7]の規定の仕方からは、それがどのような趣旨なのかが必ずしも明確ではないことが問題となる。

すなわち、被告行政庁側は、健康保険法全体の趣旨目的から、保険薬局の指定においては「広範な裁量」が認められるものとの立場をとっている。これに対して、原告側は、従来ある時期までは、薬事法に基づく薬局開設の許可を受けた薬局は、特に問題のない限り、いわば「機械的に」保険薬

局の指定を受けることができていたこと等を重視し、「原則としての指定
——例外としての指定拒否」というのが健康保険法第 63 条および第 65 条
の趣旨である、との立場をとっている。すなわち、健康保険法は、保険薬
局の指定は、指定拒否事由がない限り原則としてなされるべきものである
としているのであり、また、第 65 条第 3 項第 6 号の「保険薬局として著
しく不適当であるとき」という要件は、第 1 号から第 5 号に定められてい
る事由に準じるようなものに限られるべきであるというのである。

　また、事案の背景として留意すべき点の第 2 は、本件では、「保険薬局
及び保険薬剤師療養担当規則」という省令の規律が重要な機能を果たして
いることである。そして、このような規律が、処分行政庁たる地方厚生局
長 Y の行使する「裁量権」にどのような影響を及ぼすと考えるべきかに
ついては、著者の知る限りでは、これまであまり論じられたことがなかっ
た[8]。そして、この省令の「根拠」は、健康保険法第 70 条（旧健康保険法
第 43 条の 4 第 1 項）および第 72 条（旧健康保険法第 43 条の 6 第 1 項）[9][10]であ
るとみられるが、先にみたように、指定処分そのものに関する規定である
健康保険法第 63 条および第 65 条は、第 65 条第 3 項で指定拒否事由を各
号に列挙しているものの、それ以外に指定要件を定めた規定はなく、また、
指定要件に関する政令や省令への明確な委任規定もない[11]。

　しかしながら、Y が行ったような解釈適用は、結果的には、省令によ
って健康保険法第 65 条第 3 項に、以下のように、新たな指定拒否事由が
付加されているかのように扱うものである。資料を一瞥した著者が一種の
違和感を抱いたのはこの点である。

　健康保険法第 65 条第 3 項　厚生労働大臣は、第 1 項の申請があった場
合において、次の各号のいずれかに該当するときは、第 63 条第 3 項第 1
号の指定をしないことができる。
（第 1 号から第 5 号略）
　第 5 号の 2　当該申請にかかる薬局が、保険医療機関と一体的な構造と
するもの又は保険医療機関と一体的な経営を行うものであるとき
　第 6 号　前各号のほか、当該申請に係る病院若しくは診療所又は薬局が、
保険医療機関又は保険薬局として著しく不適当と認められるものであるとき。

それでは、このような著者からみると「筋の悪い」扱いは、どのような経緯でもたらされたのであろうか。これは、実務上の運用として、「医薬分業」のひとつの手段としてのいわゆる「面分業」の促進という観点から、各人が自宅の近くに「かかりつけ薬局」を持つことを推奨し、その反面として、医療機関に近接して所在するいわゆる「門前薬局」を規制するという政策が採用され、その手段として、薬局と医療機関との位置関係が審査されることとされてきたことによるものであろう。

そして、そのような審査の基準は、当初は通達等の「内部基準」として定められるにとどまっていた。すなわち、昭和57年5月27日の（旧）厚生省薬務局長・保険局長通知（乙2号証）で〈総合的に判断して医療機関に従属し、医療機関の調剤所と同様と認められるものは、保険薬局としての適格性に著しく欠ける〉と判断すべきものとされ、同日の（旧）厚生省薬務局企画課長・保険局医療課長通知（乙18号証）で、「調剤薬局の位置及び構造と医療機関の建物敷地との関係」という考慮要素が示されたのである。また、これらを受けて、昭和57年8月12日の（旧）厚生省保険局医療課課長補佐の内かん（乙19号証）が都道府県保険課宛てに発せられ、そこでは、「構造的一体性」を独立の拒否事由とするかのような「取扱基準」が示されたのである。

その後、特定の調剤薬局チェーンによるリベートなどが発覚したことを契機として、平成6年に「保険薬局及び保険薬剤師療養担当規則」が改正された。追加された同規則第2条の3第2号にいう保険医療機関または保険医に対する「金品その他の財産上の利益の供与」の禁止は、この不祥事を想起させるものである。このような規律は、典型的な「行為規制」として、合理性が認められるものである。これに対して、第1号の「保険医療機関と一体的な構造とし、又は保険医療機関と一体的な経営を行うこと」は、疑問の残るものであったと思われる。というのは、「保険医療機関と一体的な経営を行うこと」は確かに「行為規制」の一種であるが、「保険医療機関と一体的な構造とすること」は、「行為規制」とはいいがたいからである。

ただ、いずれにしても、以上のように、保険薬局の禁止事項として「保

230   第3編　行政処分と法規命令

険医療機関と一体的な構造」とすることが、省令で定められたのであるか
ら、保険薬局の指定の申請がなされた場合に、その審査の過程で、当該薬
局がある保険医療機関と一体的な構造となっていることが判明すれば、た
だちに健康保険法第65条第3項第6号の「保険薬局として著しく不適当
と認められるものであるとき」に該当し、また、この省令の要件に該当す
るかどうかの判断は、従来からの「内部基準」による、というのが被告側
の立場であるとみられる[12]。

　かくして、仮に前記の内かんの基準がなお妥当するとすれば、保険薬局
の土地または建物が保険医療機関の土地または建物と分離していない場合
には、「公道又はそれに準じる道路等に面している」という条件を満たさ
ない限り、「一体的な構造」であるとされることになる。省令は理論上の
「法規命令」の一種であり、法律と同様の「外部効果」を有するので、処
分行政庁たる地方保険局長Yはそれに「拘束」されるからである。

　本件では、Xの薬局は、病院と同一の建物において隣接しており、建
物内部では行き来ができないものの、その入口は当初の計画では並んでい
た。その後、薬局スペースの一部をさいて、病院入口と薬局入口の間にス
タンドカフェを設ける案に変更されたが、いずれにしても、その前の通路
は、公道から4ないし2メートルの壁面後退線よりもさらに建物寄りのス
ペースであり、「それに準じる道路等」に該当するかどうか微妙なケース
ではある。

（2）　一審判決

　東京地方裁判所は、平成24年11月1日の判決で、本件指定拒否処分は
違法とはいえないとして、原告の取消請求を棄却した。その理由の要点を
以下、紹介する。

〈1〉　保険医療機関又は保険薬局の指定は、……、健康保険の保険者にお
　いて保険医療機関又は保険薬局との間で当該保険者が管掌する被保険者
　に対する療養の給付に係る契約を個別的に締結させるのに代えて、厚生
　労働大臣において保険医療機関又は保険薬局の指定をすることにより、
　当該申請に係る病院若しくは診療所又は薬局と全ての保険者との間に被
　保険者とに対する療養の給付に関する契約関係を、健康保険法及びその

関係法令等をいわば法定の約款として包括的に成立させ、併せて、その際に、当該申請に係る病院若しくは診療所又は薬局の保険医療機関又は保険薬局としての適格性を審査するものであると解することができるのであって、保険医療機関又は保険薬局の指定は、……契約関係を包括的に成立させる形成的な行政行為である（判決書31-32頁）。

〈2〉　健康保険法 65 条 3 項 6 号に該当するか否かの判断は、同法 67 条の規定に基づく地方社会保険医療協議会の議を経る前提の下で、厚生労働大臣等の合理的な裁量に委ねられていると解するのが相当である（34頁）。

〈3〉　なぜならば、健康保険法 65 条 3 項 6 号は、……抽象的な処分要件を定めていることに加えて、……、該当するか否かの判断をするに当たっては、……、保険薬局の指定申請の場合には、当該申請に係る薬局の位置及び構造並びに隣接する病院又は診療所があるときにはその建物及び敷地との関係、当該申請に係る薬局の経営主体の病院又は診療所の経営主体との実質的同一性の有無、当該申請に係る薬局の調剤受付、職員の勤務体制、医薬品の管理、経理等が病院又は診療所と区分されているか否か等の諸般の事情を十分に勘案し、健康保険法の上記目的の下で同法の基本理念に即してその該当性の判断をしなければならないのであって、このような判断は、その性質上、健康保険事業に関する事務を所掌する厚生労働省の長である厚生労働大臣又は同大臣から……権限の委任を受けた地方厚生局長の裁量に委ねるのでなければ適切な結果を期待することができないからである（34-35 頁）。

〈4〉　厚生労働大臣等がその裁量権の行使としてした……判断は、それが重要な事実の基礎を欠き又は社会通念に照らし著しく妥当性を欠くと認められるなど、厚生労働大臣等に与えられた裁量権の範囲を逸脱し又はこれを濫用した場合に限り、違法となるというべきである（36 頁）。

〈5〉　保険薬局が、その担当する療養の給付に関し、保険医療機関と一体的な構造とし、又は保険医療機関と一体的な経営を行うときには、当該保険薬局は保険医療機関とからの独立性を失うことになるのであって、そうなれば当該保険薬局は当該保険医療機関の調剤所であるのと実質的

232　第3編　行政処分と法規命令

に異ならず医薬分業の上記趣旨に反し、その利点は失われることとなる（37頁）。

〈6〉　「保険医療機関と一体的な構造とし」とは、保険薬局の建物又はその敷地が保険医療機関の建物又はその敷地と分離しておらず、公道又はこれに準ずる道路等を介さずに患者が行き来するような構造とするものであって、①保険薬局の建物又はその敷地が保険医療機関の建物又は敷地と分離しておらず、建物の出入口が共用であり、建物の内部を通って患者が行き来するものや、②保険薬局の建物が保険医療機関の建物と分離しておらず、建物の出入口は専用であるが、保険薬局の建物の出入口が公道又はこれに準ずる道路等に面していないため、敷地の内部を通って患者が行き来するもの、③保険薬局の建物は保険医療機関の建物と分離しているが、保険薬局の敷地が保険医療機関の建物の敷地と分離しておらず、保険薬局の建物の出入口が公道又はこれに準ずる道路等に面していないため、敷地の内部を通って患者が行き来するもの等が、これに該当するというべきである（38-39頁）。

〈7〉　本件建物の南側前面の空地のうち壁面後退線と本件建物の間は、本件医療機関の敷地であり、本件医療機関の利用者でないものが自由に行き来することを本来予定し、又は実際にそのように利用されている場所ではないから、公道に準ずる道路等であると認めることはできないというべきである（48頁）。

〈8〉　東北厚生局長が、構造上の独立性の有無を裁量判断の重要な考慮要素とし、本件薬局が本件医療機関からの構造上の独立性を欠くことを決定的な事情として、……判断したことについて、その裁量権の範囲を逸脱し又はこれを濫用したもので違法であるということはできない（なお、仮に原告の上記主張が、東北厚生局長が構造上の独立性を保険薬局の指定の独立の要件としたとするものであるとすれば、東北厚生局長は、構造上の独立性を欠くことを指定の独立の要件としたものではなく、……裁量判断の重要で決定的なものではあるが一つの考慮要素としたものであるにとどまるのであり、原告の上記主張はその前提を欠くものというべきである）（51頁）。

この一審判決に対して、原告は当然のことながら納得せず、控訴を提起した。そこで、東京高等裁判所がどのような判断を示すかが注目されることになったが、本章の考察にとって最も重要なのは、一審判決の理由づけが、「法規命令による裁量拘束」という視点を欠いているように思われることである。

すなわち、一審判決は、健康保険法第65条が、本件で指定処分の権限を有する地方厚生局長Yに「裁量権」を付与しており、その裁量権の範囲は、原告が主張するほどに極めて限定されていると解することはできない（50頁）としている。そして、〈2〉〈3〉で「諸般の事情を十分に勘案」するという処分の「性質」から、「裁量」が認められるという結論を導いている。〈4〉は、近時の最高裁判決[13]にみられる言い回しであり、比較的広い裁量を認めるものとみられる。

被告側の主張は、健康保険法第65条第3項第6号に該当するか否かについての「要件裁量」のほか、指定をするか否かについての「効果裁量」もまた付与されているというものであったが、一審判決はこのうち「要件裁量」に関する見解を肯定した[14]ものとも評価できよう。

このように健康保険法第65条の趣旨目的の解釈をすること自体は、裁判所の固有の権限[15]として尊重に値するものであろう。しかし、本件省令は、理論上の「法規命令」であり、「外部効果を有する法規範」であるから、処分権者である地方厚生局長Yは、それによってなされた規律に拘束されているはずである。そして、その拘束力は、法律と同様の強度を有するのであり、「通達」などの「内部基準」が、特殊な事情がない限りそれに従って案件を処理すべきことを指示するにとどまるのとは質的に異なることを見逃してはならない。

そこで、仮に、「構造的一体性」についての解釈適用が、〈5〉〈6〉〈7〉のように一審判決の是認した行政庁側の見解どおりであるとすれば、健康保険法第65条第3項は、先にみたように、以下のように「書き換えられている」ことになり、本件申請に対しては、そのことだけを理由に拒否という結論に達するはずであると考えられる。

234　第3編　行政処分と法規命令

> 　健康保険法第65条第3項　厚生労働大臣は、第1項の申請があった場
> 合において、次の各号のいずれかに該当するときは、第63条第3項第1
> 号の指定をしないことができる。
> （第1号から第5号略）
> 　第5号の2　当該申請にかかる薬局が、保険医療機関と一体的な構造と
> するもの又は保険医療機関と一体的な経営を行うものであるとき
> 　第6号　前各号のほか、当該申請に係る病院若しくは診療所又は薬局が、
> 保険医療機関又は保険薬局として著しく不適当と認められるものであるとき。

　すなわち、本件規則が組み込まれた仮想の条文によれば、本件拒否処分
の理由は、第6号該当ではなく、第5号の2該当ということになる。

　また、後に指摘するように、本件省令が「法律適合的解釈」を必要とす
るものであり、「構造的一体性」についての「正しい」解釈がそれと異な
る場合には、裁判所の解釈が完全に優先するから、本件薬局と病院の「構
造的一体性」が認められるという行政庁の判断を「要件裁量」を理由に尊
重する余地はないと考えられる。

　ところが、昭和57年の内かんの基準が依然として妥当するという行政
庁側の主張は、「当該申請にかかる薬局が、保険医療機関と一体的な構造
とするものであるとき」という要件に該当するか否かの判断につき裁量が
認められるということを意味すると思われる。そして、一審判決の理由づ
けもまた上記の第5号の2について「要件裁量」が認められるとしている
ことに帰着するのではなかろうか。

　しかし、一審判決の理由づけの〈2〉〈3〉は、「諸般の事情の総合的勘
案」を「要件裁量」が認められる根拠としていたのであるから、「構造的
一体性」という要素に特化した第5号の2についての「要件裁量」が何故
に認められるのかは不明である。

　かくして、本件で（狭義の）「構造的一体性」が認められないにも関わ
らず、なお拒否事由があるという結論をとるためには、「諸般の事情」の
なかで、ひとつのしかし重要な要素として、本件薬局と病院の位置関係を
考慮すればそうなるという主張が必要になる。一審判決の理由づけの〈8〉
はそのように被告行政庁側の主張を「善解」したものとも考えられる。そ

して、それは、以下のように、さらに別の拒否事由が第5号の3として定められているかのように扱うことを意味する。

　健康保険法第 65 条第 3 項　厚生労働大臣は、第 1 項の申請があった場合において、次の各号のいずれかに該当するときは、第 63 条第 3 項第 1 号の指定をしないことができる。
（第 1 号から第 5 号略）
　第 5 号の 2　当該申請にかかる薬局が、保険医療機関と一体的な構造とするもの又は保険医療機関と一体的な経営を行うものであるとき
　第 5 号の 3　前号のほか、当該申請にかかる薬局が、総合的に判断して、保険医療機関に従属し、保険医療機関の調剤所と同様と認められるものであるとき
　第 6 号　前各号のほか、当該申請に係る病院若しくは診療所又は薬局が、保険医療機関又は保険薬局として著しく不適当と認められるものであるとき。

　しかし、このような「理由の差替え」は本件では、そもそも許されるべきではないと思われる。

　というのは、本件拒否処分における理由の提示が、行政手続法の要求する水準を全く満たしていないものであり、その 1 点をもって、実体的な違法性の有無にかかわらず、処分の取消事由となるべきものであるからである[16]。一審判決は、本件処分の理由提示には、行政手続法の要求する水準に照らして、取消事由とするまでの違法性はない、としているが、その引用する平成 23 年最高裁判決[17]の趣旨の理解が不十分なのではないか、と思われる。

　また、事実関係を素直にみれば、本件は、従来の内規の基準に従って「構造的一体性」を認定し、そのことだけを理由に拒否事由ありとした事例であると思われる。そして、そうであるからこそ、本件処分の理由提示が、根拠条文を指摘するだけで、その理由が X には理解可能であり、「不服申立便宜機能」の点では問題がなかったといえるのではなかろうか。その意味で、本件で、処分行政庁 Y が、健康保険法第 65 条が想定していたような「諸般の事情を十分に勘案」した判断によって指定拒否という結論

に達しているから裁量権の逸脱濫用はないという〈8〉は、著者には理解できない「論証」である。

それでは、本件省令による規律は、どのように扱われるべきであったのであろうか。項を改めて、「行政裁量」の概念に立ち戻りつつ考察しよう。

三　法規命令による規律と「行政裁量」

（1）　「行政裁量」の概念

「行政裁量」は、行政法の基礎概念[18]であるが、理論的位置づけは必ずしも明解なものとはいえない。教科書的な「定義」をみても、論者によって微妙な相違があり、それぞれの問題関心の違いを反映したものであるとみられる。

すなわち、第1に、「行政裁量」＝「行政権の有する裁量」を「司法権との関係」に重点を置いて把握するか、むしろ「立法との関係」に着目して把握するか、という違いがあり、第2に、行政処分に関心を集中するか、他の行為形式を含めて問題を把握しようとするか、という違いがある。また、第3に、「立法との関係」を「立法権との関係」＝「法律との関係」に限定するかどうか、という違いがあることが指摘できる。

そして、多くの行政法の教科書においては、ドイツのそれを含めて、主として「行政処分」（＝「行政行為」）を念頭に置くとともに、「法律との関係」にしぼった説明がなされていることが多い。これは、伝統的な行政法学においては、「法律による行政の原理」の担保として「行政処分の取消訴訟」が位置づけられていたため、その時代の裁量論が基本的な発想として引き継がれていることによると推測される。

たとえば、原田尚彦教授は、〈法律の規定が不明瞭なため、行政庁が独自の判断を加味して行う行政行為を羈束行為と対比して裁量行為という〉と説明し[19]、藤田宙靖教授は、「法律による行政の原理の例外」のその3として「自由裁量論」を挙げ、〈法律が行政機関（行政庁）に、（自由）裁量権を与えている〉場合と、〈法律が行政機関（行政庁）を羈束している〉場合の区別として説明している[20]。

また、塩野宏教授は、法律による行政の原理の妥当は、〈行政が単に法

律の執行にとどまるとか、字義どおりの法の執行であることを意味するものではない〉とし、〈行政は法律を執行するのであるけれども、その過程で執行者に自己決定の余地を与えることが必要である場合は残る〉と説明し、〈行政行為における裁量とは、法律が行政権の判断に専属するものとして委ねた領域の存否ないしはその範囲の問題である〉としている[21]。

そして、大橋洋一教授は、ドイツの「規範的授権理論」に依拠することを明言し、〈裁判所の判断に対して、特定の場合に、行政判断が優先しうるのであろうか。その根拠は、行政裁量の本質が、「法律による判断の授権」に認められるからである。〉と説明している[22]。

他方、教科書のなかには、「法律」に限定せず、「法令」と行政処分の関係を意識するかにみえるものもある。

たとえば、芝池義一教授は、立法との関係で考えられる行政裁量を「法律からの自由という意味での裁量」[23]と呼び、小早川教科書の参照を指示する一方で、〈行政裁量とは、行政活動が法令によって一義的に拘束されないことの反面として行政に認められる判断の余地を意味する。〉と定義[24]している。

また、櫻井敬子・橋本博之両教授は、〈行政裁量とは、法律が、行政機関に独自の判断余地を与え、一定の活動の自由を認めている場合のことをいう。〉と説明する[25]一方で、「羈束行為」については〈法令により一義的に定めるもの〉、「裁量行為」については〈法令が行政庁の判断にゆだねる部分を認めるもの〉と説明している。

なお、小早川光郎教授の説明は、〈行政機関が、案件の処理にあたり、立法による基準の欠如している部分について案件ごとに必要な基準を補充しつつその判断を形成していくということが、一般に「裁量」(Ermessen, discretion) ないし「裁量権の行使」と呼ばれるものにほかならない。それは、概念としては、立法上の要件効果規定による羈束と対置されるものである。〉というものである[26]。

以上のような教科書における説明は、いずれにしても「行政処分」(＝「行政行為」) における裁量に重点を置いていることは否定できない。しかし、「法治国原理」の担保として「行政訴訟」が位置づけられる今日では、

238 第3編 行政処分と法規命令

行政処分以外の行為形式にも「行政裁量」が存在するという指摘を生かす方向での「定義」が要請されると思われる。そして、「実質的法治国」は「法律の優位」のみならず「憲法の優位」を重視するものであるから、「立法（法律）との関係」と「司法権との関係」は必ずしも一致しないことを意識した問題設定が必要であると思われる。

このような方向を目指しているものとして、たとえば、阿部泰隆教授は、〈行政裁量とは、法の枠内において行政が判断・行動できる余地をいう〉としている[27]。ここでは「法律」や「法令」に代えて「法」という概念が用いられている[28]。

著者は、行政裁量の問題は、「立法権との関係」「司法権との関係」「行政権内部の関係」について多面的に捉える必要がある[29]という観点から、現時点では、この定義を若干修正し、〈行政裁量とは、行政権が（行政立法を除く）外部法[30]の枠内で有する判断・行動の自由（余地）〉をいうとするのが適切ではないかと考えている。

すなわち、「行政作用の法的統制」という観点から重要なのは、第1に、「立法権による外部的統制」の程度であり、とりわけ「法律の規律密度」および「条例の規律密度」が分析の出発点となる[31]。

「行政作用がいかになされるべきか」について、法律（や条例）が「要件」と「効果」を詳細かつ一義的に定め、行政権がそれを単に「機械的に執行」することだけを任務とする場合には、行政裁量はないことになる。これが、伝統的理論で「覊束行為」と呼ばれたものにあたる。しかし、このような「行為」は行政活動のなかではむしろ例外である。比喩的に表現すれば、法律（や条例）の「規律密度」が100％であれば、「行政裁量」は0となるが、多くの場合、法律（や条例）の「規律密度」は、99％から1％までさまざまである。

かくして、「立法権との関係における行政裁量」は、〈行政権が法律（及び条例）の枠内で有する判断・行動の自由（余地）〉を意味する。

「行政作用の法的統制」という観点から同様に重要なのは、第2に、「司法権による外部的統制」の程度である。ここでは、裁判所の「審査密度」（Kontrolldichte）が分析視角となる[32]。

第2章　法規命令による裁量拘束　　*239*

　「司法権との関係における行政裁量」は、〈司法審査の対象たる行為を担当する行政機関が、外部法の枠内で有する判断・行動の自由（余地）〉を意味する。

　裁判所の「審査密度」が100％というのは、「実体的判断代置方式」の審査がなされる場合である。取消訴訟においては、「行政庁」によってなされた「行政処分」が適法であったか違法であったかは、裁判所が当該事案において「唯一の正しい結果」が何であったかを判断して、その結論に合致するかどうかによって決まる。このような状況は、「立法権との関係での裁量」が存する場合にも生じる。伝統的理論で「覊束裁量」＝「法規裁量」と呼ばれた[33]ものは、このような場合にあたるのではないかと思われる。

　他方、裁判所の「審査密度」が0という極端な場合は少ない。かつての「裁量不審理の原則」は、このようなカテゴリーを認めるものであった。伝統的理論で当初「自由裁量」と呼ばれたものがそれにあたるのではないかと思われる。しかし、「裁量不審理の原則」が克服され、さらに「覊束裁量と自由裁量の相対化」がなされて久しい現在では、比喩的に表現すれば、裁判所の「審査密度」も、1％から99％までさまざまである[34]。

　「行政作用の法的統制」という観点から見逃してはならないのは、第3に、「行政権内部における行政裁量の配分」である。これは、「行政処分」についての裁量のみに関心を集中するのではなく、他の「行為形式」あるいは「行為類型」も視野に入れるべきことを意味する。本章の分析にとっては、とりわけ、「法規命令」の位置づけが重要である。

（2）　法規命令による行政処分の規律

　現実の行政活動は複雑な過程でなされており、「行政作用」は様々な「行為形式」「手続」「仕組み」という概念を用いて分析される。その中で、「基準設定」の機能が特に重要であると思われる。

　たとえば、行政処分の「要件」「効果」等について、「法規命令」で定めが置かれる場合は、次のような状況といえる。

　まず、この「法規命令」の内容をどのようなものとするかについては、「一定の判断の自由（余地）」が認められる。「立法の委任」がなされるとい

うことは、「法律の規律密度」をある程度低くすると同時に、その反面と
して与えられた「立法権との関係における行政裁量」の相当部分を「法規
命令」という形式で行使すべきことを指令していることを意味する。

　そこで、「司法権との関係における行政裁量」は、その「法規命令」が
司法審査の対象となる場合は、「委任の趣旨目的」に照らしてその広狭が
定まることになる。この局面では、「外部法」として機能するのは、憲法
および法律ならびに不文法ということになる。

　他方、「行政処分」が司法審査の対象となる場合は、「法律」と「法規命
令」による「規律密度」がどの程度であるかによってその有無・広狭が定
まることになる。すなわち、行政権自らが「行政裁量」の行使として定立
した「法規命令」が、この局面では、「外部法」として行政権を拘束する
のである。つまり、司法権との関係における行政裁量は、その反面として
縮減し、「外部法」として憲法、法律および法規命令ならびに不文法が機
能するという局面が出現する。

　比喩的に表現すると、法律の「規律密度」が20％である場合には、「立
法権との関係における行政裁量」は全体で80％である。そして、たとえ
ば、「法規命令」の「規律密度」が60％である場合には、「司法権との関
係における行政裁量」のうち、行政処分を担当した「行政庁」に認められ
る裁量は、最大で20％となる（図1）。

　また。「法規命令」の「規律密度」が30％にとどめられた場合は、「司
法権との関係における行政裁量」のうち、行政処分を担当する「行政庁」
に認められる裁量は、最大で50％となる。

〈図1〉

法律の規律 20％	
法規命令の規律 60％	行政権の裁量 全体で80％
行政処分の裁量 20％	

〈図2〉

法律の規律 20％	
法規命令の規律 30％	
行政処分の裁量 50％	行政規則による自 己拘束30％
	処分庁の裁量20％

なお、留意が必要なのは、「立法権との関係における行政裁量」の全体を行政権内部でどのように配分するかについて、行政権が全く自由に決定できるわけではないことであろう。すなわち、法律が「行政裁量」を認める理由はさまざまであり、個別案件を、基準に基づいて「標準化」された形で処理することが適切な領域もあれば、個別案件ごとにその案件の個性に応じた処理することが適切な領域もあるからである。

たとえば、道路交通法は、第103条で免許の取消しや免許の効力の停止の権限を公安委員会に与えているが、特定の病気への罹患や違反行為などを理由とする処分についての1項においては、「政令で定める基準に従い」行使すべきものとしている。これに対して、故意による人の死傷や危険運転罪を犯したことなどを理由とする処分についての2項ではそのような「委任規定」は置かれていない。これは、全体としての「行政裁量」を、1項においては基準に基づいて「標準化」された形で処理することが適切であるのに対して、2項においては個別案件ごとに処分権者たる公安委員会がその案件の個性に応じた処理をすることが適切である、と立法者が考えていることを示しているとみられる。

そこで、立法権は、「行政裁量」を認める場合には、その「行政裁量」が行政権内部でどのように配分されるべきかの指針を示しつつ「立法の委任」を行うことが望ましいと考えられるのであり、委任の趣旨目的が必ずしも明確に示されていない場合は、「事項の性質」に即した解釈によって「委任の限界」を画定する必要があろう。

また、行政処分の「要件」「効果」等について、「行政規則」で定めが置かれる場合は、次のような状況となる (図2)。

行政処分について「裁量」の存否・広狭は、「法令の定め」の「規律密度」によって定まる。比喩的に表現して、法律が20%、法規命令が30%であるとすれば、規律密度は50%となり、行政処分における裁量は最大で50%となる。この50%の裁量もまた個別の事案ごとに処分庁によって行使されるとは限らない。

たとえば、処分庁の「上級行政庁」が「通達」という形式で法令の「解釈基準」を定め、あるいは行為の選択についての目安などを「裁量基準」

として定めることがある。この場合、「処分庁」は、通達に従って個別の案件を処理する義務を負う。その「規律密度」が30％であるとし、かつ、通達が法令に反するということがなく、また、「標準化」になじむ案件について適用されているという条件を満たすことによって、「行政の自己拘束」等の法理により、行政規則の「外部効果」が認められるとすれば、裁判所の「審査密度」は50％＋30％に及び、処分庁に残された「裁量」は最大で20％ということになる[35]。これに対して、通達が法令に反して無効であるとか、あるいは「標準化」になじまない案件においては、当該行政規則の「外部効果」は及ばない。そこで、裁判所の審査密度は、50％をベースラインとし、「逸脱濫用」の審査でプラスアルファが認められるにとどまることになろう。そして、このプラスアルファがどの程度に及ぶかにとって重要なのが、近時の最高裁判決が多用する「裁量の判断過程の統制」という手法なのである[36]。

（３）　本件規則第２条の３第１項第１号の問題点

　先に指摘したように、著者が本件資料を一瞥した際にまず気になったのは、本件規則と健康保険法第65条第3項第6号の整合性である。

　すなわち、本件拒否処分の理由として提示されているところからは、実務においては、医療機関と薬局との「構造的一体性」が認められる場合には、ただちに健康保険法第65条第3項第6号の「要件」に該当するという見解が採られているようである。しかし、一審判決が理由の〈3〉で述べているように、保険薬局の指定制度の趣旨目的からみれば、行政庁には「要件裁量」が一定の範囲で認められている反面、様々な要素を総合的に判断する「慎重考慮義務」が課せられていると解すべきである。そこで、仮に本件規則第２条の３第１項第１号が、「構造的一体性」が認められる場合には、ただちに「保健薬局として著しく不適当と認められる」ものであるという趣旨であるとすれば、その限りで健康保険法第65条第3項第6号によって行政庁に与えられた「裁量権」が、省令によって一律に狭められていることになる。

　したがって、そのような「省令」による裁量拘束は、法律たる健康保険法が「慎重考慮義務」を定めた趣旨に反するものとして、違法無効の疑い

を抱いてその合理性を検討すべきものであると考えられる。

　そして、近年の裁判例には、「委任立法」についてやや厳格な審査を行う傾向が認められる。すなわち、法務省令たる監獄法施行規則を違法無効とした平成3年最高裁判決[37]や、政令たる児童扶養手当法施行令を違法無効とした平成14年最高裁判決[38]は周知のところであるが、近時の事例としては、医薬品のネット販売を禁止している省令たる薬事法施行規則を違法無効とした平成25年最高裁判決[39]が注目される。

　これらの裁判例における考え方を参考にして、より単純に、本件規則を「法の委任の範囲」を超えたものとみることも考慮に値すると思われる。というのは、本件で問題となっている規則は、健康保険法第70条の委任によるものであるから、本来は「行為規制」についての定めが予定されており、平成6年の改正によって「調剤薬局の位置及び構造と医療機関の建物敷地との関係」について規制する定めを書き込んだのは「筋が悪い」ものであったと著者は考える。健康保険法第65条に基づく指定権限の「要件」を法規命令で具体化することが予定されているのであれば、本来は第65条のなかに委任規定が置かれていてしかるべきであるからである。本件規則の定めおよびその運用は、結局のところ、健康保険法第65条第3項を、「法の委任」がないのにもかかわらず、省令によって書き換え、新たな「指定拒否事由」を作出しているきらいがあるのであって、その意味で「法律による行政の原理」に反する疑いがぬぐえないというべきであろう。

　ただ、他方で、「法規命令」の内容をどのようなものとするかについての「行政裁量」をできる限り尊重すべしという考え方も無視はできない。医薬分業の促進という目的を達成するための手段として、薬局と医療機関との位置関係を「法規命令」で規律することが一切許されない、というのも極端な立論であるからである。そこで、以下では、「法規命令の法律適合的解釈」によって、本件規則の違法無効という結論をできる限り回避しつつ、本件事案を適正に処理するという前提で考察を進めよう。

　そこで、「下位法は上位法に適合しなければならない」という法理論の原則に従って、「省令の法律適合的解釈」をするとすれば、本件省令が、

244　第3編　行政処分と法規命令

裁量拘束という強い効果を持つものであることが正当化されるためには、「構造的一体性」という要素は、それだけで他の事情の如何にかかわらず、保険薬局としての適格性に著しく欠けるといえるものでなければならないはずである。

　というのは、以下のように条文が書き換えられているとみたときに、それを合理的に解釈するとどうなるか、という思考実験が要請されるからである。

　健康保険法第65条第3項　厚生労働大臣は、第1項の申請があった場合において、次の各号のいずれかに該当するときは、第63条第3項第1号の指定をしないことができる。（第1号から第5号略）
　第5号の2　当該申請にかかる薬局が、保険医療機関と一体的な構造とし、又は保険医療機関と一体的な経営を行うものであるとき
　第6号　前各号のほか、当該申請に係る病院若しくは診療所又は薬局が、保険医療機関又は保険薬局として著しく不適当と認められるものであるとき。

　ここでは、第5号の2は、「構造的一体性」および「経営的一体性」が独立の拒否事由となっているから、「構造的一体性」を肯定したのちに、第6号による総合判断をすることはなく、「構造的一体性」および「経営的一体性」がいずれも否定されたのちに、はじめて第6号による総合的判断が必要になるのである。

　そして、そのような「限定解釈」とした場合の「構造的一体性」の要件を満たすものとして、たとえば、「1つの医療機関と1つの薬局が同一建物内に存在し、かつ内部の通路でつながっている」というような極端なケースが考えられないではない。そして、逆にそのような極端なケースでない限りは、「経営上の一体性」などの他の要素と合せて総合的に判断してはじめて「医療機関に従属し、医療機関の調剤所と同様と認められるもの」であるからという理由で健康保険法第65条第3項第6号に該当するという結論に達し得るはずである。

　ところが、昭和57年8月12日の内かんの示す判断基準は、著者のみる

ところ、「構造的一体性」を独立の拒否事由と扱うものであり、その「構造的一体性」を判断する枠組みとして、まず、「敷地又は建物が同一」であるものを広く捉え、その中で拒否事由にあたるものと許容されるものを区別するために、「公道又はこれに準じる道路等に面しているか」、雑居ビル内においては、「医療機関以外のテナントが存在するか」などの要素を合わせ考えるというものとなっている。

しかし、「敷地又は建物が同一」であり、かつ、「公道又はこれに準じる道路等に面していない」というだけで、ただちに「医療機関に従属し、医療機関の調剤所と同様と認められるもの」といえるかは極めて疑問である。先にみたように一審判決は、〈5〉〈6〉で行政庁側の主張を是認しているが、「公道又はこれに準じる道路等に面している」というだけで「独立性」が確保され、「公道又はこれに準じる道路等に面していない」というだけで「独立性」を失う、というのは「経験則」に反すると思われる[40]。

したがって、前述した「限定解釈」が本件省令の「正しい」解釈であると考える場合には、昭和57年8月12日の内かんの示す判断基準は、行政内部ではさしあたり通用するとしても、「外部効果」を持つ可能性はなく、裁判所による審査においては、「省令」に違反して無効と扱われるべきものというべきであろう。

そして、本件規則第2条の3第1項第1号は、従来の取扱いを明確化する趣旨であるとされるが、「構造的一体性」の要件の扱いが上記のようなものであるとすれば、「敷地又は建物が同一」であるものを原則として拒否事由に該当するものとし、「公道又はこれに準じる道路等に面している」という基準や「雑居ビル内において医療機関以外のテナントが存在する」という基準を満たすものについて「恩恵的」に許容するということになりかねないという問題を含んでいる[41]。

これらの基準は、「医療費の抑制」という政策目的を達成する手段としての合理性を認めることが困難なものであるのみならず、「医薬分業の推進」という目的を達成するための手段としての合理性もまた必ずしも十分に説明できないものである。したがって、保険薬局の指定処分について行政庁に「広範な」裁量が認められているとは解釈できない以上、そのよう

な基準を「機械的に」適用した場合は、「重視すべきでない考慮要素を重視し」「判断の過程において考慮すべき事情を考慮しない」ことによる裁量の逸脱濫用となると著者は考える。

以上をまとめると、本件規則2条の3第1項第1号の「構造的一体性」の要件は、厳格に解されるべきであり、本件の行政庁のような昭和57年8月12日の内かんの示す判断基準におけるのと同様の解釈をとる場合は、そのような省令の規定自体が、健康保険法65条3項6号の趣旨目的に反して違法無効となるというべきであり、他方、「構造的一体性」要件を「正しく」解釈適用する場合には、裁判所は、本件で地方厚生局長（Y）は、結果的に「慎重考慮義務」に反した、とすべきことになる。

また、原告の第一審における主張のなかには、〈保険薬局が保険医療機関と一体的構造であった（構造的独立性が不十分であった）としても、経営的・機能的独立性が確保されている限り、医薬分業を実現することができるのであるから、本件規則第2条の3第1項第1号の構造的独立性を保険薬局指定の指定要件（必要要件）とすることは、構造的独立性という本来考慮に容れるべきでない要素を考慮に容れ、本来過大に評価すべきでない要素を過重に評価するものであって、その裁量判断の方法ないし過程に誤りがあり、健康保険法が認める裁量権の範囲を超え又は濫用があったものとして違法である〉という部分があった。

しかし、本件規則が理論上の「法規命令」であり、それが有効である以上は行政庁を拘束するという点を考慮に入れると、本件規則によって「構造的一体性」が指定拒否事由として定められているとすれば、行政庁は、本件薬局について、まず、「構造的一体性」の要件に該当するか否かを判断しなければならない、ということは否定できない。そして、その要件に該当すると判断した場合には、指定拒否処分をしたとしても特に不合理な判断と非難されることにはならないはずである。問題は、どのような判断枠組みおよび基準で「構造的一体性」の要件該当の判断を行うべきかであり、先に述べたような健康保険法第65条第3項の条文構造および趣旨目的に反しないような解釈運用が要請されるのである。

そして、繰り返しになるが、著者の上記の見解によれば、本件は健康保

険法および本件規則を「正しく」解釈適用すれば、それだけで指定拒否事由となるような狭義の「構造的一体性」は否定されるケースである。そこで、原告の上記主張の真意は、「医薬分業の推進」という目的を達成するための手段として保険薬局の指定制度を用いる際には、指定拒否要件において、重視されるべきは「経営的・機能的一体性」であり、「構造的要素」とりわけ、「敷地又は建物が同一であること」は重視されるべきではない、というものと理解するべきであったと思われる。

　ところが、本件は、もっぱら本件薬局と病院の位置関係、とりわけ、「敷地又は建物の同一性」という要素に依拠して拒否処分がなされている。先に指摘したように、このような判断は、健康保険法第65条3項が予定し、「要件裁量」を承認する前提である「総合的な判断」とはかけ離れたものであることが明らかであるから、最高裁判所の判例において「裁量権の逸脱濫用」の類型の1つとされている「重視すべきでない考慮要素を重視し」「判断の過程において考慮すべき事情を考慮しない」というケースに該当するというべきであろう。

　また、「総合的な判断」の必要性という点は、実は、昭和57年5月27日の（旧）厚生省薬務局長・保険局長通知（乙2号証）では、正しく表現されていたところである。

　そして、同日の（旧）厚生省薬務局企画課長・保険局医療課長通知（乙18号証）では、「調剤薬局の位置及び構造と医療機関の建物敷地との関係」という考慮要素が示されたにとどまるのに対して、昭和57年8月12日の（旧）厚生省保険局医療課課長補佐の内かん（乙19号証）で、「構造的一体性」を独立の拒否事由とするかのような「取扱基準」が示されたのであり、これが本件を含む長年にわたる（著者の見解によれば）「誤った」解釈運用の遠因であると思われる。

（4）「裁量権の逸脱濫用」の一類型としての「裁量権の過小行使」

　以上のように、本件処分には「重視すべきでない考慮要素を重視し」「判断の過程において考慮すべき事情を考慮しない」ことによる裁量の逸脱濫用があると考えられるのであるが、より理論的に「裁量の逸脱濫用の類型化」という観点から整理をするとすれば、本件が属する「考慮不尽」

は「裁量不行使」とともに「裁量権の過小行使」という類型にまとめることもできると思われる。ただ、このような類型化は、わが国の裁量論の教科書的説明においては必ずしもポピュラーではないとも思われるので、最後に、簡単にドイツの裁量論について補足しておきたい。

ドイツの裁量論においては、裁量の瑕疵についての伝統的3類型として「裁量権の過小行使」（Ermessensunterschreitung）「裁量権の濫用」（Ermessensfehlgebrauch, Ermessensmissbrauch, Ermessenswillkür）「裁量権の逸脱」（Ermessensüberschreitung）があげられるのが通例である。そして、第1の「裁量権の過小行使」が、更に「考慮不尽」（Ermessensmangel）と「裁量不行使」（Ermessensnichtgebrauch）に細分されることがある[42]。他方、わが国の裁量論もその実質においては同様の内容を含むものとして展開してきていると思われる。しかし、多くの教科書における類型化に関しては、行政事件訴訟法30条における「実定化」の影響もあってか、第1類型と第2類型は区別されず、用語としては「裁量権の濫用」と「裁量権の逸脱」だけがポピュラーなものとなっている。

さて、上記の3区分を採用する場合の第1の類型である「裁量権の過小行使」は、行政庁が裁量権の行使にあたってなすべき考慮を全くしないか、不十分にしか尽くさない場合とされる。裁量権を与えるということは、裁量権を行使する義務、すなわち考慮を尽くす義務を常に伴うからである。そして、「裁量不行使」となる典型的なケースは、裁量権が与えられているにもかかわらず、行政庁が誤って「羈束されている」という見解に立った場合とされる。

また、ドイツの計画裁量論においては、衡量原則（Abwägungsgebot）を基礎にして、「衡量過程」の統制と「衡量結果」の統制という分析がなされている。

そして、「衡量の瑕疵」については、「衡量の欠落」（Abwägungsausfall）「衡量の不足」（Abwägungsdefizit）「衡量の過誤」（Abwägungsfehleinschätzung）「衡量の不均衡」（Abwägungsdisproportionalität）という4類型に分けて説明するのが通例である[43]。

計画決定を行う権限を有する行政庁は、利益衡量を行う義務を負ってい

るのであるが、誤って「羈束されている」という見解に立った場合には、そのような「衡量原則」に沿った衡量を全く行わないことになる。これが第1の類型である「衡量の欠落」であり、先にみた裁量の瑕疵の第1類型のうちの「裁量の不行使」に対応する。次に、行政庁が考慮すべき様々な利益のうちあるものを考慮しなかった場合には、「衡量の不足」が生じることになる。そして、この類型が、先にみた裁量の瑕疵の第1類型のうちの「考慮不尽」に対応する。

さらに、行政庁が、考慮すべき様々な利益の「重みづけ」を誤った場合には、「衡量の過誤」があるとされる。また、対立する利益の調整においてバランスを欠くような衡量が行われた場合には、「衡量の不均衡」があるとされる。

以上のような、ドイツにおける裁量論ないし計画裁量論については、わが国にも様々な紹介があり、内容的には同様の発想がわが国における解釈論としても主張され[44]、また、わが国における裁判例の中にも、同様ないし類似の思考方法を示すものも散見されるところである[45]。しかし、本件については、その詳細について吟味する必要はなく、「裁量権の付与」が「考慮義務」を伴うという原則を確認すれば足りると考える[46]。

四　おわりに

本章の考察もまた、具体的な事件に触発されて、これまで未解明であったと思われる論点について、試論的に行ったものである。

【第2章注】
(1)　東京地方裁判所平成23年（行ウ）第503号保険薬局指定拒否処分取消等請求事件。この事件が第一審係属中に、著者は田辺総合法律事務所から依頼を受け、平成24年3月8日付けの意見書を執筆した。担当弁護士である川上善行氏からは、資料の提供を受けたほか、準備書面等における原告側の主張との調整に際して、様々な理論的示唆を受けた。この場をお借りして感謝の意を表したい。

なお、著者の意見書は、同事件における論点のうち、特に重要であると思われる2つ、すなわち、第1に、健康保険法第65条第3項は行政庁に「裁量権」を付与するものか、付与するものとしてそれはどのような性質のものか、第2に、

本件規則第2条の3第1項第1号にいう「保険医療機関と一体的な構造」はどう解釈されるべきかについて、行政法学の見地から分析を加えることを目的としたもので、結論としては、①本件指定拒否処分は、健康保険法第65条第3項が裁量権を認めている趣旨を誤解してなされており、そのため、「重視すべきでない考慮要素を重視し」「判断の過程において考慮すべき事情を考慮しない」などの裁量権の逸脱濫用が認められる。②本件規則第2条の3第1項第1号にいう「保険医療機関と一体的な構造」の要件は、実務における扱いよりは厳格に解されるべきであり、実務が依拠していると思われる解釈を採用する場合には、かえって健康保険法第70条及び第72条の「委任の範囲」を超え、あるいは健康保険法第65条第3項の趣旨に反して違法無効とされるべきことになる、というものであった。

(2) 東京地判平成24年11月1日判時2225号47頁（民事第二部・川神裕裁判長）。
本章の初出稿は、上記意見書での考察を基に、同判決を批判的に検討したものであるが、事件の争点をバランスよく扱うものではなく、特定の論点を著者の理論的関心に引き付けて分析するものであったことにつき、読者に予めご理解をお願いしたい。

(2a) なお、控訴審である東京高判平成25年6月26日判時2225号43頁は、一審判決を取り消して、Xの拒否処分取消請求および義務付け請求を認容した。その理由は、本件薬局の出入口は公道に準じる通路に面しているから「構造上の一体性」は認められないというもので、その前提として、経営上の独立性が十分に認められる場合には、「構造上の一体性」は厳格に解されるべきであるという立場を採用したものである。他方、国家賠償請求は棄却した。この控訴審判決は、国側が上告を断念し、Xも開業を優先することとしたため、確定することとなった。なお、その後、厚生労働省は、規制改革会議の提言等を受けて、平成28年10月1日から改正通知によって、「構造的一体性」要件による規制を一部緩和したようである。

(3) 後掲注(40)参照。

(4) たとえば、改正前の指定の根拠条文である第43条の3について、厚生省保険局ほか監修『健康保険法の解釈と運用（第9版）』741頁（法研・1996年）（初版は1958年）には、昭和32年3月の法改正にあたっては、指定は一種の公法上の契約であるという見地に立って、それ以前の条文にみられた「同意を得ることを要す」という規定を削除したとの説明、また742頁には、指定とは、〈本来、保険者と病院等が第三者すなわち被保険者のために結ぶ契約について、保険者に代わり都道府県知事が締結するものである〉という説明がみられる。

(5) 指定拒否処分の取消請求がなされたものとして、最判平成17年9月8日判例時報1920号29頁がある。また、その前段階である医療法による勧告の取消請求がなされたものとして、最判平成17年7月15日民集59巻6号1661頁などがあ

第2章　法規命令による裁量拘束　　*251*

り、そこでは指定拒否の取消訴訟が可能であることは当然の前提とされている。

(6)　健康保険法第六十三条　被保険者の疾病又は負傷に関しては、次に掲げる療養の給付を行う。

一　診察

二　薬剤又は治療材料の支給

三　処置、手術その他の治療

四　居宅における療養上の管理及びその療養に伴う世話その他の看護

五　病院又は診療所への入院及びその療養に伴う世話その他の看護　（第2項略）

3　第一項の給付を受けようとする者は、厚生労働省令で定めるところにより、次に掲げる病院若しくは診療所又は薬局のうち、自己の選定するものから受けるものとする。

一　厚生労働大臣の指定を受けた病院若しくは診療所（第六十五条の規定により病床の全部又は一部を除いて指定を受けたときは、その除外された病床を除く。以下「保険医療機関」という。）又は薬局（以下「保険薬局」という。）

二　特定の保険者が管掌する被保険者に対して診療又は調剤を行う病院若しくは診療所又は薬局であって、当該保険者が指定したもの

三　健康保険組合である保険者が開設する病院若しくは診療所又は薬局　（第4項略）

(7)　第六十五条　第六十三条第三項第一号の指定は、政令で定めるところにより、病院若しくは診療所又は薬局の開設者の申請により行う。（第2項略）

3　厚生労働大臣は、第一項の申請があった場合において、次の各号のいずれかに該当するときは、第六十三条第三項第一号の指定をしないことができる。

一　当該申請に係る病院若しくは診療所又は薬局が、この法律の規定により保険医療機関又は保険薬局に係る第六十三条第三項第一号の指定を取り消され、その取消しの日から五年を経過しないものであるとき。

二　当該申請に係る病院若しくは診療所又は薬局が、保険給付に関し診療又は調剤の内容の適切さを欠くおそれがあるとして重ねて第七十三条第一項（第八十五条第九項、第八十五条の二第五項、第八十六条第四項、第百十条第七項及び第百四十九条において準用する場合を含む。）の規定による指導を受けたものであるとき。

三　当該申請に係る病院若しくは診療所又は薬局の開設者又は管理者が、この法律その他国民の保健医療に関する法律で政令で定めるものの規定により罰金の刑に処せられ、その執行を終わり、又は執行を受けることがなくなるまでの者であるとき。

四　当該申請に係る病院若しくは診療所又は薬局の開設者又は管理者が、禁錮以上の刑に処せられ、その執行を終わり、又は執行を受けることがなくなるまでの者であるとき。

（第五号略）

六　前各号のほか、当該申請に係る病院若しくは診療所又は薬局が、保険医療機関又は保険薬局として著しく不適当と認められるものであるとき。（第4項略）

(8)　問題の所在を指摘するものとして、深澤龍一郎「裁量基準の法的性質と行政裁量の存在意義（一）」民商法雑誌127巻6号3頁（2003年）、同「行政裁量論に関する覚書」法学論叢166巻6号160頁（2010年）。

(9)　健康保険法第七十条　保険医療機関又は保険薬局は、当該保険医療機関において診療に従事する保険医又は当該保険薬局において調剤に従事する保険薬剤師に、第七十二条第一項の厚生労働省令で定めるところにより、診療又は調剤に当たらせるほか、厚生労働省令で定めるところにより、療養の給付を担当しなければならない。（第2項略）

第七十二条　保険医療機関において診療に従事する保険医又は保険薬局において調剤に従事する保険薬剤師は、厚生労働省令で定めるところにより、健康保険の診療又は調剤に当たらなければならない。（第2項略）

保険薬局及び保険薬剤師療養担当規則（昭和三十二年四月三十日厚生省令第十六号）

第二条の三　保険薬局は、その担当する療養の給付に関し、次の各号に掲げる行為を行つてはならない。

一　保険医療機関と一体的な構造とし、又は保険医療機関と一体的な経営を行うこと。

二　保険医療機関又は保険医に対し、患者に対して特定の保険薬局において調剤を受けるべき旨の指示等を行うことの対償として、金品その他の財産上の利益を供与すること。

2　前項に規定するほか、保険薬局は、その担当する療養の給付に関し、健康保険事業の健全な運営を損なうことのないよう努めなければならない。

(10)　厚生省保険局ほか監修・前掲注（4）756頁参照。

(11)　健康保険法第65条第1項には「政令の定めるところにより」という文言がみられるが、これは、「委任命令」の根拠ではなく「執行命令」を想定するものと読むのが自然であろう。「保険医療機関及び保険薬局の指定並びに保険医及び保険薬剤師の登録に関する政令」（昭和32年4月30日政令第87号）は、指定に関する公示等について定めるほか、8条で省令に言及しており、これを受けて「保険医療機関及び保険薬局の指定並びに保険医及び保険薬剤師の登録に関する省令」（昭和32年厚生省令第13号）は、権限の委任等について定めている。なお、旧健康保険法第43条の3は「命令ノ定ムル所ニヨリ」と定めていた。

(12)　「保険医療機関及び保険医療養担当規則の一部改正等に伴う実施上の留意事項について」（平成8年3月8日付け保険発第22号）の第2の1（甲16の1号証）

(13)　最判平成 18 年 2 月 7 日民集 60 巻 2 号 401 頁（公立学校施設の目的外使用）など参照。

(14)　著者は、健康保険法第 65 条に基づく指定は、第 3 項各号の拒否事由がない限りは行わなければならないという意味で「羈束された」行政処分であると解している。確かに、文理上は、「次の各号のいずれかに該当するときは、……指定をしないことができる」という形で指定拒否の「権限」を付与するに過ぎない。しかし、薬局の経営にとって薬事法第 4 条の薬局の開設許可よりも重要な意味を持つ保険薬局の指定について、行政庁にするかしないかについての裁量（＝「効果裁量」）を認めることは不合理であると考えられるからである。したがって、第 65 条第 3 項は「次の各号のいずれにも該当しないときは、……指定しなければならない」と解されるべきである。

　この点について、被告側が援用する、保険医療機関の指定拒否処分の取消訴訟に関する最判平成 17 年 9 月 8 日（判例情報 1920 号 29 頁）の示した考え方との関係が問題になる。すなわち、原告は、第一審において、保険薬局の指定制度が憲法第 22 条第 1 項の保障する営業の自由に対する強力な制限であることを主張していた。そこで、その趣旨が、仮に、保険薬局の指定による規制が「消極目的」であり、理論上の「警察許可」として「必要最小限度の規制」しか認められないものであるというものであるとすれば、それに対する反論として、「医療保険の運営の効率化、給付の内容及び費用の負担の適正化並びに国民が受ける医療の質の向上」という「積極目的」の規制であるという形で、上記判決の援用がありうるところである。しかしながら、「積極目的」の規制であっても、その手段については、「目的を達成するための適合性」を有するか、「目的を達成するための手段としての必要性」が認められるか、「規制の相手方に過大な負担を強いるものでないか」という「合理性の審査」が不可欠である。この審査方式が、理論上は「比例原則」として整理されることにつき、小山剛『『憲法上の権利』の作法（新版）』（尚学社・2011 年）68 頁参照。

　そして、上記平成 17 年最判で問題となった保険医療機関の病床数に関しては、その抑制という手段と医療費の抑制という政策目的との関連がある程度は肯定できなくはないのに対して、保険薬局の「面分業の推進」という手段と医療費の抑制という政策目的との関連は認め難いと著者は考える。いずれにしても、保険薬局の指定において、健康保険法第 65 条第 3 項の定めるような拒否事由がないにも関わらず、拒否をする「効果裁量」を認めるような立法が違憲となるということは確かであり、原告の主張はそのような「合理性審査」を要求するものであったと理解できよう。

(15)　著者の裁量統制に関する従来の「判例理論」の理解については、髙木光「行政処分における考慮事項」法書時報 62 巻 8 号 1 頁（2010 年）（＝本書第 3 編第 1 章に収録）参照。

254 第3編 行政処分と法規命令

川神裕「裁量処分と司法審査（判例を中心として）」判例時報 1932 号 11 頁
（2006 年）は、マクリーン事件に関する最判昭和 53 年 10 月 4 日民集 32 巻 7 号
1223 頁の〈法が処分を行政庁の裁量に任せる趣旨、目的、範囲は各種の処分に
よって一様ではなく、これに応じて裁量権の範囲を超え又はその濫用があったも
のとして違法とされる場合もそれぞれ異なるものであり、各種の処分ごとにこれ
を検討しなければならない。〉という判示を引用しつつ、〈裁量権の範囲（幅）・
内容は、各処分ごとに、その根拠法規についての裁判所による法律解釈によって
判断される〉としている。

(16)　また、審査基準自体も、〈健康保険法第 65 条第 3 項及び第 4 項の規定のとお
り〉というもので（甲 32 号証参照）、定めていないに等しい水準である。仮に、
第一審判決のいうように、「諸般の事情を勘案」するという趣旨から「要件裁量」
が認められているとすれば、どのような点を「考慮要素」とし、それぞれについ
てどのように「重みづけ」をするか、についてのしかるべき審査基準を定めるこ
とが要請されるはずである。

(17)　最判平成 23 年 6 月 7 日民集 65 巻 4 号 2081 頁（建築士登録取消処分）。多く
の解説・評釈があるが、最新のものとして、藤原静雄「理由付記判例にみる行政
手続法制の理論と実務」論究ジュリスト 3 号 67 頁（2012 年）参照。

(18)　山下竜一「行政法の基礎概念としての行政裁量」公法研究 67 号 214 頁
（2005 年）参照。

(19)　原田尚彦『行政法要論（全訂第 7 版補訂版）』（学陽書房・2011 年）146 頁。
ここでの「裁量行為」は、田中二郎・後掲注（28）にいう「広義の裁量行為」で
ある。

(20)　藤田宙靖『行政法 I（総論）（第 4 版改訂版）』（青林書院・2005 年）95 頁。
その 1 は「特別権力関係論」、その 2 は「侵害留保理論」である。

(21)　塩野宏『行政法 I（第 5 版）』（有斐閣・2009 年）123 頁、125 頁。塩野教授は、
「立法（法律）との関係」と「司法権との関係」は結局のところ一致することに
なると考え、行政処分の裁量は端的に「司法権との関係」で把握すれば足りると
しているものと思われる。

(22)　大橋洋一『行政法 I（現代行政過程論）』（有斐閣・2009 年）265 頁。

(23)　同 69 頁。小早川光郎『行政法下 I』21 頁（弘文堂・2002 年）、『行政法下
II』190 頁（2005 年）が指示されている。

(24)　芝池義一『行政法総論講義（第 4 版補訂版）』（有斐閣・2006 年）68 頁。杉
村敏正「行政裁量」『岩波講座現代法 4』（1966 年）72 頁は〈行政機関にみとめら
れる制定法上具体的に拘束されない判断の余地〉と説明し、行政立法における裁
量についての記述ののち、行政行為における裁量については〈行政法令によって
具体的に拘束されない判断の余地〉と説明している。

(25)　桜井敬子＝橋本博之『行政法（第 3 版）』（弘文堂・2011 年）105 頁。

(26)　小早川・前掲注（23）『下 I』21 頁。

(27)　阿部泰隆『行政法解釈学 I』（有斐閣・2010 年）362 頁。

(28)　曽和俊文＝山田洋＝亘理格『現代行政法入門（第 2 版）』（有斐閣・2011 年）144 頁は、第 9 章「実体法的コントロール」のなかで〈法の規律による縛り〉と対比して〈行政機関の自由な判断〉という説明をしている。裁判所による適法性審査という局面に着目した説明であり、〈平等原則や比例原則等の法令以外のさまざまな法的制約〉という表現がみられる。

(29)　また、三権の相互関係は、憲法の「統治機構論」の問題であるから、憲法規範を視野に入れた分析、そしてそれを考慮に入れた「定義」が要請される。

(30)　阿部教授の定義における「法」とは、私人との関係で直接の拘束力を有し、裁判規範となるもの、すなわち「外部効果」を有する法＝「外部法」を意味すると思われる。

(31)　予算による統制をどのように位置づけるかは未解明である。「行政活動」をすべて「法律（＋条例）執行モデル」で説明することが適切かも疑問が残る。髙木光「法律の執行——行政概念の一断面」阿部泰隆先生古稀記念論文集『行政法学の未来に向けて』（有斐閣・2012 年）21 頁（＝本書第 1 編第 5 章に収録）。

(32)　便宜的ではあるが、本文の思考を図解すると以下のとおりである。

法律による一義的規律（規律密度 100％？）			羈束行為（狭義）		羈束処分	実体的判断代置（審査密度 100％）
法律による規律	不文法による規律※警察比例の原則など		羈束裁量行為？	羈束裁量と自由裁量の相対化		
法律による規律	不文法による規律	行政権の自由	（自由）裁量行為		「裁量処分」行訴法 30 条の用語	「逸脱濫用」（審査密度 99％〜1％）
行政権の自由（規律密度 0％？）			（狭義の）自由裁量行為？			
Regelungsdichte　←→　「立法権との関係における裁量」						裁判所の審査方式Kontroll-dichte

(33)　行政事件訴訟法制定時の「通説」といわれる田中二郎博士の整理は下図のと

おりであった。たとえば、田中二郎『行政法総論』（有斐閣・1957年）では、司法権との関係における裁量に重点を置いた「羈束行為」（広義）と「裁量行為」（狭義）の区別が推奨されている。この田中理論を基礎として、「羈束行為」（広義）については、実体的判断代置方式の審査、「裁量行為」（狭義）については、「逸脱濫用」審査が行われるという形で整理したのが、行政事件訴訟法第30条であるとみられる。したがって、行政事件訴訟法第30条にいう「裁量処分」というのは、田中理論における狭義の「裁量行為」すなわち、「司法権との関係で処分行政庁に判断・行動の自由（余地）が認められている処分」を意味すると理解すべきであろう。なお、「羈束裁量と自由裁量の相対化」は、かつて要件裁量を否定する美濃部理論によれば「羈束裁量」とされるような行政処分が、判例によって、行政事件訴訟法第30条にいう「裁量処分」として扱われるようになり、あるいは、かつては「自由裁量」とされたような行政処分についても一定の裁判所による審査が及ぶようになったという現象を表現するものと理解すべきであろう。

（広義の）羈束行為	（狭義の）羈束行為		羈束行為
	羈束裁量行為	羈束裁量行為 ＝法規裁量行為	（広義の）裁量行為
（狭義の）裁量行為	自由裁量行為 ＝便宜裁量行為	便宜裁量行為＝ 目的（公益）裁量行為 ＝（狭義の）自由裁量 行為	

〈田中の用語法〉　　　　　　　〈田中のいう「従来の通説」の用語法〉

(34) 前掲注（32）の図参照。

(35) また、処分庁が、あらかじめ自らその裁量行使の基準を定めることもある。この場合にも、「審査基準」「処分基準」などに「外部効果」が認められるとすれば、その限りで、裁判所の「審査密度」は増すことになる。

(36) なお、「外部法」には、法律、法規命令などの「成文法」のみならず、「平等原則」「比例原則」「信頼保護原則」「権限濫用禁止の原則」などの「不文法」も含まれる。「憲法」も、日本国憲法という「憲法典」の条文に現われている「成文法」のみならず、解釈によって認められる「法治行政の原理」ないし「法治国原理」や「法の支配」をはじめとする「不文法」も含めて考える必要がある。そこで、このような「不文法」を「立法権との関係における行政裁量」の定義に盛り込むべきかという問題が残されることになる。これを肯定する場合には、〈行政権が、憲法、法律および条例の枠内で有する判断・行動の自由〉となる。

第 2 章　法規命令による裁量拘束　　*257*

(37)　最判平成 3 年 7 月 9 日民集 45 巻 6 号 1049 頁（幼児接見不許可事件）。

(38)　最判平成 14 年 1 月 31 日民集 56 巻 1 号 246 頁（児童扶養手当打切事件）。

(39)　最判平成 25 年 1 月 11 日民集 67 巻 1 号 1 頁。髙木光「同判決評釈」民商法雑誌 149 巻 3 号（2013 年）269 頁参照。

(40)　一審判決が理由〈6〉で上げている類型のうち①は、あるいは「保険薬局として著しく不適当」といえるかもしれない。しかし、②や③は、他の要素を考慮することなく「保険薬局として著しく不適当」とはいえないと著者は考える。

(41)　結局のところ、行政庁側の主張は、保険薬局の指定は「恩恵」の付与であるから、内容の合理性について文句を言わずに役所が定めたルールに従え、といっているに等しいのではあるまいか。著者からみれば、医薬分業や「面分業」という理由づけは、あとから付けた理屈である。公道を介するという条件さえ満たせば「門前薬局」が堂々と開設できるのであるから、「構造的一体性」基準による規制によって「面分業」が推進されるなどということはありえない。法の番人たる裁判所がこのような不合理な説明に騙され、あるいは追認するようなことがあってはならないと思われる。

(42)　なお、第 2 の類型を裁量権の「内的限界」（innere Ermessensgrenzen）、これに対して第 3 の類型を裁量権の「外的限界」（äussere Ermessensgrenzen）と呼ぶことがある。Jestaedt, in: Ehlers, AllgVerwR, 14. Aufl. (2010), §11 Rn61

(43)　Pünder, in: Ehlers, AllgVerwR, 14. Aufl. (2010), §15 Rn 20

(44)　ただし、ドイツにおいては原則として否定されている「要件裁量」というカテゴリーがわが国では肯定されているという相違点をどう処理するかという問題が残っている。

(45)　橋本博之『行政判例と仕組み解釈』（弘文堂・2009 年）145 頁。橋本教授は、以下のように、近時の最高裁判所の判例の動向について「判断過程統制手法の拡張的活用」という指摘をしている。〈近時の判例・裁判例は、行政決定に係る意思形成過程の適否に着目した判断過程統制手法を急速に発展させ、一定の場合に行政裁量に係る審査密度を高めるという傾向を有している。他方、近時の判例・裁判例の展開には、伝統的な行政法学説が用意していた行政裁量論の枠組みでは十分に整理できない部分があり、行政裁量に関する理論的枠組みの溶融化現象と、裁判実務上の判断過程統制手法の拡張的活用が同時進行するという状況が看守される。〉

(46)　本件拒否処分が「裁量権の逸脱濫用」に該当して違法とされる場合に、主たる「責任」を負うべきは、処分行政庁たる地方厚生局長ではないことに留意する必要があろう。著者の分析によれば、本件規則を定め、昭和 57 年 8 月 12 日の内かんの示す判断基準をそのまま踏襲した扱いをすべきものとしてきた本省の「構造的一体性」の解釈運用の妥当性が問われるべきなのである。

258　第3編　行政処分と法規命令

第3章　認可＝補充行為説

一　はじめに

　本章は、公益法人制度改革[(1)]における整備法[(2)]に基づく移行認可を素材として、講学上の「認可」について説かれてきた「補充行為説」[(3)]の意義について再考することを目的とする。

　以下、まず、ある特例民法法人の一般財団法人への移行認可の取消訴訟に関する一審判決[(4)]を簡単に紹介する。次いで、著者の立場からみた同判決の問題点に触れたのち、「補充行為説」の射程についての疑問を提示することにしたい。

二　一般財団法人認可取消請求事件

（1）　事案の概要

　事案は、簡略化すると以下のとおりである。

　Ｘは、昭和27年4月10日に宗教法人法に基づく宗教法人として設立された包括宗教団体（Ｂ宗Ｃ派）である。それ以前のＢ宗Ｃ派は権利能力なき社団であった。なお、明治31年の民法施行法28条において、「民法中法人に関する規定は当分の内神社、寺院……にはこれを適用せず」とされ、予定されていた特別法が昭和15年に宗教団体法として制定されるまでは、宗教団体ないし寺院は法人格を取得できなかった[(5)]。

　Ｚは、大正元年11月21日に民法34条に基づく財団法人として設立された。Ｚの設立当時の寄附行為には、名称を「Ｂ宗Ｃ派本廟維持財団」、目的を「Ｂ宗Ｃ派Ａ寺の維持を確保すること」、解散時の残余財産は「Ｂ宗Ｃ派Ａ寺」に帰属する旨の、また、目的条項および残余財産条項は変更することができない旨の規定が置かれていた。しかし、Ｚの寄附行為は、大正8年、昭和39年、昭和55年、昭和57年、昭和63年、平成13年と数次にわたって変更された。このうち、昭和57年変更（＝変更1）は、目的にＡ寺の助成のほかに納骨堂の経営を付加し、昭和63年変更（＝変更3）は、残余財産の帰属先を「同一又は類似の目的を有する公益法人又は

団体」とするものであった。また、昭和39年変更により変更条項のうち変更禁止規定が削除され、昭和55年変更により財団の名称は「財団法人A寺維持財団」[(6)]とされた。

平成20年12月1日の整備法の施行に伴って、Zは特例財団法人となり、整備法40条2項の規定によりその寄附行為（以下、「申請時寄附行為」という）は、定款とみなされた。特例財団法人は、5年間の移行期間内に、公益財団法人に移行するか、一般財団法人に移行するか、解散するかの選択をするものとされていた（整備法46条参照）。

平成22年7月14日、Zは、内閣総理大臣に対して、整備法45条、115条に基づき一般財団法人への移行認可の申請をした。申請書に添付された整備法120条2項2号所定の定款変更の案には、次のような内容の規定があった。

財団の名称を「一般財団法人A寺文化興隆財団」に改める。目的を「勧学布教、学事の振興の精神のもと、日本及び日本国民の財産であるA寺伝承の有形、無形の文化及び広く佛教文化を興隆する事業を行い、……もって、世界の精神文化発展に寄与すること」とする（＝変更2）。残余財産の帰属先は、公益法人認定法5条17号に掲げる法人又は国若しくは地方公共団体とする（＝変更4）。

また、整備法120条2項5号所定の添付書類に記載された公益目的支出計画においては、公益目的財産額を約267億円、実施期間を211年間とし、納骨堂経営、G記念館事業、文学賞（H賞、I賞）事業、佛教文化振興事業および国際文化交流事業を実施するものとされていた。

内閣総理大臣は、平成23年2月1日付けで、Zに対して認可をした。これに対して、Xは国を被告として認可の取消しを求め、Zは国側に参加した。

大阪地方裁判所第二民事部は、本件の争点を、第1に、Xに原告適格があるか、第2に、Xに（狭義の）訴えの利益があるか、第3に、本件申請が定款変更内容基準（整備法117条1号）に適合するか、第4に、本件申請が公益目的支出基準（整備法117条2号）に適合するか、の4つに整理した。

本章の考察にとって興味深いのは、第1および第2の本案前の争点に関する判断の前提と、「設立者の意思に反する寄附為ないし定款の変更は許されるか」という本案の争点に関する判断の前提とみられる「補充行為説」の理論的整合性である。というのは、「補充行為説」を徹底すると、原告適格が否定され、あるいは訴えの利益が否定されるようにも思われるからである。また、本件取消訴訟とは別にXとZの間には民事訴訟[7]が係属しており、そこでも、「設立者の意思に反する寄附行為ないし定款の変更は許されるか」が争点となっているため、両者の関係をどう考えるかという問題がある[8]。

	大正元年	昭和39年	昭和57年	昭和63年	平成23年
目的	B宗C派 A寺の維持		＋納骨堂経営 （変更1）		勧学布教 （変更2）
残余財産	B宗C派 A寺			公益法人・ 団体 （変更3）	公益法人・国・ 地方公共団体 （変更4）
変更	禁止規定	禁止規定 削除			

（2） 一審判決

一審判決は、Xの原告適格および訴えの利益を肯定したうえで、争点3に重点を置いた判断をして、Xの請求を棄却した。

まず、原告適格については、最判昭和60年12月17日判時1179号56頁（伊達火力事件）を引用して、〈行政処分の取消訴訟は、その取消判決の効力によって処分の法的効果を遡及的に失わせ、処分の法的効果として個人に生じている権利利益の侵害状態を解消させ、当該権利利益の回復を図ることをその目的とするものであるから、処分の名宛人以外の第三者であっても、当該処分の本来的効果として自己の権利利益を侵害される関係にある者は、当該処分の取消しを求めるにつき「法律上の利益を有する者」

に該当する〉としている[9]。

　また、移行認可の法的効果として、①特例民法法人を通常の一般社団法人または一般財団法人とすること、②定款の変更の効力を完成させること、の2つを挙げており、本件では、申請時寄附行為においてはXにはZから助成を受けられる唯一の対象たる地位が認められていたということができ、他方、本件定款案においては、XにZから助成を受けられる唯一の対象たる地位が認められていないから、定款の変更の効力を完成させるという本件認可の本来的効果の②が、Xの権利利益を侵害するとしている。

　次に、本案については、Xの権利利益を侵害する本件定款変更（＝変更2および変更4）が許されるか、という争点に重点をおいて判断している。

　判決は、整備法の趣旨目的から、〈当該変更を行わなければ移行認可がされず、一般財団法人としての存続が不可能となるおそれがある場合には、当該財団の設立者の意思に反し、又は財団の同一性を失わせるような目的等の変更についても、当該変更が信義則に反し、権利の濫用にあたる等の特段の事情がない限り、許容される〉と解すべきであるとしている[10]。そこで、公益法人制度改革前の民法の条項のもとでの寄附行為の変更については、財団法人の同一性を失わせるような根本的事項の変更は、設立者の意思に反するから許されないものと解するのが相当であると判示するにとどめ[11]、本件で問題となる「目的条項」と「残余財産条項」のうち、「目的条項」（＝変更2）については、納骨堂の経営を加えた昭和57年変更（＝変更1）が有効であっても無効であっても、整備法の趣旨目的が優先するから、結論は左右されないとし[12]、「残余財産条項」については、昭和63年変更（＝変更3）によってすでに変更されており、申請時寄附行為と本件定款案はほぼ同旨であるから、本件定款変更が申請時寄附行為に現れた設立者の意思に反するということはできないとし、さらに、仮に昭和63年変更が無効であるとしても、整備法の趣旨目的が優先するから本件定款変更（＝変更4）は有効であるという結論は左右されない、というロジックを用いている[13]。

三 移行認可の法的効果

（1） 一審判決の問題点

さて、以上のような一審判決を瞥見したときに、行政法学の立場から気になるのは、行政処分（＝講学上の行政行為）の公定力ないし取消訴訟の排他性という一般理論との整合性であろう。著者もまた、本件取消訴訟の主たる争点が、別訴民事訴訟と同一ではないか[14]、そして、そうであればどちらかが不適法却下されてしかるべきではないか[15]、という印象を抱いたところである。しかし、より深く考察すると、理論的には極めて難解な部分が残り、軽々に所見を示すことは控えるべきではないかとも思われるのである。

まず、第1に、原告適格の判断枠組みについて簡単にコメントする。

著者の理解するところ[16]によれば、わが国の第三者の原告適格に関する判例法理は、行政処分の法的効果によって権利利益の侵害[17]を受けた者（および必然的に受けるおそれのある者）のみならず、行政処分の法的効果を利用して名宛人が行う行為によって権利利益の侵害[18]を受けた者（および必然的に受けるおそれのある者）にも原告適格を認めるものとして展開している。そして、行政訴訟制度改革によって原告適格の拡大のために挿入された行政事件訴訟法9条2項が想定する第三者は、最判平成元年2月17日民集43巻2号56頁（新潟空港事件）、最判平成4年9月22日民集46巻6号571頁（もんじゅ訴訟）、最判平成9年1月28日民集51巻1号250頁（川崎市開発許可事件）などのような後者の類型に属するものである。

したがって、判決の上記の理由づけのなかで、後半部分には問題がないが、前半部分は、仮に行政処分の法的効果によって権利利益の侵害を受けた者のみが原告適格を有するという趣旨[19]であるとすれば、そのような前提をとる必要はないのではないかという疑問が残るところである。

次に、第2に、本件移行認可における行政庁の審査事項をどう考えるかという点が難問である。すなわち、本件定款変更が設立者の意思に反して無効であるかどうかということが審査事項に含まれているのであれば、変更が許されるという行政庁の判断の「通用力」を排除するために取消訴訟が必要になるのであり、反面、本件定款変更等の無効確認を求める別訴民

事訴訟は不適法ではないか[20]、と考えるのが素直である。

　しかし、「補充行為説」の発想によれば、認可は、「基本行為」に私法上瑕疵がないことを前提としてなされるものであり、その意味で「形式審査」にとどまることになる。そして、「基本行為」が無効であれば認可も初めから無効であり、「基本行為」が取り消されると認可も失効すると考えるのであれば、認可の取消訴訟や無効等確認訴訟は不要[21]ということになりかねない。本件でXの権利利益を侵害しているのは、「補充行為」ではなく、専らZの行った「基本行為」たる定款変更であるという理屈が通用するのであれば、認可の本来的効果がXの権利利益を侵害するとした一審判決の「論証」が揺らぐことになる。その場合、民事訴訟と並行して認可の取消訴訟や無効等確認訴訟を認めることに意義があるのは、「形式審査」に固有の違法事由がある場合に限られる[22]とも考えられる。かくして、本件で問題となっている移行認可が、はたして単なる「補充行為」なのか自体に疑問が生じるのである。

（2）　認可の「弱い」法的効果？

　比喩的に表現することが許されるとすれば、講学上の「認可」の法的効果は、ある意味では「強い」ものであるが、別の意味では「弱い」ものであると考えられてきた。すなわち、「認可」は、講学上の「形成的行為」の一種とされ、「命令的行為」の一種に分類される「許可」（＝「警察許可」）との比較においては「強い」効果を有し、他方、「形成的行為」の中では「特許」と比較して「弱い」効果を有するに過ぎないとされたのである。たとえば藤田宙靖教授の最新の教科書[23]では、美濃部＝田中理論[24]およびそれに従った判例に依拠して、以下のように説明されている。

　〈「認可」も、この行政行為が行われることによって初めて、私人のある行為が適法に行われるようになる、という意味においては、先にみた「許可」「特許」と共通の性質を有すると言えるが、「認可」を特徴づけるのは、それが私人の法律行為の先行を前提とし、いわばこれらの行為を補充して、その法的効果を完成せしめる機能を持ったものである点である。例えば先にもみた農地法3条1項の農業委員会の許可のほか、銀行の合併等に対する内閣総理大臣の認可（銀行法30条）、河川占用権の譲渡についての河川

管理者の承認（河川法 34 条）等がその典型であるが、これらの場合いずれも、行政庁の行政行為があって初めて、先行する私人間の合意が効力を生じることになっている。〉

〈「認可」は、「許可」とは異なり、私人の行動の法的効果を直接にコントロールしようとするものであって、従って「認可」を欠いて行われた合意は、直接に法的効果を否定される（参照、農地法 3 条 7 項、銀行法 30 条 1 項等）。半面、本来、罰則による制裁、強制執行等の強制行為を伴わない。また、「認可」は、この意味で「形成的行為」であると言っても、その形成的効果は、私人の何らかの法律行為を前提としてのみ生じるのであって、「特許」が包括的に権利を設定したり、法律関係を設定したりするのとは異なる。従って例えば、農地の売買に許可が与えられたとしても、売買の合意自体に瑕疵があり、民法上無効であったり取り消されたりした場合には、農業委員会の許可の形成的効果もまた生じないことになる（参照、最判昭和 35 年 6 月 2 日民集 14 巻 9 号 1565 頁、最判昭和 35 年 2 月 9 日民集 14 巻 1 号 96 頁等）。〉

ここで引用されている 2 つの最高裁判所の判決のうち、前者の昭和 35 年 6 月判決は、宗教団体法 32 条に基づく地方長官の認可に関するものであり、後者の昭和 35 年 2 月判決は農地法 3 条に基づく知事の許可に関するものである。そして、この 2 つの判決の調査官解説[25]では、大審院の決定・判決のほか美濃部達吉および田中二郎の古典的学説が引用されていた[26]。

さて、一審判決は、X の原告適格および訴えの利益を肯定する際には、移行認可が X と Z との間の私法上の法律関係に「強い」「形成的」な影響を与えることに着目したともみられるが、そうだとすれば、「補充行為説」とはやや異なる発想ということになろう。

他方で、一審判決は、X と Z との私法上の法律関係そのものに着目して本件紛争を解決しようとしているようにもみえる。すなわち、先に紹介したように、申請時寄附行為においては、X には Z から助成を受けられる唯一の対象たる地位が認められていたとし、本案においては、X の権利利益を侵害する本件定款変更が許されるか、という争点 3 に重点をおい

て判断しているからである。そして、このような判断の仕方が採用されているのは、古典的な「補充行為説」に当事者および裁判所が従っているからであろう。

　すなわち、Xは、〈定款変更が実体的に無効であれば、その効力を完成させる補充的意思表示である移行認可も当然無効になると解され、仮に移行認可が当然無効にならないとしても、当該定款の案は一般社団・財団法人法に適合しないから、移行認可は整備法117条1号の要件を満たさない違法なものとなる（行政処分の違法性は客観的な法規範違反の有無によって決せられるのであり、行政庁が審査義務を尽くしたとしても違法となる場合があることは当然である。）そして、本件定款変更は、上記のとおり無効であるから、本件認可は無効又は違法である。〉と主張していた[27]。このような主張の前半は「補充行為説」に依拠したものであり、後半は、審査事項ではない「基本行為」の無効が同時に「補充行為」の違法事由となるというひとつのありうる考え方[28]である。そして、一審判決は、このようなXの主張を受け入れつつ、本案においては整備法の趣旨目的の解釈で国およびZの主張に軍配を挙げたとみることもできよう。

　以上のように、認可の法的効果を「強い」ものとみるか「弱い」ものとみるかについて、一審判決の判断の中には異質のものが併存しているようにも感じられるのであるが、これをどう評価すべきであろうか。項を改めて試論を示すことにしたい。

四　補充行為説の意義と射程

（1）　補充行為説の意義

　三では、一審判決の判断の中には、移行認可の法的効果を「強い」ものとみる部分と、「弱い」ものとみる部分が併存しているようにみえることを指摘した。そして、著者の感じるそのような違和感は、伝統的な「補充行為説」そのものの射程についての疑問につながるのである。

　「補充行為説」の意義は、取消訴訟によることなく、民事訴訟による救済を可能にすることにあったとみられる[29]。というのは、「基本行為」と「補充行為」の両者が揃って初めて私法上の法律関係が形成されると説明

し、かつ、「基本行為」が当初から無効であると全体としての「形成的効果」は発生せず、また「基本行為」が取消等により無効になると、全体としての「形成的効果」が自動的に失われると考えられているからである。そして、この場合、行政行為の効力という見地からみると、「基本行為」の瑕疵（無効または取消）が、自動的に行政行為の無効ないし失効を帰結することになる。そこでは、認可という行政処分の「公定力」ないし取消訴訟の排他性はほとんど機能しなくなるのである[30]。

このように、「補充行為説」は、傾向としては、行政訴訟による権利救済を不要とするものであり、逆に、行政訴訟による権利救済が機能する場合には、「補充行為説」をとる必要性は必ずしもないという関係にある。そこで、明治憲法下とは異なり、すべての行政処分について取消訴訟等で争うことが可能となり、また、第三者の原告適格もある程度広く認められるようになっている現行法制の下では、「補充行為説」の射程は限定されてしかるべきであるとも考えられる。

ここで、いま一度、本件で問題とされた定款の変更についての当事者の主張を振り返ってみよう。

	大正元年	昭和 39 年	昭和 57 年	昭和 63 年	平成 23 年
目的	B宗C派 A寺の維持		＋納骨堂経営 （変更 1）		勧学布教 （変更 2）
残余財産	B宗C派 A寺			公益法人・ 団体 （変更 3）	公益法人・国・ 地方公共団体 （変更 4）
変更	禁止規定	禁止規定 削除			

Zは参加人として、民法の旧規定の下におけるZの寄附行為の変更（変更1および変更3など）については、いずれも主務官庁の認可がされているところ、それらは取り消されていないから、寄附行為の変更はいずれも一

応有効なものと取り扱われるべきであり、これらがないことを前提とする
Ｘの主張は失当である、と主張していた[31]。これは認可という行政処分
の「公定力」ないし取消訴訟の排他性を援用するものである。これに対し
て一審判決は、先に紹介したように、この問題に正面からは答えていな
い[32]。したがって、判決の理由づけは、公益法人制度改革以前の主務官
庁の認可の「公定力」をどう考えるかという点については、必ずしも明解
ではない。ただ、民法の旧規定の下でのＺの寄附行為の変更については、
それが私法上無効であれば、認可も当然無効となる、という考え方、すな
わち「補充行為説」を正面から否定していないことは確かであろう。

（２）　補充行為説の射程

　しかしながら、そもそも、講学上の「認可」とされてきた様々な類型の
すべてについて、このような極めて「弱い」効果しか有しないという制度
設計がなされていると解すべきなのであろうか。著者は、先に触れたよう
に、現行法制の下では「補充行為説」はその射程を限定して理解すべきで
はないかという疑問を抱くものである。すなわち、最高裁判所の判断の重
みを考慮するとしても、その射程はさしあたり、講学上の「認可」のうち、
契約のような両当事者間の合意についてのもの[33]と、宗教法人法に基づ
く「認証」に限り及ぶとみるのが合理的ではないであろうか。なお、宗教
法人法に基づく「認証」は、講学上の「認可」ではなく、「準法律行為的
行政行為」の一種である「確認」あるいは「公証」に分類されるものであ
ろう[34]。

　「形成的行為」としての「認可」の法的効果は、「命令的行為」としての
「許可」（＝「警察許可」）との比較においては「強い」ものであるが、同
じ「形成的行為」のなかで「特許」と比較した場合には「弱い」ものであ
るとされてきた。しかし、その弱さと、「補充行為説」の説く弱さはもと
もと異なるものと考えるべきであったと思われる。というのは「補充行為
説」から帰結される「弱い」法的効果は、極めて「弱い」法的効果であり、
講学上の「認可」すべてについて妥当な結論を導くとは思われないからで
ある。

　講学上の「認可」の定義は、〈第三者の行為を補充してその法律上の効

268　第3編　行政処分と法規命令

行政行為	法律行為的行政行為	命令的行為	下命・禁止
			許可（＝警察許可）
			免除
		形成的行為	特許・剥権
			認可
			代理
	準法律行為的行政行為		確認
			公証
			通知
			受理

力を完成せしめる行為〉であり、〈その認可される行為が公法行為なると私法行為なるとを問わない〉と説明されているように、異なる利益状況に関する様々な行為を包括する概念である。そこで、「補充行為説」が適切な解決をもたらす利益状況は、講学上の「認可」のすべてではなく、「私法関係を形成する」[35]ものであって、その基礎となる私法関係の形成が「相対的」であっても差支えないものに限られるのではないかと思われる。というのは、私法関係においても、会社訴訟の領域[36]に典型的にみられるように、その形成が「対世的」になされる必要性が高く、また早期に確定することが望ましい場合があるからである。また、公益事業規制における料金認可のような類型においても、私法上の法律関係の対世的形成および早期確定の要請が強いと思われる。

　そして、公益法人の監督手段としての「認可」についても、定款ないし寄付行為の変更という法人の組織ないしガバナンスに係る行為であることから、古典的学説における認可の法的効果を極めて「弱い」ものとみる「補充行為説」の発想がそのまま妥当するかどうか疑問が残るのである。そもそも、最高裁昭和35年6月判決は宗教団体に係るものであって、特

殊な領域に属するものというべきである。また、同判決の「補充行為説」に従う裁判例の大半[37][38]は、宗教法人法に基づく「認証」に係るものであるようである。そこで、最高裁昭和 35 年 6 月判決の射程が公益法人についても及ぶと即断すべきではない[39]と思われる。

（3）　移行認可の特殊性？

　ただ、著者の調べた限りでは、これまでこのような論点について検討した文献はなかった[40]。また著者自身も研究の蓄積がないので、本章では、問題点の指摘にとどめざるを得ない。そこで、以下では、本件において問題となっている整備法 45 条に基づく「移行認可」の特殊性について若干の指摘をしておくことにしたい。

　本件で問題となっている移行認可は、通常の公益法人の監督手段としての「認可」とはやや性質が異なるものであるとみる余地がある。そして、本件のような紛争では、むしろ移行認可の法的効果が通常の「認可」よりも「強い」ものとみて、X の原告適格を肯定したうえで、本件移行認可の取消訴訟という土俵で紛争の終局的解決を図るものとし、その代わりに、別訴民事訴訟で、定款変更の無効確認を求めることは許さないという解釈論[41]が採用されるべきではないかとも考えられる。その理由は、試論にとどまるが、以下のとおりである。

　第 1 に、本件移行認可は、整備法 45 条に基づくものであり、公益法人制度改革前の民法の旧規定に基づく「認可」がいわば平時におけるものであるのに対して、5 年間の移行期間といういわば戦時におけるものである。そして、定款の変更については、整備法 94 条が、解散を避けるという政策目的を実現するために、平時には認められないような目的の変更を可能とする特別のルールを定めているとみられるのである[42]。

　第 2 に、整備法 45 条に基づく移行認可においては、公益目的支出計画という仕組みが重要な意味を持っており、それとの関連で行政庁に一定の裁量権が認められていると解される[43]。

　整備法 117 条は、〈行政庁は、第 45 条の認可の申請をした特例民法法人（以下この款において「認可申請法人」という。）が次に掲げる基準に適合すると認めるときは、当該認可申請法人について同条の認可をするものとする。〉

と定めている[44]。この規定ぶりからは、整備法117条は、認可をするか
しないかの「効果裁量」は原則として認めないが、一定の「要件裁量」を
認めるという趣旨であると解される。というのは、同条第2号の「公益目
的支出計画が適正であり、かつ、当該認可申請法人が当該公益目的支出計
画を確実に実施すると見込まれるものであること」という要件は、不確定
概念であって、かつ、政策的ないし専門技術的な判断を必要とするもので
あること、また、本文の「基準に適合すると認めるとき」という表現は
「基準に適合するとき」と比較すると行政庁の判断を尊重すべき趣旨を示
すものであるからである。これに対して、同条1号の「定款の変更の案の
内容が一般社団・財団法人法及びこれに基づく命令の規定に適合するもの
であること」についての要件裁量は認められないとも解される[45]。

　さて、被告国は、定款変更の瑕疵等は、移行認可の審査対象外であるか
ら、仮に本件定款変更が無効であったとしても、本件認可の違法事由とな
るものではない[46]と主張していた[47][48]。しかし、一審判決は、争点3（定
款変更内容基準適合性）すなわち、整備法117条第1号の要件該当性に係る
ものとして、先にみたように、民法の旧規定の下での寄附行為の変更の許
容性や整備法の趣旨目的等を検討していた[49]。そして、一審判決は、1号
要件には、一般社団・財団法人法200条[50]を媒介として、解散を強制し
ないという公益法人制度改革の趣旨に合致するということが含意されてい
ると解しているように見受けられる。しかし、一般財団法人としての存続
を可能とするために必要な変更であるかどうかの判断、あるいは当該変更
を行わなければ一般財団法人としての存続が不可能となるおそれがあるか
どうかの判断は、1号要件ではなく、むしろ2号要件の問題ではないかと
の疑問がある。

　本件では、Ｚが一般財団法人への移行という希望を有していることを前
提として移行認可がなされたのであるが、一審判決においては、Ｚがその
ような希望を行政庁に対して表明すること、すなわち申請をすることにつ
いて、Ｘとの関係で私法上の制限があるといえるのかがまず検討される
べきと考えられている。最も重要な問題は、Ｚが、公益法人制度改革とい
う状況のなかで、希望に反して解散の途を選択し、Ｘに残余財産を返還

する義務を負っているのかであると考えられているのである[51]。そして、「基本行為」の私法上の無効が認可の違法事由となるという発想であるから、「補充行為説」に親和的なものといえる。

しかし、実は、問題はそれだけではなく、別の問題として、Ｚが解散の途を選択し、Ｘに残余財産を返還することに、公益法人改革関連三法上の制約はないのか、つまり、解散の途を選択し、残余財産をＸに返還することは許されないのではないか、もまた検討されるべきではなかろうか[52]。

この点、整備法117条第2号は、「公益目的支出計画」が適正であり、かつ、その実施が確実であるかどうかを審査するものと定めている。著者は、このような認可基準について行政庁が審査をし、しかもその判断に「要件裁量」が認められていることを重視したいと考える。すなわち、〈一般財団法人として存続することを希望する特例財団法人については、解散を強制せず、できる限り円滑に一般財団法人への移行を認める〉という整備法の趣旨目的は、単に特例財団法人を「優遇」するということではなく、それと表裏のものとして、社会還元を促進するという政策目的が設定されていると思われる。一般財団法人への移行を認められた特例財団法人は、ただちに、通常の一般財団法人としての完全な自律性が認められるわけではなく、公益目的支出計画の実施が完了するまでは、「移行法人」と呼ばれ、公益目的支出計画の履行を確保するために必要な範囲において整備法45条の認可をした行政庁の監督に服するものとされている（整備法123条参照）。

そこで、移行認可の対象となる目的条項の変更は、まさに公益目的支出経計画に従って社会還元を行うためになされるものであり、そのような観点からみれば、整備法は単なる「私法の特別法」ではなく、公益法人制度改革の遂行のための「公法規範」としての性格を有しているというべきことになる。そして、移行認可において内閣総理大臣は、その執行にあたる行政庁として裁量権限を行使するのであり、他方で、裁判所はその専門技術的・政策的判断を尊重しなければならないのである。

かくして、2つの問題を合わせて検討するためには、移行認可の特殊な

272 第3編 行政処分と法規命令

性格、すなわち通常の「補充行為」にとどまらない「強い」「私法関係形成的」効果を解釈上認める[53]ことが要請されるのではないかと思われる。

五 おわりに

以上、ひとつの判決を分析するなかで、認可に関する「補充行為説」の射程は限定されていると解すべきであること、また、行政訴訟と民事訴訟の役割分担は、行政法の一般理論、とりわけ公法と私法の交錯をどのように認識するかによっても解答が異なるということは明らかにできたと考える。本章の分析は試論にとどまり、未解明の問題が残っていることは否定できないが、意欲的な中堅ないし若手研究者による本格的な取組みに期待して、ひとまず、つたない本章を閉じることにしたい。

【第3章注】

(1) 簡単には、梅澤敦「公益法人制度改革関連三法」ジュリスト1323号88頁（2006年）。参照に便宜なものとして、ジュリスト1328号（2007年）「特集新しい非営利法人制度」が、詳細なものとして、立案担当者の分担執筆に係る、新公益法人制度研究会編著『一問一答公益法人関連三法』（商事法務・2006年）および、宇賀克也＝野口宣大『Q＆A新しい社団・財団法人制度のポイント』（新日本法規出版・2006年）がある。

(2) 一般社団法人及び一般財団法人に関する法律及び公益社団法人及び公益財団法人の認定等に関する法律の施行に伴う関係法律の整備等に関する法律（平成18年法律第50号）。

その概要について、梅澤敦「現行公益法人の移行措置」ジュリスト1328号29頁。一般社団法人及び一般財団法人に関する法律（平成18年法律第48号）（以下、「一般社団・財団法人法」と呼ぶ。）および公益社団法人及び公益財団法人の認定等に関する法律（平成18年法律第49号）（以下、「公益法人認定法」と呼ぶ。）と合わせて、公益法人改革関連三法と呼ばれる。

(3) 美濃部達吉『日本行政法上』（有斐閣・1936年）218-219頁は、〈認可は他の当事者の法律的行為の効力を完成せしむる為の補充的意思表示であるから、其の本体たる法律的行為を離れて独立に其の効果を生ずるものではなく、若し其の本体たる法律的行為が無効であれば、其の認可も亦当然無効であり、其の本体たる法律的行為が取消し得べき行為であれば、認可を得て居るにも拘わらず取消し得る。〉としていた。また、田中二郎『行政法総論』（有斐閣・1957年）308-309頁

は、〈認可とは、第三者の法律的行為を補充してその法律上の効力を完成せしめる行為をいう。この意味で補充行為ともいう。〉と説明し、〈認可は、第三者の法律的行為の効力を完成せしめる補充行為に過ぎないのであるから、基本たる行為が不成立又は無効であるとされるときは、それに対して認可があったからといって、基本たる行為が有効となることはない。また、基本たる行為が取消し得べき行為であるときは、認可があった後においても、これを取消すことができる。認可が単なる補充行為といわれるゆえんである〉と説明しており、田中二郎『新版行政法上（全訂第二版）』（弘文堂・1974年）123頁でも同様の説明が維持されている。

(4) 大阪地裁平成25年10月25日判決（平成23年（行ウ）第55号一般財団法人認可取消請求事件）裁判所WEBページ。初出時には、控訴され、大阪高等裁判所に平成25年（行コ）第185号一般財団法人認可取消請求控訴事件として係属中であった。著者は、Zの訴訟代理人折田泰宏氏から関係資料の提供を受けた。この場を借りて感謝の意を表するとともに、本章はこの訴訟の争点をバランスよく扱うものではなく、特定の論点を著者の理論的関心に引き付けて分析するものであることにつき、読者に予めご理解をお願いしたい。

(4a) 大阪高判平成26年9月30日裁判所WEBページ。控訴審も第1審と同様に取消請求を認めず、その結論は最決平成27年12月8日で維持された。

(5) 渡部蓊『逐条解説宗教法人法（第4次改訂版）』（ぎょうせい・2009年）24-25頁。

(6) A寺はB宗C派の本山である。昭和28年2月28日にはA寺の名称で宗教法人法に基づく単位宗教団体が設立されたが、昭和62年12月16日、Xに吸収合併され解散した。

(7) 京都地裁平成24年3月27日判決（平成22年（ワ）第3050号寄附行為変更無効確認等請求事件）LEX/DB 25480935、大阪高裁平成25年7月19日判決（平成24年（ネ）第1418号寄附行為変更無効確認等請求控訴事件）LEX/DB 25501527。いずれも、（変更1）は有効としたものの、（変更2）（変更3）（変更4）を無効とした。初出時には財団Zが、上告および上告受理申立てをしていた。

(8) I: 行訴不適法説、II: 両者併存説、III: 民訴不適法説　が考えられ、さらに、IIは、行政訴訟の違法事由を行政庁の審査事項に限定するもの（IIa: 役割分担説）と、審査事項外の私法上の無効が処分の違法事由となることを認めるもの（IIb: 役割重複説）に分けることができよう。

(8a) 民事訴訟について、最判平成27年12月8日民集69巻8号2258頁は、変更（2）（4）を有効とし、原判決を破棄し、請求を棄却した。行政訴訟については同日付の決定で処理していることから、最高裁判所は、II: 両者併存説によっていることになろう。

(9) 判決書17-18頁（裁判所ウェブサイトの頁数、以下同様）。

274 第3編　行政処分と法規命令

(10)　判決書 32 頁。

(11)　判決書 22 頁。

(12)　判決書 33-34 頁。

(13)　判決書 35 頁。

(14)　民訴控訴審判決は、判決書 36 頁で〈昭和 57 年変更および昭和 63 年変更については京都府により、平成 23 年変更については内閣総理大臣により、それぞれ認可がされていることが認められるが、本件変更に瑕疵がある場合に、上記各認可によってその瑕疵が治癒されるわけではないから、1 審原告は、本件変更を行った 1 審被告を相手方として、本件変更の無効を主張して争うことができるというべきであり、1 審被告は本件確認の訴えにおける被告適格を有する。〉としたうえで、(変更 1) を有効、(変更 2) (変更 3) (変更 4) を無効としている。

(15)　本件移行認可によって形成される法律関係は、多数の利害関係者に影響を及ぼすものであることから、法的紛争もまた、対世的な効力を有すると考えられている判決によって解決されるのが望ましいと考える。最判昭和 47 年 11 月 9 日民集 26 巻 9 号 1513 頁などに照らして、別訴民事訴訟の判決にも、会社訴訟等に関する規定の類推適用によって対世的な効力が認められる余地があるが、その場合には、行政訴訟は不適法とされることになる (I: 行訴不適法説) のであろうか。民訴控訴審判決は、認可の法的効果を「弱い」ものとみるものであり、それ自体疑問があるが、少なくとも、平成 23 年の移行認可については、整備法の趣旨目的に照らしてその法的効果は「強い」ものとみて、認可の対象となっている変更だけを切り離して民事訴訟でその無効の確認を求める利益は否定すべき (III: 民訴不適法説) であるとも考えられる。

(16)　髙木光『行政訴訟論』(有斐閣・2005 年) 292 頁以下参照。

(17)　ドイツ理論では「規律的侵害」と呼ばれる。髙木光『事実行為と行政訴訟』(有斐閣・1988 年) 299 頁以下参照。

(18)　ドイツ理論では、「事実的侵害」の一類型である「第三者侵害」と呼ばれる。

(19)　この点、引用されている最高裁昭和 60 年判決は、〈処分の法的効果として自己の権利利益を侵害され又は必然的に侵害されるおそれのある者に限って、行政処分の取消訴訟の原告適格を有する〉としていたのであるが、その後の判例ではこの部分は踏襲されていない。著者の推測によれば、最高裁昭和 60 年判決のこの部分は、調査官であった泉徳治裁判官の取消訴訟観 (=「公定力排除訴訟としての取消訴訟」) に依拠するものである。そしてそのような理解は、理論的な明解さを目指すものではあるが、様々な類型の「第三者訴訟」について妥当な結論を導くという観点からは疑問の残るものである。著者は、泉理論は判例法理としては採用されず、それゆえに、昭和 60 年判決は民集に掲載されなかったと理解している。なお、最高裁判所が「法効果テスト」と「保護利益侵害テスト」を使い分けていると指摘するものとして、中川丈久「取消訴訟の原告適格について

（1）」法学教室 379 号 67 頁（2012 年）。

(20)　前掲注（8）の III: 民訴不適法説。

(21)　前掲注（8）の I: 行訴不適法説。

(22)　前掲注（8）の IIa: 役割分担説。原田・後出注（26）174 頁は、最判昭和 41
年 3 月 31 日訟務月報 12 巻 5 号 669 頁を引用してこの説をとっている。宗教法人
法に基づく「認証」については、宗教の自由との関係で、行政庁の権限を限定す
べき要請が強い。そこで、その法的効果を標準的な「認可」よりもさらに「弱
い」ものとみる裁判例が多いようである。渡部・前掲注（5）148 頁以下参照。行
政訴訟において「補充行為説」に依拠した判断を示しているものに、東京高判昭
和 42 年 12 月 26 日行集 18 巻 12 号 1816 号および仙台地判昭和 57 年 5 月 31 日訟
月 28 巻 12 号 2294 頁があり、民事訴訟において「補充行為説」に依拠した判断
を示しているものとして、神戸地判昭和 51 年 9 月 13 日判時 853 号 76 頁がある。
また、横浜地判昭和 62 年 2 月 18 日判時 1249 号 42 頁は、認証は「確認行為」で
あって、「認可」とは異なるとしつつ、行政訴訟と民事訴訟の役割分担について
触れている。

(23)　藤田宙靖『行政法総論』（青林書院・2013 年）196 頁。

(24)　ただし、美濃部説と田中説はやや異なるとみる余地はある。

(25)　『判解民昭和 35 年度』297 頁（真船孝充）、同 18 頁（鈴木潔）。

(26)　兼子仁『行政法総論』（筑摩書房・1983 年）169 頁は、2 つの最高裁判決を引
用しつつ、〈他要件を欠き無効な法律行為は認可により有効となることはなく、
その認可が無効と解される。〉〈また、認可後にも、ほんらい基本行為である法律
行為の瑕疵を理由とする取消しは妨げられない。〉と説明している。また、兼子
仁『行政法学』（岩波書店・1997 年）144 頁では〈無効な法律行為の認可処分は
違法であり無効とも解される。〉としている。原田尚彦『行政法要論（全訂第七
版補訂二版）』（学陽書房・2012 年）174 頁にも〈認可はあくまでも本体たる（私
人の）法律行為を補充する行為に過ぎない。本体たる私人の行為に瑕疵があり無
効であれば、役所の認可があっても、私法上有効となることはない。本体たる法
律行為に瑕疵があるときは、私人は認可後にもその無効ないし取消しを主張する
ことができる。〉という説明がみられる。宇賀克也『行政法概説 I（第 5 版）』（有
斐閣・2013 年）90-91 頁も同様。また、芝池義一『行政法総論講義（第 4 版補訂
版）』（有斐閣・2006 年）129 頁および小早川光郎『行政法上』（弘文堂・1999 年）
207 頁にも「補充行為説」に従った簡単な記述がみられる。他方、塩野宏『行政
法 I（第 5 版補訂版）』（有斐閣・2013 年）や大橋洋一『行政法 I（第 2 版）』（有斐
閣・2013 年）には、そのような記述は見られない。

(27)　判決書 16 頁

(28)　前掲注（8）の IIb: 役割重複説によれば、実体的な無効を民事訴訟でも行政
訴訟でも主張できることになる。

276　第3編　行政処分と法規命令

(29)　大審院の判例が「補充行為説」を採用していた背景には、戦前の法制度の下
では、行政裁判所における権利救済が「列記主義」等の制約により不十分であっ
たということがあろう。また、行政行為の「無効」の法理は、大審院を頂点とす
る司法裁判所での権利救済を拡充するという機能を有していた。

(30)　ただし、「基本行為」の無効は行政行為の違法事由となるにとどまると解す
れば（「修正補充行為説」）、取消訴訟の意義は異なってくる。

(31)　判決書14-15頁。

(32)　確かに、整備法の趣旨目的が、できる限り円滑に一般財団法人への移行を認
めるというものであり、そのためには、〈当該変更を行わなければ移行認可がさ
れず、一般財団法人としての存続が不可能となるおそれがある場合には、当該財
団の設立者の意思に反し、又は財団の同一性を失わせるような目的等の変更につ
いても、当該変更が信義則に反し、権利の濫用にあたる等の特段の事情がない限
り、許容される〉というのであれば、民法の旧規定の下で行われた昭和57年変
更（＝変更1）ないし昭和63年変更（＝変更2）が無効かどうか、あるいは主務官
庁の認可の「公定力」について考慮する必要はないということもいえそうである。

(33)　鈴木潔・前掲注（25）が引用する4つの大審院の決定・判決の事案をみると、
大決大正6年2月7日民録23輯124頁は、重要物産同業組合の設立に関するも
の、大判大正6年8月21日民録23輯1228頁は、公有水面埋立免許権の譲渡に
関するもの、大判昭和17年12月23日新聞4831号7頁は、耕地整理組合の増歩
地の売却に関するもの、大判昭和17年8月18日評論31巻諸法492頁は、電話
加入権の譲渡に関するものである。

(34)　渡部・前掲注（5）143頁。田中二郎・前掲注（3）『新版行政法上』121頁参照。

(35)　なお、「私法関係を形成する行政行為」という概念がある。この概念も多義
的であるが、専ら国家の行為によって直接私法関係を発生変更消滅せしめる行為
と定義する場合には、「認可」は含まれないことになる。原龍之助「私法関係を
形成する行政行為」民商法雑誌12巻6号943頁（1940年）は、公用制限、公用
徴収、特許企業の買収、租税滞納処分、警察権による物の差押及び没収、鉱業許
可、漁業許可などに加え、統制経済の手段として多用されるようになった、組合
の強制設立、組合員の当然加入、役員の任命解任、統制決定又は統制規定の取消
変更、当事者間の協議不調の場合における決定又は裁定、動産物資の使用収用、
工場事業場、土地工作物の使用収用などを例示している。他方、兼子・前掲注
（26）『行政法総論』170頁は、認可を含めている。なお、ドイツにおける行政行
為の「私法関係形成効」について、人見剛「行政処分の法効果・規律・公定力」
磯部力・小早川光郎・芝池義一編『行政法の新構想II』（有斐閣・2008年）81頁
参照。

(36)　一般社団・財団法人法の訴訟に関する規定（264条以下）は、会社訴訟に関
する規定に範をとったものであろう。しかし、整備法75条によって、これらの

第 3 章 認可＝補充行為説 *277*

規定は特例民法法人には適用されないものとされている。特例民法法人は、一般
社団法人・財団法人への移行が予定されている存在ではあるが、なお行政庁によ
る監督が残っていること重視されており、会社訴訟（およびそれに倣った一般社
団・財団訴訟）における対世的効果を有する判決によるエンフォースメントとい
う要素は、行政庁による「移行認可」によって担保されているものとみるべきと
思われる。

(37) 公益社団法人の定款変更に関する裁判例として、横浜地判平成元年 9 月 6 日
行集 40 巻 9 号 1175 頁およびその控訴審である、東京高判平成 2 年 1 月 30 日行
集 41 巻 1 号 182 頁がある。そこでは「補充行為説」が採用されているものの、
定款変更の無効は、認可の違法事由とならないとされている。形式審査を理由に、
前掲注 (8) の IIa: 役割分担説を採るものであろうか。さいたま地判平成 14 年 1
月 23 日判例地方自治 236 号 83 頁も、宗教法人法に基づく寺院規則変更の認証に
ついて同様の立場を採っている。

(38) 医療法人の定款変更に関するものとして、最判平成 16 年 12 月 24 日判時
1890 号 46 頁があり、最判昭和 47 年 11 月 9 日民集 26 巻 9 号 1513 頁（学校法人
の理事会・評議員会の決議無効確認の訴え）を引用しつつ、社員総会決議不存在
確認の訴えを適法としている。「補充行為説」についての言及はないが、民事訴
訟による「対世的」紛争解決の途を示すものとみることができよう。

(39) 渡部・前掲注 (5) 83 頁は、宗教法人法に基づく所轄庁の限定的な権限との
対比で、公益法人制度改革前の民法法人に対する一般的包括的な監督権限につい
て指摘している。なお、東京地判平成 12 年 5 月 31 日判例集未登載（2000WLJP
CA05310013）は、「補充行為説」を採用しつつ、公益財団法人の寄附行為の変更
認可につき、理事及び評議員の原告適格を否定している。

(40) 中田裕康「一般社団・財団法人法の概要」ジュリスト 1328 号 11 頁（2007
年）は、〈公益法人は、今後、行政法上の問題として論じられることが多くなる
だろう。〉と予測していた。

(41) 分野は異なるが、会社訴訟における以下の判例法理が参考となるのではない
かと思われる。すなわち、たとえば、最判昭和 40 年 6 月 29 日民集 19 巻 4 号
1045 頁は、新株発行に関する株主総会決議に無効事由があっても、その決議に
基づく新株が発行済みであるときは、新株発行無効の訴えを提起しない限り当該
新株を無効にすることができず、新株発行に関する決議無効確認の訴えは確認の
利益を欠き提起できない、としている。

(42) 内閣府「新たな公益法人制度への移行等に関するよくある質問（FAQ）」問
I-3-⑦及び問 I-3-⑧参照。梅澤・前掲注 (2) ジュリ 1328 号 33 頁は、このよう
な変更手続を法律上規定することは、学校法人や社会福祉法人など、新しい法人
制度が創設された際に採られているものであると指摘している。

(43) 行政処分の取消訴訟の本案においては、当該処分に違法事由があるかどうか

278　第3編　行政処分と法規命令

が審査され、裁判所の審査方式は、当該処分が行政事件訴訟法30条にいう「裁量処分」であるのかどうかによって全く異なるとされる。すなわち、当該処分が「裁量処分」である場合は、裁判所は「裁量権の逸脱濫用」があったかどうかの審査を行い、その他の場合は、「実体的判断代置」と呼ばれる方式に従って審査すると一般には説明されてきた。ただ、厳密には、カテゴリカルな一体的な「裁量処分」というものを想定すべきではなく、より分析的に考察し、行政処分の諸要素のうち、「裁量」が認められる要素毎に審査密度がどの程度かを検討すべきものとするのが、近時の学説の一致しつつあるところである。

　行政庁の判断過程は、①事実の認定、②要件規定の解釈、③認定された事実の要件への当てはめ（＝「包摂」）、④効果規定の解釈、⑤④で認められた場合の処分内容の選択、⑥④で認められた場合の処分をするかしないかの選択という要素を含み、さらに、⑦どのような手続をとるか、⑧いつ行うか、という要素が問題となる。

　そして、「裁量処分」というのは、通例は、③の部分に行政庁の判断の余地が認められる（「要件裁量」と呼ばれる。）か、あるいは⑤ないし⑥に行政庁の自由が認められる（「効果裁量」と呼ばれる。）ものをいう。①②④は裁判所の専権であり、100％の審査密度が前提とされる。

(44)　また、整備法44条に基づく認定について、整備法100条は、〈行政庁は、第44条の認定の申請をした特例民法法人（以下この款及び第133条第2項において「認定申請法人」という。）が次に掲げる基準に適合すると認めるときは、当該認可申請法人について第44条の認定をするものとする。〉と定めている。さらに、公益法人認定法第4条に基づく認定については、同法第5条は〈行政庁は、前条の認定（以下「公益認定」という。）の申請をした一般社団法人又は一般財団法人が次に掲げる基準に適合すると認めるときは、当該法人について公益認定をするものとする。〉と定めている。

(45)　公益法人協会『新公益法人制度移行はやわかり（改訂版）』（2009年）9頁は、〈「公益認定等ガイドライン（公益認定等に関する運用について）」は、公益認定法に規定する認定基準（第5条）および整備法に規定する公益目的支出計画の解釈を示すもので、その性格は行政手続法第2条8号（ロ）による審査基準に該当する。〉と述べている。この解説は、整備法117条の2号要件について裁量が認められるという解釈を支えるものといえる。行政手続法における「審査基準」は、理論上の裁量基準であるから、審査基準が策定されているということは、当該処分が「裁量処分」であるということが前提とされていることにほかならないからである。

(46)　前掲注（8）のIIa: 役割分担説

(47)　判決書13-14頁。これは、重要な論点であり、審査事項ではないにもかかわらず、認可の違法事由となるというのはひとつのありうる考え方（＝前掲注（8）

のⅡb: 役割重複説）ではあるが、疑問も残るところである。

(48)　本件財団は定款に定款の変更に関する定めがある特例財団法人であり、本件では整備法94条2項によって変更2及び変更4がなされている。また、整備法94条6項の定める旧主務官庁の認可は、整備法45条の移行認可の際には整備法118条、102条によって、不要とされている。整備法94条が変更の限界についての特別のルールを定めていると解するのであれば、整備法45条の移行認可の際に、整備法94条に照らして定款変更が認められるかどうかという行政庁の審査がなされているというべきではなかろうか。

(49)　整備法117条の1号要件には裁量が認められないと解する場合には、1号要件該当性について裁判所は「実体的判断代置方式」の審査を行うことができ、「定款の変更の案の内容が一般社団・財団法人法及びこれに基づく命令の規定に適合するものである」のかどうかについての裁判所の判断が優先することになる。

(50)　一般財団法人については、設立者が定めた定款でそれを許容する定めがない限り、目的条項の変更はできないのが原則であるが、例外的に事情変更の場合に変更が可能とされている。本件特例財団法人については一般社団・財団法人法200条の適用はないが、整備法94条が目的条項の変更を許容していると解されている。新公益法人制度研究会編著・前掲注(1)『一問一答』Q262参照。

(51)　一審判決のうち、民法の旧規定の下での寄附行為の変更の有効性を検討する部分は、私法上の制約を念頭に置いた考察であり、整備法の趣旨目的を検討する部分は、整備法をいわば「私法の特別法」とみて、〈設立者の意思に関し、又は財団の同一性を失わせるような目的等の変更は許されない〉という原則に対して、例外的に、〈当該変更を行わなければ移行認可がされず、一般財団法人としての存続が不可能となるおそれがある場合には、当該財団の設立者の意思に反し、又は財団の同一性を失わせるような目的等の変更についても、当該変更が信義則に反し、権利の濫用にあたる等の特段の事情がない限り、許容される〉というルールがあるとするものであると評価できよう。一審判決は、昭和39年変更によって変更禁止条項が削除されても、目的規定の変更禁止という基本的なルールは依然として妥当してきたのであり、それを立法によって克服したのが、整備法94条であると考え、他方、残余財産条項については、「シー・プレ原則」（英米法の「可及的近似原則」＝寄附者に戻ることなく、同じ公益目的の事業に利用されるべき）が民法の旧規定の下でも妥当するようになったと考えているようである。神作裕之「一般社団法人と会社─営利性と非営利性」ジュリスト1328号38頁、雨宮孝子「非営利法人における公益性の認定」同18頁参照。

(52)　公益目的支出計画の作成を義務付けた趣旨について簡単には、梅澤・前掲注(1)98頁および梅澤・前掲注(2)34頁。また、公益法人協会『新公益法人制度はやわかり（改訂版）』(2009年)105頁は、〈旧民法72条の残余財産は本来公益目的のために費消すべきものであり、当初の拠出財産に加えて従前の民法による

280 第3編 行政処分と法規命令

　公益法人時代に、税法上の優遇措置や寄附さらには助成金・補助金等を長年享受
してきた結果蓄積された資産も含まれていることから、これがそのまま一般社団
法人・財団法人に引き継がれてその事業活動の原資となり、最終的に解散すると
きに当事者間で分配される可能性があることは社会的に見て不公平であり、それ
を是正することにある〉と説明している。このような整備法の趣旨目的に照らせ
ば、本件では、仮に、Zが解散の途を選択し、Xに残余財産を返還することを希
望したとしても、公益法人関連三法の趣旨に反して許されない、と解する余地が
あると思われる。
(53)　著者は、前掲注 (8) の III：民訴不適法説に傾いているが、解散を避けるた
めに必要な範囲を超えた定款の変更については、民事訴訟の守備範囲であるとも
考えられる。その意味で、II：両者併存説も捨てがたい。

第4章　省令による規制権限の不行使

一　はじめに

本章は、規制権限の不行使がどのような場合に国家賠償法1条に基づく国の責任を生じさせるかが問題とされた泉南アスベスト国賠訴訟に関する二陣一審判決[1]および二陣控訴審判決に触発されて、省令による規制権限の「性質論」および省令による規制における「職務義務違反説」の意義ないし機能について若干の分析を加えることを目的とする[2]。

以下、まず、二陣一審判決の事実の概要と結論について紹介する（二）。続いて、筑豊じん肺訴訟最高裁判決[3]の判断枠組みを確認した（三）のち、同判決が示していたと思われる省令による規制権限の「性質論」が、国の責任を初めて認めた一陣一審判決[4]と国の責任を否定した一陣控訴審判決[5]において、どのように異なって受け止められていたか、そして二陣一審判決がこれらを踏まえてどのような立場をとっているかに触れる（四）。

続いて、二陣控訴審判決の結論と理由について簡単に紹介する（五）。そして、国家賠償法1条の違法性について判例が採用している「職務義務違反説」が、規制権限の不行使という類型について有する意義を確認（六）したのち、省令による規制権限の不行使について「違法性の人的相対性」が観念しうるのかについて考察する（七）ことにしたい。

二　泉南アスベスト国賠二陣訴訟

（1）　事実の概要

泉南アスベスト国賠訴訟二陣訴訟は、かつて石綿（アスベスト）製品の一大生産地であった大阪府泉南地域の工場・作業場において石綿製品の製造・加工作業、運搬作業に従事中に石綿粉じんを吸入した結果、「石綿関連疾患」に罹患したと主張する者またはその相続人が、国に対して、規制や対策を適切に行わなかったことを理由に国家賠償法1条に基づく損害賠償を請求している訴訟である。

石綿は単一の鉱物名ではなく、ほぐすと綿のようになる一群の繊維状鉱

物の総称である。これまで工業的に使用されてきた石綿は、クリソタイル（白石綿）、アモサイト（茶石綿）、クロシドライト（青石綿）、アンソフィライト、トレモライトおよびアクチノライトの６種類であるが、これらのうち実際に大量に使用されていたのは、前３者である。

　石綿関連疾患とは、石綿を吸入することによって発症する疾患のことで、「石綿肺」、「肺がん」、「中皮腫」等がある。これらはいずれも重篤な健康被害をもたらし、死に至ることも少なくない。

　石綿肺は、石綿粉じんを大量に吸入することにより発生する「じん肺」であり、肺線維症の一種である。石綿肺の発症と石綿被ばく露濃度には量―反応関係がみられ、胸部エックス線写真における石綿肺の所見は、一般にばく露後おおむね10年以上経過した後に現れるが、非常に高濃度の石綿ばく露作業では、２年から３年間という短期間であってもその後、石綿肺所見がみられることがある。

　石綿は、肺がんの発生を増加させる因子であり、疫学的研究により、石綿のばく露量と肺がんの発症率との間には、累積ばく露量が増えれば発症リスクが上がるという直線的な量―反応関係があることが判明している。そして、必ずしも胸部エックス線で石綿肺の所見がなくとも肺がんのリスクが高まることが明らかになってきた。石綿による肺がんは、中皮腫に比べて高濃度の石綿ばく露によって発生し、20年以上の潜伏期間を経て発生すると報告されてきたが、中央値ないし平均値がそれ以上の場合もある。

　中皮腫は、ほとんどが石綿を原因とするものであるが、その発生のメカニズムは十分には解明されていない。中皮腫も肺がんと同様、量―反応関係が疫学的に観察されているが、肺がんと異なり、石綿ばく露開始から年数を経るほど発生リスクが高くなるとも言われている。中皮腫の潜伏期間は、最低10年、通常は30から40年とされる。なお、中皮腫は、肺がんとは異なり、たばことの相互作用は見られない（以上、判決書2-22頁）。

　石綿被害を受けるタイプは、職場の汚染により労働者が被害を受ける「労災型」、労働者の家族が被害を受ける「労災関連型」、石綿関連事業場の周辺の住民に被害が生じる「公害型」、関連事業場が周辺にあるといった事情がないが石綿が含まれた環境に曝露された「環境型」など多様であ

るとされている[6][7]。

戦後の労働関係法制における石綿粉じんの規制は、以下のように強化されてきた[8]。

昭和22年に「労働基準法」が制定されたが、この「旧労働基準法」は、労働安全衛生に関する規定を含んでいた。そして、同法の委任を受けた労働省令たる「労働安全衛生規則」(「旧安衛則」と略称される。)173条によって、粉じん作業について、事業者に「局所における吸引排出又は機械若しくは装置の密閉その他新鮮な空気による換気等適当な措置」を講じるべき義務が課された。しかし、この義務は抽象的なものにとどまり、一定の性能を有する「局所換気装置」の設置を義務付けるものではなかった(判決書32-33頁、301-302頁)。

戦後、金属鉱山を中心として、「けい肺」の撲滅を目指す運動が広がり、労働省は、昭和23年にけい肺対策協議会を設置し、昭和25年までに合計6回、全国けい肺巡回調査を実施した。法整備については、けい肺対策に関するものが中心として進められ、昭和30年に「けい肺及び外傷性せき髄障害に関する特別保護法」(「けい肺特別保護法」ないし「けい特法」と略称される。)が制定された。また、昭和30年9月から昭和32年3月にかけて、けい特法附則3条に基づく全粉じん作業労働者約34万人に対する政府けい肺検診が実施された(判決書199-200頁)。

労働省は、昭和31年度から34年度まで、労働衛生試験研究として石綿肺等のじん肺に関する研究を委託し、昭和31年度および32年度には「石綿肺の診断基準に関する研究」が行われた(判決書202-203頁、227-228頁)。

また、労働省は、昭和30年度および31年度にかけて、労働衛生試験研究として、局所排気装置の設計基準に関する研究を委託し、研究の成果は、昭和32年9月に「労働環境の改善とその技術——局所排気装置による」と題する書籍として発表された。昭和33年に、労働省労働基準局長は、通達を発布し、都道府県労働基準局長に対して、石綿に関する作業について、昭和32年資料を参照しつつ、局所排気装置の設置を促進するように指示した(判決書250-251頁)。

昭和35年に「じん肺法」が制定された[9]。

284 第3編 行政処分と法規命令

　昭和43年に、労働省労働基準局長は通達を発布し、旧安衛則173条の規定により、粉じん抑制のために局所排気装置に措置を講じる必要のある作業場に、石綿に係る装置による作業および石綿製品に係る装置による作業を行う作業場が含まれるとして、局所排気装置の普及を図ろうとした（他に、昭和41年通達、昭和46年通達などがある。判決書254-255頁）。

　昭和46年に、旧労働基準法に基づく労働省令として、「特定化学物質等障害予防規則」（「特化則」と略称される。）が制定され、石綿が第2類物質として同規則の規制対象とされたため、事業者に、「局所排気装置」の設置が原則として義務付けられるようになった。また、局所排気装置の性能要件は、昭和46年労働省告示第27号において、「抑制濃度」（フードの外側における粉じんの濃度）として定められた（判決書255頁、271頁）。昭和47年に旧労働基準法の労働安全衛生に関する部分が「労働安全衛生法」として別の法律となったため、「安衛則」「特化則」等は、労働安全衛生法に基づく労働省令となった（判決書41-43頁）。

　昭和46年ころには、わが国において、石綿によって肺がんが発症することについての医学的知見がおおむね集積し（判決書231-232頁）、昭和47年ころには、石綿粉じん曝露と中皮腫の発症との関連性についての医学的知見がおおむね集積していた（判決書234頁）。しかし、昭和47年施行の「特化則」では、屋内作業場の石綿粉じん濃度の測定を義務付けるにとどまり、測定結果の報告を義務付けることや抑制濃度を超える場合の改善を義務付けることはされなかった（判決書322-323頁参照）。抑制濃度は、その後、昭和48年、昭和50年、昭和51年と改訂されて、順次規制が強化され、昭和59年以降は「管理濃度」によるものとされた（判決書52頁、317-318頁、321頁）。また、昭和50年には、特化則の改正によって、石綿の吹付作業が禁止された（判決書49頁、327頁）[10]。

　平成7年、労働安全衛生法55条の委任を受けた政令たる労働安全衛生法施行令（安衛令）16条の改正によって、毒性が強いとされるアモサイト（茶石綿）およびクロシドライト（青石綿）ならびにこれらの含有製品の製造・譲渡、提供または使用が禁止された。その後、平成15年になって、安衛令の改正により、クリソタイル（白石綿）についても一部の用途を除

き、ほとんどの製品の製造、輸入、譲渡等が禁止された（判決書 53、55 頁）。

　平成 17 年、石綿を使用した建築物の解体等作業による暴露を防止するため、石綿障害予防規則が制定された。同規則は、特化則のうち、石綿に関する部分を分離し、独立の規則としたものである。平成 18 年、安衛令 16 条が改正され、石綿含有製品の製造等が、原則として全面的に禁止された。

（2）　二陣一審判決の結論

　二陣一審判決は、原告の主張のうち、昭和 35 年の時点で「安衛則」の改正または新たな省令の制定によって罰則をもって局所排気装置の設置を義務付けなかったことが「違法」であるということを認めた（判決書 304 頁）が、昭和 47 年の時点で「特化則」によって測定結果の報告義務および抑制濃度を超える場合の改善義務を課さなかったことは「違法」とまではいえないとした（判決書 323 頁）。また、国の責任の範囲については、最終的責任を負うべきは使用者であること等を理由に基準となる額の 3 分の 1 とした（判決書 339 頁）。一陣一審判決は、昭和 35 年の時点と昭和 47 年の時点での不作為を「違法」とし、また、国と使用者との責任がいわゆる共同不法行為の関係にあるとして、国の責任の範囲を基準となる額の全額としていたので、その限りでは、原告側に「厳しい」ものとなっている。

　なお、二陣一審判決は、局所排気装置の義務付けという争点について、その判断の前提となる「技術水準」すなわち、昭和 35 年の時点での「実用化可能性」について丁寧に事実認定をしている（判決書 237-287 頁）点が特徴的である。これは、国の責任を否定した一陣控訴審判決や、国側の主張[11]を意識したものであると思われる。

三　筑豊じん肺訴訟最高裁判決の判断枠組み

（1）　規制権限の不行使と国家賠償に関する「判例法理」

　規制権限の不行使がどのような場合に、国家賠償法 1 条に基づく国または公共団体の責任を生じさせるか、については、以下の 4 つの最高裁判決によって「判例法理」が形成されてきたと理解されている。

　第 1 の京都宅建業事件最高裁判決[12]は、責任を否定したものであり、

「具体的事情の下において、知事等に監督処分権限が付与された趣旨・目的に照らし、その不行使が著しく不合理と認められるときでない限り、右権限の不行使は、当該取引関係者に対する関係で国家賠償法1条1項の適用上違法の評価を受けるものではない」としている（下線著者）。

ここでは、規制権限の不行使は、原則として違法とはならないのであり、例外的に違法となるのは、よほど特殊な具体的事情があるときである、というようなニュアンスであった。

第2のクロロキン事件最高裁判決[13]は、同様に責任を否定したものであるが、「副作用を含めた当該医薬品に関するその時点における医学的、薬学的知見の下において、薬事法上の目的及び厚生大臣に付与された権限の性質等に照らし、当該権限の不行使がその許容される限度を逸脱して著しく合理性を欠くと認められるときは、その不行使は、副作用による被害を受けた者との関係において同項の適用上違法となる。」としている（下線著者）。

ここでは、規制権限の不行使は、原則として違法とはならないが、例外的に違法となる場合もある、という表現がとられている。ただ、第1の判決と同様に、例外的に違法となるためには、単に「権限の不行使が合理性を欠くと認められる」だけでは足りず、「権限の不行使が著しく合理性を欠くと認められる」ことが要件であるとしている[14]。

第3の筑豊じん肺訴訟最高裁判決は、責任を肯定したものであるが、一般論としての判断枠組みは、クロロキン事件最高裁判決のそれを踏襲している。すなわち、「国又は公共団体の公務員による規制権限の不行使は、その権限を定めた法令の趣旨、目的や、その権限の性質等に照らし、具体的事情の下において、その不行使が許容される限度を逸脱して著しく合理性を欠くと認められるときは、その不行使により被害を受けた者との関係において、国家賠償法1条1項の適用上違法となるものと解するのが相当である」というのである。

第4の関西水俣病最高裁判決[15]は、同様に責任を肯定したものであり、これもまた、一般論としての判断枠組みは同様である。

（2） 筑豊じん肺訴訟最高裁判決の位置づけ

　それでは、筑豊じん肺訴訟最高裁判決は、どのように位置付けられるべきなのであろうか。判例の読み方は分かれると思われる。

　ひとつの読み方は、実質的な判例変更がなされているというものである。すなわち、規制権限の不行使と国家賠償というテーマは、行政法理論の観点からみると、「反射的利益論」および「行政便宜主義」＝「行政裁量論」の克服という課題に関わるものであった[16]。そこで、判例は、学説の提言に従うことに当初は消極的であったが、筑豊じん肺訴訟最高裁判決に至ってようやく、積極的な姿勢に転換した、という理解が可能であろう[17]。一般論としての「著しく合理性を欠くと認められる」かどうかという判断枠組みは維持されているものの、規制権限を行使するかどうかについて「広範な裁量」を認めることはしない、という判例政策への転換がなされた、という言い方もありうる。

　もうひとつの読み方は、事案ないし行政分野の特殊性に応じた判断がなされているというものである。すなわち、上記の4つの最高裁判決で問題となったのは、消費者保護、薬事、労働安全衛生、環境保護という異なる行政分野である。したがって、規制権限が付与された趣旨・目的を解釈するにあたって、侵害された権利利益の性質やそれぞれの行政分野の特殊性を強調するときには、裁判所が行政機関の裁量を尊重すべき程度が異なるという帰結がむしろ自然ともいえよう。

　著者は、上記の2つの読み方は相互に排他的なものではないと考えている。すなわち、4つの判決の結論の相違は、2つの分析が重視するそれぞれの要素の影響をともに受けたものと理解するのが穏当であろう[18][19]。

　しかしながら、本章の以下の分析にとって重要なのは、第2の視点であると思われる。というのは、筑豊じん肺訴訟最高裁判決は、労働安全衛生の分野における「先例」であり、また、行使すべき規制権限として問題とされたのがまさに「省令による規制権限」であることから、同判決の射程をどう理解するかが、泉南アスベスト訴訟の帰趨を左右するともみられるからである。

　かくして、筑豊じん肺訴訟最高裁判決が、省令による規制権限の特質を

どのように捉えていたか、そして、その特質が「著しく合理性を欠くと認められる」かどうかという一般的な要件の判断にどのように影響するかを分析しなければならない。項を改めて検討しよう。

四　省令による規制権限の特質？

（1）　筑豊じん肺訴訟最高裁判決の「技術基準を定める省令の性質論」

筑豊じん肺訴訟最高裁判決の判示のなかで、著者が注目するのは、省令による規制権限について述べた次の部分である。

〈鉱山保安法の目的及びその各規定の趣旨にかんがみると、同法の主務大臣であった通商産業大臣の同法に基づく保安規制権限、特に同法30条の規定に基づく省令指定権限は、鉱山労働者の労働環境を整備し、その生命、身体に対する危害を防止し、その健康を確保することをその主要な目的として、できる限り速やかに、技術の進歩や最新の医学的知見等に適合したものに改正すべく、適時にかつ適切に行使されるべきものである……。〉

委任立法を許容する理由づけとしてあげられる要素として、「迅速性」と「専門技術性」がある。すなわち、政省令による規制の方が、法律による規制に比較して「迅速」に対応できるということ、また、その内容の合理性を確保するためには、「専門技術的な知見」を取り込むことが必要であり、そのためには議会における議論に委ねるよりも、行政手続を利用する方がよい、という「正当化」である。そして、このような「正当化」は、委任立法一般についてもある程度ありうるが、とりわけ「技術基準」を定めるものに関してあてはまるように思われる。

すなわち、行政裁量や行政立法を正当化する要素として指摘される行政の専門技術性には、分野ごとの専門的、技術的知識そのものと、個別的な法令の適用における判断にとどまらない政策的行政的判断の基礎となるような専門的知識という、2つの異なった側面があると考えられる。前者はいわば「非法的な」（ausserrechtlich）専門的、技術的知識であり、それは本来は私的領域において蓄積されているものであって、必ずしも行政の独占物ではないことに特徴がある。後者は、いわば社会管理の技術としての

行政を支える知識であり、裁判所との対比で、行政の最も際立つ要素といえる。そこで、この2つは、いずれも裁判所による審査の制限を基礎づけるにしても、その意味あいが異なり、また制限の程度も異なると考えるべきであろう[20]。

そして、著者が注目するのは、筑豊じん肺訴訟最高裁判決が、このような「技術基準を定める省令の性質論」から、省令制定権者に〈できる限り速やかに、技術の進歩や最新の医学的知見等に適合したものに改正すべく、適時にかつ適切に行使されるべきもの〉であるとし、いわば「技術者の良心を最大限尊重する」「職務上の義務」[21][22]を想定するという立場を採用しているようにもみえる点である。

この点は、山本隆司教授が、〈労働安全に解しては、医薬品の分野に比べると概して、学問的知見や技術が徐々に蓄積される経験に基づき連続的に発展する度合いが高い。また、労働者の安全の利益を保護する水準を、たとえば事業者の利益と比較考量して決定する行政裁量も基本的に認められない。残る裁量は主に、安全保護目的を実現する手段・措置を選択する裁量であろう。〉と指摘していたところである[23]。

（2）　泉南アスベスト国賠訴訟へのあてはめ

さて、泉南アスベスト訴訟では、二陣一審判決の前に2つの下級審判決が下されていたが、これら3つの判決は、筑豊じん肺訴訟最高裁判決の「技術基準を定める省令の性質論」との関係でどのように位置付けられるであろうか。

一陣一審判決は、次のように述べていた（判時 2093 号 41 頁。下線著者）。

〈旧労基法及び安衛法は、いずれも労働者の生命・身体に対する危害を防止し、その安全と健康の確保を図るべく規定を設けており、事業者が粉じんによる健康障害を防止するために必要な措置を講じなければならないと定め、事業者が講ずべき具体的措置を省令に委任している。〉このように〈包括的に委任した趣旨は、事業者が講ずべき措置の内容が、その事業内容に応じて、多岐にわたる専門的、技術的事項であること、また、その内容をできる限り速やかに、作業現場の現状、技術的進歩及び最新の医学的知見等に適合したものに改正していくため〉である。

290　第3編　行政処分と法規命令

　一陣一審判決は、筑豊じん肺訴訟最高裁判決を「先例」として意識し、また、同判決が示した「技術基準を定める省令の性質論」を踏襲しているとみられる。

　これに対して、一陣控訴審判決（三浦潤裁判長）は、次のように述べていた（判時2135号84頁。下線著者）。

　〈労働関係法の主務大臣である労働大臣が、労働者に発生することが懸念される健康被害等を防止すべく、特定の工業製品の製造、加工等に関して規制権限を行使するにあたっては、上記のような<u>医学的知見及び工学的知見の進展状況、当該工業製品の社会的必要性及び工業的有用性の評価についての変化、その時点においてすでに行われている法整備及び施策の実施状況等を踏まえたうえで決定すべきもの</u>であり、その時期及び態様等については、当該大臣によるその時々の高度に専門的かつ裁量的な判断に委ねられているものと解するのが相当である。〉

　一陣控訴審判決が、筑豊じん肺訴訟最高裁判決とは異なったトーンとなっていることは明らかであろう。同判決は「委任立法」と「行政処分」とを区別し、「委任立法」には性質上「広範な裁量」が認められる、という一般論に安易に依拠しているように思われ、その意味で疑問を禁じ得ない。

　これらに対して、二陣一審判決は、次のように述べている（判決書172-173頁。下線著者）。

　〈旧労基法及び安衛法は、いずれも労働者の生命・身体に対する危害を防止し、その安全と健康の確保を図るべく規定を設けており、事業者に対して、粉じんによる健康障害を防止するために必要な措置を講ずる等の義務を課し、事業者が講ずべき具体的措置の内容を省令に委任している。」このように「包括的に委任した趣旨は、事業者が講ずべき措置の内容が、多岐にわたる専門的、技術的事項であること、また、その内容を<u>できる限り速やかに、技術の進歩や最新の医学的知見等に適合したものに改正していくため</u>〉である。

　二陣一審判決は、当然のことながら一陣一審判決および一陣控訴審判決を踏まえて書かれているものであるが、一陣一審判決と同様の考え方に立ち、筑豊じん肺訴訟最高裁判決を「先例」として意識し、また、同判決の

第4章　省令による規制権限の不行使　*291*

「技術基準を定める省令の性質論」という理由づけを踏襲しているとみられる。

（3）　中間的まとめ

以上の分析で試論として提示した「技術基準を定める省令の性質論」には異論も予想されるところである[24]。しかし、著者は、労働安全衛生という分野に関しては、理論的な裏付けが可能であるといえ、また、泉南アスベスト国賠訴訟にそれを適用すべきことは、筑豊じん肺訴訟最高裁判決の「射程」が及ぶという形での「論証」が成り立つと考えている。ただ、より視野を広げると、裁判所による行政裁量の統制においては、行政分野の違いや行為形式の違いを超えて、「判断過程の合理性の統制」という発想[25]が有益であることが示唆されているところである。そこで、生命・身体・健康という保護法益に関わる限りにおいては、「考慮事項の中での重みづけ」という発想が、その他の分野についても妥当するものと考えるべきではないかを検討することを今後の課題となろう。

さて、二陣控訴審判決では、どのような判断がなされたのであろうか。項を改めて紹介することにしたい。

【第4章前半注】

(1)　大阪地判平成24年3月28日判タ1386号117頁。

(2)　著者は、原告側弁護団の依頼に応じて意見交換を行ったが、本章前半の初出原稿は、二陣一審判決の理由づけの一部を著者の問題関心に引き寄せて分析するものにとどまる。したがって、同判決の理由づけの全体をバランスよく紹介できていないこと、また同判決の結論を擁護し、あるいは批判することを直接の目的とするものではないことにつき、予め読者のご理解をお願いしたい。

(3)　最判平成16年4月27日民集58巻4号1032頁。

(4)　大阪地判平成22年5月19日判時2093号3頁。下山憲治『速報判例解説 vol. 8』（2011年）73頁。

(5)　大阪高判平成23年8月25日判時2135号60頁。吉村良一「泉南アスベスト国賠訴訟控訴審判決の問題点」法律時報83巻12号65頁（2011年）。

(6)　吉村良一「アスベスト被害と国の責任」法律時報82巻2号52頁（2010年）。

(7)　上記の分類によれば、泉南アスベスト国賠訴訟は基本的には「労災型」に属するが、一陣訴訟では、被害者に労働者の家族と工場の近隣の営農住民が含まれ

ており、二陣訴訟では、被害者に工場に出入りしていた運送業者の労働者が含まれている。請求の方式は、患者一人あたり 3000 万円（死亡の場合は 4000 万円）の慰謝料を「包括一律請求」するものであり、死亡した者についてはその遺族が原告となっている。

(8)　石綿肺の発症の危険は戦前から知られており、また、工場法 13 条に基づく昭和 4 年の内務省令たる「工場危害予防及衛生規則」では一応の規定が置かれていた。しかし、当時の価値基準からみても、その実効性は低いものであったと推測される。

(9)　宮坂昌利「筑豊じん肺訴訟最高裁判決調査官解説」『判解民平成 16 年度（上）』307 頁によれば、昭和のはじめころまでは、炭鉱において炭鉱夫が罹患するじん肺については、重大な職業病としての認識は一般的に希薄であったが、昭和 30 年前後から、あらゆる種類の粉じんの吸入によるじん肺発症の可能性、危険性が認識され、けい肺に限定していた従来のじん肺に関する施策を根本的に見直す必要が認識されるようになった。これが、じん肺法成立の背景である。

(10)　一陣控訴審判決（判時 2135 号 82 頁）は、昭和 60 年ころには、泉南地域に所在する作業場のほとんどにおいて局所排気装置が設置されるようになり、特化則が定めた石綿粉じん濃度の規制数値についても多くの作業場で達成されるに至った、としている。しかし、二陣一審判決（判決書 300 頁）は、やや異なる評価をしているとみられる。

(11)　二子石亮・鈴木和孝「規制権限の不行使をめぐる国家賠償法上の諸問題について――その 1・その 2」判例タイムズ 1356 号 7 頁（2011 年）、1359 号 4 頁（2012 年）参照。同 1359 号 8 頁では、泉南アスベスト国賠訴訟の一陣一審判決と一陣控訴審判決の判断が分かれた主な理由は、局所排気装置について昭和 32 年ないし 35 年ころまでの工学的、技術的な知見の程度を踏まえて、様々な工場について一律にその実用化が可能であったのか否かという事実認定のあり方にあると思われる、との指摘がなされている。

(12)　最判平成元年 11 月 24 日民集 43 巻 10 号 1169 頁。

(13)　最判平成 7 年 6 月 23 日民集 49 巻 6 号 1600 頁。

(14)　ただし、山下郁夫「クロロキン訴訟最高裁判決調査官解説」『判解民平成 7 年度（下）』599 頁は、平成元年判決と平成 7 年判決の基本的立場は同一であるとし、また、605 頁注 16 で、「著しく合理性を欠く」という表現は、裁量権の逸脱、濫用＝違法と同義であり、著しい違法とそこまで至らない違法を区別して、後者について行政庁の責任を問わないという趣旨ではない、としている。

(15)　最判平成 16 年 10 月 15 日民集 58 巻 7 号 1802 頁。

(16)　近時の整理として、宇賀克也「行政介入請求権と危険管理責任」磯部力・小早川光郎・芝池義一編『行政法の新構想 III』（有斐閣・2008 年）257 頁以下、阿部泰隆『行政法解釈学 II』（有斐閣・2009 年）503 頁以下参照。

(17) 藤田宙靖『最高裁回顧録』（有斐閣・2012年）100頁は、最高裁が「弱者救済」の方向において大胆なステップを踏み出したケースとして、筑豊じん肺訴訟を挙げている。

(18) なお、この点と関連して、上記の一般的な判断枠組みをもう少し具体化する場合に①危険の切迫、②予見可能性、③回避可能性、④補充性、⑤国民の期待という形で要件を分解して逐一検討すべきかどうかという問題がある。これについては、上記4つの最高裁判決の立場およびその他の下級審裁判例の立場は必ずしも明確ではなく、学説の理解・立場も分かれている。たとえば、芝池義一『行政救済法講義（第3版）』（有斐閣・2006年）260-262頁は、以下のような整理を示している。

　不作為責任が認められるために理論上考えられるミニマムの要件は、以下の3つである。

　　(a)　行政による対処を要請するものとしての危険（またはその発生の可能性）の存在
　　(b)　その危険への行政の対処が可能であること（予見可能性＋回避可能性）
　　(c)　行政による対処の必要性

　そして、関西水俣病事件最高裁判決は、この3要件によって不作為責任を認めており、上記⑤の国民の期待という要件を要求していないし、また、上記①のように危険の「切迫性」、あるいは上記②③のバリエーションとして予見や回避の「容易性」というような付加的要件を要求していない。

(19) また、宇賀克也『行政法概説Ⅱ（第3版）』（有斐閣・2011年）413-415頁は、以下のような整理を示している。

　重要なのは、規制権限の違法の考慮要素であり、一般的に認められている考慮要素は以下のとおりである。①被侵害利益、②予見可能性、③結果回避可能性、④期待可能性（補充性を含む）。

　これらは、一応相互に独立したものであるが、相互に密接に関連しており、結局は総合判断ということにならざるを得ない。①の法益が重大であれば、④の期待可能性は、それだけ高くなる傾向があり、②についても①の被侵害利益との関連が重要であり、被侵害利益がそれほど重大でなければより具体的な予見可能性が必要となる。また、私人自らが危険を回避することが困難なため、④が高い場合には、厳格な予見可能性を要求することは適切でない。③についても、①の法益が重大で、②危険が切迫しており、④の期待可能性が高い場合には、当該権限の発動に多少の困難が伴っても、結果回避可能性ありとされる。

(20) 髙木光『技術基準と行政手続』（弘文堂・1995年）13頁参照。著者は、ドイツにおける「技術的安全確保法」（Technisches Sicherheitsrecht）という法分野、あるいは「リスク行政」という法分野における議論の蓄積を参考にしたいと考えている。すなわち、そこでは、〈どの程度安全であれば十分安全であるか〉？と

294 第3編　行政処分と法規命令

いう問題の解決を、単なる利益衡量や政治的決断に委ねるのではなく、科学的・技術的知見を踏まえた「専門的合理性」を有する「技術基準」によって行おうとする試みがみられるからである。ドイツの労働保護行政について、下山憲治『リスク行政の法的構造』（敬文堂・2007年）69頁参照。

(21)　国家賠償法1条にいう「違法性」に関して学説は分かれているが、著者は判例の立場は「職務義務違反説」という形で統一的に理解できると考えている。髙木光「国家賠償法1条における広義説（行政法入門60)」自治実務セミナー51巻5号4頁（2012年）参照。

(22)　行政手続法38条は、第2項で「命令等制定機関は、命令等を定めた後においても、当該命令等の規定の実施状況、社会経済情勢の変化等を勘案し、必要に応じ、当該命令等の内容について検討を加え、その適正を確保するように努めなければならない」と定めている。これは委任立法一般に課された見直し義務であるが、「技術基準を定める省令」については、性質上より強い見直し義務が課されると解すべきであろう。

(23)　山本隆司・法学協会雑誌122巻6号1107頁。ただ、同・1110頁は、省令の制定における裁量と、行政行為など他の措置に関する行政裁量を質的に異なるものと考えるべきではないとし、保安規制の全体について「判断過程の合理性」を検討するという形での審査を行うべきであるとしている。そこで示唆ないし推奨されているのは、事業者の利益ないし事業の振興という要素を「過大に重視し」、あるいは規制措置の裏付けとしての学問的・技術的な知見を「十分に考慮しなかった」ことなどを「裁量の逸脱濫用」に当たるとする「考慮事項の重みづけ」を伴う「判断過程の統制方式」である。

(24)　著者は、2012年5月19日開催の京都行政法研究会において、本節のテーマで報告をした。この場を借りて、出席者各位からのご教示に改めて感謝の意を表したい。

(25)　「考慮事項」という要素に着目した裁量統制について、橋本博之『行政判例と仕組み解釈』（弘文堂・2009年）113、173頁。髙木光「行政処分における考慮事項」法曹時報62巻8号1頁（2010年）（＝本書第3編第1章に収録）。

五　泉南アスベスト国賠二陣控訴審判決

（1）　二陣控訴審の判決要旨

　泉南アスベスト国賠訴訟[1]に関する二陣控訴審判決[2]は、以下にみるように、請求をすべて棄却した一陣控訴審判決とは対照的に、国の責任を比較的広く認めている。

〈1〉違法性の判断基準

「旧労基法及び安衛法の目的、上記各法が省令制定権限を付与した趣旨にかんがみると、上記各法に基づく省令制定権限は、粉じん作業等に従事する労働者の労働環境を整備し、その生命、身体に対する危害を防止し、その健康を確保することを主要な目的として、できる限り速やかに、技術の進歩や最新の医学的知見等に適合したものに改正すべく、適時にかつ適切に行使されるべきものである。」

「したがって、国の旧労基法及び安衛法に基づく省令制定権限の不行使が上記の観点から、許容される限度を逸脱して著しく合理性を欠くと認められるときは、その不行使による被害を受けた者との関係において、国家賠償法上違法となると解するのが相当である。」

〈2〉石綿関連疾患の医学的知見の確立

「昭和33年3月31日頃には、石綿肺に関する医学的知見が確立したと認めるのが相当である。」

「石綿によって肺がんを発症することについての医学的知見が確立したのは、労働省において、石綿粉じんの発がん性を前提とした昭和46年通達を発出した昭和46年頃であり、石綿粉じん曝露と中皮腫との関連性に関する医学的知見が確立したのは、IARC（国際がん研究機構）が石綿により中皮腫が発症することを明示した昭和47年頃であるとそれぞれ認めるのが相当である。」

〈3〉局所排気装置設置等の技術的基盤の形成〉

「昭和32年9月に発行された昭和32年資料によって、……検討結果が示されるに至って、……、一般の作業場であっても、局所排気装置を設置し得るだけの技術的基盤が形成されたと認めるのが相当である。」

「昭和33年当時、……、抑制濃度のような局所排気装置の性能基準を設定することは技術的には可能であった。」

「防塵マスクの技術的基盤が形成されたのは昭和25年頃と認められる。」

〈4〉局所排気装置の設置の義務付けの不行使の違法性

「昭和33年通達が発せられた昭和33年5月26日以降、昭和46年4月28日に特定化学物質障害予防規則を制定して局所排気装置の設置を義務

付けるまで、労働大臣が旧労基法に基づく上記省令制定権限を行使しなかったことは、その趣旨、目的に照らし、著しく合理性を欠くものであって、国家賠償法1条1項の適用上違法というべきである。」

〈5〉粉じん濃度規制の不行使の違法性

「昭和49年9月30日以降、昭和63年9月1日に石綿粉じんの濃度規制が1cm^{3}当たり2本に強化されるまで、労働大臣が安衛法に基づく省令規制権限を行使しなかったことは、その趣旨、目的に照らし、著しく合理性を欠くものであって、国家賠償法1条1項の適用上違法というべきである。」

〈6〉防じんマスク使用等の使用者に対する義務付けの不行使の違法性

「労働大臣は、遅くとも上記各規則の制定と同時期（＝昭和47年9月30日）には、特化則を改正して、使用者に対し、石綿粉じんによる健康被害発生の危険性が高い業務に従事する労働者に防じんマスクを使用させることを義務付けるべきであり、平成7年4月1日まで義務付けなかったことは、その趣旨、目的に照らし、著しく合理性を欠くものであって、国家賠償法1条1項の適用上違法というべきである。」

「また、労働大臣は、上記の昭和47年の時点で、防じんマスクの使用徹底を図る補助手段として、特化則を改正して、使用者に対し、石綿関連疾患に対応した特別安全教育の実施を義務付けるべきであり、平成7年4月1日までこれを怠ったことについては著しく合理性を欠くものというべきである。」

〈7〉運送業者従業員との関係における国の責任

「旧労基法や安衛法に基づく規制権限不行使については、石綿工場の労働者のほか、職務上、石綿工場に一定期間滞在することが必要であることにより工場の粉じん被害を受ける可能性のある者も損害賠償の保護範囲に含まれると解するのが相当である。」

〈8〉国の責任範囲

「国の規制権限不行使を理由とする国家賠償法1条1項に基づく責任は、使用者の労働者に対する安全配慮義務とは別個独立であり、被害者に対する直接の責任であるから、国は、第一審原告らに対し、労働大臣の規制権

限不行使の不法行為と相当因果関係の認められる損害について、その全部を賠償する責任がある。」

「しかしながら、……、本件において、労働大臣による規制権限不行使の違法がなければ、元従業員らの被害の拡大を相当程度防ぐことができたとはいえても、元従業員らの被害がすべて回避できたとまではいえず、規制権限不行使の不法行為と第一審原告らの損害全部との間に相当因果関係があるとは直ちに認めがたい。」

「上記のほか、諸般の事情を考慮して、損害の公平な分担の観点から、国は、国の責任が肯定される第一審原告らに対し、その損害の2分の1を限度として賠償すべき義務があると解するのが相当である。」

以上のように二陣控訴審判決は、二陣一審判決と比較しても一歩踏み込んだ判断をしている面がある。

すなわち、二陣一審判決は、原告の主張のうち、昭和35年の時点で「安衛則」の改正または新たな省令の制定によって罰則をもって局所排気装置の設置を義務付けなかったことが「違法」であるということを認めた（判決書304頁）ものの、昭和47年の時点で「特化則」によって測定結果の報告義務および抑制濃度を超える場合の改善義務を課さなかったことは「違法」とまではいえないとしていた（判決書323頁）。また、国の責任の範囲については、最終的責任を負うべきは使用者であること等を理由に基準となる額の3分の1としていた（判決書339頁）[3]。

（2）　二陣控訴審判決の理由づけ

さて、二陣控訴審判決の理由づけのうち、著者にとって興味深いのは、次の2点である[4]。

第1は、規制権限の不行使と国家賠償に関する「判例法理」の理解において、クロロキン訴訟についての平成7年判決[5]と、筑豊じん肺訴訟についての平成16年判決[6]を区別[7]（distinguish）している点である。規制権限の不行使に関する4つの最高裁判決のなかででの筑豊じん肺訴訟判決の位置づけについては、2つの読み方が可能であるが、著者は、実質的な判例変更という要素と、事案ないし行政分野の特殊性に応じた判断という要素の双方の影響を受けて、4つの判決の結論の相違が生じたと理解するの

298　第3編　行政処分と法規命令

が穏当であると考えてきた。ただ、二陣一審判決を読んだ時点[8]では、泉南アスベスト訴訟の帰趨を左右するのは、どちらかというと第2の視点であり、筑豊じん肺訴訟判決の示した「技術基準を定める省令の性質論」であるとの見通しを示した。二陣控訴審判決は、このような見通しが的外れではなかったことを示したものと理解したい。

　第2は、運送業者従業員との関係における国の責任を肯定するにあたって、「損害賠償の保護範囲」の問題として捉えることによって「反射的利益論」を克服しようとしている点である。以下では、この点を手掛かりに、国家賠償法1条の違法性について判例の大勢が採用している「職務義務違反説」の意義と機能について若干の考察をすることにしたい。ちなみに、二陣一審判決は、運送業者従業員との関係における国の責任を肯定するにあたって、〈石綿工場の業務に不可欠の作業のために、継続的に作業場内に立ち入り、相当な時間にわたって作業をしている発注先の従業員がおり、そのことを事業者において認識している場合には、事業者は、当該従業者を自己が雇用している労働者と同視して、粉じんによる健康被害を防止するために必要な措置を講ずる旧労基法又は安衛法上の義務を負っているものと解すべきである〉としていた（判決書333頁）。また、一陣一審判決は、被告の主張（判決書98頁）を採用し、旧労基法ないし安衛法に基づく省令による規制権限の不行使が違法とされるのは、〈労働者との関係においてであるといわざるを得ない〉として、石綿工場の近隣で農業を営んでいた原告及び経営者として石綿工場で稼働していた原告については、そもそも省令制定権限の不行使の違法性を問うことはできないとして請求を棄却していた（判決書286頁）。

六　国家賠償法1条の違法性に関する職務義務違反説

（1）　違法性と過失の融合

　国家賠償法1条の違法性については、学説上多彩な見解がみられる。その中で、行政処分がなされた場合については、確かに、取消違法と国賠違法を同一と考えるべきであるとする「違法性同一説」が多数説である。他方、宇賀克也教授の「公権力発動要件欠如説」は、その射程をかなり広げ

る「汎用理論志向」を示すものであり、それだけに、判例の大勢がとる「職務義務違反説」（＝「違法性相対説」）に全面的に対抗するものとして広い支持を得ているのか自体、疑問のあるところである。

　すなわち、著者のみるところ、「違法性同一説」ないし「公権力発動要件欠如説」は、国家賠償訴訟においても、法治国原理の担保という理念または機能を重視し、「違法性と過失の二元的審査」が適切であると主張する点に特徴がある。しかし、本件のような規制権限の不行使という類型では、「違法性と過失の融合」という現象が不可避であると思われる。というのは、「不作為の違法性」が肯定されるためには「作為義務」の存在が前提となるが、その「作為義務」を負うための要件として「予見可能性」や「回避可能性」が必要とされるのが通例である[9]からである。そこで、「違法性同一説」に属する論者のうち、たとえば、阿部泰隆教授や塩野宏教授は、「類型論志向」を示し、本件のような類型には、「違法性同一説」の射程は及ばないと考えているとみられるのである[10]。

（２）　違法性の相対性

　さて、著者の理解によれば、国家賠償法１条の違法性に関する「判例理論」としての「職務義務違反説」は、取消違法と国賠違法を異なるものとする「違法性相対説」を採用するとともに、不法行為の要件の捉え方としては「違法性一元論」的な傾向を持ったものとして展開することとなった。すなわち、「違法性と過失の二元論」においては、行為者側の事情は「過失」要件で考慮されるのが本来の姿であったが、民事の不法行為理論における「相関関係理論」がそれに対する修正を余儀なくさせ、批判説として「過失一元論」や「違法性一元論」が出てきたことは周知のところである。そして「職務義務違反説」においては、〈公務員の側からみて誠実に職務を遂行している限り、なるべく国家賠償法上も違法という「否定的」評価をすべきでない〉という発想で、行為者側の事情が「違法性」要件で考慮されるため、国家賠償法１条の「違法性」が肯定される場合には、改めて「過失」要件が審査されて否定されることはあまりなくなるという構造を有しているのである[11]。

　以上のように判例理論を理解したうえで、以下の考察にとって重要と思

300　第3編　行政処分と法規命令

われるのは、「職務義務違反説」が、「違法性の人的相対性」までを含意するのかである。このような「違法性の相対性」は、取消違法と国賠違法の「相対性」とは異なる問題であり、判例の大勢が採用する「違法性相対説」に好意的な学説においても、従来は明確には賛否が表明されてこなかったと思われる。

　二陣控訴審判決に対する上告受理申立て理由書をみると、国側は、近時の注目すべき判決である最判平成25年3月26日裁判集民事243号101頁（耐震偽造事件）[12]を引用して、次のように主張している。

〈国賠法1条1項は、国又は公共団体の公権力の行使に当たる公務員が個別の国民に対して負担する職務上の法的義務に違背して当該国民に損害を加えたときに、国又は公共団体がこれを賠償する責任を負うことを規定するものである（最高裁昭和60年11月21日第一小法廷判決・民集39巻7号1512頁、最高裁平成17年9月14日大法廷判決・民集59巻7号2087頁参照）。当該職務上の法的義務は、当該公権力の行使に当たって認められるものであるから、その根拠法令の解釈によって導かれる必要があり、当該根拠法令の趣旨及び目的を踏まえ、当該根拠法令が当該公権力の行使に当たってどのような判断や配慮をすることを当該公務員に義務付けているかが検討されなければならない。当該根拠法令が当該公権力の行使又は不行使によって損害を受けたという個別の国民の権利又は法的利益を保護の対象としているといえなければ、当該公務員は、当該権利又は法的利益を保護すべき職務上の法的義務を負っているとはいえず、当該公権力の行使又は不行使が同項の適用上違法とされることはない。〉（申立書94頁）

　このように「職務義務違反説」の定式に厳格に沿って判断すると、それぞれの被害者との関係での「職務上の義務」が問題となり、その意味での「違法性の人的相対性」は肯定せざるを得ないのであろうか。しかし、上記の最高裁平成25年判決においても、「違法性の人的相対性」を説く寺田・大橋補足意見に対して、田原補足意見は〈かかる見解には到底左袒し難い〉とし、建築確認を「対物的な処分」とみるべきであるとしている。また、泉南アスベスト訴訟の事案において、省令による規制権限の不行使が違法とされたにもかかわらず、被害者の一部が「労働者」でないからと

いう理由だけで全く救済が得られないという結論が「素朴な正義感」に反することも否定しがたい。そこで、何らかの解釈論上の「工夫」ないし、理論的な見地からの「判例の定式の再解釈」が要請されると思われる。

七　職場の安全確保と労働者の保護

（1）　解釈論による保護範囲の拡大

　先に触れたように、旧労基法および安衛法の「保護範囲」を労働者に限定する国側の主張は、二陣一審判決も二陣控訴審判決も採用していない。また、これらの判決を評した学説も、保護範囲の拡大に好意的である。

　また、保護範囲の近隣住民への拡大についても、これを否定した一陣一審判決を批判するものが多い[13]。すなわち、たとえば、吉村良一教授[14]は、〈労働関係法規の中に、労働者保護をこえてはいるが、しかしそれと密接に結び付いた近隣曝露の防止ないし低減の趣旨を読み込むことは決して不可能なことではないと思われる。〉と、松本和彦教授[15]は、〈本件では、職業ばく露と環境ばく露の区別を強調すべきではない。また、縦割り行政的な発想を排して考えると、個別の労働法規の中に労働者以外の人を保護する規定も見いだせるのではないか。工場の内の人に有害なものは工場の外の人にも同じく有害なので、その有害物を単純に工場の外に放出することを労働法が容認していたと解するのは不自然であるからである。〉と指摘し、野呂充教授[16]は、〈近隣住民については、旧労基法42条、旧安衛則174条、旧特化則8条、安衛法22、27条、特化則9条以下のように、労働関係法においても作業場周辺の粉じん等による被害の防止を目的とする規定が設けられていること、また、仮にそのような規定がなくても、労働者保護のために必要な権限を適切に行使しなかった場合に必然的に近隣ばく露が発生するという関係にあり、かつそれを予見できた場合には、生命・健康という保護利益の性質や、法の本来の保護対象との同質性に鑑みて、少なくとも事後的な賠償のレベルでは近隣住民も保護対象となると考えるべきであろう。〉としている。

　さらに、建設アスベスト訴訟に関連して、下山憲治教授[17]は、〈三面関係における規制権限の行使・不行使をめぐる従来の裁判例からすれば、ア

スベスト被害のような人の生命・身体及び健康にかかわるものは、一般に反射的利益ではないのであって、水俣病関西訴訟最高裁判決にみられるとおり、国賠訴訟における個別実体法の解釈にあたっても適切に考慮されなければならないというべき〉と述べ、安衛法55条にいう「労働者」は、薬事法など一般消費者向けのものと区別する規制対象物質の徴表であって、同条の保護範囲の限定を意味するものではない、という解釈論を示している。

以上のような学説から示唆される解釈論上の「工夫」は、安全を目的とした規制については、「対物的な規制」とみることであり、それによって、規制によって確保される安全性を享受する者が広く「保護範囲」に含まれるという「論証」が可能となることであろう。

（2）　公務員の個人責任からの脱却

さて、判例の採用する「職務義務違反説」は、理論的にみると、公務員の個人責任を国または公共団体が肩代わりするという特殊な「代位責任」、すなわち、ドイツの「職務責任」（Amtshaftung）に類似した法律構成に由来するものである。そこで、このような法律構成は、現場の公務員の恣意や過誤が問題とされるような類型では「常識に合致した」解決をもたらすことが多いとしても、そうでない類型ではむしろその不自然さが際立つのではないかと考えられる。

第1に、本件のように省令による規制権限の不行使が問題とされる場合、省令制定権者である大臣が「本来個人責任を負うべき」公務員と観念される。しかし、省令の制定改廃は、組織的決定によるものであるから、大臣の「個人責任」を国が肩代わりするというのがフィクションであることは明らかである。

第2に、行為の内容という観点からは、行政処分や実力行使[18]が多くは特定の者を相手方とした「個別的」なものであるのに対して、省令は「一般的」なものであるという違いが認められる。そこで、判例の定式にいう「個別の国民に対して負担する職務上の法的義務」は、省令制定権者については、文字通り「個々の国民」について異なるのではなく、一定のメルクマールを満たす国民については「一律」のもの、あるいは関係する

者全員との関係で「一体的」なものということになる。さらに、先に示唆されたように、本件のような省令による規制は、「対物的な規制」である点に特徴があるとみることもできよう。そして、一定の「場所」についての規制や、一定の「物質」についての規制においては、「違法性の人的相対性」まで認めるのは適切ではないと考えられる。

　以上のような特徴に着目するとき、省令制定権者の「職務上の義務」は、行政庁としての大臣が「法治国原理」に照らしてどのように行動すべきか[19]という観点から導出されることになると思われる。そして、野呂・下山両教授が示唆されていたように、国家は全国民の生命・身体という利益を保護すべき責務を負っているのであるから、労働安全衛生の分野における省令制定権者であっても、「労働者」以外の国民の生命・身体という利益を侵害しないように「配慮する義務」を合わせて負っていると解すべきであろう。このような解釈論は、「職務上の義務」の「客観化」と呼ぶこともできると思われるが、理論的にみると、「代位責任」という法律構成にもかかわらず、「自己責任的発想」によって「違法性」（ないし「過失」）の要件を判断するということを意味するともいえよう。

八　おわりに

　本章の考察は、はじめに触れたように、泉南アスベスト訴訟の争点をバランスよく扱うものではない。法科大学院時代になって改めて「実務と理論の連携」が説かれ、学説のあり方として、判例の枠組みとの「距離」をどのようにとるかが悩ましいものとなっている[20]。本章後半の考察は、そのような悩みを背景にしたものであり、未熟なものであることを自認せざるを得ないが、様々な観点からの「検討」を期待して、ひとまず、つたない本章を閉じることにしたい。

【第4章後半注】

(1)　一陣訴訟は、一審（大阪地判平成22年5月19日判時2093号3頁）および控訴審（大阪高判平成23年8月25日判時2135号60頁）を経て、先に最高裁判所第一小法廷に係属していた。

304　第3編　行政処分と法規命令

一陣控訴審判決の問題点については、吉村良一「泉南アスベスト国賠訴訟控訴審判決の問題点」法律時報 83 巻 12 号 65 頁（2011 年）および、大久保規子「泉南アスベスト被害と国の責任——大阪高裁判決の検討—」環境と公害 41 巻 3 号 63 頁（2012 年）及び野呂・後掲注（17）参照。

なお、吉村良一「アスベスト被害と国の責任」法律時報 82 巻 2 号 52 頁（2010 年）は、アスベスト被害を受けるタイプを、職場の汚染により労働者が被害を受ける「労災型」、労働者の家族が被害を受ける「労災関連型」、アスベスト関連事業場の周辺の住民に被害が生じる「公害型」、関連事業場が周辺にあるといった事情がないがアスベストが含まれた環境に曝露された「環境型」などに分類している。この分類によれば、泉南アスベスト国賠訴訟は基本的には「労災型」に属するが、一陣訴訟では、被害者に労働者の家族と工場の近隣の営農住民が含まれており、二陣訴訟では、被害者に工場に出入りしていた運送業者の労働者が含まれている。請求の方式は、患者一人あたり 3000 万円（死亡の場合は 4000 万円）の慰謝料を「包括一律請求」するものであり、死亡した者についてはその遺族が原告となっている。建設アスベスト訴訟などを含め近時の状況全体については、下山憲治「アスベスト裁判例の動向」環境法研究 38 号 211 頁（2013 年）参照。

二陣訴訟の事実の概要については、二陣一審判決である大阪地判平成 24・3・28 判タ 1386 号 117 頁を取り扱った、髙木光「省令による規制の『性質論』—泉南アスベスト国賠訴訟を素材として」NBL984 号 36 頁（2012 年）（＝本章前半収録）参照。著者は、二陣控訴審判決後にも、原告側弁護団の依頼に応じて再度意見交換を行ったが、本章後半もまた、二陣控訴審判決の理由づけの一部を著者の問題関心に引き寄せて分析するものにとどまる。したがって、注が網羅的でないこと、同判決の理由づけの全体をバランスよく紹介できていないこと、また同判決の結論を擁護し、あるいは批判することを直接の目的とするものではないことにつき、予め読者のご理解をお願いしたい。なお、平成 26 年 5 月 17 日に大阪で開催された環境法政策学会の「アスベスト国賠訴訟」研究会では、下山憲治教授および村松昭夫弁護士の報告、北村和生教授のコメントに続いて質疑応答がなされ、多くの有益な示唆を得た。ここに期して、感謝の意を表したい。なお、村松昭夫「アスベスト国賠訴訟の成果と課題—泉南アスベスト国賠訴訟を中心に」行政法研究 5 号 153 頁（2014 年）参照。

(2)　大阪高裁平成 25 年 12 月 25 日訟月 61 巻 6 号 1128 頁。上告受理の申立てがなされたが、一陣と合わせて第一小法廷で扱われた。

(2a)　その後、最判平成 26 年 10 月 9 日民集 68 巻 8 号 799 頁は、二陣控訴審判決を維持し、また、最高裁は同日の判決で、一陣控訴審判決を破棄した。

(3)　なお、一陣一審判決は、昭和 35 年の時点と昭和 47 年の時点での不作為を「違法」とし、また、国と使用者との責任がいわゆる共同不法行為の関係にあるとして、国の責任の範囲を基準となる額の全額としていた。

第 4 章　省令による規制権限の不行使　　*305*

(4)　高木・前掲注（1）では、二陣一審判決は、局所排気装置の義務付けという争
点について、その判断の前提となる「技術水準」すなわち、昭和 35 年の時点で
の「実用化可能性」について丁寧に事実認定をしている点が特徴的であり、国の
責任を否定した一陣控訴審判決や、国側の主張を意識したものであると思われる
と指摘した。二陣控訴審判決もまた、丁寧な事実認定をしていると感じられ、上
告審においても、これが基礎とされることが予測された。二子石亮・鈴木和孝
「規制権限の不行使をめぐる国家賠償法上の諸問題について──その 1・その 2」
判例タイムズ 1356 号 7 頁（2011 年）、1359 号 4 頁（2012 年）参照。同 1359 号 8
頁では、泉南アスベスト国賠訴訟の一陣一審判決と一陣控訴審判決の判断が分か
れた主な理由は、局所排気装置について昭和 32 年ないし 35 年ころまでの工学的、
技術的な知見の程度を踏まえて、様々な工場について一律にその実用化が可能で
あったのか否かという事実認定のあり方にあると思われる、との指摘がなされて
いた。
(5)　最判平成 7 年 6 月 23 日民集 49 巻 6 号 1600 頁。
(6)　最判平成 16 年 4 月 27 日民集 58 巻 4 号 1032 頁。
(7)　山本隆司『判例から探求する行政法』（有斐閣・2012 年）569 頁（初出 2005
年）は、〈労働安全に解しては、医薬品の分野に比べると概して、学問的知見や
技術が徐々に蓄積される経験に基づき連続的に発展する度合いが高い。また、労
働者の安全の利益を保護する水準を、例えば事業者の利益と比較考量して決定す
る行政裁量も基本的に認められない。残る裁量は主に、安全保護目的を実現する
手段・措置を選択する裁量であろう。〉と指摘していた。また、北村・前掲注
(3) コメントでは、行政指導の有効性についても、本件のような類型とイレッサ
訴訟のような類型では異なる評価がなされてしかるべきであるとの指摘があった。
府川繭子「イレッサ訴訟における国の責任」法律時報 84 巻 10 号 76 頁参照。
(8)　高木・前掲注（1）40-41 頁。
(9)　近時の整理として、宇賀克也「行政介入請求権と危険管理責任」磯部力・小
早川光郎・芝池義一編『行政法の新構想 III』（有斐閣・2008 年）257 頁以下、阿
部泰隆『行政法解釈学 II』（有斐閣・2009 年）503 頁以下参照。
(10)　高木光「公定力と国家賠償請求」水野武夫先生古稀記念論文集『行政と国民
の権利』（法律文化社・2011 年）12 頁（＝本書第 1 編第 4 章に収録）。阿部説と
宇賀説の相違については、高木光「法律の執行──行政概念の一断面」阿部泰隆
先生古稀記念論文集『行政法学の未来に向けて』（有斐閣・2012 年）24 頁（＝本
書第 1 編第 5 章に収録）をも参照。
(11)　高木・前掲注（10）「公定力と国家賠償請求」7 頁。「違法性と過失の一元
説」的傾向を正面から是認するものとして、最判平成 19 年 11 月 1 日民集 61 巻
8 号 2733 頁（旧三菱徴用工 402 号通達事件）の調査官解説である、三木素子
『判解民平成 19 年度（下）』724 頁参照。判例の流れについて簡単には、高木光

「国家賠償法 1 条における広義説（行政法入門 60）」自治実務セミナー 51 巻 5 号 4 頁（2012 年）参照。

(12) 評釈のうち、北島周作・民商法雑誌 148 巻 4・5 号 456 頁が詳細かつ、参照に便宜である。同・462 頁は、田原補足意見においては、建築主は、「建築確認により確保される建物の安全性を享受する者（所有者、居住者、利用者）」として保護されると考えられていると指摘する。

(13) 大塚直「公害に関する近時の裁判例の動向と課題」環境法政策学会編『公害・環境紛争処理の変容』（商事法務・2012 年）22 頁、大久保規子「一陣一審判決解説」法学セミナー 673 号 115 頁（2011 年）参照。

(14) 吉村良一『環境法の現代的課題』（有斐閣・2011 年）362 頁（初出・2010 年）。同・362-363 頁には、水俣病関西訴訟最高裁判決の「究極の目的」論についての指摘がみられる。

(15) 松本和彦「泉南アスベスト訴訟」淡路剛久ほか編『環境法判例百選（第 2 版）』（2011 年）43 頁。

(16) 野呂充「泉南アスベスト国家賠償請求訴訟」法律時報 84 巻 10 号 69 頁（2012 年）。

(17) 下山・前掲注（1）220-221 頁。吉村良一「建設アスベスト訴訟における国と建材メーカーの責任—横浜、東京両判決の検討—」立命館法学 347 号 9 頁（2013 年）。

(18) 最判昭和 61 年 2 月 27 日民集 40 巻 1 号 124 頁（パトカー追跡事件）が「違法性の人的相対性」という考え方を否定していないとみられることについては、髙木光「国家賠償における『行為規範』と『行為不法論』」石田喜久夫・西原道雄・髙木多喜男先生還暦記念論文集（中）『損害賠償法の課題と展望』（日本評論社・1990 年）153 頁参照。

(19) 山本・前掲注（7）572-574 頁は、省令の制定における裁量と、行政行為など他の措置に関する行政裁量を質的に異なるものと考えるべきではないとし、保安規制の全体について「判断過程の合理性」を検討するという形での審査を行うべきであるとしていた。そこで示唆ないし推奨されているのは、事業者の利益ないし事業の振興という要素を「過大に重視し」、あるいは規制措置の裏付けとしての学問的・技術的な知見を「十分に考慮しなかった」ことなどを「裁量の逸脱濫用」に当たるとする「考慮事項の重みづけ」を伴う「判断過程の統制方式」である。

(20) 髙木光「法科大学院の行政法教育」自由と正義 62 巻 9 号 43 頁（2011 年）。

第5章　新規制基準と民事差止訴訟

一　はじめに

本章は、大飯3・4号機の再稼働の差止請求を認容した福井地裁平成26年5月21日判決[1]（以下、「樋口判決」という）を念頭において、原発訴訟における民事法の役割について、行政法学の立場から疑問を提示することを目的とする。

樋口判決については、マスコミ等における評価は極端に分かれている。他方で、「法学的視点から」の分析・評価は、著者の知る限りでは当初は活発とはいえなかった。著者は判決直後に、悩みながらも簡単に批判的なコメント[2]をしたが、その後、本格的な論稿を執筆することはできずに1年が経過し[3]、その間に公表された詳しい論評としては、大塚直教授によるやや好意的なもの[4]があったにとどまる。

著者はその後、関連文献を読み直しながら考察を深めてきたが、函館市が原告となっている大間原発訴訟[5]のうち国を被告とする行政訴訟について鑑定意見書[6]を執筆する過程で、行政訴訟と民事訴訟の役割分担について再考する機会を得た。また、仮処分によって再稼働の差止めが求められた類似の案件について下された平成27年4月の2つの地裁決定[7]について、その対照的な判断の仕方を紹介する小稿[8]を執筆したが、理論的側面については、紙幅の関係もあり、今後の課題を簡単に指摘するにとどまった。

そこで、本章では、以下、まず、著者が樋口判決を読んで感じた問題点を改めて簡単に指摘（二）したのち、原発訴訟における民事法の役割について、行政訴訟と民事訴訟の役割分担という観点からの再考が必要であることを、大塚教授の「リスク差止訴訟」論への疑問（三）、「改正原子炉等規制法の意義」（四）に分けて論じることにしたい。

二　樋口判決の問題点

樋口判決の理由づけには、著者が瞥見しただけでも、法律論としての標

準的な「作法」に沿ったものであるかどうかという観点から、疑問を禁じ得ない点が少なくとも以下のように３つあった。

第１に、判決は冒頭で、〈生存を基礎とする人格権が公法、私法を問わず、すべての法分野において、最高の価値を持つとされている〉から、〈人格権とりわけ生命を守り生活を維持するという人格権の根幹部分に対する具体的侵害のおそれがあるときは、その侵害の理由、根拠、侵害者の過失の有無や差止めによって受ける不利益の大きさを問うことなく、人格権そのものに基づいて侵害行為の差止めを請求できる〉としている。

しかし、これがはたして、差止請求の根拠としての「人格権」に関する確立した判例理論と整合的なのか疑問である。というのは、判決は、〈人格権は各個人に由来するものであるが、その侵害形態が多数人の人格権を同時に侵害する性質を有するとき、その差止めの要請が強く働くのは理の当然である〉とも述べており、人格権は１人のそれでも差止の根拠となる「強い切り札」のようなものなのか、あるいはやはり「被害の総量的評価」が必要となるのかという未解決の問題が伏在していることを示唆しているからである。

第２に、本件は、大塚教授の分類によれば、「リスク差止訴訟」[9]に該当し、〈生命・健康に対する侵害のおそれがあるが、蓋然性が高いとは言い難い〉場合であるから、通常の人格権理論によれば差止請求が認められない類型である[10][11]。

そこで、この類型でもなお差止めを認めるために、その要件および法律構成をどのように構築するかについて見解が分かれている[12]。しかし、樋口判決は、どのような考え方に依拠するかを明示しておらず、それだけに分析・評価が難しいものとなっている。あるいは、〈生命・健康に対する侵害の危険が、一般通常人の感覚を基準として、不安感や恐怖感を与えることにより平穏な生活を侵害していると評価される場合には、差止ができる[13]〉という「平穏生活権」の考え方に依拠しているのかもしれないが、この考え方には批判も強い[14]ことに留意が必要である。

第３に、判決は、〈原子力発電技術の危険性の本質及びそのもたらす被害の大きさは、福島原発事故を通じて十分に明らかになったといえる。本

件訴訟においては、本件原発において、かような事態を招く具体的危険性が万が一でもあるのかが判断の対象とされるべきであり、福島原発事故の後において、この判断を避けることは裁判所に課された最も重要な責務を放棄するにも等しいものと考えられる。〉と述べている。そして、この理は、〈上記のように人格権の我が国の法制における地位や条理等によって導かれるものであって、原子炉規制法をはじめとする行政法規の在り方、内容によって左右されるものではない。〉とし、この理に基づく裁判所の判断には〈必ずしも高度の専門技術的な知識、知見を要するものではない。〉としている。

　しかし、このように、民事の差止めを認めるべきかどうかは「素人の代表」である裁判官の「良識」に委ねれば足りるのであるとすれば、行政規制の存在意義はないということになりかねない。著者のように若い頃から原子力訴訟に強い関心を有してきた行政法研究者にとっては、簡単には見過ごせない立論である。そこで、まずは、樋口判決にやや好意的とみられる大塚教授の「リスク差止訴訟」論を理論的に分析することが必要となる。

三　大塚教授の「リスク差止訴訟」論への疑問

　（1）「リスク差止訴訟」は民事訴訟の形式を借りた行政訴訟ではないのか？

　著者は、樋口判決の立論を分析するうちに、原発訴訟において「民事の差止訴訟」を「人格権」で基礎づけるという発想には、そもそも無理があるのではないかという疑問を抱くようになった。わが国においては、長年にわたって行政訴訟と民事の差止訴訟の併存が当然の前提とされてきたが、後にみるように、原子炉等規制法の改正によって原子力規制委員会の権限が強化された現行法制のもとでは、見直しが必要であるといえそうである[15]。

　さて、理論的見地から最初に検討すべきは、大塚教授の「人格権」を基礎とする「リスク差止訴訟」論の意義であろう。この「リスク差止訴訟」論は、浩瀚な業績で知られる環境法の第一人者が、原子力訴訟の特徴に配慮しつつ精緻に組み立てた「理論」であり、民事の差止訴訟における請求認容の余地を確保しようという意図を有するとみられるからである。そし

て、著者には、大塚教授は民法の研究者として出発されていることから、その立論において、民事法の発展可能性を重視されることは理解できるが、他方で、行政訴訟の意義を軽視される傾向があるのではないかと感じられる。以下、この印象を裏付けるべく、順次説明することにしたい。

第1に、原子力訴訟の特徴について、著者は、伝統的な「危険防止」(Gefahrenabwehr) の領域ではなく、リスクをどのように法的に制御すべきかが議論の焦点となることにあると考えてきた。

すなわち、原告の主張する「権利利益の侵害」は、多くの場合、「現実の被害」ではない。そして、(1) 設置許可処分、(2) 後続処分、(3) 原子炉の運転、(4) 平常運転時の放射線被曝、(5) 事故時の放射線被曝、(6) (4) による晩発性ないし遺伝的放射線障害、(7) (5) による急性放射線障害および晩発性ないし遺伝的放射線障害、という因果関係の連鎖を想定すると、どの段階で「権利利益の侵害」や「権利利益の侵害のおそれ」あるいは「放射線障害が生じる具体的可能性」を語るのかが問題となる。そして、福島第1原発事故でクローズアップされたのは、(5) の事故がどの程度の確率でどの程度の深刻さで起きるのか、そして、(7) の放射線障害の程度をどのように評価するのか、という点である。

また、事故の深刻さをどのように考えるかは、俗にいう「止める」「冷やす」「閉じ込める」という3つの対策のそれぞれをどのように評価するかに依存する。そして、その評価は立場によって異なるものとなる性質を有し、裁判官であれば、その評価は同様のものとなるという性質のものではない[16]、と考えられる。

第2に、原発訴訟において民事の差止めが選択された従来の多くの裁判例[17]では「放射線、放射性物質の環境への排出を可及的に少なくし、これによる災害発生の危険性を社会観念上無視し得る程度に小さなものに保つ」ことができているか、という基準が用いられている。

しかし、これは、行政庁が行う安全審査を裁判所が見直していることに帰着しているのではないであろうか。すなわち、民事の差止訴訟という形式が選択され、原告に「絶対権」としての「人格権」があるとして、どのような要件のもとで「差止請求権」が発生するか、という形で問題が立て

られてはいる。しかし、その要件が、事故がどの程度の確率でどの程度の深刻さで起きるのか、放射線障害の程度をどのように評価するのか、という「政策的な判断」であり、かつ、「不確実な」「将来予測」の要素を含む判断を必要とするものとされているという難点があるのみならず、本来は行政訴訟で判断されるべきものを民事訴訟において判断しているのではないか、という疑問がぬぐえないのである。

　そこで、ひるがえって考えてみると、リスク管理は、伝統的な民事法の法理によって行うのではなく、立法による授権を基礎として、行政規制を導入し、行政機関の専門技術的知見を活かした活動に期待するというのが、先進工業国に共通した政策となっていると思われる。そして、比較法的にみると、以下のように、わが国のように無条件で行政訴訟と民事差止訴訟の併存を認めるのは、むしろ異例であるといえそうなのである。

　第1に、ドイツでは、操業の停止を求める民事訴訟は、立法により明示的に排除されている。

　第2に、フランスについては、「司法裁判所は行政が出した許可に矛盾する措置を命じることはできない」という判例法理により、民事訴訟による差止は、妨害を低減させる措置を命じるのが限界であり、操業停止や閉鎖を命じることはできない、という大塚直教授自身の指摘[18]がある。

　第3に、アメリカについては、「アメリカ連邦法では、環境保護に関する包括的な連邦の制定法（行政機関を用いる規制法）が、伝統的ニューサンス法にとってかわる地位を占めており、伝統的なニューサンス法理に基づく差止め訴訟は、もはや有用性を失っている。訴訟として提起することが妨げられるわけではないが、提起するだけの実益がない。わが国の人格権侵害に基づく差止め訴訟のような"素朴な訴訟"は、もはや出る幕がなくなり、行政機関による規制法の世界に移行しているのである。」という中川丈久教授の指摘がある[19]。

　そして、大塚教授は、改正前の原子炉等規制法においては、バックフィットを実現するための許可の取消等ができないと解されることを前提にして、「最後の砦」として、民事の差止訴訟が認められるべきことを主張されていた[20]。しかし、平成24年に原子炉等規制法が改正され、3条機関

312 第3編 行政処分と法規命令

としての原子力規制委員会が従来よりも強い権限を有するようになった現行法制[21]の下では、バックフィットの不十分さ等を争う手段として、取消訴訟および執行停止のほか、平成16年の行政事件訴訟法改正によって法定された非申請型義務付け訴訟（同法3条6項1号、37条の2）および仮の義務付け（同法37条の5第1項）等を用いることが可能である。したがって、大塚教授の「リスク差止訴訟」論の前提はその重要な部分が失われたとみるべきであり、今後は、この点を意識して、民事差止訴訟の役割を見直すことが要請されよう。

　この点、実は、大塚教授は、従来から、本案の差止めについて、認容判決の内容に一定の限定を加える解釈論を提示されてきており[22]、樋口判決を分析した論稿においても、次のようにそれを維持されている[23]。

　〈安全性の程度や安全性についての考え方が時代とともに進展することからすると、差止の効果としては、被告が上記安全目標を超える事故の危険性がないことについて証明するまでは原発の稼働を差し止めるという一時差止が適当であると思われるが、執行との関係では、具体的には、一定期間に限定した差止が考えられよう。〉

　このように、大塚教授も、リスク管理は基本的には行政規制によるべきであるとの考え方に理解を示されている点は重要であると思われる。

　なお、著者の理解によれば、原子炉等規制法による行政法的な規制は、民事法（および刑事法）のルールの存在だけでは、十分に事業者の活動の「危険性」ないし「リスク」が低減されないことから、より一層の「安全性の向上」を目的としてなされている。したがって、民事法のルールによればひとまず行うことができるという意味で「社会的に許容される」事業者の活動であっても、なお、原子炉等規制法のルールによれば、事前および事後の規制に服し、そのような活動が許されない、という結論になる場合があってしかるべき、ということになる。すなわち、人格権に基づく差止請求権が発生しない程度の「抽象的危険性」しか有しない原子炉であっても、行政庁による安全審査に合格しないことがあり、あるいは改善命令や停止命令の対象となることがある、というように、要求されるレベルが異なるのが本来の姿であろう。ところが、要求されるレベルをほぼ同一と

第5章　新規制基準と民事差止訴訟　*313*

しつつ、安全審査が甘いから、民事の差止が認められるべきである、という発想をするために、「許可が適法であれば、具体的危険はない」という命題から、「許可が違法であるから、具体的危険がある」という命題を導くという論理的誤りにつながりやすいのではないであろうか。

（2）「リスク差止訴訟」は裁判官による主観的な判断を許容するものではないか？

次に問題となるのは、差止請求権の根拠づけとして説かれる「生活平穏権」の評価であろう。「生活平穏権」という考え方の最大の問題は、その「主観性」にあるとされるからである。

この点、大塚教授は、「リスク差止訴訟」において、「人格権」の一種としての「生活平穏権」をそのまま根拠とすることには問題があるとして、その「再構成」による「客観化」という立論をされてきている[24]。そして、樋口判決を分析した論稿においては、樋口判決の問題点を認めつつも、それを正面から批判することを避けるというスタンスを示されている。しかし、裁判官による主観的な判断を許容することになるという傾向は、たとえ「再構成」したとしても構造的な問題として残るのではないかと思われる。

先にみたように、樋口判決の設定した土俵は、「人格権」に基づく民事差止めであった。そして、差止請求権の根拠づけは、理論上は「実体私法」の問題であるから、どのような場合に差止請求権が発生するかは、さしあたりは裁判所の解釈権限に委ねられることになる。わが国においては、原子力訴訟においても、行政訴訟と民事の差止訴訟が併存することはこれまで特に問題とされることがなかったからである。

しかし、樋口判決の「人格権」の用法は、著者にはやや特殊なもののように感じられる。

先にみたように、樋口判決は冒頭で、〈生存を基礎とする人格権が公法、私法を問わず、すべての法分野において、最高の価値を持つとされている〉から、〈人格権とりわけ生命を守り生活を維持するという人格権の根幹部分に対する具体的侵害のおそれがあるときは、その侵害の理由、根拠、侵害者の過失の有無や差止めによって受ける不利益の大きさを問うことな

く、人格権そのものに基づいて侵害行為の差止めを請求できる〉としていた。

確かに、「生命」や「生活基盤」への「具体的侵害のおそれ」がある場合には差止が認められるべきである、という言明自体には反論の余地がないようにも思われる。しかし、原子炉の設置・稼働という行為によって、250キロメートル圏内のすべての住民の「生命」や「生活基盤」への「具体的侵害のおそれ」があるとの言明は、従来の公害・環境訴訟のなかで形成されてきた判例法理が想定している状態と比較すると、多くの法律家には違和感を与えるものであろう。すなわち、民事の差止めが認められるべきかどうかが争われた多くの事例では、被告の行為が損害賠償義務を発生させる不法行為に該当することが明らかな場合が大半である。しかし、事業者が原子炉を設置し運転する行為そのものが不法行為に該当するとは、そう簡単にはいえないであろう。

周知のように、民事差止めの法理に関しては、国道43号訴訟上告審判決[25]が、「侵害行為の態様と侵害の程度」「被侵害利益の性質と内容」「侵害行為のもつ公共性と程度」を比較衡量すべきとの考え方を示している。そして、留意すべきは、上記判断は、不法行為に基づく損害賠償請求が認容されるような事案についてのものであること、すなわち、生活妨害という被害については現実に発生していることが明らかであり、健康被害についてもその発生・拡大が「蓋然性」を有するものであることの認定が容易である場合が想定されていることであろう。

この点、大塚教授は、従来の判例法理においては、「公害も生活妨害も、実質的侵害の発生について蓋然性が高いことが当然の前提とされてきた。」[26]ことを明言されている。したがって、樋口判決のいう「具体的侵害のおそれがあるとき」も、本来は、「実質的侵害が発生する高い蓋然性があるとき」ということを意味しなければならない。

しかし、実際には、樋口判決は、さきにみたように、〈原子力発電技術の危険性の本質及びそのもたらす被害の大きさは、福島原発事故を通じて十分に明らかになったといえる。本件訴訟においては、本件原発において、かような事態を招く具体的危険性が万が一でもあるのかが判断の対象とさ

れるべきであり、福島原発事故の後において、この判断を避けることは裁判所に課された最も重要な責務を放棄するにも等しいものと考えられる。〉と述べ、「福島原発事故のような事態を招く具体的危険性が万が一にもある」場合は、「具体的侵害のおそれがある」といえるとしているのである。

　このように、樋口判決は「生活平穏権」には言及しないものの、不確実性を伴うリスクに関する事案において最も問題となる「不安・恐怖感」を重視しているとみられるのであって、通常の「人格権侵害」よりも手前の不安感という段階で差止めを認めるための「規範定立」を行っている。大塚教授の言葉を借りれば「これが相当異例であることは事実であろう」[27]。

　また、更に樋口判決の判断の仕方で問題とされるべきは、同判決にやや好意的とみられる大塚教授も難点として指摘されているように、「定量的基準」を設けていない[28]点である。すなわち、樋口判決は、「万が一」の「具体的危険」を問題とするとしているのであるが、①どの程度の確率で起きる事故で、②どの範囲の地域に、③どの程度の量の放射性物質の放出がなされる場合を想定しているのかは判決文からは読み取れない。

　そこで、著者には、樋口判決のいう「具体的危険性」は、結局のところレトリックに過ぎないと感じられる。樋口判決は、実質的には、「抽象的危険性」のレベルであっても、いったん発生した場合の被害の甚大性・広域性を考慮すれば「危険性がある」とすべきという立場を採っている[29]のであろう。

　そして、「疑わしきは安全側に」あるいは「誤るのであれば安全側に」というそのような立場は、環境法で説かれる「予防原則」[30]と相通じるものがある。著者の理解によれば、「予防原則」という考え方は政策的な色彩の強いものであり、必ずしも「絶対的安全性論」と同一ではないから、立法によって授権をし、行政規制を通じてそのような考え方を推進してゆくことは（憲法上の比例原則に反しない限りで）認められるが、民事訴訟という場を通じて裁判官がそのような政策を採用・実現することには、その判断の「主観性」の観点から疑問があるといわざるを得ない。

　以上の分析によって、樋口判決の問題点は、大塚教授の「リスク差止訴訟」論によっても解消することが難しいことが明らかになったと思われる。

316 第3編 行政処分と法規命令

以下、項を改めて、行政規制との関係について分析することにしたい。

四 改正原子炉等規制法の意義

（1） 原子力規制委員会規則の法的位置づけ

樋口判決には、原子炉等規制法による行政規制、とりわけ、「新規制基準」の意義を無視しているのではないかという疑問がある。すなわち、著者のみるところ、樋口判決は、改正原子炉等規制法による行政規制の意義を十分に理解していないために、「新規制基準」の骨格をなしている原子力規制委員会規則が、理論上の「法規命令」としての「民主的正統性」と法的拘束力を有することを見落としているのみならず、高度に専門技術的な分野において行政基準が有する機能をも無視する誤りを犯していると思われる。

また、大塚教授の「リスク差止訴訟」論についても、その背景に「最後の砦としての裁判所」という観念[31]があることから、原子炉等規制法が改正された現在の法制度のもとではもはや妥当しないのではないかという疑いを持つべきであると考えられる。

以下、原子力委員会規則の法的位置づけ、「新規制基準」の内容に関する行政裁量について順次述べる。

平成24年の原子力規制委員会設置法ないし原子炉等規制法の改正[32]によって、現行法制においては、原子炉の安全性の確保に関して、行政機関が従来よりも重い責任を担うべきものとされている。そして、著者の理解によれば、改正原子炉等規制法において、原子力規制委員会が「委員会規則」という形式で基準を定めるべきこととされた点が最も重要である[33]。その意義を明らかにするためには、従来の法制度において、行政機関と裁判所の役割分担がどのようになされるべきものとされてきたか[34]を確認するのが便宜であろう。

平成4年の伊方上告審判決[35]および福島第二上告審判決[36]では、行政訴訟の「本案」に関する「判例理論」が形成されたと理解されている。

すなわち、（当時の）原子炉等規制法24条1項4号の定める「原子炉施設の位置、構造及び設備が核燃料物質、核燃料物質によって汚染された物

又は原子炉による災害の防止上支障がないものであること」という許可基準を充足しているかどうかの判断について、裁判所は行政庁の判断をどの程度尊重しなければならないかという論点に関して、判例の採用した立場は、「実体的判断代置方式」の審査ではなく、「専門技術的裁量」を認めつつ、「合理性の審査」を行うというものである。

そして、被告行政庁の判断に不合理があるとされるのは、第1に原子力委員会（昭和53年以降は原子力安全委員会）の「調査審議に用いられた具体的審査基準に不合理な点がある」場合であり、第2に「当該原子炉施設が右の具体的基準に適合するとした……調査審議及び判断の過程に看過しがたい過誤、欠落がある」場合であるとされた。

さて、このように、行政訴訟において、裁判所が「実体的判断代置方式」を採らないということは、原子炉等規制法の趣旨目的の実現に関しては、行政機関が主たる責任を負うということを意味する。すなわち、許可権者たる行政庁は、当該原子炉の「基本設計」が「相対的安全性」の原則に従って、社会的に許容される程度に「十分安全であるか」どうかについて責任をもって判断する必要がある。この判断は、純粋に科学的に一義的な答えが出る問題ではなく、価値判断という要素を含む決断である。裁判所は、行政庁と同じ立場に立って同様の価値判断を含む決断をすべきものではなく、「十分安全であると認めた」判断に不合理な点がなかったかをチェックするにとどまる。したがって、裁判所が設置許可処分の取消請求を棄却したからといって、それは、裁判所が当該原子炉を「十分安全である」と認めたということを意味するわけではない。逆に、設置許可処分の裁判所による取消しは、当該原子炉が社会的に許容される程度の安全性を備えていないということを直ちには意味しないのである。

それでは、原子力の「専門家」の責任は法的にどのように位置づけられるのだろうか。

（当時の）原子炉等規制法の仕組みにおいては、設置許可において、原子力安全委員会（昭和53年までは原子力委員会に置かれた安全審査会）の「専門技術的な調査審議及び判断」が重視されていた。しかし、原子力安全委員会は「諮問機関」の一種であり、許可権限自体は行政庁たる大臣が有するも

318　第3編　行政処分と法規命令

のとされていた。また、同法 24 条 1 項 4 号の定める要件は極めて抽象的であり、「十分な安全性を確保せよ」というメッセージを送るにとどまっている。具体的な安全審査は、原子力安全委員会が「内規」として定めた指針と呼ばれる各種の「審査基準」[37] に即して行うこととされていた。

　以上のような状況を踏まえて、理論的な観点から留意すべき点は、法律における「災害の防止上支障がないものであること」というような不確定概念の使用は、実質的には、政策的、政治的価値判断を国会が自ら行わず、「法適用機関」に委ねるものであることであると著者は考えてきた。そして、その委ねられた判断は、「正当な権限を有する機関」たる行政機関または裁判所が行うほかない。そこで、行政訴訟において「専門技術的裁量」を認めるということは、そのような判断を行政機関が主たる責任を負って行うことを意味し、他方、裁量を否定して「実体的判断代置方式」を採用する場合には、そのような判断を最終的には裁判所が責任を負って行うことを意味する[38]。

　さらに、当時の法制においては、行政庁や裁判所が、「災害の防止上支障がないこと」という要件に該当するかどうかについての判断を行うにあたって、「法規」としての性質を持たない技術的な基準に依拠し、あるいは個々の事項についての「専門家」の判断に依拠する場合には、「権限」が実質的に「専門家」に委譲されていることにならないかという問題が残っていた。「専門家」は「権威」を有するものであるが、「権力」を行使する「正統性」は有しないからである。「専門家鑑定」という扱いは、自由心証主義の下で、技術的な知見を証拠法上の扱いとして尊重することで、裁判所の負担を専門家に転嫁するものであり、権限はあくまでも裁判所に保留されてはいるものの、不安定さは否定できないのである[39]。

　このように考えてくると、原子力規制委員会の設置と原子炉等規制法改正により、一定の改善がもたらされたと評価できるであろう。すなわち、現行法制においては、原子力規制委員会が、3 条機関として原子炉設置許可（法 43 条の 3 の 5）、原子炉設置変更許可（同 43 条の 3 の 8）、工事の計画の認可（同 43 条の 3 の 9）、使用前検査（同 43 条の 3 の 11）、保安規定の認可（同 43 条の 3 の 24）、許可の取消等（同 43 条の 3 の 20）、施設の使用の停止等（同

43条の3の23）のような各種行政処分による規制権限を有するほか、委員会規則という形式で「民主的正統性」を有する「法規」としての性質を有する「基準」を策定する権限を有するからである。

　すなわち、理論的な観点から留意すべきは、現行法制は「法的安定性」を向上させるために、許可基準については「発電用原子炉施設の位置、構造及び設備が……災害の防止上支障がないものとして原子力規制委員会規則で定める基準に適合するものであること」（法43条の3の6第1項第4号）としていることである。これは、行政機関に委ねられた「専門技術的裁量」の行使を、基準策定と基準の適用の2段階に分けて行うべきこと、そして、第1段階の基準策定の段階での「政策的判断」をより具体的にかつ明確に行うべきことを定めていると評価できる。そして、そのような「民主的正統性」を有する「政策的判断」を示した原子力規制委員会規則は、「法規命令」として、それが違法無効でない限りは、いわゆる「外部効果」を有し、法律と同様の法的効果をもって国民の権利義務を規律するものであるから、裁判所も紛争を解決する際には、それを適用しなければならないのである。

　「災害の防止上支障がない」という判断をどのような手順で行うかについても、さまざまな方法が考えられ、そのどれを選択するか自体もひとつの「政策判断」であるが、「相対的安全性」の原則をどのように具体化するかという「設計思想」が「民主的正統性」を有する委員会規則という形式で示された以上、行政訴訟においては当然として、また、民事訴訟においても、裁判所はそれを尊重する必要があると考えられる。

　この点、樋口判決は、「基準地震動」について、そのような考え方に立脚して設計をすること自体を否定するかのような判示をしている（判決書59頁）。

　確かに、専門家の意見を参考にするにしても最終的には裁判官が自由に判断してよいのであれば、行政機関や事業者が依拠する専門家の意見をしりぞけ、反対派住民が依拠する専門家の意見を採用するということも妨げられない。しかし、原子炉のリスクおよび安全対策に関する評価がすべて、自由心証主義の適用される「事実認定」のレベルの問題であるのかは疑問

である$^{(40)}$。樋口判決は、現行原子炉等規制法による行政規制の仕組みを十分に理解していないために、「新規制基準」の骨格をなしている原子力規制委員会規則が、理論上の「法規命令」としての「民主的正統性」と法的拘束力を有することを見落としていると思われる$^{(41)}$。また、そうでないとしても、結局のところ、原子力規制委員会規則の無効を前提にしていることになるが、その場合は、原子炉等規制法が、原子炉等規制委員会に授権した「命令制定裁量」との関係が問題とされるはずである。

（2）「新規制基準」の内容に関する行政裁量

潜在的な「危険性」ないし「リスク」に晒される周辺住民に対して、原子炉の安全性を誰が保証するのかは重要な問題であるが、日本の法制度は全体としてみると、残念ながら、責任の所在が曖昧なままの状態が長く続いてきた。「どの程度のリスクを社会的に許容すべきか」という判断を「正当な権限を有する機関」が「法的安定性」を保って「明確」かつ「具体的」に行うという仕組みになっていなかったからである$^{(42)}$。

著者の理解によれば、わが国においては、ドイツにおけるような「国家の安全確保義務」という考え方は浸透しておらず、「安全確保の第一次的な責任は原子炉設置者にあり、国はその責任を肩代わりするものではない」という言い方がなされることがあったように、事業者が比較的重い責任を負うこととされてきた。

以上のような状況について、一定の改善をもたらすものとして、原子力規制員会が「民主的正統性」を有する「委員会規則」の形式で定める基準が位置づけられると思われる。以下、「新規制基準」のうち、福島第一原発事故の教訓という形で議論の焦点となっているいわゆるバックフィットの問題$^{(43)}$をとりあげることにしたい。

改正原子炉等規制法は、原子力規制委員会に、さきにみたような様々な権限を与えることでいわゆるバックフィットの問題を解決しようとしている。そこで、既存の原子炉の安全性を「最新の科学技術水準」に照らしてどの程度向上させるべきかという「政策的かつ専門技術的」な事項についての判断は、さしあたりは行政機関に委ねられていると理解するのが穏当であろう。すなわち、法律という形式で国会が大枠について価値判断をし、

その具体化を、行政機関の裁量に委ねた場合には、裁判所は行政機関の判断を一定の敬譲を持って審査することができるにとどまり、自己の価値判断によって「代置」することは許されないと考えられる。そして、さきにみた「委員会規則」への委任は、原子力規制委員会に「命令制定裁量」という権限を与えるものであり、内容については性質上広い裁量が認められるから、「規則」が違法になるのは、委任の趣旨に反するか委任された範囲を逸脱する場合、あるいは内容が明らかに不合理である場合に限られると考えられる。

　そして、過去になされた原子炉設置許可処分ないし設置変更許可処分の無効確認訴訟のほか、再稼働の申請に対する原子炉設置変更許可の取消訴訟、工事の計画の認可の差止訴訟、許可の取消の義務付け訴訟、施設の使用の停止命令の義務付け訴訟などの行政訴訟の形態で、バックフィットの不十分さを感じる周辺住民等が裁判所の審査を求める場合には、伊方上告審判決の「専門技術的裁量論」の枠組みが維持されれば、基準の策定と基準の適用の2段階のそれぞれについて、行政機関と裁判所の適切な役割分担が維持されると思われる。

　しかし、民事の差止訴訟においては、理論的にすっきりした形で役割分担を維持することは難しい。すなわち、樋口判決のように、民事の差止訴訟においては、行政規制がどのようになされていても無視してよいと割り切るのであれば、ある意味では「理論的にすっきりした」解決がもたらされるが、そのような立場は、「民主的正統性」を有しない裁判所に「生の政策的判断」を余儀なくさせ、国民の信頼の根拠となる「中立的な法原理部門」という性格を失わせるおそれが大きいと思われる。

五　おわりに

　以上述べたように、著者は、民事の差止訴訟において「新規制基準は緩やかに過ぎる」かどうかという形で問題を立てることは誤りであり、本来は、判例上の「人格権」理論の構造にしたがって、「本件発電所において炉心の著しい損傷や周辺環境への放射性物質の異常な放出が生じる蓋然性」があるかどうかにしぼって審理すべきであると考えている。

322 第3編 行政処分と法規命令

　しかし、従来の裁判例においては、行政訴訟、とりわけ義務付け訴訟の未発達を考慮してか、民事の差止訴訟という土俵で、「蓋然性」に至らない程度の「具体的危険性」[44]についても審理するということがなされてきた。そこで、実務的感覚としては、この扱いを直ちに改めることは難しいとも推測できる。そこで、行政訴訟とのバランスの観点から、民事の差止訴訟においても、従来の多くの裁判例が採用してきた「伊方型」の行政基準を尊重した形での判断を維持するのが穏当であるとも考えられる[45]。この「主張立証責任」論については、多彩な議論がなされており、多角的な分析が必須であるほか、著者自身もなお考察を深める必要性を感じているため、別稿に留保することにしたい。

【第5章注】
(1)　福井地判平成26年5月21日判時2228号72頁。
(2)　髙木光「原子力技術に基づく判断を『素人の代表』に委ねていいのか」月刊エネルギーフォーラム2014年7月号70-71頁（多事争論：大飯原発差し止め判決の是非を問う！）。
　　　筆者が樋口判決を批判することに「悩み」を感じたのは、同判決が、関西電力株式会社という事業者を被告とした民事の差止訴訟についてのものであることによる。すなわち、そこで適用されるべき法理論について深い考察をすることを期待されてきたのは、「民法」を専門分野とする研究者であり、また、主張立証責任ないし主張疎明責任に関する議論は、司法修習という経験を有しない筆者には、「民事訴訟法」を専門分野とする研究者および「要件事実教育」を受けた実務家の領域と感じられたからである。
(3)　なお、同事件は、本章初出原稿の当時、平成26年（ネ）第126号大飯原発3・4号機運転差止請求控訴事件として、名古屋高裁金沢支部に係属中であった。そして、平成27年7月1日の第4回口頭弁論期日において、著者の鑑定意見書が書証として提出されている。関西電力株式会社から依頼された鑑定事項は、【1】第一審判決は、原子炉等規制法が採用し、伊方上告審判決（最判平成4年10月29日民集46巻7号1174頁）で確認された「安全性」判断の原則に反しているのではないか、【2】第一審判決は、原子炉等規制法による行政規制、とりわけ、「新規制基準」の意義を無視しているのではないか、の2つであった。
(3a)　名古屋高金沢支判平成30年7月4日判例集未登載は、第一審判決を取り消し、差止請求を棄却した。

(4)　大塚直「大飯原発運転差止訴訟第一審判決の意義と課題」法学教室 410 号84-94 頁（2014 年 11 月）。他に、同「大飯原発 3 号機、4 号機差止訴訟判決について」環境と公害 44 巻 2 号 50-56 頁（2014 年 10 月）があるが、以下では、大塚教授自身が「紙幅の関係で」「より網羅的」とされている法学教室の論稿を引用する。なお、原告側弁護士の執筆にかかるものとして、井戸謙一「法律時評：福井地裁大飯原発 3。4 号機運転差止め判決に寄せて」法律時報 2014 年 8 月号1-3 頁がある。

(5)　東京地方裁判所平成 26 年（行ウ）第 152 号大間原子力発電所建設差止等請求事件。

(6)　髙木光「原発訴訟における自治体の原告適格」自治研 91 巻 9 号（2015 年）3 頁。

(7)　高浜 3・4 号機に関する福井地決平成 27 年 4 月 14 日判時 2290 号 13 頁および川内 1・2 号機に関する鹿児島地決平成 27 年 4 月 22 日判時 2290 号 147 頁。

(8)　髙木光「法律時評：仮処分による原発再稼働の差止」法律時報 2015 年 7 月号1-3 頁。

(8a)　その後の著者の考察については、髙木光「仮処分による原発の運転差止-2つの高裁決定を素材として──」自治研 93 巻 9 号（2017 年）3 頁、同「ドイツ脱原発法一部違憲判決──原子力政策における裁判所の役割──」自治研93 巻 12 号（2017 年）3 頁参照。

(9)　大塚直「公害に関する近時の裁判例の動向と課題」環境法政策学会編『公害・環境紛争処理の変容：その実態と課題』（商事法務・2012 年）10 頁、13 頁参照。

(10)　大塚・前掲注 (9) 16 頁参照。蓋然性が高いと言い難いものを「予防的科学訴訟」と呼び、「予防的科学訴訟における差止訴訟は一般の差止の法理では救済されない」と説明している。

(11)　大塚直「環境民事差止訴訟の現代的課題──予防的科学訴訟とドイツにおける公法私法一体論を中心として──」大塚直他編『社会の発展と権利の創造──民法・環境法学の最前線──』（有斐閣・2012 年）545 頁にも同様の記述がある。なお、この論稿ではもっぱら「予防的科学訴訟」というカテゴリーが用いられている。したがって、大塚教授のいう「リスク差止訴訟」は、侵害の蓋然性が高い場合も含むようである。しかし、通常の用語法において、「リスク」は、「具体的危険」＝「侵害の蓋然性」があるとはいえない状態について語られるように思われる。

(12)　大塚・前掲注 (9) 16-17 頁によれば、第 1 は、人格権の一種としての「生活平穏権」を差止の根拠とするものであり、廃棄物処分場の設置・操業をめぐる紛争についての下級審裁判例が少なからずみられるという。第 2 は、被害発生の蓋然性（因果関係）について、照明の軽減を図るものであり、3 つないし 4 つのパターンに分かれる。

324　第 3 編　行政処分と法規命令

(13)　大塚・前掲注 (9) 16-17 頁。

(14)　大塚・前掲注 (9) 17 頁によれば、最近の裁判例には「生活平穏権」理論を採らないことを明言するものが出ている。また、大塚教授自身も「不安という主観的利益を基礎として差止めを認めていいかという問題がある」と指摘し、「生活平穏権」概念が裁判例で受け入れ続けられるためには、「再構成」の必要があるとしている。

(15)　また、民事保全法に基づく仮処分は、原発の再稼働の差止めを求める手段として用いるのは不適切であるとみるべきであろう。そこで、行政事件訴訟法 44条の「法意」に照らして、全面的に排除するか、あるいはその内容に一定の限定を加えるような解釈論が検討されるべきであると思われる。高木・前掲注 (8) 3頁参照。

(16)　たとえば、もんじゅ差戻後控訴審（名古屋高金沢支判平成 15 年 1 月 27 日判時 1818 号 3 頁）には、冷却材喪失事故が、「止める」「冷やす」「閉じ込める」という 3 つの機能がすべて失われるという「最悪の事態」につながると述べている部分がある。しかし、福島第 1 の事故では、「止める」ことはでき、また、「冷やす」と「閉じ込める」も一定程度機能している面がある。

(17)　代表的なものとして、名古屋高金沢支判平成 21 年 3 月 18 日判時 2045 号 3頁（志賀 2 号機控訴審）。

(18)　大塚直「公害・環境分野での民事差止訴訟と団体訴訟」森島昭夫＝塩野宏編『変動する日本社会と法』（有斐閣・2011 年）640-641 頁。

(19)　中川丈久「行政訴訟に関する外国法制調査——アメリカ（下）－1」ジュリスト 1242 号 95 頁（2003 年）。

(20)　大塚・前掲注 (11) 565-566 頁。

(21)　原田大樹「原子力発電所の安全基準」同『行政法学と主要参照領域』（東京大学出版会・2015 年）215-241 頁参照。

(22)　大塚・前掲注 (11) 550 頁。

(23)　大塚・前掲注 (4) 93 頁。

(24)　大塚・前掲注 (9) 17-19 頁。

(25)　最判平成 7 年 7 月 7 日民集 49 巻 7 号 1870 頁。

(26)　大塚・前掲注 (9) 16 頁。

(27)　大塚・前掲注 (11) 548 頁参照。

(28)　大塚・前掲注 (4) 87 頁は、「事故時の Cs-137 の放出量が 100 TBq を超えるような事故の発生頻度は、100 万炉年に 1 回程度を超えないように抑制されるべきである」という原子力規制委員会の「安全目標」に言及している。また、大塚・前掲注 (11) 550 頁では、「合理的な不安」であるかを判断する基準として、放射線物質線量年間 5 ミリシーベルトに言及している。

　なお、川内 1・2 号機に関する、鹿児島地裁平成 27 年 4 月 22 日決定は、危険

性をゼロとする「絶対的安全性」を確保することは不可能であることから、原子力安全委員会が平成 25 年 4 月に定めた「安全目標」を判断の目安とすべきものとし、次のように述べている。「この安全目標が達成される場合には、健康被害につながる程度の放射性物質の放出を伴うような重大事故発生の際の危険性を社会通念上無視し得る程度に小さなものに保つことができると解するのが相当である。」（決定書 85 頁）

(29) 大塚・前掲注 (4) 87 頁注 10 は、第一審判決は「抽象的危険で足りるとするものではない」と述べる一方で、「1699 ガルを超える地震に耐えうるかは抽象的危険の問題ということになろう」と指摘している。

(30) 大塚・前掲注 (4) 88 頁。

(30a) 樋口判決が予防原則の考え方に立っているとみるものとして、桑原勇進「大飯原子力発電所 3・4 号機運転差止請求事件」民事判例 9 号 115 頁。

(31) 大塚・前掲注 (11) 544 頁、569 頁参照。

(32) 制度改革の経緯については、高橋滋「原子力規制法制の現状と課題」高橋滋＝大塚直編『震災・原発事故と環境法』（民事法研究会・2013 年）2-35 頁が参照に便宜である。

(33) 原田・前掲注 (21) 224-225 頁参照。原子炉等規制法 43 条の 3 の 6 第 1 項 4号の委任を受けて「実用発電用原子炉及びその付属施設の位置、構造及び設備の基準に関する規則」（平成 25 年 6 月 28 日原子力規制委員会規則第 5 号）が制定されている。また、原子炉等規制法 43 条の 3 の 14 第 1 項の委任に基づいて、「実用発電用原子炉及びその付属施設の技術基準に関する規則（平成 25 年 6 月28 日原子力規制委員会規則第 6 号）が制定されている。

(34) 髙木光「裁判所は原子炉の安全性をどのように取り扱ってきたか」駒村圭吾＝中島徹編『3・11 で考える日本社会と国家の現在』（日本評論社・2012 年）58-67 頁参照。

(35) 最判平成 4 年 10 月 29 日民集 46 巻 7 号 1174 頁。

(36) 最判平成 4 年 10 月 29 日判時 1441 号 50 頁。

(37) したがって、リスク管理が適正に行われるかどうかについて「審査基準」のあり方は極めて重要な意味を持つ。しかし、どの「審査基準」のどの部分が不合理かを裁判所の前で議論するという仕組みがそもそもうまく機能するのかは議論の余地があろう。著者は、少なくとも民事の差止訴訟はそのような議論をする適切な土俵ではないと考えている。

(38) このような視点からは、民事の差止訴訟の場合には、構造的に裁判官が「生の価値判断」を行わざるを得ないという問題が指摘できよう。すなわち、行政訴訟と民事の差止訴訟の併存を認める「判例理論」は矛盾を内包しているともいえるのである。

(39) 髙木光『技術基準と行政手続』（弘文堂・1995 年）23 頁。民主主義国家にお

326 第3編 行政処分と法規命令

ける「決定権限の正統性」と「決定内容の合理性」の両立は時に極めて困難であり、科学技術の法的制御は、このような困難さがきわだつ領域である。下山憲治「原子力事故とリスク・危機管理」ジュリスト1427号100頁（2011年）参照。

(40) 民事訴訟の基本は「自由心証主義」であるが、従来の原子力訴訟においても、従来の多くの裁判例は、専門技術的な事項についても、「事実認定」のレベルであれば、裁判官は、「専門家鑑定」を用いることによって適切な判断をすることができるという考え方がとられてきたと思われる。しかし、ドイツの原子力訴訟に関して、高度に専門的な事項についての個別的な鑑定は、鑑定人の主観によって左右されコントロールのすべがないという問題があり、どの鑑定人のどの鑑定部分をとるかを裁判官の裁量に委ねる場合には、それに加えて裁判官の主観によって左右されるという問題があるという指摘があったところである。髙木・前掲注（39）23頁、60頁参照。

この問題は行政訴訟において「実体的判断代置方式」の審査がなされる場合について指摘されたものであるが、構造的に「生の安全論争」を招きがちであるわが国の民事差止訴訟にはより一層あてはまると思われる。したがって、仮に民事の差止訴訟において「どの程度の事故がどの程度の確率で発生し、どの程度の量の放射線、放射性物質がどの範囲に放出されるか」をすべて事実認定の問題として扱う場合、そのために裁判所がどのような「専門家鑑定」を採用するかについて、全くの自由を認めることは許されないと思われる。

(41) ただ、今回の制度改革は複雑な経過をたどったため、第一審裁判所を責めるのは酷かもしれない。たとえば、深澤龍一郎「行政裁量論からみた福島事故の前と後」斎藤浩編『原発の安全と行政・司法・学界の責任』（法律文化社・2013年）170-171頁は、「原子炉設置許可処分について、……、原子力規制委員会による規則制定も予定されていない。」「……規則制定が予定されていない根拠が明らかでない……。」と述べており、「専門家」であるはずの行政法研究者も、見落としをすることがあるからである。

(42) 櫻井敬子「福島第二原発訴訟（行政法講座55）」自治実務セミナー50巻6号7頁（2011年）の辛口の表現によれば、「無責任状態」である。

(43) バックフィットの問題について詳細なものとして、高橋滋「福島原発事故と原子力安全規制法制の課題」髙木光他編『行政法学の未来に向けて（阿部古稀）』（有斐閣・2012年）395-421頁がある。制度改正前においても、最新の耐震基準に適合しない稼働中の原発については、行政庁が改善命令等（電気事業法40条、原子炉等規制法33条2項、36条1項）で対処すべきであり、また、周辺住民は義務付け訴訟でそれを求めることができると解すべきではないか、との指摘がなされていた。阿部泰隆「原発事故から発生した法律問題の諸相」自治研究87巻8号4頁（2011年）、川合敏樹「東日本大震災にみる原子力発電所の耐震安全性の確保の在り方について」法律時報83巻5号82頁（2011年）。

（44） 樋口判決は、さきにみたように「具体的危険性」の概念を独自の意味で用いることによって、原告の主張立証のハードルを大幅に下げている。樋口判決のいう「具体的危険性」の実質は、著者の考えによれば「リスク管理」のレベルの「抽象的危険性」であるから、そのような「危険性がないこと」は、結局のところ「ゼロリスク」を意味することになりかねないのである。大塚・前掲注（4）88-89 頁参照。大塚教授の分析によれば、樋口判決は、「第2アプローチ」よりもさらに「原告に有利な」判断枠組みを採用している。すなわ、先きにみたように、樋口判決のいう「具体的危険性」の中身は従来の用語法によるそれとは異なったものであり、原告に要求される証明の程度は「実質的に大いに緩和」されており、樋口判決は、「不確実性が残っている限り具体的危険があるという論理を採用することにより、実質的には証明責任を転換したのと同様の効果を発揮したともいえる」のである。

（45） 民事の差止訴訟においても、実際には、裁判所は行政庁側の有する科学的・専門技術的な知見を尊重して判断していると指摘するものとして、たとえば、岩橋健定（女川控訴審判決解説）『平成 11 年度重要判例解説』49 頁参照。このような「実務的バランス感覚」の理論的基礎づけは今後の課題であるが、あるいは、ドイツにおける「予めなされた専門家鑑定」の理論が参考になるかもしれない。髙木・前掲注（39）49-51 頁参照。

あ と が き

　本書に収録した論稿のほとんどは、著者が京都大学に移籍した 2007 年
4 月以降に執筆されたものであり、2020 年 3 月末の定年という節目を考え
ると、本来であれば、京都大学法学研究科・法学部という恵まれた研究環
境の成果と位置付けられるべきものであった。

　しかしながら、思い返すと、在籍期間の大半は、老親の世話と看取りの
ために、教育以外の活動を大幅に制限せざるを得ない状態であった。そこ
で、赴任時にいだいた「伝統ある京都大学の学風を汚すことになるのでは
ないか」という不安が的中したというのが正直な思いである。ただ、学生
諸君や同僚の皆さんからの刺激を受けつつ、曲がりなりにも「研究者もど
き」の著作を続けることができたことは幸せであり、感謝の気持ちでいっ
ぱいである。また、学内事務等の関係でご迷惑をおかけした同僚の皆さん
には、この場を借りてお詫び申し上げたいと考える。

　なお、今回読み直してみて、複数の先輩・同僚から指摘されたように、
特定の研究者に対する「過度に攻撃的」な叙述が散見されることが確認で
きた。不快な思いをされた方には改めてお詫び申し上げたい。ただ、著者
は、学問の進歩は忌憚のない批判とそれを契機とした自己反省によっても
たらされると信じており、わが国の学界では従来そのような批判が封印さ
れがちであったと感じている。そこで、今後も「品位を保った」うえで論
争誘発的な表現を維持しようと考えているところである。また、若手研究
者には「権威に挑戦する」気概を持って様々な論点に取り組むことを期待
したいと思う。

　　2018 年 9 月

髙木　　光

事 項 索 引

あ行

アクチオ的思考‥‥‥‥‥‥‥‥‥‥‥12,26
イギリス行政法‥‥‥‥‥‥‥‥‥‥‥‥192
イギリス裁量論‥‥‥‥‥‥‥‥‥‥‥‥179
一般財団法人への移行認可‥‥‥‥‥‥258
違法行為不帰属の法理‥‥‥‥‥‥‥‥190
違法性相対説‥‥‥‥‥‥‥‥‥‥‥‥‥78
違法性同一説‥‥‥‥‥‥‥‥‥77,94,298
違法性の人的相対性‥‥‥‥‥‥‥‥‥300
医薬品のネット販売‥‥‥‥‥‥‥‥‥243
ウェンズベリ不合理性基準‥‥‥‥‥‥179
越権訴訟‥‥‥‥‥‥‥‥‥‥‥‥‥‥‥24
エンフォースメント‥‥‥‥‥‥‥‥51,52
王は悪をなし得ず‥‥‥‥‥‥‥‥‥‥189
大飯3・4号機‥‥‥‥‥‥‥‥‥‥‥307
大分県教員採用取消事件‥‥‥‥‥‥156
オーストリアの公法学‥‥‥‥‥‥‥‥‥64
オーストリア理論‥‥‥‥‥‥‥‥‥‥‥99
オープンスペース論‥‥‥‥‥‥‥‥‥‥3
大間原発訴訟‥‥‥‥‥‥‥‥‥‥‥‥307
織田が浜事件‥‥‥‥‥‥‥‥‥‥‥‥216
小田急高架訴訟‥‥‥‥‥‥‥‥9,175,205
小田急平成17年最判‥‥‥‥‥‥‥‥210
小田急平成18年最判‥‥‥‥‥‥‥‥219
小田急本案‥‥‥‥‥‥‥‥‥‥‥‥10,11

か行

海岸占用不許可事件‥‥‥‥‥‥‥‥‥177
解釈基準‥‥‥‥‥‥‥‥‥‥‥‥‥‥241
外部効果‥‥‥‥‥‥‥‥‥‥‥‥‥‥319
外部法‥‥‥‥‥‥‥‥‥‥‥‥‥‥‥238
画定‥‥‥‥‥‥‥‥‥‥‥‥‥‥‥‥204
隠れた判例変更‥‥‥‥‥‥‥‥‥‥‥‥10
課徴金‥‥‥‥‥‥‥‥‥‥‥‥‥‥‥119
　　――の根拠づけ‥‥‥‥‥‥‥‥‥‥39
　　――の性格づけ‥‥‥‥‥‥‥‥40,53
　　――の普遍性‥‥‥‥‥‥‥‥‥‥‥66
学校施設使用不許可事件‥‥‥‥‥‥177
合衆国憲法修正5条‥‥‥‥‥‥‥‥45,53
活性化する行政訴訟‥‥‥‥‥‥‥‥‥‥1

神奈川県臨時特例企業税‥‥‥‥‥‥‥‥5
環境税‥‥‥‥‥‥‥‥‥‥‥‥‥‥‥‥46
間接強制‥‥‥‥‥‥‥‥‥‥‥‥‥‥‥61
技術基準‥‥‥‥‥‥‥‥‥‥‥‥‥‥289
規制権限の不行使‥‥‥‥‥‥‥‥‥‥‥29
　　――と国家賠償‥‥‥‥‥‥‥287,297
帰属‥‥‥‥‥‥‥‥‥‥‥‥‥‥‥‥106
羈束行為‥‥‥‥‥‥‥‥‥‥‥‥‥‥238
羈束裁量(行為)‥‥‥‥‥‥‥‥‥214,239
規範的授権理論‥‥‥‥‥‥‥‥‥‥‥237
基本権保護義務‥‥‥‥‥‥‥‥‥‥‥‥30
救済法‥‥‥‥‥‥‥‥‥‥‥‥‥‥‥‥32
給付受給請求権‥‥‥‥‥‥‥‥‥‥‥‥29
行政介入請求権‥‥‥‥‥‥‥‥‥‥‥‥28
行政強制‥‥‥‥‥‥‥‥‥‥‥‥‥‥‥59
強制金‥‥‥‥‥‥‥‥‥‥‥‥‥‥60,61
行政契約論‥‥‥‥‥‥‥‥‥‥‥109,147
行政私法‥‥‥‥‥‥‥‥‥‥‥‥‥‥108
行政制裁‥‥‥‥‥‥‥‥‥‥‥‥‥40,55
行政訴訟制度改革‥‥‥‥‥‥1,31,34,203
行政庁の第一次的判断権‥‥‥‥‥‥‥‥19
規律力‥‥‥‥‥‥‥‥‥‥‥‥‥‥‥‥81
国立マンション事件‥‥‥‥‥‥‥‥‥209
群馬中央バス事件‥‥‥‥‥‥‥‥‥‥175
計画裁量‥‥‥‥‥‥‥‥‥‥‥‥‥‥219
景観利益‥‥‥‥‥‥‥‥‥‥‥‥‥‥211
経済的インセンティブ‥‥‥‥‥‥‥‥‥57
形成訴訟説‥‥‥‥‥‥‥‥‥‥‥‥12,30
結果除去請求権‥‥‥‥‥‥‥‥‥‥25,26
建設アスベスト訴訟‥‥‥‥‥‥‥‥‥301
剣道実技拒否事件‥‥‥‥‥‥‥‥‥‥177
憲法適合的解釈‥‥‥‥‥‥‥‥‥131,164
憲法の優位‥‥‥‥‥‥‥‥‥‥‥147,238
行為規範(的統制)‥‥‥85,94,96,97,182,219
行為形式の濫用‥‥‥‥‥‥‥‥‥‥‥149
公益法人制度改革‥‥‥‥‥‥‥‥‥‥258
公害防止協定‥‥‥‥‥‥‥‥‥‥‥‥141
公行政留保説‥‥‥‥‥‥‥‥‥‥‥‥‥99
公権力発動要件欠如説‥‥‥‥80,84,96,298
抗告訴訟中心主義‥‥‥‥‥‥‥‥‥‥‥22
公定力と国家賠償請求‥‥‥‥‥‥‥‥‥75

330　事項索引

公表‥‥‥‥‥‥‥‥‥‥‥‥62
神戸税関事件‥‥‥‥‥‥‥179
公法的拘束‥‥‥‥‥‥‥‥151
国道43号訴訟上告審判決‥‥314
国家無答責の法理‥‥‥‥‥188
国旗国歌訴訟‥‥‥‥‥‥‥‥6
国庫的行政‥‥‥‥‥‥‥‥105
国庫の基本権拘束‥‥‥‥‥107

さ行

罪刑均衡原則‥‥‥‥‥‥‥‥44
罪刑均衡の原則‥‥‥‥‥‥‥54
裁量基準‥‥‥‥‥‥‥‥‥241
裁量権の過小行使‥‥‥‥‥247
裁量拘束‥‥‥‥‥‥‥‥‥226
サンクション‥‥‥‥‥‥‥‥57
参照領域‥‥‥‥‥‥‥‥65,75
三段階構造モデル‥‥‥‥‥‥64
JVCケンウッド事件‥‥‥‥119
私経済行政‥‥‥‥‥‥‥94,102
私経済的行政‥‥‥‥‥‥‥148
実効性確保‥‥‥‥‥‥‥‥‥52
執行罰‥‥‥‥‥‥‥‥56,59,61
実体権構成‥‥‥‥‥‥‥‥‥25
司法的執行‥‥‥‥‥‥‥‥‥48
社会観念審査‥‥‥‥‥175,206
社会保険庁シール談合事件‥‥42
宗教法人法に基づく「認証」‥269
主権免責の法理‥‥‥‥‥‥190
純粋法学‥‥‥‥‥‥‥‥‥‥64
使用者責任‥‥‥‥‥‥‥‥193
省令による規制権限の特質‥‥288
条例を根拠とする即時強制‥‥63
職務義務違反説‥‥‥‥‥‥‥78
職権取消の限界論‥‥‥‥‥156
処分性の定式‥‥‥‥‥‥‥100
侵害排除請求権‥‥‥‥‥‥‥28
新規制基準‥‥‥‥‥‥‥‥316
審査方式‥‥‥‥‥‥‥‥‥176
審査密度‥‥‥‥‥‥‥176,238
信頼保護原則‥‥‥‥‥‥‥166
生活平穏権‥‥‥‥‥‥‥‥313
請求権構成‥‥‥‥‥‥‥25,32
制裁‥‥‥‥‥‥‥‥‥‥‥122

制裁金‥‥‥‥‥‥‥‥‥‥‥55
摂津市対JR東海事件‥‥‥‥141
泉南アスベスト国賠訴訟‥‥281
線引き‥‥‥‥‥‥204,208,211
全面審判訴訟‥‥‥‥‥‥‥‥24
専門家鑑定‥‥‥‥‥‥‥‥318
専門技術的裁量‥‥‥‥317,319
相対的安全性‥‥‥‥‥‥‥319
即時強制‥‥‥‥‥‥‥‥‥‥60
即時的命令強制行為‥‥‥‥104
組織規範‥‥‥‥‥‥‥‥‥106
訴訟類型的構成‥‥‥‥25,30,32

た行

第一次的救済拡充論‥‥‥‥‥76
第三者の原告適格‥‥‥‥203,262
ダイシー‥‥‥‥‥‥‥‥‥196
第二次的救済制限論‥‥‥77,82
伊達火力事件‥‥‥‥‥209,260
W.イェリネック‥‥‥‥‥86,95
筑豊じん肺訴訟最高裁判決‥9,281
中程度の審査‥‥‥176,206,208,220
ドイツ行政手続法‥‥146,161,165
ドイツの計画裁量論‥‥‥‥248
ドイツの裁量論‥‥‥‥‥‥248
ドイツのメンガー理論‥‥‥‥23
ドイツ法治国原理の内容‥‥167
当事者訴訟‥‥‥‥‥‥‥‥‥24
独占禁止法研究会報告書‥‥‥39
トマソ・グレコ判決‥‥‥‥195
鞆の浦訴訟‥‥‥‥‥175,203,208
豊多摩高校‥‥‥‥‥‥‥‥‥5
取消訴訟中心主義‥‥‥‥‥‥19
取消手続の排他性の潜脱‥‥‥82

な行

奈良民商事件判決‥‥‥‥‥‥78
二重処罰の禁止論‥‥‥‥‥‥43
日光太郎杉控訴審判決‥‥‥175
日光太郎杉事件‥‥‥‥‥‥216

は行

バックフィット‥‥‥‥311,320
パトカー追跡事件判決‥‥‥‥78

事項索引　*331*

判断過程の統制⋯⋯⋯⋯⋯⋯⋯⋯207,242
汎用理論⋯⋯⋯⋯⋯⋯⋯⋯84,95,182,299
判例政策の変更⋯⋯⋯⋯⋯⋯⋯⋯⋯⋯⋯2
判例理論⋯⋯⋯⋯⋯⋯⋯⋯⋯⋯⋯⋯4,203
「判例理論」としての「職務義務違反説」⋯⋯79
比較衡量の統制⋯⋯⋯⋯⋯⋯⋯⋯215,220
樋口判決⋯⋯⋯⋯⋯⋯⋯⋯⋯⋯⋯⋯⋯307
百里基地訴訟⋯⋯⋯⋯⋯⋯⋯⋯⋯⋯⋯107
比例原則⋯⋯⋯⋯⋯44,54,97,119,141,180
　　──の「実定化」⋯⋯⋯⋯⋯⋯⋯⋯127
ブランコ判決⋯⋯⋯⋯⋯⋯⋯⋯⋯191,195
フランスの行政訴訟⋯⋯⋯⋯⋯⋯⋯⋯⋯24
平穏生活権⋯⋯⋯⋯⋯⋯⋯⋯⋯⋯⋯⋯308
法化社会⋯⋯⋯⋯⋯⋯⋯⋯⋯⋯⋯⋯⋯13
法科大学院教育⋯⋯⋯⋯⋯⋯⋯⋯⋯⋯⋯4
法規命令⋯⋯⋯⋯⋯⋯⋯⋯⋯⋯⋯⋯⋯226
　　──の公定力⋯⋯⋯⋯⋯⋯⋯⋯⋯110
法執行システム（論）⋯⋯⋯⋯⋯⋯⋯⋯51
法治国原理違反説⋯⋯⋯⋯⋯⋯⋯⋯⋯98
法治国的国家責任論⋯⋯⋯⋯⋯⋯⋯⋯75
法治主義の形式的要請⋯⋯⋯⋯⋯⋯⋯159
法定主義⋯⋯⋯⋯⋯⋯⋯⋯⋯⋯⋯⋯⋯102
法律適合的解釈⋯⋯⋯⋯⋯⋯⋯⋯⋯⋯243
法律の規律密度⋯⋯⋯⋯⋯⋯⋯⋯⋯⋯238

法律の執行⋯⋯⋯⋯⋯⋯⋯⋯⋯⋯⋯⋯101
保険薬局指定処分⋯⋯⋯⋯⋯⋯⋯⋯⋯226
保護規範説⋯⋯⋯⋯⋯⋯⋯⋯⋯⋯⋯⋯204
補充行為説⋯⋯⋯⋯⋯⋯⋯⋯⋯⋯258,265

ま行

マクリーン事件⋯⋯⋯⋯⋯⋯177,179,205
命令制定裁量⋯⋯⋯⋯⋯⋯⋯⋯⋯⋯⋯321
もんじゅ訴訟⋯⋯⋯⋯⋯⋯⋯⋯⋯⋯⋯213
門前薬局⋯⋯⋯⋯⋯⋯⋯⋯⋯⋯⋯⋯⋯229

や行

予防原則⋯⋯⋯⋯⋯⋯⋯⋯⋯⋯⋯⋯⋯315

ら行

利益剝奪⋯⋯⋯⋯⋯⋯⋯⋯⋯⋯⋯⋯⋯122
　　──と制裁の二者択一論⋯⋯⋯⋯⋯40
リスク管理⋯⋯⋯⋯⋯⋯⋯⋯⋯⋯⋯⋯311
リスク差止訴訟⋯⋯⋯⋯⋯⋯⋯⋯308,309
理由提示⋯⋯⋯⋯⋯⋯⋯⋯⋯⋯⋯⋯⋯235
類型論⋯⋯⋯⋯⋯⋯⋯⋯⋯⋯⋯84,95,299
冷凍倉庫事件⋯⋯⋯⋯⋯⋯⋯⋯⋯⋯⋯75
論証過程の統制⋯⋯⋯⋯⋯⋯⋯⋯181,207

判 例 索 引

大 正

大判大正 6・2・7 民録 23 輯 124 頁 ············ 276
大判大正 6・8・21 民録 23 輯 1228 頁 ········· 276

昭和 17〜49 年

大判昭和 17・8・18 評論 31 巻諸法 492 頁 ····· 276
大判昭和 17・12・23 新聞 4831 号 7 頁 ········· 276
最判昭和 28・9・4 民集 7 巻 9 号 868 頁 ········ 160
最判昭和 29・7・30 民集 8 巻 7 号 1501 頁 ····· 185
最大判昭和 33・4・30 民集 12 巻 6 号 938 頁 ··· 69
最判昭和 33・9・9 民集 12 巻 13 号 1949 頁 ···· 160
最判昭和 35・2・9 民集 14 巻 1 号 96 頁 ······· 264
最判昭和 35・6・2 民集 14 巻 9 号 1565 頁
···························· 264, 268, 269
最判昭和 35・7・21 民集 14 巻 10 号 1811 頁 ·· 206
最判昭和 36・4・21 民集 15 巻 4 号 850 頁 ······· 75
最判昭和 39・6・5 刑集 18 巻 5 号 189 頁
································ 69, 78
最判昭和 40・6・29 民集 19 巻 4 号 1045 頁 ···· 277
東京高判昭和 42・12・26 行集 18 巻 12 号 1816 号
································ 275
最判昭和 43・11・7 民集 22 巻 131949 頁 ········ 160
最判昭和 44・7・11 民集 23 巻 8 号 1470 頁 ···· 207
最判昭和 45・9・11 刑集 24 巻 10 号 1333 頁 ···69
最判昭和 47・11・9 民集 26 巻 9 号 1513 頁
···························· 274, 277
東京高判昭和 48・7・13 行集 24 巻 6＝7 号 533 頁
···························· 178, 183, 216
最判昭和 48・9・14 民集 27 巻 8 号 925 頁
···························· 206, 207

昭和 50〜62 年

神戸地判昭和 51・9・13 判時 853 号 76 頁 ····· 275
最判昭和 52・12・20 民集 31 巻 7 号 1101 頁
···························· 185, 207
最判昭和 53・3・14 民集 32 巻 2 号 211 頁 ····· 203
最判昭和 53・10・4 民集 32 巻 7 号 1223 頁
···················· 177, 179, 185, 205, 207
最判昭和 53・10・20 民集 32 巻 7 号 1367 頁 ···88
最判昭和 57・3・12 民集 36 巻 3 号 329 頁 ·····88
最判昭和 57・4・22 民集 36 巻 4 号 705 頁 ·······17

仙台地判昭和 57・5・31 訟月 28 巻 12 号 2294 頁
································ 275
最判昭和 57・9・9 民集 36 巻 9 号 1679 頁 ····· 204
最判昭和 58・2・18 民集 37 巻 1 号 101 頁 ·······89
鹿児島地判昭和 60・3・22 行集 36 巻 3 号 335 頁
································ 210
最判昭和 60・11・21 民集 39 巻 7 号 1512 頁
···························· 16, 88, 300
最判昭和 60・12・17 判時 1179 号 56 頁
···················· 209, 210, 260, 274
最判昭和 61・2・13 民集 40 巻 1 号 1 頁 ··········17
最判昭和 61・2・27 民集 40 巻 1 号 124 頁
································ 88, 306
最判昭和 62・2・6 判時 1232 号 100 頁 ··········89
横浜地判昭和 62・2・18 判時 1249 号 42 頁 ···· 275

平成元〜10 年

最判平成・2・17 民集 43 巻 2 号 56 頁
···························· 204, 262
横浜地判平成元・9・6 行集 40 巻 9 号 1175 頁
································ 277
最判平成元・11・24 民集 43 巻 10 号 1169 頁
···························· 285, 292
東京高判平成 2・1・30 行集 41 巻 1 号 182 頁
································ 277
最判平成 3・7・9 民集 45 巻 6 号 1049 頁 ··89, 257
最判平成 4・9・22 民集 46 巻 6 号 571 頁
···························· 205, 262
最判平成 4・10・29 民集 46 巻 7 号 1174 頁
···················· 207, 220, 316, 322, 325
最判平成 4・10・29 判時 1441 号 50 頁 ···· 316, 325
最判平成 5・3・11 民集 47 巻 4 号 2863 頁 ·······88
最判平成 5・3・16 民集 47 巻 5 号 3483 頁 ···· 207
最判平成 7・6・23 民集 49 巻 6 号 1600 頁
···························· 286, 292, 305
最判平成 8・3・8 民集 50 巻 3 号 469 頁 ·· 177, 184
最判平成 9・1・28 民集 51 巻 1 号 250 頁
···························· 205, 262
東京高判平成 9・6・6 判時 1621 号 98 頁 ·········49
最判平成 9・8・29 民集 51 巻 7 号 2921 頁 ···· 207
佐賀地判平成 10・3・20 判時 1683 号 81 頁 ···· 223

判例索引　*333*

最判平成 10・10・13 判時 1662 号 83 頁 ····· 49,69

平成 11〜20 年

最判平成 11・11・25 判時 1698 号 66 頁 ······· 210
東京地判平成 12・3・31 判時 1734 号 28 頁 ······49
東京地判平成 12・5・31 判例集未登載 ········ 277
東京高判平成 13・2・8 判時 1742 号 96 頁 ·· 49,69
最判平成 13・3・13 民集 55 巻 2 号 283 頁 ····· 205
最判平成 13・3・27 民集 55 巻 2 号 530 頁 ······· 16
最判平成 14・1・17 民集 56 巻 1 号 1 頁 ·········· 8
最判平成 14・1・22 民集 56 巻 1 号 46 頁 ······· 205
さいたま地判平成 14・1・23 判例地方自治 236 号
　　83 頁 ································· 277
最判平成 14・1・31 民集 56 巻 1 号 246 頁 ····· 257
最判平成 14・2・28 民集 56 巻 2 号 467 頁 ······· 16
最判平成 14・3・28 民集 56 巻 3 号 613 頁 ····· 205
最判平成 14・7・9 民集 56 巻 6 号 1134 頁 ·· 12,72
名古屋高金沢支判平成 15・1・27 判時 1818 号
　　3 頁 ································· 324
最判平成 15・9・4 判時 1841 号 89 頁 ············· 8
最判平成 16・1・15 民集 58 巻 1 号 226 頁 ······· 89
東京地判平成 16・4・22 判時 1856 号 32 頁 ···· 224
最判平成 16・4・26 民集 58 巻 4 号 989 頁 ······· 9
最判平成 16・4・27 民集 58 巻 4 号 1032 頁
　　···················· 9,287,288,291,297,305
東京高判平成 16・9・7 判時 1905 号 68 頁
　　···································· 160
最判平成 16・10・15 民集 58 巻 7 号 1802 頁
　　······························ 9,292
最判平成 16・12・24 判時 1890 号 46 頁 ········· 277
最判平成 17・4・14 民集 59 巻 3 号 491 頁 ········· 9
最判平成 17・5・30 民集 59 巻 4 号 671 頁 ········ 12
最判平成 17・7・15 民集 59 巻 6 号 1661 頁
　　······························ 9,250
最判平成 17・9・8 判時 1920 号 29 頁
　　························· 12,250,253
最判平成 17・9・13 民集 59 巻 7 号 1950 頁 ·······69
最大判平成 17・9・14 民集 59 巻 7 号 2087 頁
　　······························ 9,300
最判平成 17・10・25 判時 1920 号 32 頁 ··········· 9
最判平成 17・10・25 訟月 52 巻 5 号 1574 頁 ····· 9
東京地判平成 17・11・25 判時 1919 号 15 頁 ···· 224
最判平成 17・12・7 民集 59 巻 10 号 2645 頁
　　···················· 9,205,210,222

最判平成 18・2・7 民集 60 巻 2 号 401 頁
　　···················· 9,184,253
東京高判平成 18・2・23 判時 1950 号 27 頁 ···· 224
最判平成 18・3・23 判時 1929 号 37 頁 ··········90
東京地判平成 18・3・24 判時 1938 号 37 頁 ·····17
最判平成 18・3・30 民集 60 巻 3 号 948 頁
　　···················· 209,211
最判平成 18・7・14 民集 60 巻 6 号 2369 頁 ·····10
最判平成 18・9・4 判時 1948 号 26 頁 ············ 9
最判平成 18・11・2 民集 60 巻 9 号 3249 頁
　　····· 10,175,177,179,183,219,220
松江地判平成 19・3・19 裁判所 WEB ページ
　　···························· 223
大分地判平成 19・3・26 裁判所 WEB ページ
　　···························· 223
最判平成 19・4・17 判時 1971 号 109 頁 ··········10
広島高松江支判平成 19・10・31 裁判所 WEB ペー
　　ジ ···························· 223
最判平成 19・11・1 民集 61 巻 8 号 2733 頁
　　························· 89,305
東京地判平成 19・11・7 判時 1966 号 3 頁 ·······16
東京高判平成 19・11・29 判例地方自治 299 号
　　41 頁 ···························· 17
最判平成 19・12・7 民集 61 巻 9 号 3290 頁
　　························· 177,184
最判平成 20・2・19 民集 62 巻 2 号 445 頁 ·······90
広島地決平成 20・2・29 判時 2045 号 98 頁 ···· 222
横浜地判平成 20・3・19 判例地方自治 306 号
　　29 頁 ···························· 5
東京地裁平成 20・3・27 判例集未登載 ············ 5
東京高判平成 20・3・31 判例地方自治 305 号
　　95 頁 ···························· 224
最判平成 20・4・15 民集 62 巻 5 号 1005 頁 ······90
最大判平成 20・6・4 民集 62 巻 6 号 1367 頁 ····· 9
最決平成 20・7・8 判例集未登載 ················17
福岡高判平成 20・9・8 裁判所 WEB ページ ·· 223
最判平成 20・9・10 判時 2020 号 21 頁 ············ 9

平成 21〜30 年

名古屋高金沢支判平成 21・3・18 判時 2045 号
　　3 頁 ···························· 324
最判平成 21・7・10 判時 2058 号 53 頁
　　···················· 141,146,149,150,152
広島地判平成 21・10・1 判時 2060 号 3 頁

·· 183,222
最判平成 21·10·15 判タ 1315 号 68 頁········ 222
大阪地判平成 22·5·19 判時 2093 号 3 頁
··············· 285,289,291,292,303,304,305
最判平成 22·6·3 民集 64 巻 4 号 1010 頁·· 75,86
最判平成 23·6·7 民集 65 巻 4 号 2081 頁····· 254
大阪高判平成 23·8·25 判時 2135 号 60 頁
··························· 291,292,303,304,305
大阪地判平成 24·2·3 判時 2160 号 3 頁······· 186
京都地判平成 24·3·27 LEX/DB 25480935··· 273
大阪地判平成 24·3·28 判タ 1386 号 117 頁
··············· 281,285,291,292,297,298,305
東京地判平成 24·6·29 裁判所 WEB ページ
·· 134
東京地判平成 24·11·1 判時 2225 号 47 頁
·· 230,250
最判平成 25·1·11 民集 67 巻 1 号 1 頁········ 257
最判平成 25·3·26 裁判集民事 243 号 101 頁
·· 300
東京高判平成 25·6·26 判時 2225 号 43 頁···· 250
大阪地判平成 25·7·19 LEX/DB 25501527··· 273
大阪地判平成 25·10·25 裁判所 WEB ページ
·· 273
大阪高裁平成 25·12·25 訟月 61 巻 6 号 1128 頁

··············· 297,298,300,304,305
福井地判平成 26·5·21 判時 2228 号 72 頁
···············307,308,309,312,313,314,
315,316,320,321,322
大阪高判平成 26·9·30 裁判所 WEB ページ
·· 273
最判平成 26·10·9 民集 68 巻 8 号 799 頁····· 304
大分地判平成 27·2·23 裁判所 WEB ページ
·· 169
福井地決平成 27·4·14 判時 2290 号 13 頁···· 323
鹿児島地決平成 27·4·22 判時 2290 号 147 頁
·· 323,324
最判平成 27·12·8 民集 69 巻 8 号 2258 頁···· 273
大分地判平成 28·1·14 裁判所 WEB ページ
·· 169
大阪地判平成 28·9·2 判例地方自治 429 号 76 頁
·· 153
福岡高判平成 28·9·5 判時 2352 号 25 頁····· 169
福岡高判平成 29·6·5 判時 2352 号 3 頁······· 169
大阪高判平成 29·7·12 判例地方自治 429 号
57 頁·· 153
名古屋高金沢支判平成 30·7·4 判例集未登載
·· 322

【著者紹介】

髙木 光（たかぎ・ひかる）

1954年　兵庫県尼崎市に生まれる
1977年　東京大学法学部卒業
現　在　京都大学法学系（大学院法学研究科）教授

著　書

『事実行為と行政訴訟』（有斐閣・1988年）
『技術基準と行政手続』（弘文堂・1995年）
『行政訴訟論』（有斐閣・2005年）
『プレップ行政法（第2版）』（弘文堂・2012年）
『行政救済法（第2版）』（弘文堂・2015年）（共著）
『行政法』（有斐閣・2015年）
『条解 行政手続法（第2版）』（弘文堂・2017年）（共著）

法治行政論　　　　　　　　　　　　　　　　　（行政法研究双書 37）

2018（平成30）年10月30日　初版1刷発行

著　者　髙木　　光

発行者　鯉渕友南

発行所　株式会社　弘文堂　　101-0062 東京都千代田区神田駿河台1の7
　　　　　　　　　　　　　　　TEL 03(3294)4801　振替 00120-6-53909
　　　　　　　　　　　　　　　http://www.koubundou.co.jp

印　刷　三　陽　社

製　本　牧製本印刷

© 2018 Hikaru Takagi. Printed in Japan

JCOPY 〈(社)出版者著作権管理機構　委託出版物〉

本書の無断複写は著作権法上での例外を除き禁じられています。複写される場合は、
そのつど事前に、(社)出版者著作権管理機構（電話 03-3513-6969、FAX 03-3513-6979、
e-mail: info@jcopy.or.jp）の許諾を得てください。
また本書を代行業者等の第三者に依頼してスキャンやデジタル化することは、たとえ
個人や家庭内での利用であっても一切認められておりません。

ISBN 978-4-335-31511-4

オンブズマン法〔新版〕《行政法研究双書1》	園部 逸夫 枝根 茂
土地政策と法《行政法研究双書2》	成田 頼明
現代型訴訟と行政裁量《行政法研究双書3》	髙橋 滋
行政判例の役割《行政法研究双書4》	原田 尚彦
行政争訟と行政法学〔増補版〕《行政法研究双書5》	宮崎 良夫
環境管理の制度と実態《行政法研究双書6》	北村 喜宣
現代行政の行為形式論《行政法研究双書7》	大橋 洋一
行政組織の法理論《行政法研究双書8》	稲葉 馨
技術基準と行政手続《行政法研究双書9》	髙木 光
行政とマルチメディアの法理論《行政法研究双書10》	多賀谷一照
政策法学の基本指針《行政法研究双書11》	阿部 泰隆
情報公開法制《行政法研究双書12》	藤原 静雄
行政手続・情報公開《行政法研究双書13》	宇賀 克也
対話型行政法学の創造《行政法研究双書14》	大橋 洋一
日本銀行の法的性格《行政法研究双書15》	塩野 宏監修
行政訴訟改革《行政法研究双書16》	橋本 博之
公益と行政裁量《行政法研究双書17》	亘理 格
行政訴訟要件論《行政法研究双書18》	阿部 泰隆
分権改革と条例《行政法研究双書19》	北村 喜宣
行政紛争解決の現代的構造《行政法研究双書20》	大橋真由美
職権訴訟参加の法理《行政法研究双書21》	新山 一雄
パブリック・コメントと参加権《行政法研究双書22》	常岡 孝好
行政法学と公権力の観念《行政法研究双書23》	岡田 雅夫
アメリカ行政訴訟の対象《行政法研究双書24》	越智 敏裕
行政判例と仕組み解釈《行政法研究双書25》	橋本 博之
違法是正と判決効《行政法研究双書26》	興津 征雄
学問・試験と行政法学《行政法研究双書27》	徳本 広孝
国の不法行為責任と公権力の概念史《行政法研究双書28》	岡田 正則
保障行政の法理論《行政法研究双書29》	板垣 勝彦
公共制度設計の基礎理論《行政法研究双書30》	原田 大樹
国家賠償責任の再構成《行政法研究双書31》	小幡 純子
義務付け訴訟の機能《行政法研究双書32》	横田 明美
公務員制度の法理論《行政法研究双書33》	下井 康史
行政上の処罰概念と法治国家《行政法研究双書34》	田中 良弘
行政上の主体と行政法《行政法研究双書35》	北島 周作
法治国原理と公法学の課題《行政法研究双書36》	仲野 武志
法治行政論《行政法研究双書37》	髙木 光